博士生导师学术文库

A Library of Academics by
Ph.D.Supervisors

奥运会冠军成长规律研究

杨世勇　唐照华　著

光明日报出版社

图书在版编目（CIP）数据

奥运会冠军成长规律研究 / 杨世勇，唐照华著 . --
北京：光明日报出版社，2021.8
ISBN 978 - 7 - 5194 - 6213 - 0

Ⅰ.①奥… Ⅱ.①杨…②唐… Ⅲ.①奥运会—冠军
—研究 Ⅳ.①G808.18

中国版本图书馆 CIP 数据核字（2021）第 156865 号

奥运会冠军成长规律研究

AOYUNHUI GUANJUN CHENGZHANG GUILÜ YANJIU

著　者：杨世勇　唐照华

责任编辑：杨　茹　　　　　　　　　责任校对：陈永娟
封面设计：一站出版网　　　　　　　责任印制：曹　净

出版发行：光明日报出版社

地　　址：北京市西城区永安路 106 号，100050

电　　话：010 - 63169890（咨询），010 - 63131930（邮购）

传　　真：010 - 63131930

网　　址：http://book.gmw.cn

E - mail：gmrbcbs@gmw.cn

法律顾问：北京市兰台律师事务所龚柳方律师

印　　刷：三河市华东印刷有限公司

装　　订：三河市华东印刷有限公司

本书如有破损、缺页、装订错误，请与本社联系调换，电话：010 - 63131930

开　　本：170mm × 240mm

字　　数：422 千字　　　　　　　　印　　张：23.5

版　　次：2021 年 8 月第 1 版　　　　印　　次：2021 年 8 月第 1 次印刷

书　　号：ISBN 978 - 7 - 5194 - 6213 - 0

定　　价：98.00 元

杨世勇简介

成都体育学院教授（三级），博士研究生导师，1995 年被推选为"全国高校优秀青年体育教师"，1996 年被推选为中国举重协会科研委员会副主任，1998 年被国家体育总局批准为"优秀中青年专业学术技术骨干"，国家级社会体育指导员，同年晋升为国际举重联合会 A 级裁判员。1999 年晋升为教授。2001 年被四川省批准为"学术技术带头人后备人选"。四川省健美健美操协会科研委员会主任，国家社科基金通讯评审专家，教育部学位中心论文评审专家，泰国玛哈萨拉堪大学（Mahasarakham University）博士生导师，兴义民族师范学院客座教授。2021 年被推选为四川省体育科学学会理事长，兼任四川省体育科学学会体能训练分会主任。

指导或培养博士研究生 2 人，硕士研究生 80 余人。先后担任国家体育总局教练员培训，亚洲举重联合会、中国举重协会教练员、裁判员培训教学和裁判晋级考核，以及教练员岗位培训授课工作，上百次在全国 60 余个单位做学术讲座。参加了中国体育科学学会体能训练分会第 1～5 期中国体能训练师的授课工作。

1979 年作为贵州体育代表团成员，参加了在北京举行的第 4 届全国运动会举重 67.5 千克级决赛。1979—1984 年先后 30 余次创破贵州省和成都市、成都体育学院举重纪录并获冠军。2020 年获全国第二届大师杯举重 60～69 岁年龄组 77 千克级冠军。

2002—2003 年被国家体育总局派任马来西亚 PERAK 举重教练，培养学生获英联邦运动会、亚洲锦标赛和马来西亚全国比赛奖牌 31 枚。2009—2017 年培养成都体育学院举重专修学生获全国大学生举重锦标赛金牌 71 枚。

先后上百次在国内外重大比赛中任技术官员。

主持国家社会科学基金（2016 年《中国夏季冬季奥运会冠军群体成长特征研究》。批准号：16BTY090）、国家体育总局、国际举重联合会等研究课题 15 项，撰写出版专著、合著、教材 41 部。其中主编《体能训练》《举重运动教程》，《体育科研方法概论》等 4 部全国教材。在国内外发表论文、文章 180 余篇。所著论文有 4 篇被"人大复印资料"全文转载，1 篇论文被中国新闻网和人民日报引用，2 篇论文被国际 EI 收录，6 篇论文分别入选 2000—2020 年奥运会科学大会，25 次获国家级、省部级和院级科研教学成果奖和优秀论文奖（作为课题成员 1995 年获国家科技进步三等奖，国家体育总局科技进步一等奖）。2018 年获国家专利 1 项。

唐照华简介

电子科技大学教授（三级），硕士生导师，教育部全国高校体育教学指导委员会委员，成都市高校体育协会主席，四川省高校体育研究会副理事长，国家级排球裁判员。1992—2017年先后任电子科技大学体育部副主任，主任。承担各类研究课题10余项。两次获四川省教学成果二等奖，获电子科技大学教学成果一、二等奖近10项。先后参加2008年北京奥运会，以及2001年、2011年世界大学生运动会排球比赛等重大赛事裁判工作。撰写著作教材6部，发表论文30余篇。

前　言

　　中国的奥运会冠军是世界竞技体育最高水平的展示者，是竞技运动精英，他们通过奥运会赛场充分展示自己的竞技水平，给人们带来心旷神怡的美感和令人赞誉的成绩，受到广泛尊敬；他们通过体育交流，让更多的人了解体育文化；作为竞技体育代表，他们通过在奥运会上夺冠振奋民族精神；作为大众关注的对象，他们发挥楷模作用，激励青少年成长。奥运会冠军对我国体育事业的发展和社会进步做出了重要贡献。

　　1896 年—2021 年共举行了 32 届夏季奥运会，颁发金牌 5437 枚。1924—2018 年共举行了 23 届冬季奥运会，颁发金牌 1060 枚。在历届夏季和冬季奥运会上，国际奥委会共颁发金牌 6497 枚，共有 108 个国家或地区荣获金牌。夺得金牌数居前 15 位的国家分别是：美国 1158 枚、俄罗斯（包括俄国、苏联、独联体）731 枚、德国（包括联邦德国、民主德国、德国联队）591 枚、英国 298 枚、中国 284 枚（包括中国奥委会 275 枚，香港奥委会 2 枚、中华台北奥委会 7 枚）、法国 258 枚、意大利 251 枚、瑞典 206 枚、挪威 192 枚、匈牙利 185 枚、日本 184 枚、澳大利亚 171 枚、芬兰 154 枚、加拿大 142 枚、荷兰 141 枚。仅仅用 37 年时间，中国的奥运会金牌数已经跃居世界前六位，取得的成就令世界瞩目。

　　1984—2021 年，中国奥委会运动员共获得 262 枚夏季奥运会金牌和 13 枚冬季奥运会金牌，产生了 295 位奥运会冠军，包括集体项目共计 406 人次获得夏季冬季奥运会金牌（备注：包括香港奥运会 2 人获 2 枚奥运会金牌，中华台北奥委会 7 人获 7 枚奥运会金牌，中国运动员共 304 人，415 人次荣获 284 枚奥运会金牌）。

　　为了完整揭示中国奥运会冠军的成长规律，杨世勇于 2015 年申请，2016 年承担了国家体育总局体育哲学社会科学研究项目"中国奥运会冠军群体成长特征研究"（项目编号 2339SS16076。研究人员张婕、崔文鹏、杨棠勋、吴正兴、王秀平、孙清旺、左灿、张守忠、唐照华、李秀萍、杨勇、李祥慧、熊维志、张五平）。该项目于 2018 年 2 月完成结项。

2016 年，杨世勇承担了关于中国奥运会冠军成长特征研究的国家社会科学基金研究项目。经过四年多的努力，课题成员通过问卷和面谈调研了中国奥运会冠军、奥运会冠军教练 120 余人，有关专家 300 多人，走访了全国 20 多个省市的相关单位；通过国内外电子文献库，国际奥委会和有关国际体育组织网站、有关科研院所和图书馆，获取了大量信息和定量结论，获得了中国奥运会冠军成长特征的规律性认识。该课题已于 2020 年 11 月完成结项。

杨世勇、唐照华等于 20 世纪 80 年代就开始关注与奥运会冠军成长特征和成长规律有关的研究，并先后承担各类研究课题 20 余项，撰写出版专著、著作和教材 50 余部，发表论文 200 余篇，有 9 篇论文分别入选 2000—2020 年奥运会科学大会。30 余次获国家级、省部级、校级科研教学成果奖和优秀论文奖等（杨世勇作为课题成员曾获国家科技进步三等奖，国家体育总局科技进步一等奖）。

规律是对事物本质的揭示，是客观事物发展过程中的本质联系。成长规律是指成才者在环境、教育和实践活动诸因素的影响下，通过自身能动性的发挥，使其先天素质得到开发并达到优化状态，从而取得创造性成果并得到社会承认的过程。

要完整揭示中国奥运会冠军的训练特征、社会特征、教育特征及其与此相关的成长规律是一项重要的系统工程，为此我们做了极大的努力。《奥运会冠军成长规律研究》就是上述研究课题、研究成果和前人研究成果的结晶。

在撰写本书过程中，我们力求做到：

一、全面性，即尽量完整准确地揭示中国奥运会冠军的成长规律及其相关信息特征，同时指出值得商榷的问题，以及奥运会参赛的一些经验教训。

二、科学性，既有充分的事实根据又有充分的理论依据，使本书成果能为我国奥运会冠军的培养提供参考和借鉴。

三、实用性，通过本书出版，使广大体育工作者、体育爱好者、学生能够及时准确地了解中国奥运会冠军的成长规律和创造的光辉业绩，弘扬为国争光的拼搏精神。

四、可操作性，本书内容有助于读者了解中国奥运会冠军的成就和进行工作参考。

在撰写奥运会冠军简介的时候，我们主要关注其竞技运动成就，对他们的婚姻，家庭，逸事等不涉及。

本书的出版使我们感到欣慰。因为这是对中国奥运会冠军成长规律研究的结晶，也是揭示和反映中国奥运会冠军时空特征和相关信息的著作，是中国奥运会冠军研究的大事。尽管我们为此做了极大努力，但书中存在的疏漏之处较多，对此我们深感遗憾，也诚请读者批评指正。

感谢对我们的研究工作予以支持帮助的众多奥运会冠军、奥运会冠军教练，专家学者，以及光明日报出版社、成都体育学院、电子科技大学相关人员对本书撰写出版给予的关心支持和帮助。

杨世勇、唐照华

2021 年 8 月 18 日

目 录
CONTENTS

第一章

绪 论

第一节 选题依据

一、研究背景

现代奥运会是最高层次的国际综合体育赛事，1896—2021年共举行了32届夏季奥运会，1924—2018年共举行了23届冬季奥运会。中国运动员共获得262枚夏季奥运会金牌和13枚冬季奥运会金牌，共有406人次夺得金牌，产生了295位奥运会冠军（包括集体项目）。这些冠军是体育界的精英，他们通过参加奥运会进行体育交流，让更多的人了解中国文化；作为中国代表，他们通过在奥运会上夺冠振奋民族精神；作为大众关注的对象，他们发挥楷模作用，激励青少年成长。奥运会冠军群体对我国体育事业的发展和社会进步做出了重要贡献。

（备注：包括中国香港奥运会2人获2枚奥运会金牌，中国台北奥委会7人获7枚奥运会金牌，中国运动员共304人，415人次荣获284枚奥运会金牌。由于中国香港奥委会和中国台北奥委会运动员训练体制和成长特征与中国内地（大陆）运动员有一定区别，对此不做研究。本研究对象特指中国奥委会运动员中的全体奥运会冠军。）

二、目的意义

总结中国奥运会冠军群体成长的基本特征与规律，从训练学、社会学和教育学等方面认识奥运会冠军群体，构建中国奥运会冠军数据库，为更好地培养体育人才，促进我国青少年树立正确的体育观、价值观、人生观，促进我国体育事业的不断发展和社会进步提供启示。为国家培养更多的奥运会冠军提供有价值的政策建议和参考。

第二节　文献综述及核心概念的界定

一、国内外有关奥运会冠军研究

现代奥运会是最高层次的国际综合体育赛事，中国奥委会运动员迄今共获得275枚夏季和冬季奥运会金牌，产生了295位奥运会冠军。奥运会冠军群体对我国体育事业的发展和社会进步做出了重要贡献。近年来，一些学者开始关注中国的奥运会冠军群体，并对其进行了以下研究。

（一）奥运会冠军分布的时空特征研究

谭志刚等在《我国2004年、2008年奥运会冠军人才特征分析》中指出，我国奥运会冠军数量与各地经济总量的相关性非常显著，女性冠军多于男性冠军，不同项目夺冠年龄跨度相差较大，不同类别项目的运动员身材差别较大①。

姜桂萍等在《杰出女性体育竞技人才成长特点及其时空分布特征研究：以我国历届夏奥会女性冠军为例》中指出：我国历届夏季奥运会女子冠军的平均年龄为22.7岁，大多数出生于贫困或普通家庭；自然、经济、社会和文化环境等对冠军空间分布产生不同影响②。

黄潇潇等在《我国奥运冠军分布时空特征研究》中指出，我国奥运会金牌呈现递增趋势；在时间上表现出起步与波动，平稳发展，跨越式进步特征；在空间上呈现出自东向西减弱，南方强于北方的特征；项目上主要是依靠跳水、举重、体操、乒乓球、射击、羽毛球优势项目；男子获得金牌数少于女子③。

吴殿廷等在《中国杰出体育竞技人才成长因素的地理分析——以奥运冠军为例》中指出，中国奥运会冠军分布东多西少；南北平分秋色，但力量型项目集中在东北和华北，技术型项目集中在江浙、中南和西南；不同的自然地理环

---

① 谭志刚，刘军. 我国2004年、2008年奥运会冠军人才特征分析 [J]. 体育文化导刊. 2014 (3)：77-80.
② 姜桂萍，郭兰兰，纪仲秋，吴殿廷. 杰出女性体育竞技人才成长特点及其时空分布特征研究：以我国历届夏奥会女性冠军为例 [J]. 成都体育学院学报，2013 (2)：59-65.
③ 黄潇潇，蒋科. 我国奥运冠军分布时空特征研究 [J]. 体育文化导刊. 2012 (5)：46-49.

境造就不同类型的运动员①。

牛小洪等在《中国夏季奥运会冠军的时空分布特征及影响因素》中，对1996—2016 年我国夏季奥运会冠军的时空特征分析后指出，我国夏季奥运会冠军人数呈现先快速上升，随后下降的趋势；我国夏季奥运会冠军数量东多西少、中部和东北三省适中；影响奥运会冠军时空分布的主要因素有自然环境、经济发展水平、人口基础和政策差异②。

（二）奥运会冠军成功因素研究

张学研在《我国奥运冠军特征分析》中指出，中国奥运会冠军年龄平均在22～24 岁，女运动员的成绩相对较好；举国体制、探索创新、刻苦敬业是获得冠军的重要因素③。

蔡睿等在《奥运冠军成功归因模式初探：以 2008 北京奥运会部分中国冠军为例》中指出，中国奥运会冠军成功的归因模式是主观努力程度、优秀的心理品质、目标设置、外界的支持和主场优势④。

赵一平等在《北京奥运会中国冠军的成长特征与启示》中指出，夺金项目分布在 7 个项群，各项群冠军从事训练的年龄与年限有各自的特征；来自一般与贫困家庭以及直系亲属无竞技运动史的冠军占 98.4%；88.9% 的冠军有体校训练经历，61.9% 的冠军有高等教育经历，其成功是主观努力与客观条件相互作用的结果⑤。

范存生在《基于"双产权"视角的奥运冠军产权边界与机制研究》中指出：在市场经济条件下，国外发达国家奥运会冠军的成长主要是由家庭或个人长期投资积累形成，相应法律、法规比较健全和完善，奥运会冠军产权归属清晰，无形资产的商业开发有序进行⑥。

彭杰在《论中国奥运金牌得主的成功之道》中指出，科学训练体系和举国

---

① 吴殿廷，赵江，刘鸽，肖敏. 中国杰出体育竞技人才成长因素的地理分析——以奥运冠军为例 [J]. 地理科学. 2007，27（6）：779 - 784.

② 牛小洪，万蓉，等. 中国夏季奥运会冠军的时空分布特征及影响因素 [J]. 天津体育学院学报，2017，32（3）：196 - 202.

③ 张学研. 我国奥运冠军特征分析 [J]. 体育文化导刊. 2013（1）：58 - 60，89.

④ 蔡睿，王建洲. 奥运冠军成功归因模式初探：以 2008 北京奥运会部分中国冠军为例 [J]. 体育科技文献通报，2013（6）.

⑤ 赵一平，孙庆祝. 北京奥运会中国冠军的成长特征及启示 [J]. 中国体育科技. 2009（4）：3 - 7.

⑥ 范存生. 基于"双产权"视角的奥运冠军产权边界与机制研究 [J]. 武汉体育学院学报，2007（3）：31 - 33.

体制是获得奥运会冠军的保障①。

（三）奥运会冠军的社会影响及其流动研究

王雪峰、肖锋在《结果与动因：中国奥运冠军的社会流动》中，对其社会流动进行了研究，发现夺冠前身居社会下层和中层较多；夺冠后大多实现了社会层次上流。这种社会流动有利于社会结构的优化及奥运战略的持续，但对社会公平、价值观及体育事业全面发展也产生了一些不利影响②。

徐丽娟（2005）在《奥运金牌价值构成与奥运冠军的社会功用》中对奥运会金牌价值构成进行了分析，考察了金牌投入要素组合，探讨了奥运冠军所具有的社会功用③。

（四）获奥运会金牌项目项群特征研究

张建华在《我国历届奥运金牌获得项目的项群特征》中，总结了我国奥运会冠军得主的项群特征，指出我国夺金的主要项群是单人竞技项群，夺金的次要项群是双人合作项群，夺金的弱势项群是多人集体项群；技能主导类项群是夺金的主体性项群，体能主导类则是辅助性项群。我国奥运夺金的核心项群是技能主导类表现难美性项群，技战能主导类隔网对抗性项群，体能主导类快速力量性项群；夺金的主要项群是间接竞技类项群④。

（五）奥运会冠军的奖励研究

方志在《奥运奖金之研究》中指出：奖金主要来自政府和非政府两部分，两部分奖励的动机、分配原则存在区别。认为奖金应该回归理性，做到物质和精神两方面，避免竞技体育的拜金主义⑤。

张建等在《试论我国优秀运动员奖励机制的问题与对策》中指出，奥运会冠军的奖励额度呈上升趋势；各省市对奖励没有统一标准；奖励内容以物质奖励为主；多采用一次性完全发放的单一奖励模式。建议：完善奖励政策，在物

---

① 彭杰. 论中国奥运金牌得主的成功之道 [J]. 北京体育大学学报，2005, 28（7）：887
　－889.
② 王雪峰，肖锋，刘洪磊. 结果与动因：中国奥运冠军的社会流动 [J]. 沈阳体育学院
　学报，2014, 33（6）：71－77.
③ 徐丽娟. 奥运金牌价值构成与奥运冠军的社会功用 [J]. 中国科技信息. 2005（20）：
　135.
④ 张建华. 我国历届奥运金牌获得项目的项群特征 [J]. 首都体育学院学报，2009（6）：
　676－679, 693.
⑤ 方志. 奥运奖金之研究 [J]. 体育科技文献通报，2013（12）：138－140.

质奖励的同时注重精神奖励①。

　　胡利军在《奥运会奖励分析》中指出，奥运会物质奖励表现出人均国内生产总值水平低的国家，实施奖励相对强度高的规律。认为随着各国对奥运会关注程度的提高，奥运会获奖运动员的奖励有不断加大的趋势②。

　　此外，还有大量对奥运会冠军研究的文献。我们在百链学术搜索上用中文检索"奥运会冠军"的期刊论文，共搜索到9166篇，相关图书2131种；用中文检索"中国奥运会冠军"的期刊论文，共搜索到3954篇，图书1806种；用中文检索"中国奥运会冠军研究"的期刊论文共搜索到265篇，图书为0。

　　综上所述并分析上述检索结果说明，我国学者对奥运会冠军群体的研究已取得一定成果，并集中表现在奥运会冠军分布的时空特征、成功因素、社会影响及其流动、项群特征、奖励制度等方面。这些研究都集中于探讨奥运会冠军的一些基本特征、属性，以及奥运会冠军个体的或者是分届次，分项目的研究，对于冬季、夏季奥运会冠军群体的社会学、训练学、教育学以及多学科的综合性整体研究还相对比较缺乏；对中国夏季、冬季奥运会冠军数据库的构建相对薄弱。

　　（六）奥运会冠军研究的文献检索

　　美国、加拿大、英国、法国、德国、俄罗斯、韩国、日本等国家学者也出版或发表过有关奥运会研究著作与论文。我们在百链学术搜索（http://www. blyun. com）上用英文检索"the champions of olympic games"（奥运会冠军）的期刊论文，共搜索到6471篇，相关图书28种；用英文检索"the Champions of Olympic Games in China"（中国奥运会冠军）的期刊论文，只搜索到3篇，图书为0；用英文检索"Research on the Olympic Games Champions in China"（中国奥运会冠军研究）的期刊论文和图书均为0（详见表1-1）。分析检索结果表明，上述已有的图书或论文主要是关于奥运会成绩统计、相关训练理论、奥运会历史和部分项目奥运会冠军单方面的社会学、教育学研究或新闻报道，缺乏对奥运会冠军群体成长特征的研究，更没有对中国夏季、冬季奥运会冠军群体成长特征的综合研究。尽管如此，上述国内外研究成果为本课题的系统研究提供了有意义的认识和重要的理论支撑。

---

① 张建，尹周杨，张晓亮. 试论我国优秀运动员奖励机制的问题与对策 [J]. 体育文化导刊. 2014 (6)：11-14.
② 胡利军，付晓春. 奥运会奖励分析 [J]. 复印报刊资料（体育）. 2006 (8)：29-32.

表 1 - 1　有关奥运会冠军研究论文图书检索结果

检索词	期刊论文（篇）	图书（种）
奥运会冠军	9166	2131
中国奥运会冠军	3954	1806
中国奥运会冠军研究	265	0
The Champions of Olympic Games	6471	28
The Champions of Olympic Games in China	3	0
Research on the Olympic Games Champions in China	0	0

注：表 1 - 1 检索数据来源于百链，用其他检索工具检索的结果很少。检索时间：2018 年 12 月 31 日。

二、核心概念界定

（一）奥运会冠军

特指由健全人参加，并在历届夏季、冬季奥运会上荣获金牌的运动员。

（二）成长特征

成长，泛指事物走向成熟，摆脱稚嫩的过程。就是自身不断变得成熟的变化过程①。

特征是指作为事物特点的标志、象征等②。Trait：distinguishing quality or characteristic③，是一事物区别于其他事物的特别显著的征象和标志。

成长特征泛指事物走向成熟，摆脱稚嫩的过程中所表现出来的显著征象和标志。

（三）竞技能力

竞技能力主要指运动员的参赛能力。由身体形态、身体机能、运动素质、技术、战术、心理、智力等能力构成，并综合地表现于专项竞技的过程之中④。

（四）训练特征

训练特征是指某运动项目在运动训练过程中所表现出来的展示自我继而区

---

① 郝滨. 催眠与心理压力释放 [M]. 合肥：安徽人民出版社，2009：207 - 211
② 《新华汉语词典》编委会. 新华汉语词典 [M]. 北京：商务印书馆，2004.10：942.
③ 《新华汉语词典》编委会. 新华汉语词典 [M]. 北京：商务印书馆，2004.10：942.
④ 体育院校通用教材. 运动训练学 [M]. 北京：人民体育出版社，2000：68.

别于其他运动项目训练的基本特征①。

（五）训练学特征

训练学特征是指不同的运动项目的成绩决定因素，运动员个人竞技能力的结构特点，运动员训练内容、方法等在训练过程中表现出来的有别于他人或其他项目的特点。

（六）社会特征

社会是有文化、有组织的系统；以物质生产活动为基础，以人际交往为纽带；是人类共同生活的最大群体；同时具有能动性这四点是社会的主要特征②。因为社会是一个复杂的有机体，不同的社会在时间和空间上的差异性、变动性都很大。社会的特点包括多样性、复杂性和变动性③。

社会特征是作为活动主体的人，以物质生产活动为基础，通过交往、活动，能动地改造自然所表现出来的社会形态、社会意识、社会运行机制等变化，以及这些表现所具有的共有特性。

（七）教育特征

教育主要指一切有目的地影响人的身心发展的社会实践活动④。本研究的教育主要指学校教育。

教育特征主要指通过对学习者施加的教育形式、教育方法、教育内容，从而影响其文化知识、伦理道德意识、生活方式、行为习惯等。根据学习者文化教育表现形式的众多特性在心理上的反映，称为教育的特征。

（八）规律

规律是指自然界和社会诸现象之间必然、本质、稳定和反复出现的关系，是事物之间内在的必然联系，决定事物发展的必然趋向。规律是客观的，不以人的意志为转移，是客观事物发展过程中的本质联系，具有普遍性的形式。规律是反复起作用的，只要具备必要的条件，合乎规律的现象就必然重复出现。

（九）成长规律

成长规律是指成才者在环境、教育和实践活动诸因素的影响下，通过自身能动性的发挥，使其先天素质得到开发并达到优化状态，从而取得创造性成果

---

① 赵鲁南. 竞速运动制胜因素及训练特征的集成与分群研究［D］. 苏州大学博士论文，2014.

② 风笑天. 社会学导论［M］. 华中科技大学出版社，1997：35-36.

③ 王思斌. 社会学教程（第四版）［M］. 北京大学出版社，2016：29-30.

④ 王道俊，扈中平. 教育学原理［M］. 福建教育出版社，1998：125.

并得到社会承认的过程。成长规律由先天素质形成规律，内在素质演变规律，内外因素交互作用规律，创造活动规律，社会承认规律五条微观规律构成。它们共同构成成才规律体系①。

第三节 研究的创新点

一、研究和揭示了中国奥运会冠军群体成长特征与基本规律

对中国 1984—2021 年夏季、冬季奥运会冠军（共 295 名奥运会冠军，406 人次共获 275 枚金牌）群体的训练特征、社会特征、教育特征等多方面情况进行了比较系统综合的研究，揭示了中国奥运会冠军成长的主要特征与基本规律。

二、统计了有关国家获奥运会金牌情况并得出了有关定量结论

统计了世界各国或地区 1896—2021 年获夏季、冬季奥运会金牌的情况，并进行了比较研究，得出了定量结论。

三、建立了中国夏季、冬季奥运会冠军数据库

统计整理了中国历届夏季、冬季奥运会冠军的基本信息，构建了中国奥运会冠军基本信息数据库（查询网址：http：//47.100.216.28：12305。可输入网址在手机上或谷歌浏览器查询）。

四、为中国未来奥运会冠军的培养提供了参考和依据

（一）从训练学、教育学、社会学等多学科、多因素视角研究揭示了中国奥运会冠军成长的共同点和个体差异，外部因素和内在要素，对奥运会冠军成长过程中应注意的一些问题进行了分析，结合奥运会冠军和有关专家建议提出了解决功利性较强，与奥林匹克精神的要求尚有差距等问题的路径。

（二）通过对中国奥运会冠军群体成长特征的研究，为我国培养更多的奥运会冠军提供了重要参考和依据。为我国优秀运动员培养和竞技体育的可持续发展提出了建议。

---

① 叶忠海，裴克人. 中国人才学研究新进展 [M]. 中国海洋大学出版社，2006.11.

第四节 研究对象与方法

一、研究对象

以中国1984—2021年在夏季、冬季奥运会上荣获冠军的295名男女运动员为研究对象。

现代奥运会始于1896年,但是由于多方面原因,1932年中国选手(刘长春)才首次参加夏季奥运会。1936年在柏林举行的第11届奥运会中国未获名次。此后的多届奥运会中国都未能正式参加比赛。1979年中国奥委会在国际奥委会合法席位恢复之后,于1980年2月首次参加冬季奥运会比赛。1984年,在美国举行的第23届奥运会中,我国派出225名运动员参加16个项目的比赛,才算是中国真正地走进奥运会的大家庭。

中国运动员荣获奥运会金牌始于1984年夏季奥运会,因此本项目主要研究1984—2021年在历届夏季、冬季奥运会比赛中获得金牌的中国运动员(获得7枚奥运会金牌的7名中国台北队运动员,获得2枚金牌的2名中国香港运动员本课题不专门研究)。

二、技术路线

研究的内容框架体系及其技术路线详见图1-1—图1-3。

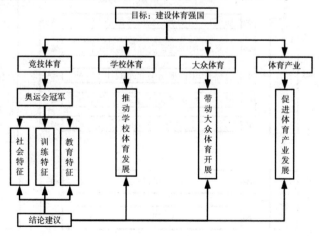

图1-1 研究基本思路

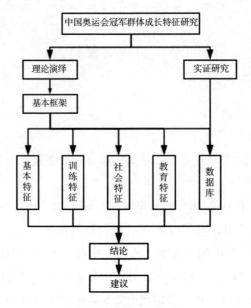

图 1-2　研究内容路径

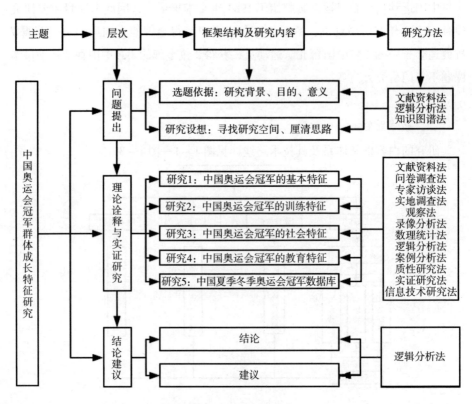

图 1-3　研究技术路线

三、研究方法

(一) 文献资料法

通过万方数据库知识服务平台、中国知网全文期刊网、维普期刊资源整合服务平台、读秀、SPORTDiscus with Full Text 等国内外电子文献库、国际奥委会和有关国际体育单项联合会网站，以及北京图书馆、国家体育总局科研所图书馆、国家体育总局档案馆、四川省图书馆、成都市图书馆、北京体育大学图书馆、成都体育学院图书馆等纸质文献收藏馆，搜集查阅与本课题研究相关文献资料，加以分析总结，以作为理论演绎的基础，为本课题的研究提供理论和数据支撑。

(二) 调查法

2016 年 3 月—2021 年 8 月，课题组成员在全国 20 多个省市和有关国家采用专家调查法、问卷调查法、面谈调查法和电话访问法先后走访并调研了约 400余位相关人员（包括奥运会冠军、奥运会冠军教练、管理人员、专家学者、国家体育总局具体业务部门主管人员。参见表 1－2）以及 450 名相关学生（初中、高中、大学生各 150 名。详见第 245 页表 5－5）以获取有关信息。

表 1－2 面谈、座谈和问卷调查法的时间地点一览

时间	地点	内容	备注
2016. 5. 16—20	成都体育学院	访谈中国短道速滑队全体人员	杨世勇讲课调研
2016. 6. 8—12	武汉体育学院	参加第 4 届体能高峰论坛	杨世勇访谈有关专家
2016. 10. 1—6	成都温江	任全国中学生举重赛仲裁	杨世勇访谈有关专家
2016. 10. 20—30	新疆乌鲁木齐等	访谈有关教育工作者	课题组成员访谈
2016. 10. 12—15	陕西渭南	全国女子举重锦标赛访谈	杨世勇任该赛仲裁
2016. 10. 29—30	福州	参加全国举重改革研讨会	杨世勇访谈有关专家
2016. 12. 8	成都体育学院	邀请全国著名专家座谈	课题开题报告
2016. 12. 9—11	合肥	全国高级教练员岗位培训调研	杨世勇授课
2016. 12. 15—18	唐山迁安	全国大学生举重锦标赛	杨世勇等访谈
2016. 12. 19—26	北京	在北京体育大学、国家体育总局访谈调研	杨世勇等
2017. 3. 9—12	浙江海宁	全国举重裁判员培训调研	杨世勇授课
2017. 4. 9—10	遵义	为遵义医学院、遵义师范学院师生讲座并调研	杨世勇

续表

时间	地点	内容	备注
2017.4.9—10	贵阳	为贵阳学院师生讲座并调研	杨世勇
2017.4.12—17	浙江江山	任全国男子举重锦标赛技术官员	杨世勇调研
2017.7.2—8	郑州、天津	全运会裁判员培训	杨世勇访谈调研
2017.7.16—21	北京	国家体育总局相关部门和有关项目国家队	杨世勇、唐照华调研
2017.7.21—29	加德满都	任亚洲青少年举重锦标赛裁判员	杨世勇调研
2017.8.1—9	莫斯科、圣彼得堡	调研俄罗斯体育体制等	杨世勇调研
2017.8.23—9.6	天津	任第13届全运会技术官员	杨世勇、唐照华等调研
2016.6—2017.8	有关省市	对奥运会冠军和相关人员调研	课题组成员
2017.9.28	成都	四川省第13届全运会裁判总结会议	杨世勇、唐照华调研
2017.10.1—4	四川温江	任全国中学生举重赛仲裁	杨世勇调研
2017.11.1—4	齐齐哈尔、哈尔滨	冬季项目和亚布力滑雪场调研	杨世勇等
2017.11.24—25	合肥	为安徽省有关运动项目教练员讲课调研	杨世勇
2017.11.26—27	合肥	为全国举重高中级教练员培训班授课调研	杨世勇
2017.12.11	成都	为美国大学生举重队授课调研	杨世勇
2017.12.15—17	南宁	为广西举重教练员培训班授课调研	杨世勇
2018.3.6—8	海宁	为全国举重裁判员晋级培训班授课调研	杨世勇
2018.3.9—12	海宁	任2018U17U18全国举重锦标赛仲裁	杨世勇调研
2018.4.16—22	宜昌	任2018年全国男子举重锦标赛仲裁	杨世勇调研
2018.5.19	成都	为全国教练员科学训练班授课	杨世勇调研
2018.6.1	贵阳	为贵州师范学院、贵州中医药大学师生讲课调研	杨世勇
2018.6.8	南充	为西华师范大学师生讲课调研	杨世勇

续表

时间	地点	内容	备注
2018. 7. 15	重庆	为重庆体育局有关项目教练裁判讲课	杨世勇调研
2018. 8. 5—15	广元	第13届四川省运动会有关项目调研	杨世勇、唐照华等
2018. 8. 26—9. 2	宝鸡	任全国女子举重冠军赛仲裁	杨世勇调研
2018. 9. 28—10. 2	海宁	任全国青年举重冠军赛仲裁	杨世勇调研
2018. 11. 4—5	重庆	西南大学和重庆邮电大学讲座调研	杨世勇
2018. 11. 8—11	武汉	武汉体院、华中科大学术讲座	杨世勇调研
2018. 12. 2—5	五指山	全国举重技术规则培训班授课调研	杨世勇、张婕等
2019. 1. 20—25	武汉	中国第1期体能训练师培训授课调研	杨世勇
2019. 5. 15—19	天津	天津体育局及其有关运动队调研	杨世勇
2019. 7. 2—8	北京	国家体育总局及其有关运动队调研	杨世勇
2019. 8. 4—9	广州	二沙岛基地、广州体育职业学院等调研	杨世勇
2019. 8. 20—26	东京	日本东京2020年奥运会奥组委等	杨世勇
2019. 9. 15—18	遵义	调研奥运会冠军邹市明成长过程等	杨世勇、张婕等
2020. 6. 7—10	北京	国家体育总局举摔柔中心参加体能会议并调研	杨世勇
2020. 7. 28—29	眉山	四川省体育局举摔柔中心眉山基地调研讲课	杨世勇
2020. 8. 12	成都双流	中国羽毛球队讲课调研（在成都双流训练基地）	杨世勇
2020. 11. 18—21	西安	中国第5期体能训练师培训授课调研	杨世勇
2020. 12. 8	合肥	国防科技大学授课调研	杨世勇

时间	地点	内容	备注
2020.12.26—28	佛山	2020第2届全国举重大师赛参赛调研	杨世勇、朱敏华

1. 问卷调查法

根据本课题研究的目的和内容，在查阅相关文献资料的基础上，通过理论推演、信息分析，结合与奥运会冠军、奥运会冠军教练和有关专家的访谈，拟定出有关指标，并据此设计相应的调查问卷，通过函调、走访和利用重大比赛的时机向奥运会冠军、奥运会冠军教练员、有关专家调查，回收调查问卷，并对问卷信效度进行检验，统计相应结果以作为本研究的重要基础。从2016年3月开始进行问卷调查（问卷和面谈调查的时间地点见表1-2），并发放专家问卷406份，回收378份，回收率93.1%，剔除无效问卷16份，有效问卷362份，有效率95.8%（问卷调查分类情况和专家分布情况参见表1-3、表1-4）。

问卷调查包括三类问卷（详见表1-5、表1-6、表1-7、表1-8、表1-9）；

问卷的效度检验：

效度检验采用请专家进行内容效度判定的方法。问卷制定过程中咨询了运动训练学专家、统计学专家、教育学和有关社会学专家22人，征求专家意见，经专家修改后再次请专家进行内容效度判定。

问卷的信度检验：

问卷的信度检验采用小范围内的"测量—再测量"方法。分两次发放修改后的问卷，时间间隔30天，两次发放对象相同。二次回收后计算复测相关系数，$R = 0.92$，高度相关（$p < 0.01$），说明调查结果的可信性具有显著意义。

表1-3　问卷调查专家情况分类一览（$N = 362$）

训练特征问卷			社会特征问卷	教育特征问卷
奥运会冠军	奥运会冠军教练	专家	专家人数	专家人数
55	51	83	77	96
15.2%	14.1%	22.9%	21.3%	26.5%

表1-4 问卷调查专家分布情况一览 (N=362)

奥运会冠军		奥运会冠军教练		世界冠军		职称结构		行政干部		其他		
男	女	男	女	男	女	教授	副教授	厅级	处级	国际裁判	新闻媒体	行业精英
25	30	43	8	5	8	42	88	7	26	45	15	20
6.9%	8.3%	11.9%	2.2%	1.4%	2.2%	11.6%	24.3%	1.9%	7.2%	12.4%	4.1%	5.5%

备注:如果上述多重身份重复,则就高只计一项。职称结构中教授包括博士生导师、国家级教练,副教授包括高级教练。

(1) 中国奥运会冠军的训练特征问卷调查

中国奥运会冠军的训练特征共问卷调查奥运会冠军55人 (详见表1-5),奥运会冠军教练员51人 (详见表1-6),有关专家学者和管理人员83人 (详见表1-7)。

表1-5 中国奥运会冠军对训练特征的问卷调查人员名单 (N=55)

(按照问卷调查时间的先后顺序排列)

序号	姓名	性别	出生年	职务	工作单位	项目	获奥运会冠军年	备注
1	朱 琳	女	1957	局 长	四川省体育局	排球	1984	退休
2	吴数德	男	1959	副局长	广西体育局副局长	举重	1984	退休
3	陈伟强	男	1958	高级教练	广东二沙头训练中心	举重	1984	退休
4	庞 伟	男	1986	国家级教练	中国射击队	射击	2008	
5	杜 丽	女	1982	国家级教练	中国射击队	射击	2004、2008	
6	丁美媛	女	1979	校长	辽宁省陆上运动学校	举重	2000	
7	占旭刚	男	1974	校长	浙江体育职业技术学院	举重	1996、2000	
8	张国政	男	1974	总教练	中国女子举重队	举重	2004	
9	李雪英	女	1990	干部	郑州大学体育学院	举重	2012	
10	孟苏平	女	1989	运动员	安徽省重竞技运动管理中心	举重	2016	
11	贾占波	男	1974	副主任	河南航空运动管理中心	射击	2004	
12	周璐璐	女	1987	运动员	山东省举摔柔管理中心	举重	2012	
13	林清峰	男	1989	教练员	福建省举重运动管理中心	举重	2012	
14	邓 薇	女	1985	运动员	中国举重队	举重	2016	
15	张 山	女	1968	主任	四川省排球运动管理中心	射击	1992	
16	李雪芮	女	1990	运动员	重庆市体育局	羽毛球	2012	

续表

序号	姓名	性别	出生年	职务	工作单位	项目	获奥运会冠军年	备注
17	陈 静	女	1975	副主任	四川省排球管理中心	排球	2004	
18	赵芸蕾	女	1986	主席	湖北省羽毛球协会	羽毛球	2012	2金
19	董 栋	男	1989	运动员	山西省体操运动管理中心	蹦床	2012	
20	何雯娜	女	1989	运动员	福建省体操管理中心	蹦床	2008	
21	张湘祥	男	1982	教练员	北京体育大学	举重	2008	
22	王 旭	女	1984	教练员	北京体育大学	摔跤	2004	
23	奚爱华	女	1980	副主任	山东省水上运动管理中心	赛艇	2008	
24	金紫薇	女	1983	党委书记	江西省水上运动管理中心	赛艇	2008	
25	杨文军	男	1982	主任	江西省体育局后勤中心	皮划艇	2004、2008	
26	孙甜甜	女	1980	干部	河南乒乓球网球管理中心	网球	2004	
27	邢傲伟	男	1979	主任助理	山东省体操管理中心	体操	2000	
28	张成龙	男	1988	原副主任	山东省体操管理中心	体操	2012	
29	张继科	男	1987	运动员	中国乒乓球队	乒乓球	2012、2016	3金
30	张梦雪	女	1990	运动员	山东省体育局	射击	2016	
31	张娟娟	女	1989	副主任	青岛市射箭管理中心	射箭	2008	
32	王 峰	男	1978	干部	山东省体育局	跳水	2008	
33	李晓霞	女	1987	运动员	山东省体育局	乒乓球	2012	
34	杨方旭	女	1994	运动员	中国女子排球队	排球	2016	
35	施廷懋	女	1991	运动员	重庆市运动技术学院	跳水	2012	
36	吕小军	男	1984	运动员	天津市体工大队	举重	2012	
37	王明娟	女	1985	副处长	湖南省体育职业学院	举重	2012	
38	龙清泉	男	1990	运动员	湖南省体育职业学院	举重	2008、2016	2金
39	石智勇	男	1993	运动员	浙江体育职业技术学院	举重	2016	2金
40	陈 中	女	1981	团委书记	北京体育大学	跆拳道	2000、2004	
41	唐功红	女	1979	副主任	山东省威海训练基地	举重	2004	
42	向艳梅	女	1992	运动员	湖南省举重中心	举重	2016	
43	陆 永	男	1986	副主任	广西举重运动发展中心	举重	2008	
44	廖 辉	男	1987	运动员	中国举重队	举重	2008	
45	杨 威	男	1980	副主任	湖北体操管理中心	体操	2008	
46	程 菲	女	1988	高级教练	武汉体院竞技体校	体操	2008	
47	殷 剑	女	1978	校长	四川省水上学校	帆船	2008	

序号	姓名	性别	出生年	职务	工作单位	项目	获奥运会冠军年	备注
48	魏秋月	女	1988	副书记	天津市团委	排球	2016	
49	张　宁	女	1975	主教练	中国羽毛球队女单	羽毛球	2004、2008	
50	邹　凯	男	1988	国际裁判	四川体操管理中心	体操	2008、2012	5金
51	丁　宁	女	1990	运动员	中国乒乓球队	乒乓球	2012、2016	3金
52	陈龙灿	男	1965	教授	西华大学	乒乓球	1988	
53	曾国强	男	1965	高级教练	广东省二沙训练基地	举重	1984	
54	谌　龙	男	1989	运动员	中国羽毛球队	羽毛球	2016	
55	张　军	男	1977	总教练	中国羽毛球协会主席	羽毛球	2000、2004	

表1-6　中国奥运会冠军教练员对训练特征的问卷调查人员名单（N＝51）

（注：按照问卷调查时间的先后顺序排列）

序号	姓名	性别	出生年	职务	工作单位	项目	备注
1	陈兴东	男	1970	国家级教练	四川体育职业学院党委书记	羽毛球	张军、高崚教练
2	杨汉雄	男	1951	国家级教练	总局举摔柔中心	举重	占旭刚等原中国队总教练
3	贺益成	男	1955	国家二级教练	湖南省举重中心	举重	杨霞、王明娟阶段教练
4	周继红	女	1969	国家级教练	湖南省举重中心	举重	王明娟、向艳梅教练
5	唐锦波	男	1962	国家二级教练	广西举重发展中心	举重	唐灵生阶段教练
6	王国新	男	1959	国家级教练	中国女子举重队	举重	原中国女子举重队总教练
7	陈文斌	男	1956	国家级教练	福建省举重中心主任	举重	原中国男子举重队总教练
8	于杰	男	1967	国家级教练	中国男子举重队总教练	举重	吕小军、廖辉教练
9	程志山	男	1957	国家级教练	四川省举摔柔中心	柔道	中国柔道队总教练、顾问

续表

序号	姓名	性别	出生年	职务	工作单位	项目	备注
10	徐艳	女	1971	高级教练	安徽省重竞技管理中心	举重	孟苏平教练
11	薛元挺	男	1970	国家级教练	厦门竞技体育管理中心	举重	林清峰阶段教练
12	薛行弼	男	1940	高级教练	福建省南平市少体校	举重	张国政阶段教练
13	李冬瑜	男	1975	高级教练	宁波体育运动学校	举重	石智勇阶段教练
14	姜雪辉	男	1964	国家级教练	辽宁体育职业技术学院	举重	丁美媛的教练
15	陈义阶	男	1953	国家级教练	湖南省举重运动管理中心	举重	杨霞阶段教练
16	谢勇	男	1969	国家级裁判	北京体育大学	举重	张湘祥教练
17	周志琴	女	1976	国家级教练	福州市体育运动学校	女子举重	邓薇阶段教练
18	许敬法	男	1961	国家级教练	河南省举重队	女子举重	李雪英教练
19	钱青林	男	1969	高级教练	安徽竞技运动管理中心	举重	孟苏平阶段教练
20	马曙光	男	1980	高级教练员	解放军跆拳道队	跆拳道	郑殊英教练
21	卢秀栋	男	1971	国家级教练员	北京体育大学	跆拳道	陈中阶段教练
22	卓贤麟	男	1959	国家级教练员	体操中心中国蹦床队	蹦床	何雯娜、董栋阶段教练
23	贺璐敏	女	1979	高级教练员	北京体育大学	跆拳道	陈中辅助教练
24	程念	男	1977	高级教练员	四川省运动技术学院	跳水	任茜阶段教练
25	刘犇	男	1975	国家级教练员	重庆第二体育运动学校	跳水	林跃、施廷懋、陈艾森教练

续表

序号	姓名	性别	出生年	职务	工作单位	项目	备注
26	胡常临	男	1963	国家级教练	湖南举重中心	举重	龙清泉主要教练
27	陈勇	男	1971	国家级教练	福建省举重中心	举重	邓薇教练
28	邵国强	男	1957	高级教练	浙江体育职业技术学院	举重	石智勇阶段教练
29	陶闯	男	1971	国家级教练	广西举重运动发展中心	举重	陆永阶段教练
30	谭汉永	男	1958	国家级教练	广西举重运动发展中心	举重	唐灵生阶段教练
31	魏嘉陵	女	1968	高级教练	内江市少年儿童体校	柔道	唐琳阶段教练
32	江涛	男	1959	国家级教练	广东举重运动管理中心	举重	陈晓敏教练
33	韩长美	女	1964	中级教练	泰国举重女队总教练	举重	培养两位泰国奥运会冠军
34	吴美仪	女		教练	中国台北举重队教练	举重	两届奥运冠军许淑静教练
35	赵汉华	女	1958	国家级教练	武汉体院竞技体校	体操	程菲教练
36	李敬	男	1970	奥运会亚军、副主任	湖南体操中心	体操	李小鹏阶段教练
37	陈伟华	男	1960	高级教练	八一羽毛球队	羽毛球	李雪芮阶段教练
38	李顺柱	男	1959	国家级教练	中国青年举重队	举重	陈艳青阶段教练
39	林朝阳	男	1966	国家级教练	四川泸州体操中心	体操	邹凯基层体校教练
40	朱云儿	男	1949	高级教练	浙江省开化县业余体校	举重	占旭刚基层体校教练
41	史衍	男	1981	副教授	首都体育学院	柔道	杨秀丽体能教练（2011—2012 年）
42	陈冠湖	男	1936	国家级教练	原广东省体委副主任	举重	曾国强、占旭刚阶段教练
43	任满迎	男	1981	副研究员	北京市体育科学研究所	乒乓球	丁宁体能教练（2013 年至今）

续表

序号	姓名	性别	出生年	职务	工作单位	项目	备注
44	李春雷	男	1970	教授、博导	北京体育大学		林丹、孙杨等体能教练（2008—2016年）
45	闫 琪	男	1973	研究员	国家体科所	中国跳水队体能教练	陈若琳、刘蕙瑕等体能教练
46	陈孝铭	男	1969	国家级教练	福建省青少年体育学校	举重	石智勇福建体校基层教练
47	梁 峰	男	1963	高级教练	遵义市体育运动学校	拳击	邹市明基层体校教练
48	邓国银	男	1941	国家级教练	原中国举重队副总教练	举重	唐灵生阶段教练
49	龙望春	男	1971	国家级教练	成都体育学院（原中国队教练组长）	举重	龙清泉阶段教练
50	刘鸿超	男	1963	高级教练	四川体育职业学院	柔道	杨秀丽阶段教练
51	沈兆喆	男	1985	助理研究员	国家体育总局体能中心	羽毛球	谌龙体能教练

表1-7 有关专家对中国奥运会冠军训练特征的问卷调查人员名单（N=83）

（注：按照问卷调查时间的先后顺序排列）

序号	姓名	性别	出生年	职务	工作单位	备注
1	史 兵	男	1967	教授、博导	陕西师范大学	国际级裁判员
2	何一群	男	1976	部长	总局举摔柔中心举重部长	原中国柔道队领队
3	周英杰	男	1976	一级播音员	中央电视台	体育评论员
4	汪光馨	男	1981	高级编辑	中央电视台	体育频道
5	杨占宇	男	1979	高级教练	中国短道速滑队	全国冠军
6	刘智丽	女	1971	副教授	成都体育学院二系副主任、博士	体操国家级裁判
7	孙建东	男	1955	高级教练	无锡市体育运动学校	国际级举重裁判员
8	李晓红	女	1957	副教授	重庆医科大学	国际一级举重裁判
9	乔玉安	男	1957	高级政工师	中国陕西经济技术公司	国际级裁判员
10	王 波	男	1968	高级教练	长寿市体育运动学校	国际级裁判员

续表

序号	姓名	性别	出生年	职务	工作单位	备注
11	陈艳	女	1974	副教授	华中科技大学体育部	国际级举重裁判员
12	张蓉	女	1973	副校长	淄博张店区第二中学	国际级举重裁判员
13	罗跃滨	女	1967	副处长	黑龙江哈尔滨少儿活动中心	国际级举重裁判员
14	于莹	女	1964	副教授	山东师范大学体育学院	国际级举重裁判员
15	李恩福	男	1958	高级教练	沈阳市大东区文体局	国际级举重裁判员
16	伊志强	男	1969	副教授	齐齐哈尔大学体育学院	国际级举重裁判员
17	唐彦英	女	1975	高级教练	宁夏体育运动学校	国际级裁判员
18	刘翠萍	女	1962	医生	中国羽毛球队	兼中国羽毛球队科研教练
19	桂来堂	男	1964	高级教练	北京体育大学	
20	刘全会	男	1956	国家级教练	河北省举重队	全国冠军
21	朱敏华	男	1965	总经理	海宁市拜尔材料有限公司	国际级举重裁判员
22	于淑香	女	1972	科员	丹东大东线圈工程有限公司	国际级举重裁判员
23	朱少杰	男	1971	高级教练	山东省举重训练中心	
24	封传国	男	1957	高级教练	四川省运动技术学院	
25	杨鸿宁	男	1963	校长	重庆市第三体育运动学校	
26	刘绍东	男	1960	副教授	西安石油大学体育专业教研室	国际级裁判员
27	金凤霞	女	1972	副校长	辽宁省锦州市运动训练学校	国际级举重裁判员
28	翁为民	男	1963	高级教练	上海市宝山区少体校	全国举重冠军
29	李靖文	男	1969	教授	西南大学体育学院	国际级举重裁判员
30	赵鹏	男	1972	研究员	国家体育总局体育科研所	中国举重队科研教练
31	李浩	男	1976	主任	总局举摔柔中心反兴奋剂部	中国举协副秘书长
32	杨春元	男	1963	副教授	江南大学体育学院	
33	徐宏	男	1959	教授、副院长	贵州师范大学学院	国家级田径裁判
34	王雷	男	1981	教授	西南大学	
35	张勇	男	1974	副主任	四川省举摔柔运动中心	世界冠军

续表

序号	姓名	性别	出生年	职务	工作单位	备注
36	郭立亚	男	1962	院长、博导、教授	西南大学体育学院	全国高校体育教学指导委员
37	杨成波	男	1980	副教授	成都体育学院	博士
38	高凯文	男	1957	国家级教练	解放军举重队	大校
39	马建平	男	1961	总教练	美国林登伍德大学举重队	
40	Pereira	男	1989	高级教练	美国 ogre barbell club	
41	碧项庆	男	1968	高级教练	安徽合肥体育局	
42	杨业全	男	1960	高级教练	湖北重竞技运动管理中心	
43	那宪飞	男	1958	教授	哈尔滨体育学院	国际级举重裁判员
44	许克正	男	1962	副主任	内蒙古赤峰市彩票中心	国际级举重裁判员
45	张志磊	男	1982	副主任	河南重竞技运动管理中心	奥运会拳击亚军
46	石 哲	男	1948	国家级教练	河南重竞技运动管理中心	
47	谷锦华	男	1960	国家级教练	河南重竞技运动管理中心	
48	Austin	男	1991	高级教练	美国林登伍德大学举重队	
49	T. Crain	男	1986	高级教练	美国 Gold Gym	
50	韩 利	女	1988	主教练	四川省女子羽毛球队	世界冠军
51	邱红梅	女	1983	高级教练	江西重竞技管理中心	举重世界冠军
52	帅裕钦	男	1957	国家级教练	四川省运动技术学院训练处长	
53	刘美川	男	1961	国家级教练	四川运动技术学院跳水队	世界冠军邱波教练
54	邱 波	男	1993	世界冠军	四川省运动技术学院	中国跳水队
55	龙 奇	男	1971	高级教练	中国赛艇二队总教练	亚洲冠军
56	郭耘菲	女	1990	世界冠军	北京体育大学竞技体校	世界青年冠军
57	蔡智勇	男	1971	高级教练	重庆射击运动学校射击队总教练	移动靶世界冠军
58	周张婷	女	1989	运动员	福建省体工队	世界冠军
59	西洛卓玛	女	1986	运动员	西藏自治区体工队	世界冠军
60	肖 英	女	1975	教练员	辽宁锦州市体校	举重世界冠军
61	邢淑文	女	1973	高级教练	大连金州体校举重队	举重世界冠军
62	刘 伶	女	1977	高级教练	鞍山市第二体校举重队	举重世界冠军
63	杨 辉	男	1962	高级教练	北京体育大学田径队	全运会冠军
64	郭庆红	男	1958	秘书长	北京举重协会、北京健美协会	举重世界冠军

序号	姓名	性别	出生年	职务	工作单位	备注
65	陈苏媚	女	1966	主任	东莞石龙镇体育管理中心	举重国际裁判
66	鄞 旭	女	1965	副秘书长	上海市举重协会	举重国际裁判
67	张春华	女	1968	高级教练	云南省体育工作大队	举重国际裁判
68	徐 军	男	1965	中级教练	上海普陀区少体校	举重国际裁判
69	陈 平	男	1962	一级警长	南京市公安局	举重全国冠军、国际裁判
70	秦小川	男	1959	国家级教练	广西举重发展中心	奥运会银牌教练
71	兰世章	男	1973	高级教练	广西举重发展中心	举重世界冠军
72	余良华	男	1964	教授	湖北大学体育学院	
73	王 威	男	1982	副教授	湖北大学体育学院	
74	辛 瑜	男	1962	处长	重庆市体育局训练处	
75	王 涛	男	1970	高级教练	天津体工大队举重队	全国冠军
76	周均甫	男	1967	主任	湖南省举重管理中心	全国冠军
77	吴美景	男	1981	领队	福建省举重队	举重世界冠军
78	孔明敏	女	1984	博士	成都体育学院	国际级羽毛球裁判
79	李 军	男	1964	副教授	成都体育学院	排球国家级裁判
80	王宣庆	男	1958	书记、副主任	总局自行车击剑管理中心	
81	魏志斌	男	1971	高级教练	重庆射击运动学校射箭队总教练	全国冠军
82	陈小平	男	1956	研究员、博导	国家体育总局体育科学研究所	
83	李玲娟	女	1966	高级教练	四川省陆上运动学校射箭队总教练	奥运会射箭亚军

（2）中国奥运会冠军的社会特征问卷调查

问卷调查有关专家学者、奥运会冠军及其教练员、有关管理人员等77人（详见表1-8）。

表1-8 中国奥运会冠军的社会特征研究调查问卷专家统计（N=77）

（按照问卷调查时间的先后顺序排列）

序号	姓名	出生年	职务	工作单位	备注
1	周进强	1964	举摔柔中心主任	国家体育总局举摔柔中心	中国举协主席
2	赵 健	1963	副主任	原总局反兴奋剂中心	现总局游泳中心

序号	姓名	出生年	职务	工作单位	备注
3	周英杰	1976	国家一级播音员	中央电视台体育频道	
4	吴璞	1973	记者	中央电视台	
5	汪光馨	1981	编辑	中央电视台	
6	刘川	1971	记者	中央电视台	
7	李浩	1976	反兴奋剂部主任	国家体育总局举摔柔中心	中国举协副秘书长
8	陈应表	1964	主任	总局水上运动管理中心	
9	刘祯	1981	领队	中国高山滑雪队	原总局冬运中心办公室主任
10	庞高兴	1961	处长	国家体育总局举摔柔中心	
11	杨汉雄	1951	国家级教练	国家体育总局举摔柔中心	原中国队总教练
12	姜雪辉	1964	国家级教练	辽宁体育职业技术学院	丁美媛教练
13	周继红	1969	国家级教练	湖南省举重中心	王明娟、向艳梅教练
14	谢勇	1969	国家级教练	北京体育大学	张湘祥教练
15	钱青林	1967	高级教练	安徽省重竞技中心举重队	
16	马剑平	1963	中心主任	湖北重竞技管理中心	
17	杨鸿宁	1963	校长	重庆市第三体育运动学校	
18	杨斌胜	1958	教授、博导、处长	北京体大国家队管理处	国际一级裁判
19	刘绍东	1960	副教授	西安石油大学	国际一级裁判
20	范佳音	1964	教授、副院长	西南财经大学体育学院	
21	徐宏	1959	教授、副院长	贵州师范大学体育学院	
22	王进	1961	教授、博士导师	浙江大学	
23	李靖文	1969	教授	西南大学	国际级裁判
24	鹿道叶	1979	教研室主任、副教授	山东体育学院	
25	那宪飞	1958	教授	哈尔滨体育学院	国际级裁判
26	杜景强	1964	讲师	集美大学体育学院	国际级裁判
27	宗争	1984	博士	成都体育学院新闻系	
28	郭白桦	1962	副教授	云南大学体育学院	
29	杨成波	1978	教授、博士导师	成都体育学院	
30	王涛	1984	经理	安踏体育	
31	陈辉海	1983	广告经理	上汽通用五菱汽车公司	
32	徐铁军	1969	主任	山东举摔柔运动管理中心	
33	李祯	1983	研究所所长	上海红双喜股份有限公司	
34	王新	1977	经理	山东泰山体育器材公司	

序号	姓名	出生年	职务	工作单位	备注
35	张志国	1972	总经理	张孔杠铃制造有限公司	
36	张孝品	1936	体育收藏秘书长	上海市老体协	国际一级裁判
37	杨宏建	1954	项目经理	北京国际体育交流中心	国际一级裁判
38	史春东	1957	高级记者	新华社四川分社	
39	陈志刚	1962	电影剧本作者	成都青年旅行社	
40	孙 杰	1960	教授、主任医师	大连医科大第二临床学院	
41	封传国	1957	高级教练	四川省举摔柔中心	
42	王桂华	1975	高级教练	重庆市第三体育运动学校	
43	朱少杰	1971	高级教练	山东省举重训练中心	
44	于淑香	1972	课员	丹东大东线圈工程公司	国际一级裁判
45	蔡福节	1963	主任	农民时报	国际一级裁判
46	朱敏华	1965	副主席	浙江省举重协会	国际一级裁判
47	乔玉安	1957	高级政工师	中国陕西经济合作公司	国际一级裁判
48	金凤霞	1972	高级教练	锦州体育训练管理中心	国际一级裁判
49	王 波	1968	高级教练	长春市体育运动学校	国际一级裁判
50	陈 艳	1974	副教授	华中科技大学体育部	国际一级裁判
51	张 蓉	1973	高级教师	山东淄博张店区第二中学	国际一级裁判
52	罗跃滨	1967	副处长	哈尔滨少儿活动中心	国际一级裁判
53	于 莹	1964	副教授	山东师范大学体育学院	国际一级裁判
54	李恩福	1958	高级教练	沈阳市大东区文体局	国际一级裁判
55	伊志强	1969	副教授	齐齐哈尔大学体育学院	国际一级裁判
56	孙建东	1956	高级教练	江苏无锡市体育运动学校	国际一级裁判
57	唐彦英	1975	高级教练	宁夏区体育运动学校	国家级裁判
58	梁矿智	1962	高级教师	陕西省铜川市第二中学	国家级裁判
59	桂来堂	1964	高级教练	北京体育大学	国际一级裁判
60	于喜海	1970	副局长	山西省忻州市体育局	国际一级裁判
61	司 克	1955	主任医师	西安市中心医院	国际一级裁判
62	刘全合	1956	国家级裁判	河北省举重运动管理中心	全国冠军
63	陈义阶	1953	国家级裁判	湖南省举重运动管理中心	全国冠军
64	戴 刚	1969	领队	安徽省重竞技中心	
65	穆沙雅	1981	中级教师	新疆连木沁镇汉墩坎小学	
66	杜明江	1982	干部	新疆鄯善县教育局	

序号	姓名	出生年	职务	工作单位	备注
67	陈兴东	1970	副局长、国家级教练	四川省体育局	奥运会冠军教练
68	马建平	1961	总教练、俱乐部主任	美国林登伍德大学	全国冠军
69	雷艳云	1970	副教授	湖南师范大学	国际一级裁判
70	杨辉	1962	高级教练（田径）	北京体育大学	全运会冠军
71	文烨	1974	教授	成都理工大学	国家级裁判员
72	谭进	1959	副教授	成都体育学院	国际级田径裁判
73	周立江	1957	研究员（二级）	四川省林业调查规划院	省学术技术带头人
74	蒋自强	1965	副院长	四川省公路设计院	
75	钟森	1963	教授（二级）、博导	成都中医药大学	省学术技术带头人
76	王海兵	1957	高级记者（二级）	四川广播电视台	省学术技术带头人
77	杨钢	1957	副院长、博导	四川省社会科学研究院	省学术技术带头人

（3）中国奥运会冠军的教育特征问卷调查

问卷调查有关学者、奥运会冠军及其教练员、有关管理人员等96人（详见表1－9）。

表1－9　中国奥运会冠军的教育特征研究调查问卷专家统计（N＝96）
（注：按照问卷调查时间的先后顺序排列）

序号	姓名	出生年	职务	工作单位	备注
1	周进强	1961	主任	国家体育总局举摔柔中心	中国举重协会主席
2	赵健	1964	副主任	国家体育总局游泳中心	原总局反兴奋剂中心副主任
3	卿尚霖	1963	副主任	国家体育总局网球中心	
4	陈应表	1966	副主任	国家体育总局举摔柔中心	
5	李浩	1976	主任	总局举摔柔中心反兴奋剂部	中国举协副秘书长
6	刘祯	1981	领队	中国高山滑雪队	原总局冬运中心办主任
7	庞高兴	1961	处长	国家体育总局举摔柔中心奥体部	
8	杨汉雄	1951	国家级教练	国家体育总局举摔柔中心	原中国男队总教练
9	李雪英	1990	团委志愿部	郑州大学体育学院	奥运会冠军
10	郝铮	1981	体育记者	华奥星空	
11	朱孟	1981	综合栏目副主编	新浪网	

序号	姓名	出生年	职务	工作单位	备注
12	蔡福节	1963	主任	农民时报	国际一级裁判
13	周英杰	1976	国家一级播音员	中央电视台体育频道	
14	吴 璞	1973	高级记者	中央电视台	
15	汪光馨	1981	高级编辑	中央电视台	
16	刘 川	1971	记者	中央电视台	
17	史春东	1957	高级记者	新华社四川分社	
18	陈志刚	1961	电影剧本作者	成都青年旅行社	
19	李春晖	1992	项目主管	中国大学生体育协会	
20	陈艳	1974	副教授	华中科技大学体育部	国际一级裁判
21	李恩福	1958	高级教练	沈阳市大东区文体局	国际一级裁判
22	于喜海	1970	副局长	山西省忻州市体育局	国际一级裁判
23	杜明江	1982	基教办负责人	新疆鄯善县教育局	
24	许铁军	1969	主任	山东举摔柔运动管理中心	
25	杨宏建	1954	项目经理	北京国际体育交流中心	国际级裁判员
26	金凤霞	1972	高级教练	锦州市体育训练管理中心	国际一级裁判
27	刘全合	1956	国家级裁判	河北省举重运动管理中心	全国冠军
28	陈义阶	1953	国家级裁判	湖南省举重运动管理中心	全国冠军
29	钱青林	1967	高级教练	安徽省重竞技中心举重队	
30	戴 刚	1969	领队	安徽省举重队	
31	封传国	1857	高级教练	四川省举摔柔中心举重队	
32	马剑平	1963	中心主任	湖北省重竞技运动管理中心	
33	杨斌胜	1958	教授、博导、处长	北京体育大学国家队管理处	国际一级裁判
34	徐铁军	1969	主任	山东举摔柔运动管理中心	
35	周继红	1969	国家级教练员	湖南省举重中心	奥运会冠军教练
36	朱少杰	1971	高级教练	山东省训练中心	
37	朱敏华	1965	副主席	浙江省举重协会	国际一级裁判
38	乔玉安	1957	高级政工师	中国陕西经济技术合作公司	国际一级裁判
39	于淑香	1972	课员	丹东大东线圈工程有限公司	国际一级裁判

续表

序号	姓名	出生年	职务	工作单位	备注
40	张志国	1972	总经理	河北张孔杠铃制造有限公司	
41	王新	1977	经理	山东泰山体育器材有限公司	
42	梁绿林	1963	院长	安徽体育运动职业技术学院	
43	陈辉海	1983	广告经理	上汽通用五菱汽车有限公司	
44	李祯	1983	研究所所长	上海红双喜股份有限公司	
45	王涛	1984	经理	安踏体育	
46	司克	1955	主任医师（三级教授）	西安市中心医院	国际一级裁判
47	张孝品	1936	体育文化收藏秘书长	上海市老体协	国际一级裁判
48	罗跃滨	1967	副处长	哈尔滨少儿活动中心	国际一级裁判
49	桂来堂	1964	高级教练	北京体育大学	国际一级裁判
50	王进	1961	教授、博导	浙江大学	
51	刘绍东	1960	副教授	西安石油大学	国际一级裁判
52	谢勇	1969	国家级裁判	北京体育大学	奥运会冠军教练
53	李靖文	1969	教授、主任	西南大学体育研究中心	国际一级举重裁判
54	范佳音	1964	教授、副院长	西南财经大学体育学院	
55	杨春元	1963	副教授	江南大学体育理论教研室	
56	徐宏	1959	教授、副院长	贵州师大体育学院	田径国家级裁判
57	陈志刚	1960	部门主管	成都青年旅行社	
58	杨鸿宁	1963	校长	重庆市第三体育运动学校	
59	李雪英	1990	团委干部	郑州大学体育学院	
60	于莹	1964	副教授	山东师范大学体育学院	国际一级裁判
61	伊志强	1969	副教授	齐齐哈尔大学体育学院	国际一级裁判
62	蒋明朗	1972	教授	咸阳师范学院体育学院	
63	宗争	1984	副教授、博士	成都体育学院新闻系	
64	孙建东	1956	高级教练	江苏无锡市体育运动学校	国际一级裁判
65	唐彦英	1975	高级教练	宁夏区体育运动学校	国家级裁判
66	杨宏建	1954	经理	北京国际体育交流中心	国际一级裁判
67	郭白桦	1962	副教授	云南大学体育学院	

序号	姓名	出生年	职务	工作单位	备注
68	孙　杰	1960	教授、主任医师	大连医科大学第二临床医学院	
69	鹿道叶	1979	主任、讲师	山东体育学院举摔柔教研室	
70	那宪飞	1958	教授	哈尔滨体育学院	国际一级裁判
71	杜景强	1964	讲师	集美大学体育学院	国际级裁判
72	王桂华	1976	高级教练	重庆市第三体育运动学校	
73	姜雪辉	1964	国家级教练	辽宁体育职业技术学院	丁美媛教练
74	王　波	1968	高级教练	长春市体育运动学校	国际一级裁判
75	张　蓉	1973	高级教师	山东淄博张店区第二中学	国际一级裁判
76	梁矿智	1962	高级教师	陕西省铜川市第二中学	国家级裁判
77	吾拉音	1974	高级教师	新疆鄯善县第一中学	
78	托乎提	1967	高级教师	新疆鄯善县第一中学	
79	达古提	1968	高级教师	新疆鄯善县第一中学	
80	达吾提	1975	副校长、高级教师	新疆鄯善县鲁克沁镇一中	
81	买尼政	1971	校长、高级教师	新疆鄯善县鲁克沁镇一中	
82	热依木	1971	高级教师	新疆鄯善县鲁克沁镇一中	
83	史　丽	1973	校长	新疆鄯善县中心小学	
84	吕小军	1984	运动员	天津市体工大队	奥运会冠军
85	陈兴东	1969	书记、国家级教练	四川省运动技术学院	奥运会冠军教练
86	马建平	1961	总教练	美国林登伍德大学俱乐部	中国全国冠军
87	江　涛	1959	国家级教练员	广东省举重运动管理中心	奥运会冠军教练
88	雷艳云	1970	副教授	湖南师范大学	国际一级裁判
89	辛　瑜	1962	处长	重庆市体育局训练处	
90	文　烨	1974	教授	成都理工大学	国家级裁判员
91	谭　进	1959	副教授	成都体育学院	国际级田径裁判
92	王宣庆	1958	书记、副主任	总局自行车击剑管理中心	
93	杨　辉	1962	高级教练（田径）	北京体育大学	全运会冠军
94	王海兵	1957	高级记者（二级）	四川广播电视台	四川省学术技术带头人
95	杨　钢	1957	二级研究员、博导	四川省社会科学院副院长	四川省学术技术带头人
96	刘树根	1965	二级教授、博导	西华大学校长	四川省学术技术带头人

2. 专家访谈法

2016 年 5 月—2021 年 1 月杨世勇及其课题组成员在成都、北京、天津、福州、广州、杭州、武汉和有关省市自治区，以及尼泊尔首都加德满都，俄罗斯首都莫斯科以及圣彼得堡，日本东京先后面谈访问有关专家、管理人员及中国奥运会冠军及其教练员、外籍人士等共计 55 人，以获取相关信息（见表 1 - 10、表 1 - 11）。

此外，杨世勇在承担本研究任务前已做大量前期准备工作。杨世勇作为国际级裁判员，从 1990 年开始，先后担任了 1990 年北京亚运会、1995 年世界举重锦标赛、2005 年世界青年举重锦标赛、2008 年北京奥运会、2010 年广州亚运会、2011 年世界大学生运动会、2001—2019 年（共 5 届全国运动会）和 100 余次其他重大国内外举重比赛裁判员、总裁判长、仲裁、技术代表等工作；参加了 2004 年希腊、2012 年英国、2016 年巴西奥运会科学大会和其他一些重要国际会议及其活动。1994—2008 年先后 10 余次借调国家体育总局（1996 年以前为国家体育运动委员会）有关部门（中国举重协会等）从事科研工作，并一直关注中国奥运会冠军的有关研究，为完成本课题做了前期准备。

表 1 - 10　面谈调查专家分布情况一览（N = 58）

奥运会冠军	奥运会冠军教练	教授	副教授	部级干部	厅级干部	处级干部	国际组织官员和外籍人士
7	6	17	5	1	7	7	8
12.1%	10%	29%	8.6%	1.7%	12.1%	12.1%	13.8%

备注：如果上述多重身份重复，则就高只计一项。

表 1 - 11　面谈调查专家详情统计（N = 58）

（按照面谈调查时间的先后顺序排列）

序号	姓名	性别	出生年	职务	工作单位	备注
1	李 琰	女	1966	奥运会冠军教练	中国短道速滑队总教练	中国滑冰协会主席
2	周 洋	女	1991	奥运会冠军	中国短道速滑队	奥运会冠军
3	张传良	男	1953	奥运会冠军教练	中国拳击队总教练	中国拳击协会主席
4	周进强	男	1963	主任	国家体育总局举摔柔管理中心	中国举重协会主席
5	刘 青	男	1961	二级教授、博导	成都体育学院书记	中国体育科学学会副理事长

序号	姓名	性别	出生年	职务	工作单位	备注
6	刘建和	男	1955	二级教授、博导	成都体育学院原副校长	
7	陈 宁	男	1960	二级教授、博导	成都师范学院校长	原西华师范大学校长
8	刘 浩	男	1970	领队	中国短道速滑队	
9	赵 健	男	1962	副主任	国家体育总局游泳管理中心	原总局反兴奋剂中心副主任
10	李 频	男	1966	副主任	国家体育总局田管中心	原总局拳跆中心副主任
11	陈忠和	男	1957	奥运会冠军教练	福建体育局副局长	原中国女排主教练
12	熊 倪	男	1974	副局长	湖北体育局副局长	奥运会跳水冠军
13	杨 桦	男	1956	二级教授、博导	北京体育大学原校长	原中国体育科学学会副理事长
14	缪仲一	男	1963	主任、书记	国家体育总局体操管理中心	
15	马文广	男	1956	前主席	中国举重协会	原国际举联秘书长
16	董生辉	男	1964	秘书长	中国摔跤协会	总局举摔柔中心摔跤部长
17	钱光鉴	男	1960	副主席	中国举重协会	亚洲举重联合会副主席
18	程林林	男	1961	二级教授、博导	成都体育学院研究生院院长	
19	王广虎	男	1956	二级教授、博导	成都体育学院原学报副主编	
20	王 纯	男	1961	教授、博导	成都体育学院继续教育处处长	
21	何 颖	女	1974	教授、博导	成都体育学院科研处处长	
22	陈 正	男	1962	教授、硕士导师	成都体育学院	
23	李 林	男	1966	教授、博导	成都体育学院教务处处长	
24	塔·阿让	男	1938	博士	原国际举重联合会主席	国际奥运会委员
25	袁伟民	男	1950	奥运会冠军教练	国家体育总局原局长	原中国女排主教练

续表

序号	姓名	性别	出生年	职务	工作单位	备注
26	段世杰	男	1952	理事长	中国体育科学学会	国家体育总局原副局长
27	万德光	男	1938	教授、博导	北京体育大学	原中国举重协会副主席
28	戴光裕	男	1938	教授、国际裁判	上海体育学院	原中国举重协会副主席
29	艾康伟	男	1958	研究员	国家体育总局科研所	
30	邓亚萍	女	1973	投资人	河南邓亚萍体育产业投资基金	奥运会冠军
31	李汉景	男	1963	教授	韩国龙仁大学教授	国际举重联合会裁判员
32	黄远辉	男	1963	领队	泰国举重队	
33	廖勇毅	男	1966	主席	新加坡举重协会	国际举重裁判
34	穆·扎卢	男	1963	秘书长	国际举重联合会	
35	知念令子	女	1966	官员	日本东京奥组委	国际举联技术委员会秘书
36	莫多索夫	男	1970	哈萨克斯坦奥委会委员	亚洲举重联合会技术委员	
37	王宏江	男	1975	博士、教授	成都体育学院科研处副处长	
38	胡亦海	男	1953	教授、博导	武汉体育学院	
39	刘英	女	1963	教授、硕导	成都体育学院三系主任	
40	韩学峰	男	1965	副教授	成都体育学院招生就业处长	
41	杨成波	男	1978	副教授	成都体育学院	成都体育学院三系副主任
42	王宣庆	男	1958	书记、副主任	国家体育总局自行车击剑管理中心	
43	高亚祥	男	1957	调研员	四川省体育局	
44	杨海谊	男	1962	处长	四川体育局竞技体育处	
45	江峰	男	1966	副主任	重庆市射击射箭中心	高级教练
46	龙奇	男	1972	高级教练	中国皮划艇二队总教练	全运会冠军

序号	姓名	性别	出生年	职务	工作单位	备注
47	姚景远	男	1958	高级教练	辽宁举重队	奥运会举重冠军
48	曹文元	男	1940	研究员	原国家体育总局科研所副所长	
49	李丹阳	男	1982	博士	中国体育科学学会体能分会秘书长	武汉体育学院教授
50	黄华兴	男	1958	奥运会冠军教练	云南省举重队	奥运会冠军张国政教练
51	许海峰	男	1957	国家级教练	国家体育总局 中国首位奥运会冠军	奥运会冠军教练
52	孙麒麟	男	1949	教授、博导	上海交通大学	乒乓球国际级裁判员
53	周西宽	男	1939	教授、博导	成都体育学院原校长	原中国体育科学学会副理事长
54	付钧	男	1963	国家级教练	中国射击队（广东射击队）	奥运会冠军易思玲教练
55	刘蓓	女	1970	领队	中国短道速滑和速度滑冰训练营（国家体育总局冬季运动管理中心）	
56	吴晓雷	男	1980	国家级教练	成都体育学院	中国女子排球队教练员
57	杨秀丽	女	1983	教练员	中国柔道队（成都体育学院博士研究生）	2008年奥运会冠军
58	唐灵生	男	1971	干部	广西区体育局	1996年奥运会举重冠军

3. 实地调查法

根据研究目的内容，责任人和部分课题组成员通过参加2004年、2008年、2012年、2016年奥运会科学大会或担任技术官员，以及参与或走访其他国内外重大赛事，实地调查竞赛现场以及中国奥运会冠军家庭、学校、训练基地、就业、社会流动等相应的指标情况，重点关注成长过程及其夺冠情况并进行如实记录，同时对奥运会冠军教练员对奥运会冠军成长过程的施加因素，反馈控制及其重要影响，在竞赛过程中的临场指导行为等进行调查，以作为研究基础。

（三）观察法

杨世勇1994—2008年先后10余次借调国家体育总局（1996年以前为原国家体委）四司、一司或中国举重协会工作，其间观察观摩了中国举重队、中国乒乓球队、中国羽毛球队、中国体操队、中国田径队等部分奥运会冠军的训练课或比赛情况。2002—2003年杨世勇在马来西亚担任援外举重教练并带队参赛期间，对部分国外优秀运动员的相关比赛训练情况进行了观察。这些都为本研究打下了一定基础。2016年5月—2021年8月，杨世勇和课题组部分成员在国家体育总局训练局和相关省市高水平运动队进行了观察研究，获取了本研究需要的部分相关数据和信息。

（四）录像分析法

通过中国选手参加的1984—2021年夏季、冬季奥运会部分重要比赛项目录像观察、录像回放以及国际奥委会、国际单项体育联合会网站的技术支持系统等，观察和分析中国运动员的比赛情况和技术细节，了解竞赛情况，获取中国运动员奥运会夺冠的具体比赛数据。同时，对部分体育发达国家奥运会冠军的比赛录像进行分析研究，获取有关数据和结论。

（五）数理统计法

对收集的相关数据指标进行数理统计分析并制作了相关图表。运用Excel和SPSS19.0软件，整理统计问卷调查结果；运用数据挖掘技术对中国奥运会冠军的有关指标进行统计分析。包括：判别分析、关联规则、决策树等；运用"模糊理论技术"对录像解析结果及实地调查结果进行分析，具体采用MATLAB软件，通过输入输出变量的模糊语言描述，得出有关结论，建立中国夏季、冬季奥运会冠军数据库。

（六）逻辑分析法

运用定义法对本课题涉及的有关概念给出定义；运用分类法依据不同的分类标准，对研究内容进行准确的分类；运用演绎法对研究过程中所涉及的各类问题和有关数据资料进行分析与归纳，准确揭示和探讨奥运会冠军的成长特征及其基本规律。

（七）案例分析法

根据1984—2021年中国运动员奥运会夺冠的具体情况，有针对性地选择具有典型特征的奥运会冠军进行案例研究和多方位的系统分析，以获得规律性认识。

（八）质性研究法

主要指研究者在自然情境下，采用观察、访谈、实物分析等多种收集资料的方法，对中国夏季、冬季奥运会冠军群体和个人进行深入的整体性探究，从其父母职业、家庭情况、选材、训练、竞赛、社会活动、学校教育等的相关原始资料中形成基本结论和理论，通过与奥运会冠军的互动，对奥运会冠军的行为和意义建构获得解释性理解，从而发现共性问题的方法。

（九）实证研究法

实证研究法是指在大量的事实和有关经验中通过科学的归纳，总结出奥运会冠军群体具有普遍意义的结论或共性认识，然后通过科学的逻辑归纳和演绎推导出结论或基本规律，再将一些奥运会冠军群体的结论或基本规律在竞技运动和社会实践中进行检验。

（十）信息技术研究法

采用 Mysql 数据库，搭建 php 环境服务器，用 php 语言编写中国奥运会冠军数据库信息查询系统。首先将调查统计的中国所有奥运会冠军的年龄、性别、参训时间、奥运会年份、参赛项目等信息录入数据库中。然后编写信息查询后台，根据用户输入的信息，进行相应的奥运会冠军身份查询，以数据表的形式返回给用户。前端与后端的信息交互采用了 AJAX 技术，极大提升了用户体验。

第五节　本章小结

本章从四方面对本研究的背景意义，文献综述及核心概念的界定，研究的创新点，研究对象与方法等进行了论述。采用了 10 种研究方法，先后 53 次到全国各地或有关国家进行访问调查或问卷调查，特别是问卷调查了 362 位专家（其中奥运会冠军 55 人，奥运会冠军教练 51 人，运动训练、体育教育、管理干部等 256 人），访谈了 58 位专家（其中奥运会冠军 7 人，奥运会冠军教练 6 人），获取了大量信息，并结合训练学、社会学、教育学等多学科理论与实践，力求揭示中国奥运会冠军群体的成长特征与基本规律。

第二章

中国奥运会冠军的基本特征

    国际奥委会在1894年筹备举行第一届现代奥运会之际，就向当时的中国清政府发出了参加1896年第一届奥运会的邀请。此时正值甲午战争战败，清政府对于邀请未予关注。进入20世纪以后，国内的一些报纸杂志开始对奥运会进行报道，奥林匹克运动逐渐被一些有识之士关注，奥林匹克竞赛开始在华夏传播。1907年南开中学堂校长、著名教育学家张伯苓最早提出中国应该参加奥运会，并在《天津青年》向国人提了三问：中国何时能派选手参加奥运会？中国何时能派队伍参加奥运会？中国何时能举办奥运会？1913年中国政府参与发起了远东运动会。1922年，王正廷当选为国际奥委会委员。

    1924年1—2月，首届冬季奥运会在法国的夏蒙尼举行，中国未派队参加。1924年5—7月，在法国巴黎举行的第8届夏季奥运会上，中国奥委会首次派3名队员参加了表演赛。1931年中国加入国际奥林匹克委员会。1932年，在张学良等人的资助下，刘长春参加了在美国洛杉矶举行的第10届奥运会田径100米、200米预赛，其成绩未能选入决赛，但实现了派一位选手参加奥运会的愿望。

    由于历史和政治等多方面的原因，1936年以后的多届奥运会我国未正式参加。中国奥委会在1979年国际奥委会合法席位得到恢复之后，中国运动员于1980年2月首次参加冬季奥运会比赛（第13届冬季奥运会，美国普莱西德湖）。1984年，在美国洛杉矶举行的第23届奥运会中，我国派出225名运动员参加16个项目的比赛，才算是我国真正地走进奥运会的大家庭。

    1984年7月29日，许海峰以566环的成绩夺得奥运会自选手枪慢射冠军，成为中国夺得夏季奥运会金牌的第一人。

    2002年2月17日，在美国犹他州盐湖城举行的第19届冬季奥运会上，杨扬获得女子500米短道速滑金牌，成为我国首位荣获冬奥会金牌的选手。

    从1984—2021年，在已举行的10届夏季奥运会和5届冬季奥运会上，我国在20个夏季奥运会大项，4个冬季奥运会大项上共有295人403人次（这里特指金牌获得者人次），荣获275枚奥运会金牌（其中夏季奥运会金牌262枚，冬季奥运会金牌13枚）。

　　特征（characteristic）是"一事物区别于他事物的特别显著的征象和标志"①，是任一客体所具有的众多特性。中国奥运会冠军的基本特征是指中国奥运会冠军所具有的一些基本特点或独特之处。

第一节　中国夏季奥运会冠军的基本特征

　　衡量一个国家竞技运动发展水平的重要标志是奥运会金牌数量和奥运会冠军人数。在举国体制政策的指导下，通过政府的大力支持和社会各界的协作，我国竞技体育取得了辉煌成就：从 1984 年我国正式参加洛杉矶奥运会到 2021 年东京奥运会，中国荣获 262 枚夏季奥运会金牌，产生了 284 位夏季奥运会冠军（包括集体项目共有 389 人次获奥运会金牌），占中国代表团夏季、冬季奥运会金牌总数 275 枚中的 95.27%（详见表 2-1）。

一、中国夏季奥运会冠军的时间特征

表 2-1　中国获夏季奥运会金牌情况及世界排名

夏季奥运会届次	时间、地点	金牌数	占历届总数比例	人次	世界排名
23	1984 年　洛杉矶	15	5.73%	26	4
24	1988 年　汉　城	5	1.91%	6	11
25	1992 年　巴塞罗那	16	6.11%	18	4
26	1996 年　亚特兰大	16	6.11%	19	4
27	2000 年　悉尼	28	10.69%	39	3
28	2004 年　希腊	32	12.21%	52	2
29	2008 年　北京	48	18.32%	71	1
30	2012 年　伦敦	38	14.50%	56	2
31	2016 年　里约热内卢	26	9.92%	46	3
32	2021 年　东京	38	14.50%	53	2
总计	10 届	262	100%	389	

注：2008 年奥运会中国有 3 枚女子举重金牌因兴奋剂问题被取消。

---

　　① 辞海. 缩印本［M］. 上海：上海辞书出版社，1980：1447

　　表 2 - 1 说明，中国奥运会代表团在参加的 10 届夏季奥运会中，除了第 24 届奥运会金牌仅有 5 枚外，第 25 ~ 29 届奥运会金牌总数均呈逐届上升的趋势，第 30 ~ 31 届奥运会金牌数又有所下降，第 32 届又开始上升。

　　我国奥运会冠军的时间特征是以我国选手参加奥运会的时间为轴加以统计的。以往的大部分文章都是以金牌的数目为纵轴，金牌所获得时间为横轴进行统计的，我们认为相对缺乏统计对比的严谨性，因为历届奥运会的金牌总数不尽相同。本文以我国所获奥运会金牌数占本届奥运会总金牌数的比例为纵轴，以金牌所获得时间为横轴进行统计，得出图 2 - 1。

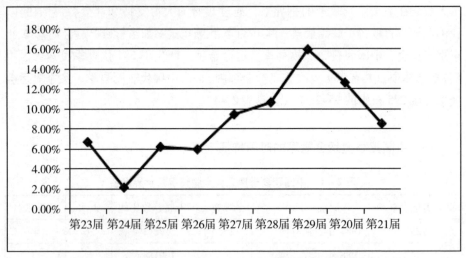

图 2 - 1　中国获得夏季奥运会金牌占有率变化趋势（截至 2016 年）

　　通过图 2 - 1 可以看出，中国奥运会代表团在参加的 9 届夏季奥运会中，除了第 24 届奥运会金牌数下降仅占 2% 外，第 25 ~ 29 届奥运会金牌总数均呈逐届上升的趋势，第 30 ~ 31 届奥运会金牌数又有所下降。

　　20 世纪 80 年代我国刚刚进入奥运会比赛初期，金牌的占比出现较大的波动态势，说明我国的竞技体育发展处于刚起步的阶段，没有形成稳定的夺金点；在跨入 21 世纪之后，我国金牌数目稳步提高，各届奥运会的金牌占比逐步趋于稳定，说明我国竞技体育事业呈现出稳定上升的趋势，形成了比较稳定的优势夺金项目，例如，跳水、举重、乒乓球、体操、射击、羽毛球等项目；潜优势项目不断增加，例如，跆拳道、柔道、竞走、游泳等项目。

　　中国竞技体育从 20 世纪 80 年代开始登上世界竞技运动舞台，迄今取得了巨大的历史成就，已屹立于世界竞技体育的前列。

二、中国夏季奥运会冠军的省市分布特征

现代社会结构变化日益加剧、人口流动性逐渐加快，出生地与籍贯分离的现象日益频繁，出生地比籍贯更能真实地反映出奥运会冠军群体的空间分布特征，所以我们选取我国夏季奥运会冠军的出生地作为统计依据，通过上述对奥运会冠军出生地分布急剧不平衡性的分析，可以得出我国夏季奥运会冠军出生地分布主要有以下特征。

（一）省市差异明显，东部奥运会冠军多，西部奥运会冠军少

从 1984 年洛杉矶奥运会许海峰获得中国历史上的第 1 块金牌到 2021 年东京奥运会落下帷幕，我国共有 389 人次获得夏季奥运会冠军，他们分别来自我国的 25 个省市自治区，其中在辽宁出生的奥运会冠军人数最多，高达 48 人次，高居各省市的首位。

奥运会冠军的人次在 19 人次及以上的省市有 4 个，即辽宁（48）、江苏（35）、湖北（31）、山东（26）、广东（25）、浙江（23）、北京（22）、湖南（21）、上海（21）；奥运会冠军在 10 – 19 人次的省市有 7 个，即天津（17）、福建（17）、四川（16）、河南（16）、河北（14）、广西（10）、黑龙江（10）；奥运会冠军在 10 人次以下的省市有 9 个，即江西（8）、重庆（8）、吉林（6）、陕西（5）、安徽（4）、贵州（3）、云南（2）、山西（1）、内蒙古（1）。其中前 9 个省市是我国培养奥运会冠军的主要地区，冠军人次高达 252 人次，冠军人次之比占全国的 64.8%，堪称是"我国奥运会冠军的重要温室"。而海南、新疆、宁夏、青海、西藏和甘肃 6 个省市自治区至今尚未产生 1 名奥运会冠军。通过对比可以看出奥运会冠军的分布大都集中在经济发达、人口分布稠密的地区。

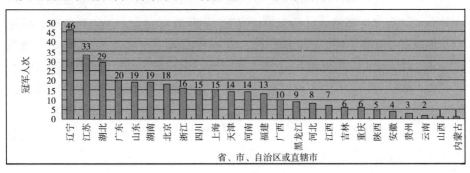

图 2 – 2　中国各省（市、区）夏季奥运会冠军分布基本情况（截至 2016 年）

（注：按照奥运会冠军的出生地统计奥运会冠军的分布情况。）

我国夏季奥运会冠军主要集中在东部沿海和中部地区，我国西部地区（除四川外）培养的奥运会冠军很少，表现出地域分布不均衡的特点。

（二）金牌总量与经济总量基本呈正相关态势，相关系数为 0.644

我国奥运会冠军主要分布在经济发达的东部沿海地区，特别是华东、东北、华中、华北、华南地区，占全部奥运会冠军总数的 89.70%，GDP 比重占到了全国总量的 90.10%。同时，上述地区也是我国人口分布密集的地区。经济发展为竞技体育的发展提供了充足的资金保证。

（三）受地理环境影响，水上项目奥运会冠军主要来自南方

以水上项目为例，我国水上项目的奥运会冠军基本上都产生于南方地区，因为此类项目对训练场地环境有特定的要求：南方地区由于纬度较低，气温较高，有利于水上运动项目的开展；而我国北方地区由于纬度较高，气温较低，不利于水上运动项目的全面开展（特别是冬季气温低）。

（四）与地方政府的支持，群众基础和后备人才的储备有关

地方政府大力支持，群众体育基础雄厚、体育社会化程度高，高水平后备人才储备多的省市奥运会冠军多。

由于经济、文化、资源、人口、地域环境和群众基础等多方面的差距，我国部分省市竞技体育发展很不均衡，这种情况导致奥运会金牌呈现明显的地域性特征。

三、我国夏季奥运会冠军的地域分布特征

我国幅员辽阔，本研究根据自然地理环境、文化观念等特点，并参照《中国自然地理》等书籍，在不打破省市区域完整性的基础上把全国划分为七个地理区域，分别为东北地区（黑、吉、辽）、华北地区（京、津、冀、晋、蒙）、华东地区（鲁、苏、皖、沪、浙、闽、赣）、华中地区（豫、鄂、湘）、华南地区（粤、桂、琼）、西南地区（川、渝、黔、云、藏）、西北地区（陕、宁、甘、青、新）。通过图 2-3 可以看出，在七大地理区域中，华东地区的奥运会冠军人次最多，为 107 人次，占比率高达 32.13%，处于领先位置；华中、东北次之，分别为 62、61 人次；华北、华南、西南相对略少；西北地区奥运会冠军人次仅为 5 人次，占比率为 1.50%，处于落后位置。

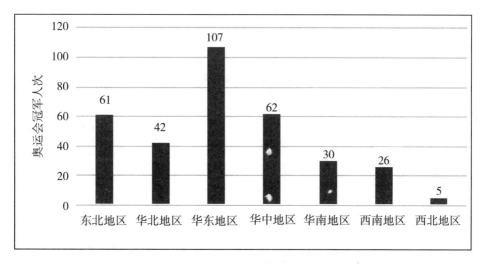

图 2 - 3 我国七大地理区域奥运会冠军分布（截至 2016 年）

四、中国夏季奥运会冠军的年龄特征

在 1984—2016 年夏季奥运会上，我国获金牌选手的年龄主要分布在 19 ~ 28 岁，平均年龄为 23.42 岁，年龄最小的奥运会冠军为女运动员伏明霞 14 岁；年龄最大的奥运会冠军为男运动员王义夫 44 岁。其中 21 ~ 26 岁成为奥运会冠军的人数最多，共 195 人次，占总人次的 58.04%，远远高于其他年龄段的运动员。

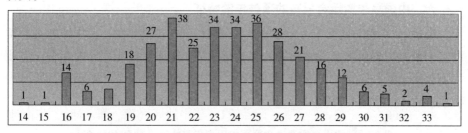

图 2 - 4 中国夏季奥运会金牌获得者的年龄分布

五、中国夏季奥运会冠军的性别特征

从 1984 年洛杉矶奥运会到 2021 年东京奥运会十届夏季奥运会中，我国男性参加的项目和人数都要多于女性，但金牌贡献方面却一直是"阴盛阳衰"的态势。

在已参加的十届夏季奥运会，我国体育健儿一共荣获 262 枚夏季奥运会金牌，共有 389 人次的奥运会冠军，其中男子奥运会冠军 158 人次，共获得 114.5

枚金牌（混合项目各算半枚）；女子奥运会冠军 231 人次，共获得 147.5 枚金牌，金牌的贡献率为 56.30%。

表 2-2   中国夏季奥运会冠军性别分布统计

届数	总人次	金牌数	男冠军人次	女冠军人次	男金牌	女金牌	女冠军占比	女金牌占比
第 23 届	26	15	10	16	10	5	61.54%	33.33%
第 24 届	6	5	3	3	2	3	50.00%	60.00%
第 25 届	18	16	5	13	4	12	72.22%	75.00%
第 26 届	19	16	8	11	7	9	57.89%	56.25%
第 27 届	39	28	19	20	11.5	16.5	51.28%	58.93%
第 28 届	52	32	16	36	12.5	19.5	69.23%	60.94%
第 29 届	71	48	34	37	24	24	52.11%	50.00%
第 30 届	56	38	27	29	17.5	20.5	51.79%	53.95%
第 31 届	46	26	16	30	12	14	65.22%	53.85%
第 32 届	56	38	20	36	14	24	62.26%	63.16%
总	389	262	158	231	114.5	147.5	58.56%	55.13%

六、中国夏季奥运会冠军的项群年龄特征

表 2-3 是我国夏季奥运会各项群冠军获得者的平均年龄，其中体能主导类的三个亚类项群奥运会冠军年龄的平均值为 23.39 岁，技能主导的四个亚类项群奥运会冠军年龄的平均值为 24.43 岁。总之，我国奥运会金牌获得者所属大类项群的年龄差异不明显。

表 2-3   中国夏季奥运会冠军的项群年龄特征（截至 2016 年）

所属项群亚类	Mean（平均值）	N（人次）	Std. Deviation（标准差）	Mean 1（平均值）
体能主导类快速力量性	24.00	31	2.769	
体能主导类耐力性	23.33	27	3.961	23.39
体能主导类速度性	20.50	6	0.548	

续表

所属项群亚类	Mean（平均值）	N（人次）	Std. Deviation（标准差）	Mean 1（平均值）
技能主导类表现难美性	21.31	104	3.783	
技能主导类表现准确性	26.52	23	5.230	24.43
技能主导类格斗对抗性	24.37	27	3.953	
技能主导类隔网对抗性	24.51	115	3.024	
Total	23.42	333	3.909	23.42

七、中国夏季奥运会冠军的训练年限特征

我国奥运会金牌获得者的平均训练年限为 14.55 年，其中技能类项群为 15.06 年，体能类项群为 12.41 年；技能主导类隔网对抗性项目最长，为 16.25 年；体能主导类速度性项目最短，为 11.33 年（详见表 2-4）。

表 2-4　我国夏季奥运会金牌获得者各项群训练年限统计（截至 2016 年）

所属项群亚类	Mean（平均值）	N（人次）	Std. Deviation（标准差）	Mean 1（平均值）
技能主导类表现难美性	15.15	104	4.168	
技能主导类表现准确性	11.78	23	4.917	15.06
技能主导类格斗对抗性	12.44	27	4.518	
技能主导类隔网对抗性	16.25	115	4.182	
体能主导类快速力量性	12.94	31	2.988	
体能主导类耐力性	12.04	27	4.183	12.41
体能主导类速度性	11.33	6	3.204	
Total	14.55	333	4.459	14.55

八、中国夏季奥运会冠军的民族分布统计

表 2 – 5　我国夏季奥运会少数民族冠军性别统计表（截至 2016 年）

姓名	获冠军时间	性别	民族	出生地	项目	获冠军的年龄	金牌数
李　宁	1984 年	男	壮族	广西	体操	21	3
马艳红	1984 年	女	回族	北京	体操	20	1
郎　平	1984 年	女	满族	天津	排球	24	0.08
杨　霞	2000 年	女	土家族	湖南	举重	23	1
李　婷	2004 年	女	侗族	广西	跳水	17	0.5
唐　宾	2008 年	女	满族	辽宁	赛艇	22	0.25
陆　永	2008 年	男	侗族	广西	举重	22	1
张小平	2008 年	男	蒙古族	内蒙古	拳击	26	1
龙清泉	2008 年 2016 年	男	苗族	湖南	举重	18 26	2
王明娟	2012 年	女	瑶族	湖南	举重	27	1

注：非个人项目金牌数按人数平分。

截至 2016 年，在我国参加的九届奥运会比赛中，一共有 138 人次男子奥运会冠军获得 100.5 枚金牌，195 人次的女子奥运会冠军获得 123.5 枚金牌，其中男子少数民族冠军为 7 人次，获得 7 枚奥运会金牌，女子少数民族冠军为 6 人次，获得 3.83 枚金牌，一共产生 10 名少数民族奥运会冠军，主要分布为壮族、回族、满族、蒙古族、侗族、土家族和瑶族 7 个少数民族。其中在一届奥运会中获得金牌和人数最多的为第 29 届北京奥运会，共有 4 位少数民族冠军，获得 3.25 枚奥运会金牌；在第 24 届、第 25 届和第 26 届连续三届奥运会比赛中均未产生少数民族奥运会冠军。

在时空分布来看，我国首次参加奥运会就有 3 人次的少数民族奥运会冠军（李宁一人获得 3 项奥运会冠军），自此连续三届均未出现少数民族冠军，在第 27 届悉尼奥运会中杨霞取得 1 枚举重金牌，从此之后每一届奥运会均有少数民族冠军的身影；在空间分布上，10 名少数民族冠军主要来自广西、湖南、辽宁、北京、天津和内蒙古 6 个省市区，其中广西和湖南各产生 3 位冠军，其余 4 个省市各产生 1 位冠军。

第二节　中国冬季奥运会冠军的基本特征

中国奥委会于 1976 年 11 月 26 日在国际奥委会合法席位得到恢复之后，中国体育代表团于 1980 年 2 月首次参加了在美国普莱西德湖举行的第 13 届冬季奥运会比赛。与夏季奥运会成绩相比，我国运动员在冬季奥运会取得的战绩相对"薄弱"。中国女运动员杨扬在 2002 年盐湖城冬奥会上实现了金牌零的突破，我国的冬季奥运会运动项目从此迎来了春天。截至 2018 年第 23 届冬奥会，中国健儿共获得 22 枚金牌（详见表 2-6）。

表 2-6　中国冬季奥运会冠军信息统计

序号	姓名	性别	出生年	冬奥届次	比赛时间	籍贯	参训时间	项目	小项	金牌数
1	杨扬	女	1975	19	2002	黑龙江	1985	短道速滑	女子 500 米	1
2	杨扬	女	1975	19	2002	黑龙江	1985	短道速滑	女子 1000 米	2
3	王濛	女	1984	20	2006	黑龙江	1994	短道速滑	女子 500 米	3
4	韩晓鹏	男	1982	20	2006	黑龙江	1995	自由式滑雪	男子空中技巧	4
5	申雪	女	1978	21	2010	黑龙江	1991	花样滑冰	双人滑	5
6	赵宏博	男	1973	21	2010	黑龙江	1985	花样滑冰	双人滑	5
7	王濛	女	1984	21	2010	黑龙江	1994	短道速滑	女子 500 米	6
8	周洋	女	1991	21	2010	吉林	1999	短道速滑	女子 1500 米	7
9	王濛	女	1984	21	2010	黑龙江	1994	短道速滑	女子 1000 米	8
10	王濛	女	1984	21	2010	黑龙江	1994	短道速滑	女 3000 米接力	9
11	周洋	女	1991	21	2010	吉林	1999	短道速滑	女 3000 米接力	9
12	孙琳琳	女	1987	21	2010	黑龙江	1997	短道速滑	女 3000 米接力	9
13	张会	女	1988	21	2010	黑龙江	1999	短道速滑	女 3000 米接力	9
14	李坚柔	女	1986	22	2014	吉林	1996	短道速滑	女子 500 米	10
15	张虹	女	1988	22	2014	黑龙江	2000	速度滑冰	女子 1000 米	11
16	周洋	女	1991	22	2014	吉林	1999	短道速滑	女子 1500 米	12
17	武大靖	男	1994	23	2018	黑龙江	2004	短道速滑	男子 500 米	13

注：数据摘编于体育资讯网 http://www.sportinfo.net.cn/。

一、中国冬季奥运会冠军的时间特征

国际奥委会设置的冬季奥运会比赛项目从第 1 届冬奥会的 4 个大项 14 个小项，发展到 2018 年的 14 个大项：短道速滑、速度滑冰、跳台滑雪、单板滑雪、北欧两项、雪橇、冰球、花样滑冰、自由式滑雪、越野滑雪、冬季两项、冰壶、雪车和高山滑雪。上述 14 个项目可划分为冰上项目和雪上项目。2002—2018 年，我国运动员在参加的 5 届冬季奥运会比赛中，共有 11 人 17 人次获得金牌，占夏季、冬季奥运会冠军总人数的 4.86%；共获得 13 枚冬季奥运会金牌，占夏季、冬季奥运会金牌总数的 5.49%，产生 11 位冬季奥运会冠军。

在冰上项目中，短道速滑已经成为我国冬季奥运会的优势项目，共获得 10 枚金牌，占我国冬季奥运会金牌总数的 92.30%，是我国冬季奥运会的拳头项目。速度滑冰和花样滑冰，我国具有一定的实力基础，可作为潜优势项目发展。在雪上项目中，我国仅获得自由式滑雪项目 1 枚金牌，需要进一步提高。

中国的冰雪运动历史悠久，2006 年发布的《阿勒泰宣言》正式确认中国新疆的阿勒泰为世界冰雪起源地，已有 1 万年的滑雪历史。作为我国优势竞技项目的短道速滑于 1981 年进入中国，经历了起步阶段（1981—1991 年），发展阶段（1992—2002 年）和成熟阶段（2003 年至今）。虽然在短道速滑上中国队成绩突出，但是也存在普及程度较低，科研投入力度待加强，研究相对薄弱等问题。

二、中国冬季奥运会冠军的地域特征

通过表 2-6 冬奥会冠军的籍贯我们可以看出：冬奥会冠军全部分布在黑龙江省、吉林省。黑龙江省一共培养了 13 人次冬奥会冠军；吉林省培养了 4 人次的冬奥会冠军。可见，我国冬奥项目人才的培养与发展主要依靠黑龙江省、吉林省。冬奥会项目的地域性发展十分明显，严重制约了我国冬奥会项目的大众化普及。但是随着近几年我国各地人工冰场以及冰雪场地的建设与发展，以及北京成功申办 2022 年冬季奥运会，冰雪项目的发展已经慢慢延伸到全国各地，从而有利于促进冬奥会项目在我国各地区的全面发展。

三、中国冬季奥运会冠军的性别特征

表 2-6 的统计说明，我国共计 17 人次的冬季奥运会冠军中，女子冬奥会冠军为 14 人次，平均获得金牌 10.5 枚金牌，男子奥运会冠军为 3 人次，获得 2.5 枚

金牌，女男冠军比高达 4.7∶1，"阴盛阳衰"的现象较夏季奥运会更为突出。

四、中国冬季奥运会冠军成才年龄特征

我国共有 11 人 17 人次在冬奥会上获得金牌，其中年龄最大的赵宏博为 37 岁，年龄最小的周洋 19 岁，平均年龄为 25.44 岁。冬奥会冠军男运动员 3 人次，平均年龄 28.30 岁；女运动员 14 人次，平均年龄为 24.71 岁。

第三节　中国奥运会冠军所属项目及其分布特征

我国于 1931 年被国际奥委会接纳为正式会员，1932 年中国选手（刘长春）首次参加夏季奥运会。随后诸多波折，中国于 1958 年退出国际奥委会，1976 年 11 月 26 日恢复了在国际奥委会合法席位。1984—2021 年中国运动员参加了共 10 届夏季奥运会共获 262 枚金牌，1980—2018 年中国运动员参加了共 10 届冬季奥运会，其中 1980—1998 年的第 13～18 届冬奥会未获金牌，2002—2018 年第 19～23 届冬季奥运会共获 13 枚金牌。至此，中国代表团共荣获了 275 枚金牌（详见表 2-7），产生了 295 位冠军。我国正实现由"体育大国"向"体育强国"的转变，这个转变的基本表征就是竞技体育水平的提高。

表 2-7　中国运动员获夏季、冬季奥运会冠军所属项目统计分析（截至 2021 年）

项目＼届	23届	24届	25届	26届	27届	28届	29届	30届	31届	32届	19届	20届	21届	22届	23届	Σ
跳水	1	2	3	3	5	6	7	6	7	7						47
举重	4		2	5	5	5	5	5		7						38
体操	5	1	2	1	3	1	11	5		4						33
乒乓球		2	3	4	4	3	4	4	4	4						32
射击	3		2	2	3	4	5	2	1	4						26
羽毛球				1	4	3	3	5	2	2						20
游泳			4			1		5	1	3						16
田径			1	1	1	2		1	2	2						10
柔道			1	1	2	1	3									8
跆拳道					1	2	1	1	2							7
击剑	1					1	2		1							5
排球	1				1			1								3

项目＼届	23届	24届	25届	26届	27届	28届	29届	30届	31届	32届	19届	20届	21届	22届	23届	Σ
拳击							2	1								3
摔跤						1	1									2
皮划艇						1	1			1						3
帆船							1	1		1						3
赛艇							1			1						2
网球						1										1
自行车									1	1						2
射箭							1									1
滑雪													1			1
短道速滑											2	1	4	2	1	10
花样滑冰													1			1
速度滑冰														1		1
总计	15	5	16	16	28	32	48	38	26	38	2	2	5	3	1	262

注：中国蹦床项目 4 枚奥运会金牌归属于体操大项。数据摘编于体育资讯网：http：//www. sportinfo. net. cn/等。

除 1988 年汉城奥运会和 2016 年里约奥运会，中国的夏季奥运会金牌数逐届递增。从夺取金牌的项目分析，由原来最初的 7 个大项逐渐增加到现在的 20 个夏季奥运会大项；冬季奥运会的金牌项目也在逐步增多，为 4 个大项。总之，我国优势竞技项目开始增加，金牌增长点不断逐渐增多，并且女子类项目更凸显较大的夺金优势。

下面，我们按照竞技能力的主导因素对我国奥运会冠军进行研究（表2-8）。

表2-8　中国奥运会冠军群体项群分布特征统计（截至2021年）

大类	亚类	大项	女单	男单	女双	男双	混双	团体	总数	Σ
技能主导类	难美性	体操	8	21				4	33	82
		跳水	17	11	11	8			47	
		花样滑冰					1		1	
		滑雪		1					1	

续表

大类	亚类	大项	女单	男单	女双	男双	混双	团体	总数	Σ
技心能主导类	准确性	射击	12	12			2		26	27
		射箭	1						1	
技战能主导类	格斗对抗性	击剑	2	2				1	5	25
		拳击		3					3	
		柔道	8						8	
		摔跤	2						2	
		跆拳道	6	1					7	
	隔网对抗性	排球						3	3	56
		乒乓球	9	6	4	5		8	32	
		羽毛球	5	4	5	2	4		20	
		网球			1				1	
体能主导类	快速力量性	举重	17	21					38	38
	速度性	自行车						2	2	17
		田径	2	1					3	
		游泳	6	1				1	8	
		短道速滑	5						5	
	耐力性	田径	5	2					7	29
		赛艇	1					2	3	
		皮划艇			1	2			3	
		帆船	3						3	
		游泳	5	3					8	
		短道速滑	4					1	5	
		速度滑冰	1						1	
总计			118	89	22	17	7	22	275	275

注：蹦床归于体操大项。数据摘编于体育资讯网：http：//www. sportinfo. net. cn/等。

一、夺金项目"集群性"明显，"潜优势"和"非优势"类项目依靠"举国体制"发展

我国竞技体育项目在结构发展上并不均衡，"传统优势"类项目如跳水、举重、体操、乒乓球、射击、羽毛球、女子排球等夺金项群（目）"集群性"明显，提升空间非常有限，金牌的贡献率已接近饱和，要保持绝对优势非常困难；"潜优势"类项目虽然也取得过一定数量的金牌，但夺金成绩并不稳定；"非优势"类项目夺得的金牌少，社会化程度不高。我国大多数奥运会夺金项目主要依靠举国体制发展。

二、夺金项目面逐步增大，但不能持久

1984—2021 年在冬季和夏季奥运会比赛中，我国夺金项目面逐步增大，在 24 个大项比赛中获得 275 枚金牌，其中体能类项群获得 84 枚，占总数的 30.55%。举重获 38 枚金牌，占体能类金牌总数的 45.24%；体能主导类速度性项群获得 17 枚金牌，金牌贡献率为 6.18%；技能主导类项群获得 82 枚金牌，为我国金牌贡献率突出的项群，金牌贡献率为 29.82%；技心能主导类项群获得 27 枚金牌；技战能主导类项群获 81 金，主要集中在格斗对抗性项群和隔网对抗性项群；同场对抗性项群为我国金牌贡献率最低的项群。我国奥运会项群之间的发展极其不均衡，制约了我国竞技体育的可持续发展。

此外，我国部分夺金项目的金牌优势不能持久，2016 年奥运会我国优势竞技项目体操未获 1 枚金牌，为优势项目的可持续发展敲响了警钟。

三、"重金项目"与体育强国差距明显，是项目结构优化的"瓶颈"

以 2008 年北京奥运会为例，金牌总数为 302 枚，其中田径、游泳、水上、自行车、摔跤项目共 158 枚，是奥运会的"重金项目"。虽然我国在北京奥运会取得了金牌榜第一位，但此五类"重金项目"仅获得 5 枚金牌，金牌占比率仅为 3.16%。反观美国上述 5 个项目的金牌数是 23 枚，金牌占比为 14.56%，形成了稳定的金牌点并有突出优势。

四、女子成绩优于男子，部分夺金项目社会化程度低

我国女子项目水平领先于男子项目，特别是在冬季奥运会项目中尤为突出。女子获得 11 枚冬季奥运会金牌，男子仅获得 2 枚。夏季奥运会男女金牌数也严重不平衡，截至 2021 年，在单人竞技项目中，女运动员共获得 118 枚金牌，男运动

员获得 89 枚金牌，分别占金牌总数的 42.91% 和 32.36% ，女运动员金牌贡献率相对较大；在双人合作竞技项目中，女子获得 22 枚金牌，男子获得 17 枚金牌，差异相对较小；混合项目中获得 7 枚金牌，占金牌总数的 2.55% ；团体项目获得 22 枚金牌，主要的获金牌项目为体操团体和乒乓球团体，占团体项目金牌的 55.55% 。

通过以上统计数据可知我国夺金项目不仅在整体上具有"阴盛阳衰"的特征，而且在单个项目上依然存在；虽然我国在团体项目上夺得 22 枚金牌，但主要是体操团体和乒乓球团体这样的传统优势类项目，而篮球、足球等团体项目没有金牌。

五、冬季奥运会项目整体水平与体育强国差距略大

1922—2018 年，在历届冬季奥运会比赛中，共有 26 个国家和地区的运动员荣获 1060 枚金牌。其中，中国获 13 枚金牌位居第 15 位。中国总金牌数不仅少于欧美发达国家，也少于亚洲的韩国、日本。面对即将到来的 2022 年北京冬奥会，中国队夺金任务艰巨。

第四节　世界主要强国奥运会金牌统计

一、历届夏季、冬季奥运会颁发金牌统计

1896—2021 年，共举行了 32 届夏季奥运会，其中有三届夏季奥运会（1916 年第 6 届，1940 年第 12 届，1944 年第 13 届）因为第一次、第二次世界大战未能举行，而只计算届次。在已经举行比赛的历届奥运会上，共颁发金牌 5437 枚。

1924—2018 年，共举行了 23 届冬季奥运会，在历届冬季奥运会上，共颁发金牌 1060 枚。

在历届夏季和冬季奥运会上，国际奥委会共颁发金牌 6497 枚。其历届颁发金牌的具体情况详见表 2 - 9。

表 2 - 9　国际奥委会历届夏季、冬季奥运会颁发金牌统计

届次	夏季	冬季
第 1 届	44	14
第 2 届	88	14

届次	夏季	冬季
第 3 届	89	14
第 4 届	110	17
第 5 届	101	22
第 6 届	0	22
第 7 届	155	25
第 8 届	128	28
第 9 届	110	34
第 10 届	116	35
第 11 届	130	36
第 12 届	0	37
第 13 届	0	38
第 14 届	138	39
第 15 届	149	46
第 16 届	153	57
第 17 届	152	61
第 18 届	163	69
第 19 届	174	80
第 20 届	184	84
第 21 届	199	86
第 22 届	204	99
第 23 届	226	103
第 24 届	241	0
第 25 届	258	0
第 26 届	271	0
第 27 届	301	0
第 28 届	302	0
第 29 届	302	0
第 30 届	302	0

续表

届次	夏季	冬季
第 31 届	307	0
第 32 届	340	
总计	5437	1060

合计：夏季奥运会和冬季奥运会共颁发金牌 6497 枚。

二、世界主要强国获夏季奥运会金牌统计

1896—2021 年，在历届夏季奥运会比赛中共有 108 个国家和地区的运动员荣获 5437 枚金牌。其中获金牌前 20 位的国家分别是：第 1 名美国 1053 枚，第 2 名俄罗斯（包括俄国 1 枚，苏联 395 枚，独联体 45 枚，俄罗斯 152 枚）593 枚，第 3 名德国（包括联邦德国、民主德国、德国联队德国）441 枚，第 4 名英国 288 枚，第 5 名中国 262 枚，第 6 名法国 222 枚，第 7 名意大利 211 枚，第 8 名匈牙利 184 枚，第 9 名日本 170 枚，第 10 名澳大利亚 166 枚，第 11 名瑞典 149 枚，第 12 名芬兰 111 枚，第 13 名韩国 96 枚，第 14 名荷兰 96 枚，第 15 名罗马尼亚 92 枚，第 16 名古巴 85 枚，第 17 名波兰 70 枚，第 18 名加拿大 69 枚，第 19 名挪威 60 枚，第 20 名瑞士 52 枚。

上述夏季奥运会金牌排名前 20 位国家中，有 15 个国家为融入国际社会最早，并且社会发展程度最高的资本主义发达国家，共获金牌 3184 枚，占颁发金牌总数 5437 枚中的 58.56%。其中美国为发达程度最高，融入国际社会最早，几乎每一届奥运会都参加的超级大国，共获 1053 枚金牌，占国际奥委会颁发金牌总数的 19.37%。

采用举国体育体制的苏联（获金牌 395 枚。1991 年解体，主体部分现为俄罗斯）、中国（262 枚金牌）在夏季奥运会上也获得了较大成功。特别是中国 1984 年才正式全面参加夏季奥运会，能进入奖牌榜前五位，获金牌数占国际奥委会颁发金牌总数的 4.82%，也是重要成就。

三、世界主要强国获冬季奥运会金牌统计

1922—2018 年，在历届冬季奥运会比赛中共有 33 个国家和地区的运动员荣获 1060 枚金牌。其中获金牌前 20 位的国家分别是：第 1 名德国（包括联邦德国 14 枚，民主德国 39 枚，德国联队 8 枚，德国 89 枚）150 枚，第 2 名俄罗斯（包括苏联 78 枚，独联体 9 枚，俄罗斯 51 枚）138 枚，第 3 名挪威 132 枚，第 4

名美国 105 枚, 第 5 名加拿大 73 枚, 第 6 名奥地利 64 枚, 第 7 名瑞典 57 枚, 第 8 名瑞士 54 枚, 第 9 名荷兰 45 枚, 第 10 名芬兰 43 枚, 第 11 名意大利 40 枚, 第 12 名法国 36 枚, 第 13 名韩国 31 枚, 第 14 名日本 14 枚, 第 15 名中国 13 枚, 第 16 名为英国 10 枚, 第 17 名捷克 9 枚, 第 18 名白俄罗斯 8 枚, 第 19 名澳大利亚 5 枚, 第 20 名爱沙尼亚、克罗地亚均为 4 枚。

上述冬季奥运会金牌排名前 20 位国家中, 有 14 个国家为融入国际社会最早, 并且社会发展程度最高的资本主义发达国家, 共获金牌 644 枚, 占颁发金牌总数 955 枚中的 67.40%。社会发展程度、地理环境 (如挪威)、体育管理体制 (如中国和苏联的集中型体育管理体制)、融入国际社会程度是影响和决定冬季奥运会金牌数的重要因素。

四、世界主要强国获夏季、冬季奥运会金牌合计

在历届夏季和冬季奥运会上, 共有 108 个国家或地区荣获 6497 枚金牌 (见表 2 - 10)。夺得金牌最多的前 20 位国家分别是: 第 1 名美国 1158 枚, 第 2 名俄罗斯 (包括俄国 1 枚, 苏联 473 枚, 独联体 54 枚, 俄罗斯 203 枚) 731 枚, 第 3 名德国 (包括联邦德国、民主德国、德国联队德国) 591 枚, 第 4 名英国 298 枚, 第 5 名中国 284 枚 (包括中国奥委会 275 枚, 中国香港奥委会 2 枚、中国台北奥委会 7 枚), 第 6 名法国 258 枚, 第 7 名意大利 251 枚, 第 8 名瑞典 206 枚, 第 9 名挪威 192 枚, 第 10 名匈牙利 185 枚, 第 11 名日本 184 枚, 第 12 名澳大利亚 171 枚, 第 13 名芬兰 154 枚, 第 14 名加拿大 142 枚, 第 15 名荷兰 141 枚, 第 16 名韩国 127 枚, 第 17 名瑞士 106 枚, 第 18 名罗马尼亚 92 枚, 第 19 名古巴 85 枚, 第 20 名奥地利 84 枚。上述 20 个国家除了中国、苏联 (1991 年解体, 主体部分现为俄罗斯)、古巴、罗马尼亚、匈牙利外, 其余 15 个均为发达国家。

上述夏季冬、季奥运会金牌排名前 20 位国家中, 有 15 个国家是融入国际社会较早, 社会发展程度最高的发达国家, 共获金牌 4064 枚, 占颁发金牌总数 6497 枚的 62.55%。其中美国为发达程度最高, 融入国际社会最早, 几乎每一届奥运会都参加的超级大国, 共获 1158 枚金牌, 占国际奥委会颁发金牌总数的 17.82%。

表 2 - 10　世界各国或地区获夏季冬季奥运会金牌合计 (N = 108)

序号	国家或地区	夏季奥运会	冬季奥运会	总数
1	美国	1053	105	1158
2	俄罗斯	593	138	731

续表

序号	国家或地区	夏季奥运会	冬季奥运会	总数
3	德国	441	150	591
4	英国	288	10	298
5	中国	262	13	275
6	法国	222	36	258
7	意大利	211	40	251
8	瑞典	149	57	206
9	挪威	60	132	192
10	匈牙利	184	1	185
11	日本	170	14	184
12	澳大利亚	166	5	171
13	芬兰	111	43	154
14	加拿大	69	73	142
15	荷兰	96	45	141
16	韩国	96	31	127
17	瑞士	52	54	106
18	罗马尼亚	92	0	92
19	奥地利	20	64	84
20	古巴	85	0	85
21	波兰	70	7	77
22	新西兰	52	0	52
23	捷克斯洛伐克	49	2	51
24	保加利亚	48	1	49
25	丹麦	48	0	48
26	西班牙	46	1	47
27	土耳其	42	0	42
28	比利时	41	1	42
29	乌克兰	37	3	37
30	希腊	36	0	36
31	巴西	36	0	36

序号	国家或地区	夏季奥运会	冬季奥运会	总数
32	肯尼亚	34	0	34
33	捷克	21	9	30
34	南斯拉夫	28	0	28
35	牙买加	26	0	26
36	南非	26	0	26
37	埃塞俄比亚	23	0	23
38	白俄罗斯	15	8	23
39	阿根廷	21	0	21
40	伊朗	21	0	21
41	哈萨克斯坦	19	1	20
42	俄罗斯奥委会	20		20
43	克罗地亚	14	4	18
44	朝鲜	15	0	15
45	爱沙尼亚	10	4	14
46	墨西哥	13	0	13
47	乌兹别克斯坦	12	1	13
48	斯洛伐克	10	3	13
49	爱尔兰	12	0	12
50	印度	10	0	10
51	泰国	10	0	10
52	格鲁尼亚	10	0	10
53	斯洛文尼亚	8	2	10
54	埃及	8	0	8
55	阿塞拜疆	7	0	7
56	摩洛哥	7	0	7
57	印度尼西亚	7	0	7
58	巴哈马	7	0	7
59	中国台北	7	0	7
60	立陶宛	6	0	6

续表

序号	国家或地区	夏季奥运会	冬季奥运会	总数
61	塞尔维亚	6	0	6
62	阿尔及利亚	5	0	5
63	尼日利亚	5	0	5
64	哥伦比亚	5	0	5
65	葡萄牙	5	0	5
66	突尼斯	4	0	4
67	拉脱维亚	4	0	4
68	乌干达	4	0	4
69	巴基斯坦	3	0	3
70	喀麦隆	3	0	3
71	多米尼加	3	0	3
72	津巴布韦	3	0	3
73	委内瑞拉	3	0	3
74	厄瓜多尔	3	0	3
75	科索沃	3	0	3
76	以色列	3	0	3
77	卢森堡	2	0	2
78	乌拉圭	2	0	2
79	蒙古	2	0	2
80	尼日利亚	2	0	2
81	列支郭士登	0	2	2
82	巴林	2	0	2
83	智利	2	0	2
84	亚美尼亚	2	0	2
85	中国香港	2	0	2
86	波多黎各	2	0	2
87	斐济	2	0	2
88	巴哈马	2	0	2
89	卡塔尔	2	0	2

序号	国家或地区	夏季奥运会	冬季奥运会	总数
90	冰岛	1	0	1
91	秘鲁	1	0	1
92	巴拿马	1	0	1
93	布隆迪	1	0	1
94	哥斯达黎加	1	0	1
95	莫桑比克	1	0	1
96	叙利亚	1	0	1
97	苏里南	1	0	1
98	特立尼达和多巴哥	1	0	1
99	格林纳达	1	0	1
100	越南	1	0	1
101	科特迪瓦	1	0	1
102	个人参赛队员	1	0	1
103	新加坡	1	0	1
104	约旦	1	0	1
105	塔吉克斯坦	1	0	1
106	阿联酋	1	0	1
107	菲律宾	1	0	1
108	百慕大	1	0	1
总计		5437	1060	6497

注：上述数据来源于国际奥委会官网 www.olympic.org. 以及相关网站的数据信息统计。

采用举国体育体制的苏联在奥运会上也获得了巨大成功，共获金牌 473 枚。苏联因多方面原因于 1991 年解体，主体部分现为俄罗斯。

我国在夏季、冬季奥运会上共获金牌 275 枚，排名世界第 5 位，获金牌数占国际奥委会颁发金牌总数的 4.23%，取得了突出成就。但是，中国与美国、俄罗斯（包括俄国、苏联、独联体）以及融入国际社会早，社会发展水平居世界先进水平的西欧发达国家如德国、英国、法国、意大利相比，在金牌总数上还有差距。

第五节　本章小结

　　本章分别从时间、空间以及奥运会冠军的年龄、性别、训练年限等多方位、多层次视角分析了中国奥运会冠军的基本特征，总结如下：中国夏季奥运会冠军总体呈现先增后减趋势，第 31 届奥运会已成近 3 届最低；省市分布差异明显，东部奥运会冠军多，西部奥运会冠军少，华东地区的奥运会冠军人次最多，占比率高达 32.13%，华中、东北次之，西北地区奥运会冠军人次最少，处于落后位置；这些冠军的年龄主要分布在 19～28 岁，平均年龄为 23.42 岁，平均训练年限为 14.55 年；男性金牌贡献率少于女性，呈现"阴盛阳衰"。中国在参加的 11 届冬季奥运会中，所获金牌数逐届上升，冠军全部分布在黑龙江省、吉林省，地域性明显；平均年龄为 25.44 岁，最小年龄 19 岁，最大年龄 37 岁；女子冠军与男子冠军比高达 4.7∶1。

　　1896—2021 年，在历届夏季和冬季奥运会上，共有 108 个国家或地区荣获 6497 枚金牌，夺得金牌最多的前 20 位国家中有 15 个为发达国家；1984—2021 年中国共产生了 295 位奥运会冠军，有 403 人次获奥运会金牌，其中 284 位夏季奥运会冠军，11 位冬季奥运会冠军，金牌总数位居世界第 5。

第三章

中国奥运会冠军的训练特征

中国奥运会冠军的成长与其他国家或地区奥运会冠军的成长一样，既有相同点也有区别。相同点主要在于都是长期系统训练的结果，区别主要在于其训练特征、社会特征和教育特征有一定的差异。以下就是对中国奥运会冠军群体训练特征的研究及其相关结论。

特征是一事物区别于他事物的特别显著的征象和标志。

中国夏季、冬季奥运会冠军的训练特征涉及项群分布，竞技能力，制胜规律，选材，全程性多年训练特征，体能训练，技术、战术能力训练，训练创新，教练团队特征等。同时，我们对中国运动员奥运会参赛的一些经验教训进行了梳理，就有关专家对中国奥运会冠军训练特征的评价及其建议进行了述评，对相关问题得出了结论和建议。

第一节　中国奥运会冠军的竞技能力

竞技能力是运动员的参赛能力，是夺取优异竞赛成绩的主导因素，是由身体形态、身体机能、运动素质、技术、战术、心理和智力七方面所决定的。这七方面可近似地概括为体能、技能和心理能力（图3－1）①，共涉及200多种因素。奥运会冠军要创造优异成绩，也必须在上述七方面涉及的上百种因素中全面发展，或在某一些方面出类拔萃才能取胜。

在奥运会上创造佳绩的中国女子排球队，中国跳水队、举重队、体操队、乒乓球队、射击队、羽毛球队、短道速滑队及其他项目的中国奥运会冠军，不仅在竞技能力的七方面有出类拔萃之处，并且在竞技能力的诸方面有独到之处。

---

① 杨世勇. 高等学校教材　体能训练［M］. 北京：高等教育出版社，2013：11.

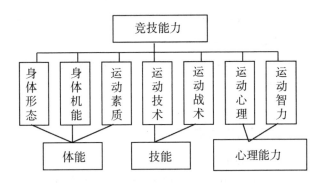

图 3 - 1　运动员竞技能力的决定因素

例如，女排选手郎平、张蓉芳、朱婷；跳水选手伏明霞、郭晶晶、吴敏霞、陈若琳；举重选手占旭刚、陈艳青、龙清泉、吕小军；体操选手李宁、邹凯、李小鹏；乒乓球选手邓亚萍、王楠、张怡宁、马琳、李晓霞、张继科、丁宁、马龙；羽毛球选手张宁、林丹；田径选手王军霞、刘翔；游泳选手孙杨等，在竞技能力的诸方面，特别是体能、技术、战术、心理、智力等均有突出的地方，中国女排等集体项目运动队团结协作，顽强拼搏，锐意进取的精神也是战胜对手，夺取优胜的重要决定因素。

以荣获 31 枚奥运会金牌的中国举重队为例，在竞技能力的诸方面均有很高要求和突出表现。例如，举重对男女各级别身体形态均有不同要求，身体机能方面血睾酮超过常人一倍，运动素质重在最大力量，技术要求制动化（下蹲深，支撑快，杠铃运动轨迹和支撑杠铃时前后位移小），战术重在试举重量的选择，心理调控重在自信心的培养，智力能力方面善于权衡利弊等。

第二节　中国奥运会冠军所属项目的制胜规律

制胜规律是指"在竞赛规则的限定下，人们在竞赛中战胜对手、争取优异成绩所必须遵循的准则"①。制胜规律包括制胜因素和制胜因素之间的本质联系。

要在奥运会等重大比赛中夺取优胜，必须根据项目特点最大限度地提高运

---

① 谢亚龙，王汝英，等．中国优势竞技项目制胜规律［M］．北京：人民体育出版社，1992：16 - 17.

动员竞技能力，研究和掌握项目制胜规律，即探讨取得优异成绩的规律性①。从而在多方面最优化的前提下创造优异成绩。

在长期的训练实践中，我国教练员、科研人员对竞技项目的制胜规律进行全面研究，并取得了规律性认识。

一、中国优势项目的制胜规律

中国奥运会冠军所属的优势项目主要包括跳水（47 枚金牌）、举重（38 枚金牌）、体操（33 枚金牌）、乒乓球（32 枚金牌）、射击（26 枚金牌）、羽毛球（20 枚金牌）、短道速滑（11 枚金牌）、女子排球（3 枚金牌）等。

（一）跳水

"动作难度""动作质量"是跳水制胜的基本要素；难、稳、美、压、齐是跳水项目的制胜规律。周继红认为：双人跳水制胜的特殊要素还包括：形态特征、技术水平、技术风格、心理特征、运动素质的相似度，相互配合的默契度②。

（二）举重

举重属于体能主导快速力量项目，突出的最大力量和达到自动化水平的完美技术是制胜的基本规律，良好的心理素质是制胜的保证③。举重运动的制胜因素是力量、技术及心理素质的完美结合。

1. 突出的最大力量

举重竞技能力的基本特征是在极短时间内爆发出最大力量，最大力量是夺取优胜的重要因素。

例如，两届奥运会冠军，中国占旭刚 1996 年 7 月 24 日在第 26 届奥运会以357. 5 千克（抓举 162. 5 千克，挺举 195 千克），创造 70 千克级 3 项世界纪录并夺取金牌时④，其主要力量指标分别为实力推 100 千克、后深蹲 290 千克、硬拉280 千克。

此外，男子 109 千克以上级总成绩世界纪录创造者格鲁吉亚选手拉沙·塔拉哈德兹 2019 年 9 月 27 日在泰国创造了 484 千克（抓举 220 千克，挺举 264 千

① 田麦久. 体育院校通用教材. 运动训练学 ［M］. 北京：人民体育出版社，2000：289.
② 周继红. 双人跳水比赛制胜因素解析及中国高水平运动员的训练实践 ［D］. 北京体育大学硕士论文. 2005.
③ 杨世勇. 体育院校通用教材. 举重运动教程 ［M］. 北京：人民体育出版社，2014：245
④ 杨世勇. 世界举重大赛概览和创破世界纪录进程 ［M］. 北京：光明日报出版社，2020：185 - 186.

克）的世界纪录，其主要力量指标分别达到了实力推135千克、后深蹲400千克、硬拉400千克。

2. 完美的技术

优秀运动员莫不娴熟地掌握了正确合理的举重技术，单纯靠巨大力量的举重运动员在当今优胜者的队伍中早已不见。例如，20世纪50年代力量极大的美国运动员安德森·保罗（体重150千克以上），能硬拉450千克，后蹲550千克，肩背负重2840千克，但因缺乏专项速度和完善的技术，竞技能力顶峰时期挺举只达到196.5千克[1]。而在2003年9月11日，中国69千克级奥运会冠军张国政，虽然基础力量大大小于安德森·保罗，但挺举已突破197.5千克[2]。可见技术在发挥力量、构成举重能力方面起着巨大的作用。

没有力量，技术再好也等于零；没有技术，力量再大也无法发挥。只有突出的最大力量和完美技术的最佳结合，才能为创造优异成绩奠定基础。

3. 良好的心理素质

举重比赛的试举要在瞬间完成，在数秒内立判成败，负荷极大，运动员需要集中全部精力，动员最大力量顽强拼搏，同时又需要具有清醒感觉（重量感、时空感）和自我控制能力才能准确完成动作，获得成功。举重比赛所需要的这种强烈的好胜冲动和冷静的控制能力，结合在一起就形成了举重独特的心理素质。

例如，1996年7月21日在第26届奥运会上，唐灵生在59千克级比赛中全神贯注挺举起了170千克，但裁判员未及时发令，他支撑了至少5秒钟。

2008年8月15日在第29届奥运会上，陆永在85千克级挺举比赛中第2次试举成功举起214千克，三名裁判员判成功，但是5位仲裁在意见不一致的情况下改判失败。在如此困难的情况下，陆永第三次试举又成功地挺举起了214千克，赢得了宝贵的奥运会金牌。

正确认识构成举重能力的制胜因素，并通过先进有效的手段和措施发展这种能力，就把握了举重项目的制胜规律。遵循制胜规律，发展举重能力，使举起的重量越来越重，正是举重运动不倦追求的目标。

（三）体操

竞技体操项目的制胜规律包括制胜因素、影响因素和创新动力因素。在国

---

① 杨世勇. 世界举重大赛概览和创破世界纪录进程［M］. 北京：光明日报出版社，2020：168.

② 杨世勇. 世界举重大赛概览和创破世界纪录进程［M］. 北京：光明日报出版社，2020：192.

际体操联合会技术规则的导向下，制胜因素显示出"力""难""新""稳""美""高""飘"等的完美结合。

王萍①，赵洪明②等对体操制胜规律也进行了研究，并取得了规律性认识。

（四）乒乓球

乒乓球的制胜规律为：快、准、狠、变、转，这也是直拍快攻打法的制胜因素。吴焕群指出："快、转、准、狠、变"是直拍反胶快攻打法和横拍快弧打法的制胜因素；"转、稳、低、攻、变"是横、直拍削攻打法的制胜因素③。

（五）射击

射击项目的制胜规律为：稳、准、快（详见表3－1）。

表3－1　射击项目制胜因素④

稳	准	快
技术稳定，动作规范，节奏一致	着眼点准，命中高环	发射快速、瞄准较短
体能稳定，持续高质量的发射能力强	用力准确，技术标准	技术过程简洁、流畅
心理稳定，抗高压、抗干扰能力强	判断准确，时机恰当	应变快，思维转换快，进入发射状态快
器械稳定与运动员技术特点协调	控制准确，转换到位	

（六）羽毛球

羽毛球项目的制胜规律为：快、狠、全、准、活。杨新芳等对羽毛球女双项目的制胜因素进行研究时发现，"快"是核心因素，"狠、准、活"是影响"快"的因素⑤，"全"是技术要求。

---

① 王萍. 竞技体操制胜因素及相互间的本质联系 [J]. 体育科学. 1992 (1) 24－27.

② 赵洪明. 对竞技体操制胜规律的再认识 [J]. 南京体育学院学报（社会科学版）. 2002 (6)：102－105.

③ 吴焕群. 中国乒乓训练原理研究 [J]. 北京体育大学学报, 2004 (2) 145－154.

④ 王三保，刘大庆. 射击项目制胜因素理论解析 [J]. 北京体育大学学报, 2012 (10)：127－133.

⑤ 杨新芳，许伟民. 羽毛球竞赛女双项目的制胜规律 [J]. 体育学刊. 2005 (2) 102－104.

（七）女子排球

李安格、邓若曾等指出：全、高、快、变是排球运动的四项制胜因素。

全：是指全面掌握排球各项技术，达到规范、准确、自动化程度。

高：是指具备一定网上高度，身高、手高、弹跳高。

快：指技术动作快，串联配合节奏快，攻防转换衔接快等。

变：指在掌握多种技术和战术配合的基础上，能够根据不同对手和场上情况灵活多变，使对方不适应①。

（八）短道速滑

"快"是短道速滑项目的核心。其制胜规律表现为：短距离项目，运动员的起跑技术是制胜的关键，体能是保持高度滑行与后程不降速的保障；中长距离项目，运动员的战术与体能分配即超越的合理性是制胜的关键，后程的冲刺能力是比赛制胜的保障；接力项目，战术配合的默契程度是制胜的关键，根据对手的情况控制滑行路线是制胜保障，执行战术的能力是发挥团队作战的基础。

二、中国潜优势项目的制胜规律

潜优势项目是指在奥运会等重大比赛中虽然夺得过金牌，但是并不具备明显优势，在未来竞争中有条件或可能逐渐获得优势的项目。

（一）摔跤

摔跤项目的制胜规律是：以体能为基础，以技能为保证，以快速完成动作（单个或连续动作）能力为核心，以维持身体平衡能力为前提。

（二）拳击

2017 年 9 月 29 日，中国拳击协会主席、中国拳击队总教练张传良在与杨世勇的访谈中指出：拳击项目的制胜规律是"快、全、连、变、准、控、狠"。"快"是指复杂反应速度快，移动步伐快，出拳速度快；"全"指攻防技术全面；"连"是指连续出拳，避免出单拳；"变"是指攻防变化多，进攻时组合多，方法多，使对手找不到规律；"准"是指出拳准确，打准有效部位；"控"是指平时对体重等的控制及自我管理；"狠"是指比赛中有战胜对手的勇气、信心和决心。我国拳击运动的突破口就是从快、全、连、变、准、控、狠上下功夫，发挥智力优势，扬长避短，开拓创新。

---

① 谢亚龙，王汝英等．中国优势竞技项目制胜规律［M］．北京：人民体育出版社，1992：154.

张传良认为：拳击运动制胜规律和制胜因素之间还有以下本质联系：第一，以技术、战术为生命；第二，以速度为灵魂；第三，以距离、时间差为突破口；第四，以心理、意志品质为保障；第五，以体能为载体；第六，以创新求发展；第七，以控制来把握；第八，以赢得比赛为目的。

（三）柔道

柔道的制胜因素是"散、快、连、准、狠、能、神"。上述因素相互作用，统一于整体①。

（四）蹦床

蹦床项目的制胜因素是：稳、美、准、高、难、新、变②。

（五）皮划艇

刘大庆、张莉清等在《我国潜优势项目特点及制胜规律的研究》（详见《北京体育大学学报》2012年第11期）指出：皮划艇静水项目的制胜规律主要是"以高速度为特征、以每桨划船效果为核心，提高和保持最大划桨功率"。

（六）射箭

射箭项目的制胜因素由"准""稳""快"构成，其中"准"是核心，"稳"是基础，"快"是关键③。

（七）赛艇

茅洁对赛艇项目的特点进行了研究，指出"强、快、连、稳、控"是赛艇项目的主要制胜因素④。

（八）网球

网球项目的制胜机制特点是：发球的直接得分能力和接发球战术系统的得分实力高于对手。制胜因素是"全、狠、准、抢、变"。

（九）游泳

于仙贵，穆祥豪等人认为游泳的制胜因素是：技术高效，有效的划水或打水力量，优秀的体能水平和良好的心理素质⑤。

---

① 李文涛，吴刚，闫炳才，黄军．由我国女子柔道项目发展的制约因素看其制胜规律［J］．山东体育科技，2013（2）：53-56.
② 胡玲．蹦床项目制胜规律的研究［D］．北京体育大学硕士论文．2011.
③ 王三保．我国射箭项目特点及制胜规律研究［D］．北京体育大学博士论文．2011.
④ 茅洁．我国赛艇项目特点及制胜规律的研究［D］．北京体育大学博士论文．2011.
⑤ 于仙贵，穆祥豪，梅雪雄．全国第二届游泳科学论文报告会选集。中国竞技游泳发展特征及其制胜规律［J］．中国体育科技．1993（11）：1-7.

三、我国奥运会冠军所属部分项群制胜规律一览

（一）技能主导类表现难美性项群的制胜规律

表3－2　技能主导类表现难美性项群制胜规律

竞技项目	制胜因素						
竞技体操	难	美	新	稳	力	高	飘
跳水	难	美	新	稳		压	齐
蹦床	难	美	新	稳	力	健	高
花样滑冰	难	美	新	稳	力	健	齐

（二）技能主导类表现准确性项群制胜规律

射击、射箭项目的制胜因素是稳、准、快[①]。

（三）技能主导类格斗对抗性项群制胜规律

表3－3　技能主导类格斗对抗性项群制胜规律

竞技项目	制胜因素						
拳击	快	全	连	变	准	控	狠
摔跤	快	准	连	变	强		
柔道	快	准	连	狠	能	神	散
击剑	快	准	变	主动			

（四）技能主导类隔网对抗性项群制胜规律

表3－4　技能主导类隔网对抗性项群制胜规律

竞技项目	制胜因素						
乒乓球	快	转	准	狠	变		
羽毛球	快	准	全	狠	活		
网球	全	准	狠	抢	变	快	转
排球	高	全	快	变			

---

① 王三保，刘大庆. 射箭项目制胜因素理论解析［J］. 北京体育大学学报，2012（10）：127－133.

（五）体能主导类速度性项群的制胜规律

表 3-5   体能主导类速度性项群制胜规律

项目	形态	体能	技术	战术	心理	运动智能
100m 游泳	身材高大、肩宽臂长、手脚面积大、皮下脂肪比略高、肌肉结实发达、坐高高、指间距大	磷酸原供能能力强，反应敏捷，动作速度、相对速度出色、爆发力强，协调性好	综合专项技术能力强	快速游为主、合理分配体力、全力冲刺	心理稳定性强、意志坚强	熟练把握专项知识
110m 栏	体型修长、肌肉发达，尤其大腿与臀部肌肉粗壮结实、线条清晰、下肢较长、踝围较小、跟腱较长	磷酸原供能能力强，反应敏捷、绝对速度强、相对速度出色、快速力量好、高速度保持能力强，协调性与节奏感超强	技术细腻规范、动作节奏性好	注重多轮次的体能分配、全力冲刺	自我心理稳定、赛中体现兴奋性	熟练把握专项知识
短道速滑 500m	中等身材、下肢肌肉发达、体型匀称	无氧磷酸原供能强，爆发力强，协调性好，平衡能力强	专项技术规范、有效	领先和跟随，干扰和抗干扰，不同轮次体力分配	反应敏捷、心理稳定、有顽强的拼搏精神	熟练把握专项知识

第三节   中国奥运会冠军的主要选材特征

中国奥运会冠军的主要选材特征主要是指中国奥运会冠军的选材年龄、选材指标以及跨项选材等表现出来的一些基本规律和相关特点。

一、选材年龄

"正确的选材是造就奥运会冠军的先决条件！"选材是竞技体育的开端，是将天赋好的候选者挑选出来从事专门训练的前期工作，为竞技体育的发展提供优秀的后备人才①。成功的选材是奥运会冠军培养的良好开端。

　　奥运会冠军的选材一般分为基础、初级、中级和高级选材四个层次。每个层次包括初选、复选、定向、终选四个阶段。基础选材层次主要指幼儿、小学训练小组等，初级选材层次主要指少体校等，中级选材层次主要指省市体工队，体育院校等，高级选材层次主要指国家青年队、国家队等②。

　　本课题研究的奥运会冠军选材年龄是指奥运会冠军进行训练的起始年龄，即基础层次的初选阶段。

表3-6　中国夏季奥运会冠军选材年龄一览表（M±S）

大类	亚类	年龄	大项	年龄
技能主导类	难美性	6.19±1.81	蹦床	5.33±0.58
			体操	5.64±1.68
			跳水	6.68±1.84
技能主导类	准确性	14.00±2.65	射击	14.77±2.33
			射箭	14.00
技能主导类	格斗对抗性	12.05±3.75	击剑	11.57±2.44
			拳击	15.33±0.58
			柔道	12.38±3.46
			摔跤	10.50±3.54
			跆拳道	10.71±4.66
	隔网对抗性	8.26±2.69	女子排球	10.92±2.57
			乒乓球	6.55±1.58
			羽毛球	7.89±1.64
			网球	7.50±0.71

　①　徐本力. 运动员选材［J］. 福建体育科技，1984（Z1）：19-92.
　②　王金灿. 运动选材学［M］. 北京：人民体育出版社，2009：30.

续表

大类	亚类	年龄	大项	年龄
体能主导类	快速力量性	11.06 ± 2.05	举重	11.06 ± 2.05
	速度性	10.13 ± 3.68	女子自行车	14.00 ± 2.83
			田径	13.00
			游泳	8.00 ± 2.55
	耐力性	11.60 ± 3.48	田径	13.29 ± 2.29
			赛艇	14.25 ± 0.50
			皮划艇	13.80 ± 2.78
			帆船	12.50 ± 3.54
			游泳	7.88 ± 1.36

通过问卷调查和查阅大量文献资料，我们对中国奥运会冠军的平均选材年龄进行了统计（详见表3-6）：技能主导类表现难美性项群的中国夏季奥运会冠军平均选材年龄最小，为6.19岁，其中蹦床为5.33岁，体操为5.64岁，跳水为6.68岁；技能主导类准确性项群奥运会冠军平均选材年龄最大，为14.00岁，其中射击为14.77岁，我国射箭奥运会冠军至今只有张娟娟1人，其选材年龄与准确性项群平均选材年龄一致；技能主导类格斗对抗性项群奥运会冠军平均选材年龄为12.05岁，其中击剑11.57岁，拳击15.33岁，柔道12.38岁，摔跤10.50岁，跆拳道10.71岁；技能主导类隔网对抗性项群奥运会冠军平均选材年龄为8.26岁，其中女子排球10.92岁，乒乓球6.55岁，羽毛球7.89岁，网球7.50。体能主导类快速力量性项群（举重）奥运会冠军平均选材年龄为11.06岁；体能主导类速度性项群奥运会冠军平均选材年龄为10.13岁，其中女子自行车为14.00岁，游泳（小于200米）为8.00岁，速度性项群中田径项目仅刘翔一人获得过奥运会冠军，其选材年龄为13.00岁；体能主导类耐力性项群奥运会冠军平均选材年龄为11.60岁，其中田径13.29岁，赛艇14.25岁，皮划艇13.80岁，帆船12.50岁，游泳7.88岁。

仔细探究中国夏季奥运会冠军的年龄可以发现，20世纪80—90年代的奥运会冠军选材年龄略微偏大，21世纪以后涌现的奥运会冠军选材年龄越来越小，趋于低龄化。

例如，体操选手李宁出生于1963年3月10日，8岁选材，21岁获奥运会冠军；邹凯出生于 1988 年 2 月 25 日，4 岁基础选材训练，20 岁首获奥运会冠军①。举重选手吴数德出生于 1959 年 10 月 18 日，14 岁选材，25 岁获奥运会冠军；龙清泉出生于 1990 年 12 月 3 日，8 岁基础选材训练，17 岁首获奥运会冠军，25 岁再获奥运会冠军②。女排选手周晓兰出生于 1957 年，1973 年 16 岁才开始选材训练，27 岁获奥运会冠军；张常宁出生于 1995 年 11 月 6 日，8 岁选材训练，21 岁获奥运会冠军。女子跳水选手周继红出生于 1965 年 10 月 11 日，10 岁选材训练，19 岁获奥运会冠军；陈若琳出生于 1992 年 12 月 12 日，4 岁基础选材训练，17 岁首获奥运会冠军，并连续在 3 届奥运会上获 5 枚金牌③。中国首位"00 后"奥运会冠军任茜出生于 2001 年 2 月 2 日，2004 年进入成都市少儿业余体校体操队训练，2007 年到四川队改练跳水，2013 年进入国家队，2016 年 15 岁获奥运会女子单人 10 米跳台金牌④。

经过访谈调查和奥运会冠军数据统计，中国技能主导类冬季奥运会冠军平均选材年龄为 12.67 岁（详见表 3 - 7），其中花样滑冰为 12.50 岁，自由式滑雪冠军仅韩晓鹏 1 人，为 13 岁；体能主导类奥运会冠军平均选材年龄为 10.13 岁，其中短道速滑为 9.86 岁，速度滑冰仅张虹 1 人，为 12 岁。

表 3 - 7　中国冬季奥运会冠军选材年龄一览表（M±S）

大类	年龄	大项	年龄
技能主导类	12.67 ± 0.58	花样滑冰	12.50 ± 0.71
		自由式滑雪	13
体能主导类	10.13 ± 1.13	短道速滑	9.86 ± 0.90
		速度滑冰	12

① 杨世勇，李靖文. 体育界的精英——中国的奥运冠军［M］. 北京：人民体育出版社，2020：35 - 36.

② 杨世勇，李靖文. 体育界的精英——中国的奥运冠军［M］. 北京：人民体育出版社，2020：84.

③ 杨世勇，李靖文. 体育界的精英——中国的奥运冠军［M］. 北京：人民体育出版社，2020：87 - 88

④ 杨世勇，李靖文. 体育界的精英——中国的奥运冠军［M］. 北京：人民体育出版社，2020：122 - 123.

二、选材的主要指标

优秀运动员的选材必须结合所从事的运动项目竞技能力的主导因素进行，同时选材还涉及遗传、年龄、身体形态、身体机能、运动素质、心理能力、智力、运动技能等多方面的要求及其指标，对此前人已有大量研究和说明。本课题主要就中国奥运会冠军基础层次初级选材阶段涉及的身体形态、身体机能、运动素质、专项技术等主要指标和要求进行研究和综述。

（一）跳水

跳水属于技能主导类表现难美性项目，要求运动员的形态既要符合美学要求，又要符合跳水运动的力学特点。在对跳水奥运会冠军及其教练员和有关专家问卷调查，以及文献研究的基础上，结合王荣辉[①]等人的研究，我们根据类别、主导因素、基本特征、测试指标四个层次，从形态、机能、素质、技术、心理、智力七方面统计整理了跳水运动员的选材指标体系（参见表 3 – 8）。

表 3 – 8　跳水运动员选材指标一览

类别	主导因素	基本特征	测试指标
形态	下肢比例	下肢修长，比例协调，小腿长于大腿	小腿长 A/下肢长 B×100
机能	伤病	视网膜无病变、视力良好	眼底检查结果
	平衡	平衡能力好	动态平衡得分
素质	下肢爆发力	良好的下肢爆发力	原地纵跳/身高×100
	腰腹力量	良好的腰腹快速收缩力量	20 次仰卧举腿计时（s）
	灵敏	良好的灵敏性	30s 十字连续变向跳（次）
技术	技术难度	较高的技术动作难度	自选动作难度之和
	技术质量	技术动作完成稳定、优美、质量高	自选动作平均得分
	翻腾能力	动作连接好、翻腾快、团身紧、动作完成下降高度少	第 2 周下降高度（m）

---

① 王荣辉，张一民，任弘．我国跳水优秀运动员竞技能力结构模型和选材指标体系研究［J］．体育科学，2007（7）：30 – 40 + 50．

续表

类别	主导因素	基本特征	测试指标
心理	赛前情绪	焦虑水平低，自信心强	焦虑 自信心 情绪总分
	成就动机	成就动机高，渴望成功，不怕失败	成就动机总分
	注意力	注意力稳定，且能有一定广度	注意力总分
	意志品质	意志坚韧、顽强、果断、自信、目标清晰	果断性 清晰度 自信 意志总分
智力	智力	中等以上的智力水平	智力得分

（二）体操

体操项目要求运动员的形态既要符合美学要求，又要符合体操运动的力学特点。男运动员要求身材匀称、个小体壮、胸厚臀小，这样力量大，翻转半径小，易于完成高难动作。对女运动员来说，个小体轻对完成高难度的动作也是有利的，但从美学角度看，运动员最好四肢修长，身材稍高，这样动作幅度大，动作美。有些美学要求与体操的力学要求是相互矛盾的，因此，要权衡利弊，注意相互补偿。体操运动员的形态美主要表现在身体各部分比例关系上，要尽可能在形态美的运动员中选择能力强的①。谭修德②等研制了我国儿童体操运动员的科学选材标准（详见表3－9）。

---

① 郭秀文 . 中国竞技体操选材现状研究 ［J］. 中国体育科技，2004（2）：65－67＋70.
② 谭修德，刘健生，曹福顺，等 . 我国儿童少年体操运动员科学选材标准的研究 ［J］.
体育科学，1993（4）：38－43＋94.

表 3 – 9　体操运动员选材指标一览

指标	指标	特点
形态指标	身高	身材偏小，与同龄青少年比处于中下或矮小水平。男、女运动员身高发育突增期不明显，女子体操运动员发育推迟
	体重/身高	男运动员个小体壮（肌肉发达），女运动员个小体轻（体脂少）
	胸围/身高	男子体操运动员上体粗壮，女运动员在围度指标上不甚突出
	指距减身高	运动员两臂长，支撑重心高，悬垂摆动半径大，对鞍马、单杠、双杠和高低杠项目都是有利的
	髂前上脊宽/肩宽	肩宽臀窄，躯干呈倒三角形
机能指标	心功指数	心功指数的平均值随年龄增大而递减，明显优于同年龄普通人群，且随年龄增大，差异增大，女性更为突出，选材时应选这方面先天条件好，起点高的运动员
心理指标	智商测试	智商分布基本都在中等及偏上智商等级
	动作神经综合反应	优秀体操运动员反应既快又准
素质指标	尽量与大纲一致	
基本技术	与大纲一致	
教练评定	经验选材	从不能定量的方面来进行评定

（三）举重

举重属于体能主导类快速力量项目，要求运动员有突出的爆发力和快速力量水平。由于按照体重分级别比赛，大级别选手身材高大，小级别身材较矮小；要求身体机能良好，特别是血睾酮水平大大高于同年龄的男女。欧阳孝等历时七年对广东省 661 名运动员进行的测试结果表明：男子举重运动员有较高的血睾酮水平，均值为 635.72 ± 177.1ng/ dI （n = 2 3），而常人为 570 ± 150ng/ dI（n = 12），举重奥运会冠军血睾酮水平超过 800ng/ dI 接近 1000ng/ dI，个别达到 1020ng/ dI 或 1580ng/ dI①。相关研究结果表明，女子举重运动员的血睾酮水平也明显高于同龄女子，因此血睾酮水平是男女举重运动员的精选指标，睾丸体积测量在男子初选时可以作为血睾酮水平检测的间接依据。同龄儿童中睾丸体积越大，将来的血睾酮水平越高。

男女举重运动员的初级选材一般始于 8~9 岁。我们在对中国举重奥运会冠军及其教练员调研的基础上，结合相关研究资料②，从多维度构建了儿童举重运动员的选材指标（详见表 3－10）。

表 3－10　儿童举重运动员选材指标一览

一级指标	二级指标	特点
身体形态	身高	小级别身材较矮小，大级别身材高大
	体型	上肢：手掌大，将杠铃杆正握翻起置于胸上能压在锁骨和两肩胛上，肘关节能完全伸直。上体：胸挺背直，肩带、脊柱发育正常，韧带附着有力，胸廓厚大。下体、下肢：髋大适当，臀部肌肉隆起紧收。股四头肌紧收，踝关节灵活有力，两脚并拢能挺胸全蹲起立（脚跟不离地）。上身和下身长度适当
	肌肉类型	白肌纤维居多，爆发力强的运动员
运动素质	力量	上肢：引体向上和实力推突出。窄硬拉，后深蹲要求达到本人体重 160% 的重量
	速度、灵敏、协调	60 米短跑速度要求超过同龄儿童标准。可以通过游戏或向后方抛实心球观察其完成动作的速度、灵敏、协调性
	弹跳力	纵跳和立定跳远测量其弹跳力。立定跳远距离应达到本人身高加上年龄的尾数每一岁为 15~20 厘米，女子指标稍低于男子
	柔韧性	1. 双腿及双臂伸直，屈体测量脊柱和骨盆柔韧性。2. 双手握竿，直臂转肩测量肩关节柔韧性。3. 测量肘关节和踝关节柔韧性

---

① 欧阳孝，等. 睾丸体积测量与血液、唾液、尿液、睾酮与皮质醇水平的检测对举重运动员选材意义的研究［A］. 第一届全国举重科学论文报告会论文汇编［C］. 中国举重协会：1993 年 3 月：1－15.

② 杨世勇. 谈举重运动员的选材［J］. 成都体院学报，1983（4）：71－76.

续表

一级指标	二级指标	特点
心理素质	神经类型	要求高度集中、灵活、强而均衡的神经类型。以多血质最好，黏液质、胆汁质次之
生理机能		（1）一般健康和各脏、器及传染病灶检查。（2）身高、体重、体围以及肺活量、脉搏、血压等检查。（3）雄性激素和唾液睾酮水平检测，男子睾丸较大①

（四）乒乓球

乒乓球属于技能类隔网对抗项目，有多种打法，不同的打法有不同的选材模式。一般来讲，弧圈型打法的选手要求身材匀称、高大、强壮；削球型打法的选手要求身材匀称、较高、四肢较长；快攻型打法的选手要求身材匀称。我们通过对乒乓球奥运会冠军陈龙灿、丁宁、张继科等人的问卷和面谈调研，结合相关文献②，统计整理了乒乓球运动员的初级选材指标（详见表3－11）。

表3－11　乒乓球运动员初级选材指标

指标	指标	特点
形态指标	身体匀称	身体匀称可用布罗卡指数求得：$L-(100+W)=1\sim15$ 之间为匀称（L 为身高，W 为体重）。男子：$L-(100+W)=5\sim8$ 为理想，女子：$L-(100+W)=3\sim5$ 为理想
	四肢与躯干	选择四肢较长躯干较短的运动员，即坐高/身高小于 52%，这样的体型重心高、移动快、控制范围大、易于发力
	跟腱长	跟腱长/小腿长 A 大于 50% 以上
	踝围	踝围细，即踝围/跟腱长在 100% 以下。跟腱长与踝围两项指标与爆发力有关，是不可忽视的选材指标
	指距指数	即指距减身高的差值。削球型选手均要求指距指数必须大于 0，最好是 0cm～5cm

---

① 举重教学训练大纲［M］. 国家体委，1990：1－2.
② 李浩松. 乒乓球运动员选材的独特性［J］. 天津体育学院学报，2001（2）：74－76.

续表

指标	指标	特点
素质指标	专项素质	要求机敏灵活，随机应变能力和协调配合能力强，灵敏性好。速度素质表现在判断快、反应快、起动快、动作快、还原快
	一般素质	主要是耐力素质，对优秀乒乓球选手而言，一场高水平的单打40min～60min，一个优秀运动员一天要打多场比赛
心理指标	神经类型测试	快攻型、弧圈型运动员应选灵活型、亚灵活型的最好，削球型运动员选稳定型、亚稳定型为好。心理素质是大赛中取胜的重要因素，但心理素质遗传度不高。儿童期第二信号系统尚不完善，初级选材时不必苛求，在育材中考察即可。后天系统训练能收到良好效果

（五）羽毛球

羽毛球属于技能类隔网对抗项目，对运动员的体能有很高要求。结合对两届奥运会女子单打冠军张宁，奥运会冠军教练杜志新等人的调查，以及相关研究①，我们绘制了羽毛球运动员选材指标的评价体系（详见表3-12）。

表3-12 羽毛球运动员选材评价参考量表

一级指标	二级指标	奥运会冠军参考（男/女）
身体形态	身高	1.80/1.70 m
	克托莱指数	400/371
身体机能	上肢无氧功率	190/130 W
	下肢5S峰值功率	10.75/7.78 W/kg
运动素质	立定跳远	2.61/2.21 m
	10次专项跑动时	14.66/15.68 s
专项技战术	每回合拍数	8/9 拍
	主动失误率	1.29%/1.14/%
	翻转反应时	570/580 ms

---

① 苏跃金，高全. 羽毛球运动员选优指标体系的构建与评价量表的设计 [J]. 北京体育大学学报，2013，36（3）：137-140.

一级指标	二级指标	奥运会冠军参考（男/女）
心理能力	操作思维步数	57/65 步
	意志得分	192/189 min
	气质类型	多血质/多血质

（六）女子排球

排球属于技能主导类隔网对抗项目，对运动员的体能也有很高要求。排球技术规则的不断修改，促进了排球运动向着"高、快、全、变"的方向发展，排球比赛已成为双方身高、素质、机能、技术、意志的抗争，特别是队员的身高及弹跳高度逐渐增高。随着排球训练的早期专项化，女子排球队员的选材年龄越来越小（排球奥运会冠军的平均选材年龄为 10.92 岁），早期选材的成功，对于运动员的成长有着非常重要的影响。结合对奥运会冠军朱琳、陈静、杨方旭和有关专家的调研，以及相关文献①，我们统计整理了女子排球运动员的科学选材内容及标准。

表 3 – 13 　女子排球运动员选材指标一览

一级指标	二级指标	特点
身体条件	身高	身高与弹跳力相结合的高度优势往往与比赛成绩成正比，而且扣、拦这一网上争夺的优势必须首先占据身高这一实力基础。预测未来身高一般采用骨龄法：现在身高÷骨龄发育指数% = 成年身高。其中最准确的是儿童生长发育指标与生物年龄关系
	身体形态	四肢修长，小腿较长，脚较大，手指长，手能充分张开，脚趾较长，足弓较高；踝关节围度较小，跟腱清晰较长；骨盆小，臀肌向上紧缩；躯干瘦长，皮下脂肪层薄，肌肉线条清楚
身体素质	弹跳力	弹跳力是占有空中优势的重要因素。原地纵跳是助跑起跳的基础，必须把弹跳力放在首位
	速度	主要表现在挥臂速率和移动速度两方面。测速度素质可用垒球掷远或羽毛球掷远，30m 或 60m 跑，3m 或 6m 往返跑等
	灵敏反应	不论在高空扣、拦争夺或一瞬间突然改变动作，都必须迅速做出反应，及时准确完成动作，因此，要求具有良好的灵敏反应。可用视觉或听觉为信号的各种反应练习和游戏，计算其反应速度，观察其协调性

① 刘广欣，周明华，王勇. 浅析少年排球运动员的科学选材 [J]. 西安体育学院学报，2000（1）：57 – 58.

续表

一级指标	二级指标	特点
心理素质	神经类型	以灵活型和兴奋型为优。要选择勇敢、顽强，训练和比赛兴趣浓厚，不紧张，不服输，性格开朗，能吃苦耐劳的儿童
	血型	O 型血的人在弹跳方面有较突出的成绩，A 型血的人学习技术扎实，B 型血的人表演能力强，AB 型血的人反应快，耐力好。选材时最好选 O 型和 A 型血的人

（七）拳击

拳击属于技能类同场格斗对抗项目，根据杨世勇 2017 年 9 月 29 日对奥运会冠军教练张传良（中国拳击协会主席），2019 年 9 月 16 日与邹市明的启蒙教练，遵义市体校拳击教练员梁峰的访谈，结合有关文献①，我们分别从形态、素质、机能及心理 4 个维度整理了我国优秀男子拳击运动员的初级选材指标体系。

表 3 - 14　拳击运动员初级选材指标一览

一级指标	二级指标	三级指标	特点
形态指标	长度指标	身高、指距 、指距 - 身高、足弓高	体脂含量低、上肢力量好、臂长、颈围粗实、有长条束纤细肌肉群、上肢及躯干肌肉强健有力
	宽度指标	肩宽、髂宽、骨盆宽/肩宽×100	
	维度指标	颈围、胸围、上臂紧张围、上臂放松围	
	充实度指标	体脂百分比、瘦体重、克托莱指数	

---

① 巴义名，朱荣辉. 我国优秀男子拳击运动员选材指标体系的构建 ［J］. 上海体育学院学报，2008，32（6）：89 - 92.

续表

一级指标	二级指标	三级指标	特点
素质指标	速度耐力	50 m 跑、400 m 跑	反应速度灵敏、快速击打力量大、站立时启动速度快、动作协调性佳、关节柔韧性好
	一般耐力	3000 m 跑	
	力量素质	30 s 俯卧撑、30 s 抱头仰卧起坐、1 min 击打沙袋	
	柔韧素质	坐位体前屈	
	协调能力	1 min 跳绳	
	平衡能力	15 s 左旋、15 s 右旋	
机能指标	无氧能力内分泌	平均无氧功率、最大无氧功率、血清睾酮	既要以高效的 ATP - CP 代谢供能保证出拳击打对手有效部位的力度与速度，又要以出色的糖酵解代谢供能保证完成进攻与防守的技术动作
心理指标	神经类型	多血质	灵活型、稳定型和兴奋型居多
		黏液质	
		多血—黏液	
		胆汁—黏液	
		黏液—多血	

（八）游泳

游泳是竞技运动中的大项，游泳科学选材的任务是选拔最有运动天赋的运动员，使其经过长期、系统训练后达到极高的竞技水平。我国游泳运动员的选材往往通过身体形态，运动素质，身体机能和心理 4 个维度进行。

表3－15 游泳运动员选材指标一览①

一级指标	二级指标	特点
身体形态	身高、体重、胸围、四肢长度、身体比例	身长、体重中等、躯干较长、上肢粗长、肩宽、胸围大、髋窄、臀薄、下肢短细
运动素质	力量、速度、耐力、灵敏、柔韧	速度力量性项目主要包括男女四式50m、100m，突出特点是对爆发力要求极高。通过背力测试了解腰背肌的力量大小，而腰背肌的力量可以粗略反映运动员的力量素质
身体机能	最大摄氧量、骨骼肌	心容量大，心搏有力，脉搏徐缓，特别要求有较大的心输出量和每搏输出量，这些指标均有较高遗传度。骨骼肌应有较高的有氧代谢酶活性，中长距离选手红肌纤维占优势。红肌纤维越多，有氧代谢能力和抗疲劳能力越强
心理	神经类型	灵活型、稳定型以及它们的亚型是最好的神经类型

（九）射箭

上海体育科研所的沈勋章②等将射箭运动员选材指标模型分为三类，第一类为重要指标，是反映项目特征的重要指标，包括 CUI － 持弓稳定仪（s），需进行评价；第二、三为参考指标及健康要求，测量后仅供教练员做参考之用。

表3－16 射箭运动员选材指标一览

评定指标（单位）	参考指标（单位）	健康指标（单位）
CUI － 持弓稳定仪（s）	身高（cm）	初选年龄（岁）
EP704 － B 九孔仪（孔）	坐高（cm）	主眼视力（数值）
EP705 － C 场依存性（°）	体重（千克）	色盲检查（正常）
WCS － 1000 数显估计用力（千克）	克托莱指数（指数）	脊柱弯曲（°）

---

① 陈燕. 游泳运动员科学选材的新概念［J］. 南京体育学院学报（社会科学版），2007
（6）：125 － 126.
② 沈勋章，仇凯凯，蔡广，等. 射箭运动员选材指标的研究［J］. 体育科研，2007（5）：
55 － 58.

续表

评定指标（单位）	参考指标（单位）	健康指标（单位）
综合反应（ms）	比坐高（指数）	血红蛋白（ml/dl）
808 神经类型	手长（cm）	
CTR 智商（分值）	上臂长（cm）	
16FP 人格因（因素）	前臂长（cm）	
俯卧撑（次）	肩宽（cm）	
手长 + 前臂长/肩宽×100	骨龄（岁）	
臂伸直度（°）	优势手握力（千克）	
	优势手相对握力（kg/kg）	
	Stat 特质状态焦虑测验	
	1min 跳绳（双飞）	
	800m/1500m 跑（min - s）	
	教练员评定与观察	

三、选材的个案分析

我国优势项目奥运会冠军选材年龄除举重（11.06 岁）、女子排球（10.92 岁）外，均未超过 10 岁，如技能主导类项目体操选材年龄为 5.64 岁，跳水为 6.68 岁，这符合项目特点和运动员年轻化的趋势。

我国各个项目奥运会冠军的选材均有其科学、系统的选材体系，我国运动员的初级选材很少涉及技战术指标，而中级、高级选材往往会把技战术作为选材标准之一。但要强调的是这些选材标准只是理想化的参考，教练员在具体选材时，往往择优补缺。

（一）跳水

4 枚奥运会金牌得主伏明霞 1978 年 8 月 16 日出生于湖北，成年后身高 160 厘米，体重 48 千克。小时候伏明霞的身体并不好，父亲伏宜军为了锻炼她的身体，5 岁时将她与姐姐一起送去练体操，6 岁改练跳水。最开始选材时伏明霞的身体条件并不被湖北队看好，8 岁时她被跳水教练于芬发现，离开湖北跳水队来到北京训练，1990 年被选入中国跳水集训队。1992 年 7 月 26 日，年龄不到 14 岁的伏明霞以 461 分的成绩获得第 25 届奥运会女子 10 米跳台金牌，成了奥运会历史上最年轻的冠军。1996 年第 26 届奥运会，伏明霞同时获得女子 10 米跳台与女子 3 米板的冠军；2000 年奥运会再获女子单人 3 米板冠军。

伏明霞的成长过程说明奥运会冠军的选材并不是一蹴而就的,身体条件也并非绝对理想,其成才除了教练员慧眼识珠外,更重要的是多年系统而科学的训练。

（二）体操

5枚奥运会金牌得主邹凯,1988年2月25日出生于泸州。1991年4岁进入泸州市体操训练馆开始体操启蒙训练。其基础训练阶段的教练员林朝阳谈到邹凯的选材时表示:邹凯身材匀称,协调性特别好,头脑灵活,动作速度快,爆发力突出,能承受训练负荷。邹凯13岁进四川体操队,14岁进国家队,20岁获奥运会3枚金牌,24岁再获2枚奥运会金牌[①]。

（三）举重

两届奥运会冠军龙清泉,1990年12月3日出生于湖南省湘西土家族苗族自治州龙山县,8岁选材进入龙山县体校练习举重,9岁进入湘西自治州体校,15岁进湖南省队,17岁进国家队。2008年8月9日（年仅17岁246天）成为奥运会男子56千克级冠军（总成绩292千克）,2016年再获奥运会金牌（56千克级,总成绩307千克）。

2020年8月5日,杨世勇与龙清泉的湖南省队和国家队主管教练员胡常临电话访谈时,胡常临指出:"龙清泉曾经三次到省队集训,但是都没有被选上。2006年2月,龙清泉第四次调入湖南省队,我经过多方面测试发现:龙清泉当时身高153厘米,体重53千克,身材匀称,爆发力好,技术动作的感觉好,比赛能力强,血睾酮水平高于同龄少年,承受负荷量的能力强。专项测试成绩为抓举105千克,挺举135千克。不足之处是力量水平并不突出;此外,他手掌不大,但是不影响对技术的掌握和抓握杠铃。"龙清泉的事例说明奥运会冠军的选材并不是一蹴而就的,而是要抓重点看主流,经过多方面的筛选和比较,科学训练才能确定。

奥运会冠军林清峰,1989年1月26日出生于福建省厦门市的一个普通家庭。9岁练习铅球,11岁练习举重。由于成绩波折起伏,曾经三进三出省队,20岁才成为福建省队员。在林清峰长时间成绩增长缓慢,又有腰肌损伤,膝关节损伤,对举重运动几乎丧失信心的情况下,林清峰的启蒙教练薛元挺做了大量耐心细致的心理疏导和思想工作,并与省队教练万建辉协同努力。2012年林清峰以344（157+187）千克的成绩夺得奥运会男子举重69千克级金牌后,动情地说"虽然薛元挺教练在基层,但很多次我快不行时他帮助我最多,就像很

---

①　杨世勇,李靖文.体育界的精英——中国的奥运冠军［M］.北京:人民体育出版社,2020:86-87.

多次快掉下悬崖他都要拉我一把，非常关键"①。

林清峰的事例说明，除了科学选材，奥运会冠军的成功路上会面临多方面的困难和严峻挑战，需要多方面的耐心帮助，教育和协同努力。

（四）乒乓球

女子乒乓球 4 枚奥运会金牌得主邓亚萍，1973 年 2 月 6 日出生于河南郑州，成年身高 155 厘米。5 岁时开始打乒乓球。严格说来，像邓亚萍这种个子小，身材矮的选手并不适合打乒乓球，但是邓亚萍复杂反应速度快，动作速度快，移动步伐快，头脑灵活，训练刻苦，作风顽强，技术动作好，承受运动负荷能力强，弥补了身体形态（主要是身高）方面的不足。1983 年进入郑州市乒乓球队，1986 年进河南省队，1988 年 11 月进入中国乒乓球队，1992 年 8 月在第 25 届奥运会上与乔红合作获得乒乓球女子双打金牌，并获得乒乓球女子单打金牌；1996 年亚特兰大奥运会邓亚萍又一次获得了女子单打、双打两枚奥运会金牌。

邓亚萍的事例说明身体形态并不是奥运会冠军选材的唯一标准，只要其他方面竞技能力突出，照样可以最大限度地弥补不足，成就竞技运动的辉煌。

（五）羽毛球

左手持拍的两届奥运会羽毛球男子单打冠军林丹，1983 年 10 月 14 日出生于福建省上杭县，5 岁开始练习羽毛球，1992 年进福建体校，1995 年 12 岁获全国少儿比赛男单冠军，入选八一队。15 岁入选中国青年队参加亚洲青年锦标赛，因成绩不佳被国青队退回，后被雪藏多年。林丹身高 178 厘米，体重 72 千克，身体形态良好，身体机能和运动素质突出。2003 年开始在世界大赛崭露头角，2020 年 7 月，37 岁的林丹退役。在长达 20 年的国手生涯中，林丹获得 2 次奥运会男单冠军，5 次世锦赛男单冠军，6 次汤姆斯杯冠军，5 次苏曼迪杯混合团体赛冠军，2 次世界杯冠军，拥有 20 个世界冠军头衔，是世界上唯一包揽九大赛事冠军的"全满贯"选手，也是世界羽毛球赛事上获得世界冠军最多的人。

即使林丹这样身体条件突出的优秀运动员，其成长过程也经历了多方面的挫折和众多的心理磨炼，最后才成就了奥运会冠军的辉煌。

（六）女子排球

郎平，1960 年 12 月 10 日出生，成年身高 184 厘米，体重 71 千克。13 岁选材进入北京工人体育馆少体校练习排球，15 岁进入北京市业余体校，16 岁入选北京市排球队，18 岁入选国家集训队，凭借强劲精确的扣杀赢得"铁榔头"绰号。1984 年 8 月 7 日以郎平为主力的中国队获第 23 届奥运会女子排球冠军。郎平曾先后担任中国女排、美国女排和意大利女排主教练。任中国女排主教练时，

---

① 林清峰. 险些放弃举重当的哥，恩师坚持才有今天 [N]. 中国体育报，2013 – 3 – 12.

率领中国女排于 1996 年获奥运会银牌，2016 年奥运会金牌。

作为 1984 年第 23 届奥运会女子排球冠军——中国女排运动员的杰出代表，郎平的身体形态，身体机能，运动素质在同时代的运动员中是非常突出的。她身材较高，承受运动负荷能力强，运动素质出众，爆发力突出，弹跳力好，扣球精准，势大力沉，成就了中国女排的辉煌。

1984 年奥运会夺冠的中国女排 12 名队员与 2016 年奥运会夺冠的中国女排 12 名选手相比，1984 年中国女排队员选材时的平均年龄偏大（13.10 ± 2.10 岁），身高略低（179.67 ± 3.6 厘米），夺冠时平均年龄为 23 ± 3.12 岁；而 2016 年奥运会冠军中国女排队员选材时的平均年龄下降为 10.1 ± 2.67 岁，身高增加到 189.25 ± 3.8 厘米，但夺冠时的平均年龄提高了，为 24.17 ± 3.67 岁[①]。说明 21 世纪以后奥运会冠军的成才年限增加了，创造优异成绩的训练周期更长了。

（七）射击

我国共有 18 位射击运动员获 22 枚奥运会金牌。由于射击比赛的项目不同，选材时对身体形态，身体机能和运动素质的要求有一定区别。经过统计，我国射击项目奥运会冠军的平均选材年龄为 14.77 ± 2.33 岁。

中国首枚奥运会金牌得主许海峰的选材年龄偏大，系统训练时间很短。许海峰出生于 1957 年 8 月 1 日，身高 173 厘米，体重 80 千克。1982 年 25 岁才正式开始射击训练，1984 年初进入中国射击队，1984 年 7 月 29 日在美国洛杉矶举行的第 23 届奥运会男子自选手枪慢射比赛中，以 569 环的成绩获得本届奥运会的首枚金牌，成为中国首枚奥运会金牌得主。

1996 年奥运会女子 25 米运动手枪金牌得主李对红的初选年龄较小，12 岁就选材开始学习射击，14 岁进入解放军八一队，17 岁进入国家队，因为心理素质好，射击专项技术掌握快，身体形态，身体机能，运动素质突出，26 岁获奥运会冠军。

（八）拳击

2019 年 9 月 16 日下午，我们在遵义市体育运动学校与邹市明的启蒙教练，遵义市体校高级教练员梁峰进行了访谈，了解两届奥运会冠军邹市明的选材和成长过程。

梁峰指出："邹市明初次选材时，发现他的身体条件并不好，练习拳击有偶然性。邹市明出生于 1981 年 5 月 18 日，12 岁开始练习散打，1995 年初年仅 14 岁的邹市明报考了我校拳击训练班，但由于臂长略短（邹市明身高 1.62 米，两

---

① 杨世勇，李靖文. 体育界的精英——中国的奥运冠军［M］. 北京：人民体育出版社，2020：86 - 87.

臂长 1.60 米，不利于拳击），初试选材未入选。后来他主动找我要求训练并再次测试，发现他虽然两手间距短于身高不利于拳击，但其动作的灵活性，步法和快速移动能力很好，复杂反应速度快，我将其招入了我校拳击队。邹市明在我校打下了一定的拳击训练基础后，1996 年底进入贵州拳击队，随后进入国家队。2008 年、2012 年获奥运会男子轻量级拳击冠军。"

邹市明的选材情况说明：在运动员开始训练的前期，其可塑的空间比较大，对运动员的弱势能力进行补缺，可以提高总体竞技水平，符合木桶理论模型①。

（九）游泳

1. 孙杨

3 枚奥运会金牌得主孙杨出生于 1991 年 12 月 1 日，身高 198 厘米，体重 89 千克，6 岁开始练习游泳，2003 年进浙江游泳队，2007 年 1 月进入中国游泳队，2012 年奥运会获男子 400 米自由泳和 1500 米自由泳两枚金牌，2016 年奥运会获 200 米自由泳金牌。

孙杨初选时身高大大超过同龄儿童，臂长，身体比例适当，专项身体形态和身体机能良好，肺活量大，这是他后来成才的重要基础。

2. 迈克尔·菲尔普斯（美国）

了解世界最优秀运动员的选材情况，有助于科学选拔优秀运动员。荣获 23 枚奥运会金牌（2004 年获 6 枚金牌，2008 年获 8 枚金牌，2012 年获 4 枚金牌，2016 年获 5 枚金牌，共获 23 枚奥运会金牌）的美国名将迈克尔·菲尔普斯，1985 年 6 月 30 日出生马里兰州巴尔的摩市（出生时体重 4.25 千克，身长 58 厘米）。儿童时期最先喜欢上的是棒球，获得过小学生本垒打比赛冠军。后来又喜欢上了橄榄球和长曲棍球，7 岁时开始学习游泳（菲尔普斯先后练习了棒球、橄榄球、长曲棍球，最后选定游泳，是跨项选材的结果）。10 岁时鲍勃·鲍曼教练给其做了一次体能测试：先游 400 米自由泳，再连续做 4 个 100 米蛙泳冲刺，接着游 1 个 400 米混合泳，最后再连续做 4 个 100 米自由泳冲刺。每个孩子都必须连续做 3 组这样的测试，鲍曼惊讶地发现，菲尔普斯做最后一组时的冲刺速度居然比第一组还要快。菲尔普斯的体能数据如下：

（1）身体形态：身高 193 厘米，臂长 201 厘米，上身呈倒三角形，双手大，手指长（游泳时胳膊相当于桨，胳膊越长，手掌越大，划水的效率也就越高）；躯干长（相当于身高 2.05 米的人。躯干长，重心前移，正好可以让他轻松地和水平面保持平行，进一步降低阻力），双腿短（和身高 1.80 米的人相当）；脚大

---

① 岳建军，阎智力，杨尚剑. 个体竞技能力结构分析 [J]. 体育学刊，2013，20（3）：97-102.

（穿 48 码的鞋，这是身高超过 2 米的人才会穿的号码），脚踝向后弯曲的角度比其他运动员多 15 度（这多出来的 15 度让他的那双大脚看上去更像是特制的一对脚蹼，打水的速度和效率都比常人高出很多）；体重 83 千克，体脂率为 7% 人。

（2）身体机能：心肺功能出类拔萃，抗乳酸能力超常人一倍，肺活量达到惊人的 15000 毫升，这让他在比赛时可以减少换气的次数，增加在水中游动的距离。

此外，鲍曼对菲尔普斯的自由泳动作做了较大改进，把原来的每划一次水打腿 2 次提高为 6 次，技术细节的改变使菲尔普斯的游泳成绩迅速提高[①]。

四、奥运会冠军的跨项选材

科学选材是造就奥运会冠军的重要前提。经过面谈，问卷调查和查询有关文献资料[②]，我们统计发现（参见表 3 - 17），我国 251 位奥运会冠军中有 44 人（占 17.53%）为跨项选材的运动员，说明跨项选材在奥运会冠军的培养中极为重要。中国奥运会冠军的跨项选材有以下特点：

第一，我国部分奥运会冠军初级选材阶段的训练项目，并不是成就奥运会冠军的最终项目，而是二次选材（有 4 位奥运会冠军是三次选材）之后成就了奥运会冠军的辉煌，二次（或三次）选材的成功实际上是跨项选材的结果。

第二，在 251 位奥运会冠军中，有 17.53% 的冠军是跨项选材的结果。

第三，有 4 位奥运会冠军（高敏，乐靖宜，仲满，何雯娜）是三次选材之后成就了奥运会冠军的辉煌。

例如，1988 年和 1992 年奥运会跳水女子 3 米跳板冠军高敏，4 岁初级选材的训练项目是游泳，6 岁改练体操，9 岁最终定向为跳水 3 米跳板项目。身高 175 厘米的乐靖宜，7 岁初级选材的训练项目是跳高，9 岁改练花样游泳，11 岁定向游泳，1996 年在第 26 届奥运会上获女子 100 米自由泳金牌。身高 190 厘米的仲满，12 岁初级选材的项目是跳高，13 岁改练篮球，14 岁最终定向击剑，2008 年在第 29 届奥运会上获得男子个人佩剑金牌。

第四，中国夏季奥运会冠军和冬季奥运会冠军之间仅有韩晓鹏（2006 年冬奥会男子自由式滑雪空中技巧冠军）1 人有跨项选材的情况，冬季奥运会冠军中没有出现跨项选材的运动员（见表 3 - 17）。

---

① 王者菲尔普斯．还有多少极限不能突破 [N]．三联生活周刊 http：// www. sina. com. cn 2008 年 8 月 21 日．

② 杨世勇，李靖文．体育界的精英——中国的奥运冠军 [M]．北京：人民体育出版社，2020：36 - 133.

第五，奥运会冠军的跨项选材主要在竞技能力和动作结构相近，制胜因素类似，肌肉用力特征和能量代谢特征相似的项目中存在。例如，在我国 33 位跳水奥运会冠军中，有 13 位的初选项目为体操，后定项为跳水；有 1 位初选为技巧，后定项为跳水；高敏初选游泳，改练体操，最终定项为跳水。综合上述结果，我国共有 15 位跳水奥运会冠军为跨项选材的运动员，占跳水奥运会冠军总数的 45.50%，占中国奥运会冠军总数的 5.98%。

例如，"00 后"奥运会冠军任茜出生于 2001 年 2 月 2 日，2004 年进入成都市少儿业余体校体操队训练，经过三年的体操训练，打下了一定的运动素质基础，2007 年到四川队改练跳水，2013 年进入中国跳水队，2016 年 8 月年仅 15 岁获奥运会女子单人 10 米跳台金牌①。

第六，跨项选材不能错过运动素质发展的敏感期和运动技能形成的最佳时期

跨项选材的时间节点不能错过跨入项目竞技能力和制胜因素发展的敏感期，也不能错过运动技能形成的最佳时期。重视运动素质、竞技能力和制胜因素发展的敏感期是跨项选材成功的重要前提。

第七，篮球与排球，摔跤与柔道，田径投掷项目与要求突出力量水平的柔道、举重等项目存在跨项选材。

例如，两届奥运会冠军冼东妹 1975 年 9 月 15 日出生于广东省四会市，身高 158 厘米，体重 52 千克，13 岁练习摔跤，15 岁改练柔道，2004 年 29 岁首获奥运会女子柔道 52 千克级冠军，33 岁再获奥运会女子柔道 52 千克级冠军。

柔道奥运会冠军杨秀丽，1983 年 9 月 1 日出生于辽宁，身高 173 厘米，体重 77 千克，1995 年进行铅球训练，1997 年进入阜新市体校改练柔道，2008 年 8 月 14 日在第 29 届奥运会上获得女子柔道 78 千克级金牌。

自行车选手宫金杰 1986 年 11 月 12 日出生于吉林省东丰县，身高 168 厘米，体重 67 千克，10 岁开始练习田径项目，打下了一定的身体形态、身体机能和运动素质后，于 2002 年 15 岁跨项选材进入吉林队，改练场地自行车项目，2016 年 8 月 13 日在第 31 届奥运会与钟天使合作以 32 秒 107″的成绩获得场地自行车女子团体竞速赛金牌。

举重奥运会冠军唐灵生 8 岁练习跳水，11 岁改练举重；杨霞、林清峰最初练习田径，11 岁改练举重；林伟宁 12 岁练习武术，13 岁改练举重。

第八，跨项选材的奥运会冠军在初选项目中均有较好的身体形态基础，并在初选项目的训练中打下了较好的身体机能和运动素质基础。这有利于其运动技能的多样化和竞技能力的迁移，更有利于成才。

---

①　杨世勇，李靖文. 体育界的精英——中国的奥运冠军［M］. 北京：人民体育出版社，2020：122 – 123.

第九，速度力量与耐力性项目之间不具备跨项选材的可能性。

中国奥运会冠军跨项选材的统计结果表明，体能主导类快速力量项目与耐力性项目之间，因竞技能力，制胜因素，动作结构和能量代谢特征的不同，基本不具备跨项选材的可能性。

第十，跨项选材导致部分跨项运动员最终选定训练项目年龄偏大，处理好初级选材与跨项选材的关系是部分运动员顺利成长的重要因素。

例如，帆船奥运会冠军徐莉佳 5 岁开始游泳训练，1997 年 10 岁改练帆船，2012 年 25 岁获奥运会冠军。金紫薇 12 岁练习篮球，14 岁改练赛艇，25 岁获奥运会冠军；奚爱华 12 岁初选铅球，15 岁改练赛艇，26 岁获奥运会冠军。

男子 110 米栏奥运会冠军刘翔出生于 1983 年 7 月 13 日（出生时体重 9 斤），7 岁被仲锁贵教练初选练习田径，10 岁被顾宝刚教练选中练习跳远，13 岁被方水泉教练看中改练跨栏，16 岁由孙海平教练指导训练，21 岁成为奥运会冠军。

表 3 – 17　中国奥运会冠军跨项选材统计（N = 44）（截至 2018 年）

姓名	初选年龄（岁）项目	终选年龄项目	夺冠年龄（岁）时间	备注（身高体重）
1. 高敏（女）	4　游泳	6 体操，9 跳水	18（1988） 22（1992）	2 次夺冠。163 厘米，52 千克
2. 许艳梅（女）	8　体操	10　跳水	17（1988）	
3. 伏明霞（女）	5　体操	6　跳水	14（1992） 18（1996） 22（2000）	4 次夺冠。高 160 厘米，体重 48 千克
4. 庄晓岩（女）	13　铅球、铁饼、标枪	15　柔道	23（1992）	
5. 孙福明（女）	13　铅球、铁饼	15　柔道	22（1996）	178 厘米，100 千克
6. 唐灵生（男）	8　跳水	11　举重	25（1996）	160 厘米，60 千克
7. 乐靖宜（女）	7　跳高	9 - 花游，11 - 游泳	21（1996）	175 厘米，63 千克
8. 杨霞（女）	8　田径	11　举重	23（2000）	150 厘米，53 千克
9. 林伟宁（女）	12　武术	举重	21（2000）	163 厘米，69 千克
10. 李娜（女）	5　技巧	8　跳水	16（2000）	162 厘米，46 千克
11. 桑雪（女）	5　体操	10　跳水	16（2000）	158 厘米，40 千克
12. 冼东妹（女）	13　摔跤	15　柔道	29（2004） 33（2008）	2 次夺冠。158 厘米，52 千克

续表

姓名	初选年龄（岁）项目	终选年龄项目	夺冠年龄（岁）时间	备注（身高体重）
13. 孟关良（男）	9　游泳	17　皮划艇	27（2004） 31（2008）	2次夺冠。182厘米，82千克
14. 刘翔（男）	7　跳远	13　跨栏	21（2004）	189厘米，87千克
15. 王旭（女）	8　柔道	13　摔跤	19（2004）	172厘米，75千克
16. 罗微（女）	12　跨栏	16　跆拳道	21（2004）	180厘米，67千克
17. 赵蕊蕊（女）	10　篮球	12　排球	23（2004）	197厘米，75千克
18. 刘春红（女）	8　柔道	11　举重	19（2004）	165厘米，70千克
19. 林跃（男）	5　体操	7　跳水	17（2008） 27（2016）	157厘米，46千克
20. 秦凯（男）	4　体操	8　跳水	22（2008） 26（2012）	2次夺冠。170厘米，65千克
21. 邹市明（男）	12　散打	14　拳击	27（2008） 31（2012）	2次夺冠。162厘米，48千克
22. 杨秀丽（女）	12　铅球	16　柔道	25（2008）	173厘米，77千克
23. 火亮（男）	7　体操	8　跳水	19（2008）	158厘米，50千克
24. 仲满（男）	12　跳高	13 - 篮球，14 - 击剑	25（2008）	190厘米，75千克
25. 王峰（男）	5　体操	8　跳水	29（2008）	173厘米，65千克
26. 金紫薇（女）	12　篮球	14　赛艇	23（2008）	184厘米，78千克
27. 奚爱华（女）	12　铅球	15　赛艇	26（2008）	182厘米，85千克
28. 张杨杨（女）	11　篮球	15　赛艇	19（2008）	185厘米，83千克
29. 何雯娜（女）	6　体操	9 - 技巧，10 - 蹦床	19（2008）	160厘米，48千克
30. 陆春龙（男）	5　体操	9　蹦床	19（2008）	170厘米，57千克
31. 易思玲（女）	12　田径、舞蹈	13　射击	23（2012）	165厘米，51千克
32. 张雁全（男）	4　体操	10　跳水	18（2012）	158厘米，52千克
33. 汪皓（女）	4　体操	9　跳水	20（2012）	156厘米，50千克
34. 林清峰（男）	9　铅球	11　举重	23（2012）	167厘米，70千克
35. 董栋（男）	6　体操	13　蹦床	23（2012）	168厘米，56千克
36. 许安琪（女）	10　篮球	12　击剑	20（2012）	183厘米，75千克
37. 徐莉佳（女）	5　游泳	10　帆船	25（2012）	175厘米，68千克
38. 施廷懋（女）	5　体操	8　跳水	25（2016）	159厘米，51千克

续表

姓名	初选年龄（岁）项目	终选年龄项目	夺冠年龄（岁）时间	备注（身高体重）
39. 陈艾森（男）	6　体操	7　跳水	21（2016）	160 厘米，60 千克
40. 刘蕙瑕（女）	3　体操	7　跳水	19（2016）	
41. 宫金杰（女）	10　田径	15　自行车	30（2016）	168 厘米，67 千克
42. 任茜（女）	4　体操	6　跳水	15（2016）	162 厘米，47 千克
43. 颜妮（女）	11　沙滩排球	13　排球	29（2016）	192 厘米，74 千克
44. 韩晓鹏（男）	6　技巧	12　自由式滑雪空中技巧	23（2006）	173 厘米，68 千克

第四节　中国奥运会冠军全程性多年训练的主要特征

全程性多年训练是指运动员开始接受训练，达到个人运动竞技水平高峰，到停止参加竞技训练活动的整个训练过程。

一、全程性多年训练的阶段划分

中国奥运会冠军全程性多年训练主要包括基础训练阶段，专项提高阶段，最佳竞技阶段以及竞技保持阶段（个别项目包括启蒙训练阶段，故略有区别）。上述 4 个阶段都有不同的训练任务和内容，并对运动负荷安排有不同的要求。其中，基础训练阶段和专项提高阶段的训练安排和要求，都服从于最佳竞技阶段训练和比赛任务的完成；最佳竞技阶段是核心和关键，是竞技实力的最佳展示阶段，也是对奥运会冠军竞技水平和训练成果的主要评价阶段；而竞技保持阶段则是对最佳竞技阶段的延续[1]。

---

[1]　改编自田麦久．体育院校通用教材 运动训练学［M］．北京：人民体育出版社，2000：332.

表 3-18　中国奥运会冠军全程性多年训练的阶段划分

阶　段	主要任务	年限	训练的重点内容及顺序		负荷特点
			技能主导类项目	体能主导类项目	
基础训练阶　段	发展一般运动能力	3~5年	1. 基本运动素质 3. 多项基本技术	2. 基本运动能力 4. 一般心理素质	循序渐进 留有余地
专项提高阶　段	提高专项竞技能力	4~6年	1. 专项技战术 2. 专项体能	1. 专项体能 2. 专项技战术	逐年增加 逼近极限
最佳竞技阶　段	创造优异专项成绩	4~8年	3. 专项心理素质 4. 训练理论知识	3. 专项心理素质 4. 训练理论知识	高水平 区间起伏
竞技保持阶　段	保持专项竞技水平	2~6年	1. 心理稳定性 2. 专项体能 3. 专项技战术 4. 训练理论知识	1. 心理稳定性 2. 专项体能 3. 专项技战术 4. 训练理论知识	保持强度 明显减量

（改编自田麦久主编《运动训练学》. 北京：人民体育出版社，2000：323 等）

二、全程性多年训练的负荷特征

由于竞技项目不同，中国奥运会冠军的负荷特征有较大区别。我国在奥运会上荣获金牌的跳水、竞技体操（包括蹦床）、花样滑冰、自由滑雪属于技能主导表现难美性项目，射击、射箭属于技能主导表现准确性项目，举重属于体能主导快速力量项目，乒乓球、羽毛球、排球属于技能主导类隔网对抗项目，柔道、摔跤、拳击属于技能主导类同场格斗对抗项目。

（一）跳水

跳水比赛分男、女个人 3 米跳板、10 米跳台；男、女双人 3 米跳板、10 米跳台 8 个项目。上述 8 个项目奥运会冠军全程性多年训练的负荷特征有较多的共同点，也有一些差异性。1984—2021 年，我国共有 39 名跳水运动员获 47 枚奥运会金牌。经过查阅文献，与奥运会冠军、奥运会冠军教练的面谈和问卷调查，以及 2020 年 7 月 5 日—8 日杨世勇与中国跳水队奥运会冠军教练员牛犇的多次电话访谈，我们整理出了跳水奥运会冠军多年训练的阶段内容和负荷特征（参见表 3-19）。

表 3 - 19　跳水奥运会冠军多年训练的阶段内容和负荷特征（N = 39）

阶段	年龄（岁）	主要训练内容	训练负荷	周训练量 小时/次数
基础训练	男子 5 ~ 9 女子 4 ~ 8	入水和压水花技术，以及基本动作、技术和姿态训练，发展体能，培养专门化时空感知能力，培养表现力，打好体能、技术、心理能力基础	循序渐进增加训练负荷，严格控制负荷量和强度	18 ~ 25/6 ~ 7，1500 ~ 2100 次水陆动作练习
专项提高	男子 10 ~ 14 女子 9 ~ 13	掌握难度动作，积累比赛经验，提高竞技能力，注意技术创新	负荷逐年增加，但因人而异，区别对待	30 ~ 35/9 ~ 12，2500 ~ 3000 次水陆练习
最佳竞技	男子 15 ~ 22 女子 14 ~ 19	把握发展趋势，进行技术创新，提高自选动作技术稳定性，提高实战和连续比赛能力，提高心理稳定性与自我调控能力，注意体重控制	负荷强度增加，负荷呈波浪形，保持明显节奏	36 ~ 43/10 ~ 12，2700 ~ 3200 次水陆动作练习
竞技保持	男子 23 ~ 26 女子 20 ~ 23	强化技术细节，提高综合竞技能力，保持自选动作练习数量，注重个性化训练，继续参赛，保持体能	保持强度，注意负荷强度的节奏变化	30 ~ 36/9 ~ 12，2400 ~ 2800 次水陆练习

　　跳水项目女子出成绩年龄略早于男子，而男女跳台项目选手出成绩年龄又略早于跳板项目选手。跳板项目对力量有较高要求，技术难度更高，技术磨炼时间较长，成才时间比跳台选手相对较晚①。重视科学选材和多年系统的科学训练，勇于技术创新，走在"世界难度表前面"，初训时间早和成才时间早，是我国跳水项目竞技水平走在世界前列的主要成功经验。

（二）体操

　　1984—2021 年，我国共有 32 名体操（包括蹦床）运动员获 33 枚奥运会金牌。体操奥运会冠军的全程性多年训练一般分为五个阶段，即启蒙训练阶段、基础训练阶段、专项提高阶段、最佳竞技阶段以及竞技保持阶段②。体操奥运会冠军多年训练的阶段内容和负荷特征参见表 3 - 20。

---

① 王荣辉. 我国跳水运动员成才的年龄特征［J］. 北京体育大学学报，2009（3）：114 - 115.

② 姚侠文. 我国优秀体操运动员全程性多年训练的阶段划分和阶段性特征研究［D］. 北京体育大学，2006：51.

表 3 – 20　体操奥运会冠军多年训练的阶段内容和负荷特征（N = 28）

阶段	年龄（岁）	主要训练内容	训练负荷	周训练量 小时/次数
启蒙训练	男子 4 ~ 6 女子 4 ~ 6	体操技术、动作、姿态训练，发展体能，培养专项意识和时空感知能力	循序渐进增加训练负荷，	8 ~ 15/3 ~ 5
基础训练	男子 7 ~ 11 女子 6 ~ 9	掌握基础和难度动作，培养体操专门化感知觉，培养（女子）节奏感和表现力，打好体能、技术、心理能力基础	循序渐进，留有余地，严格控制负荷量和强度	18 ~ 28/6 ~ 8
专项提高	男子 12 ~ 16 女子 10 ~ 14	积累比赛经验，提高竞技能力，培养技术创新能力	负荷逐年增加，但因人而异，区别对待	30 ~ 38/9 ~ 12
最佳竞技	男子 17 ~ 20 女子 15 ~ 17	把握技术发展趋势，进行技术创新，提高实战和连续比赛能力，预防伤病，提高心理稳定性与自我调控能力，女子注意体重控制	负荷强度增加，负荷呈波浪形，保持明显节奏	36 ~ 45/9 ~ 12
竞技保持	男子 21 ~ 26 女子 18 ~ 22	强化技术细节，提高综合竞技能力，注重训练个性化，调整心态，继续参赛，保持体能	保持强度，明显减量，注意负荷强度的节奏变化	30 ~ 35/7 ~ 11

（根据田麦久，姚侠文，邹凯，刘智利及其有关专家面谈和相关资料整理）

1. 全程性多年训练的有关理论与实践

竞技运动科学化的不断发展，使体操奥运会冠军出成绩的年龄出现了年轻化的趋势（参见表 3 – 21）。体操奥运会冠军技术创新的最佳年龄一般为女子 12 ~ 17 岁，男子 14 ~ 20 岁[①]。表 3 – 22 为男子少年体操选手专项提高阶段周训练计划中的多项交替安排（仅供参考）。此外，马特维也夫等认为优秀体操运动员训练中所能达到的最大负荷参数为：单个体操动作每天最多 1000 次，每周最多 5100 次，一个月最多 20500 次，一年不超过 16000 次；全套体操动作次数（完整使用）每天最多 50 次，每周最多 200 次，一个月最多 650 次，一年不超过

———

①　姚侠文. 我国优秀体操运动员全程性多年训练的阶段划分和阶段性特征研究［D］. 北京体育大学，2006：62.

6000 次①。上述成果对我国体操奥运会冠军的培养有重要参考价值。

表 3－21　体操奥运会冠军的年龄特征

世纪年代	初训年龄（岁）		出成绩年龄（岁）		退役年龄（岁）		出成绩周期（年）	
	男	女	男	女	男	女	男	女
20 世纪 50 年代	13.5	10	23.5	20	32.5	29	10	10
20 世纪 60 年代	11.5	8	22	19.5	32	27	10.5	11
20 世纪 70 年代	9.5	7.5	20	18.5	29	25.5	10.5	11
20 世纪 80 年代	8	7	19	17	27.6	25	11	10.5
20 世纪 90 年代	6.5	6.5	18	16.5	24	24	11.5	10.5
21 世纪初	5.5	5.5	17	16	24	23.5	11.5	10.5

注：根据周丛改 2003，姚侠文 2006，及其相关专家面谈和文献资料整理

表 3－22　男子少年体操选手周训练计划中的多项交替安排

星期	负荷	下肢类		支撑类		悬垂类	
		自	跳	双	鞍	单	吊
一	中	①		④	②		③
二	大		③	①	④	②	
三	小	③		②	①		
四	中	①		④	②		③
五	大		③	①	④	②	
六	小		③		①	②	
日	中		③	①			②

注：根据刘泰来，姚侠文，邹凯，刘智利和其他相关专家面谈资料整理

（三）举重

1984—2021 年中国举重队共有 33 人获奥运会金牌 38 枚。男子举重夺得奥运会金牌的训练时间约为 10.86 ± 2.1 年，夺得金牌的平均年龄约为 24.8 ± 3.1

---

① 列·巴·马特维也夫. 竞技运动理论［M］. 姚颂平，译. 上海：华东理工大学出版社，1996：486－493.

岁①；女子夺得奥运会金牌的训练时间约为 11.3 ± 2.3 年，夺得金牌的平均年龄约为 23.9 ± 3.2 岁②。中国举重奥运会冠军全程性多年训练的负荷特征参见表3 – 23。

表3 – 23　举重奥运会冠军多年训练的阶段内容和负荷特征（N = 32）

阶段	年龄（岁）	主要训练内容	主要负荷强度%	周训练量 小时/次数
基础训练 阶段	8 ~ 13	体能 技术	60% ~ 85% 每周训练 100 ~ 170 组	18 ~ 20/6 ~ 7 6 万 ~ 12 万千克
专项提高 阶段	14 ~ 19	体能（最大力量）、技术、战术、心理	60% ~ 95% 每周训练 170 ~ 400 组	18 ~ 24/6 ~ 12 9 万 ~ 18 万千克
最佳竞技 阶段	20 ~ 25	专项技术、战术 专项体能、心理	70% ~ 100% 每周训练 250 ~ 400 组	22 ~ 29/9 ~ 15 10 万 ~ 22 万千克
竞技保持 阶段	26 ~ 29	专项技术、战术 心理、体能	70% ~ 100% 每周训练 220 ~ 350 组	20 ~ 25/6 ~ 12 8 万 ~ 20 万千克

中国队最佳竞技或竞技保持阶段的训练负荷——以2008年奥运会为例：

经过长期的训练实践和总结国内外先进经验，中国举重队在最佳竞技阶段和竞技保持阶段的训练中遵循"从难、从严、从实战出发，进行科学的大运动量训练"原则；坚持走训练、科研、医学监控一体化的道路；实行"小周期、快节奏、多课次、高强度、针对性、全方位、大运动量系统训练"的训练方法；根据不同的比赛任务，用运动量、负荷强度、训练次数、训练内容等调节训练负荷，掌握训练节奏，培养竞技状态，提高训练水平和比赛成绩。在训练实践中，中国举重队还将全年的训练时期按照比赛的次数，将其划分为准备时期（竞技状态形成阶段）、比赛时期（竞技状态保持阶段）和恢复时期（竞技状态衰减阶段），根据各时期的任务具体安排训练，调整和掌握训练节奏。

中国举重队在准备2008年奥运会的训练中，男女举重队每周平均训练约15次（参见表3 – 24、表3 – 25。在小运动量周有一定调整），训练时间共24 ~ 27.5小时，采用一周大运动量，一周小运动量，或两周大运动量，一周小运动量的节奏调整训练负荷，很好地培养了竞技状态，为2008年奥运会夺取5枚金

---

① 杨棠勋. 奥运会男子举重冠军年龄特征及制胜因素研究 [J]. 四川体育科学，2019（1）：54 – 57.

② 杨世勇，等. 奥运会女子举重冠军成绩增长规律研究及制胜因素 [J]. 成都体育学院学报，2016（6）：79

牌打下了基础。

表 3 – 24　中国男子举重队周训练计划①
（2007 年 11 月—2008 年 4 月）

星期	一	二	三	四	五	六	日
早操 6：50 – 7：30	早操		早操		早操		
上午 9：10		训练		训练		训练	
下午 14：40	训练	训练	训练	训练	训练	训练	
晚上 19：30	训练		训练		训练		
休息时间	22：30	22：30	22：30	22：00	22：30	23：00	23：00

表 3 – 25　中国女子举重队周训练计划②
（2007 年 11 月—2008 年 4 月）

星期	一	二	三	四	五	六	日
早操 6：50 – 7：30		早操				早操	
上午 9：10	训练		训练		训练		
下午 14：40	训练	训练	训练	训练	训练	训练	素质
晚上 19：30		训练		训练		训练	
休息时间	22：00	22：30	22：30	22：00	22：30	22：30	22：00

---

① 中国举重协会. 举重参加 2008 年北京奥运会备战总结 [M]. 北京：中国举重协会，
　　2009：80
② 中国举重协会. 举重参加 2008 年北京奥运会备战总结 [M]. 北京：中国举重协会，
　　2009：151

（四）乒乓球

1988—2021 年，中国共有 16 名男子、13 名女子获奥运会乒乓球比赛金牌 32 枚。获奥运会冠军年龄最小的女子是 4 枚奥运会金牌得主，1992 年、1996 年奥运会冠军邓亚萍，首获冠军时年 19 岁；获奥运会冠军年龄最大的女运动员是 2016 年奥运会冠军刘诗雯，时年 25 岁；女子奥运会冠军平均年龄 22.7 岁 ±2.4 年。获奥运会冠军年龄最大的男运动员是 2008 年、2012 年 2 枚金牌得主王皓，首获金牌为 29 岁，获第 2 枚金牌为 33 岁；奥运会冠军年龄最小的男运动员是 1996 年，2000 年奥运会 2 枚金牌得主孔令辉，首获金牌年龄为 21 岁；男子奥运会冠军平均年龄 23.7 岁 ±2.6 年。

乒乓球奥运会冠军的平均初级选材年龄为 6.55 ± 1.58 岁，夺得奥运会冠军的训练周期女子约为 16 年，男子约为 17 年。可见奥运会冠军的培养是一个比较漫长的科学训练过程。

乒乓球女子奥运会冠军的退役年龄约为 27.50 岁，男子奥运会冠军的退役年龄约为 30.40 岁。

中国女乒男乒获 2 枚以上奥运会冠军全程性多年训练的年龄特征参见表 3-26，表 3-37。

经过与奥运会冠军陈龙灿、张继科、丁宁，以及邱钟惠、刘建和、李林等专家的访谈和问卷调查，结合文献资料我们总结了中国乒乓球奥运会冠军多年训练的阶段内容和负荷特征，详见表 3-28。

表 3-26　中国女乒获 2 枚以上奥运会冠军全程性多年训练的年龄特征（N＝7）

姓名	性别	出生年	选材年龄	入体校年龄	入省队年龄	入国家队年龄	首获奥运会冠军年龄	退役年龄	获奥运会金牌数量，时间
邓亚萍	女	1973	5	10	13	15	19	24	4 枚：1992、1996
乔红	女	1968	7	10	12	19	24	28	2 枚：1992、1996
王楠	女	1978	7	11	14	15	22	30	4 枚：2000、2008
张怡宁	女	1981	6	8	10	12	23	28	4 枚：2004、2008
郭跃	女	1988	6	8	10	12	24	26	2 枚：2008、2012
李晓霞	女	1988	7	9	10	12	24	29	3 枚：2012、2016
丁宁	女	1990	6		9	15	22		3 枚：2012、2016

表 3 – 27　中国男乒获 2 枚以上奥运会冠军全程性多年训练的年龄特征（N = 7）

姓名	性别	出生年	选材年龄	入体校年龄	入省队年龄	入国家队年龄	首获奥运冠军年龄	退役年龄	获奥运会金牌数量, 时间
刘国梁	男	1976	6		10	15	20	26	2 枚: 1996
孔令辉	男	1975	6		11	15	21	31	2 枚: 1996、2000
王励勤	男	1978	6	9	12	15	22	31	2 枚: 2000、2008
马琳	男	1980	6	12		14	24	33	3 枚: 2004、2008
王皓	男	1983	7	10	13	15	29	31	2 枚: 2008、2012
马龙	男	1988	5	11	13	15	24		5 枚: 2012、2016、2021
张继科	男	1988	5		12	15	24		3 枚: 2012、2016

表 3 – 28　乒乓球奥运会冠军多年训练的阶段内容和负荷特征（N = 29）

阶段	年龄（岁）	主要训练内容	训练负荷	周训练量 小时/次数
基础训练	男子 5 ~ 13 女子 5 ~ 12	基本技术训练，发展体能，打好技术、战术、心理能力基础，提高竞技能力	强度和负荷较小，循序渐进增加负荷	12 ~ 25/5 ~ 12
专项提高	男子 14 ~ 18 女子 13 ~ 17	提高技术、战术、心理能力和体能，培养技术、战术意识，形成打法和技术风格，提高竞技能力	负荷和强度不断加大，因人而异，区别对待	26 ~ 38/10 ~ 15. 技术训练约90%，体能约10%
最佳竞技	男子 19 ~ 23 女子 18 ~ 22	增加参赛机会，积累比赛经验，提高实战和连续比赛能力，注重细节提升，全面提高竞技水平	强度和负荷增加，呈波浪形，保持明显节奏	36 ~ 43/13 ~ 18. 技术训练 85% ~ 90%，体能10% ~ 15%
竞技保持	男子 24 ~ 30 女子 23 ~ 27	强化技术细节，提高综合竞技能力，注重训练个性化，调整心态，继续参赛，保持体能	保证强度，适当减量，注意负荷强度的节奏变化	32 ~ 38/12 ~ 15

（五）羽毛球

1996—2016 年，我国共有 22 名羽毛球运动员 30 人次获 20 枚奥运会金牌。羽毛球奥运会冠军的全程性多年训练一般分为基础训练阶段、专项提高阶段、最佳竞技阶段以及竞技保持阶段。

1. 全程性多年训练的阶段划分和主要特征

(1) 基础训练阶段

基础训练阶段一般为男子 7～14 岁、女子 6～13 岁，训练年限 5～7 年，成绩逐渐提高时期。主要训练特征是初选人才，培养兴趣；全面发展运动素质提高体能水平，掌握基本技术技能；循序渐进增加训练负荷。

(2) 专项提高阶段

专项提高阶段一般为男子 15～19 岁、女子 14～18 岁，训练年限 4～5 年，是成绩快速提高期。主要训练特征是强化和提高技术水平，提高战术能力；重点提高专项运动素质，形成独特的打法；培养良好的控制调节能力；负荷不断加大、强度逐渐逼近极限。

例如，以江苏女子羽毛球队 2009 年 12 月 7 日—2010 年 1 月 10 日的月训练安排为例，共训练 4 周：第 1 周训练 11 次，其中 8 次技术训练（3 次晚上训练），3 次体能训练，训练时间共 29 小时。第 2 周训练 11 次（包括 1 次团体对抗赛），其中 6 次技术训练（晚上训练 2 次），3 次体能训练，2 次技术与体能混合训练，训练时间共 30 小时。第 3 周训练 14 次，包括 2 次早操（其中 1 次早操为核心力量和核心稳定练习），8 次技术训练（3 次晚上轻技术训练），3 次体能训练，1 次技术与力量混合训练，训练时间共 34 小时。第 4 周训练 14 次，包括 3 次早操（专项步法训练，柔韧训练和核心平衡能力训练），8 次技术训练（2 次晚上技术补缺训练），2 次体能训练，1 次技术与力量混合训练，1 次身体调整，训练时间共 32 小时①。

(3) 最佳竞技阶段

最佳竞技阶段一般是男子 20～26 岁、女子 19～24 岁，训练年限 4～6 年，竞技能力和竞赛成绩最佳时期。主要训练特征首先是训练强度大、负荷大；其次是增加参赛机会，积累比赛经验，提高对赛场的控制能力；最后是全面提高竞技能力，创造优异成绩。

以中国羽毛球队男子双打 2010 年 1 月 18 日—2010 年 1 月 24 日周训练计划为例，本周训练 14 堂课，训练时间共约 34 小时（其中早操 2 次，晚上训练 2 次。参见表 3-29)②；

---

① 钟建萍. 我国优秀羽毛球运动员全程性多年训练的阶段特征与影响因素的研究 [D]. 北京体育大学，2013：60-61.

② 钟建萍. 我国优秀羽毛球运动员全程性多年训练的阶段特征与影响因素的研究 [D]. 北京体育大学，2013：63

表 3 – 29 中国羽毛球队男双周训练计划
（时间：2010 年 1 月 18 日—2010 年 1 月 24 日）

		星期一	星期二	星期三	星期四	星期五	星期六	星期日
早操		7：30	7：15	7：15	8：00	7：15	7：30	
上午	时间	9：30—11：00	8：30—11：50	8：30—11：20	9：00—11：20	8：30—11：40	9：30—11：00	9：00—11：00
	内容	静力	混合双练90′	快速力量50′	趣味训练50′	全面力量60′	静力	技术
		柔韧	基本技术90′	躯干力量50′	基本技术80′	躯干力量60′	柔韧	
				技术补缺50′		基本技术50′		
运动量			中	中	小	中		
下午	时间	15：00—17：30	15：15—18：00	15：15—18：00	15：30—16：30		15：30—17：40	
	内容	全面力量50′	配合技术40′	攻守训练50′	业务学习	机动	技战术50′	
		躯干力量30′	多球配合50′	沙衣步伐40′			技战术50′	
		基本技术60′	基本技术50′	基本技术60′			跳绳30′	
运动量		中	中	中			大	
晚上	内容				19：00—20：30 轻技术补缺	18：45—21：00 技战术70′		21：00 男双组会

（4）竞技保持阶段

奥运会冠军的竞技保持阶段年龄和训练年限因人而异，一般为男子 27～32 岁、女子 25～29 岁，训练年限 5～6 年，成绩呈现波浪形起伏，竞技水平停滞期或下降期。主要训练特征是保证训练强度、适当减少训练量；防止伤病，根据对手特征进行针对性训练；尽量维持高水平的竞技能力。

羽毛球奥运会冠军多年训练的阶段内容和负荷特征参见表 3 – 30。

表 3 – 30　羽毛球奥运会冠军多年训练的阶段内容和负荷特征（N = 19）

阶段	年龄（岁）	主要训练内容	训练负荷	周训练量小时/次数
基础训练	男子 5 ~ 14 女子 5 ~ 13	技术训练，发展体能，培养竞技能力，打好体能、技术、心理能力基础	强度小、负荷小，循序渐进增加负荷	10 ~ 29/4 ~ 10
专项提高	男子 15 ~ 19 女子 14 ~ 18	提高技术、战术、心理能力和体能，培养技术、战术意识，提高竞技能力	负荷和强度加大，逼近极限；因人而异，区别对待	30 ~ 33/9 ~ 14
最佳竞技	男子 20 ~ 26 女子 19 ~ 24	增加参赛机会，积累比赛经验，提高实战和连续比赛能力，全面提高竞技水平	负荷强度增加，呈波浪形，保持明显节奏	32 ~ 37/10 ~ 15
竞技保持	男子 27 ~ 32 女子 25 ~ 29	强化技术细节，提高综合竞技能力，注重训练个性化，调整心态，保持体能	保证强度，适当减量，注意负荷强度的节奏变化	26 ~ 32/8 ~ 12

（备注：表 3 – 30 根据奥运会冠军张军、张宁，奥运会冠军教练陈兴东，中国羽毛球队体能教练沈兆喆，队医兼科研人员刘翠萍等问卷访谈和有关文献改编）

2. 中国奥运会冠军全程性多年训练的年龄特征

（1）中国女子奥运会冠军全程性多年训练的年龄特征

1996—2021 年，中国羽毛球队共有 14 名女子夺得奥运会冠军，其中有 5 人获两枚奥运会金牌。女子羽毛球奥运会冠军选材的平均年龄为 7.30 ± 1.10 岁，夺冠时平均年龄 23.42 ± 2.12 岁，奥运会夺冠的训练周期约 16 年。女子羽毛球奥运会冠军基础训练阶段（从选材到省队）约 5.9 年，专项提高阶段（从省队到国家队）约 4.25 年，最佳竞技阶段（从进国家队到奥运会夺冠）约为 6.1 年，竞技保持阶段（从奥运会夺冠到退役）约为 5.7 年，平均退役年龄 29.1 岁 ± 3.20 岁（参见表 3 – 31）。

表 3 – 31　中国女子羽毛球奥运会冠军全程性多年训练的年龄特征（N = 12）

姓名	性别	出生年	选材年龄	入体校年龄	入省队年龄	入国家队年龄	首获奥运冠军年龄	退役年龄	备注
葛　菲	女	1975	6	8	12	18	21	26	2 枚：1996、2000
顾　俊	女	1975	8	9	14	16	21	26	2 枚：1996、2000
龚智超	女	1977	7	9	14	18	23	24	2000

续表

姓名	性别	出生年	选材年龄	入体校年龄	入省队年龄	入国家队年龄	首获奥运冠军年龄	退役年龄	备注
高　崚	女	1979	8	8	13	18	21	31	2 枚：2000、2004
张　宁	女	1975	8	10	14	16	29	34	2 枚：2004、2008
张洁雯	女	1981	6	8	14	16	23	31	2004
杨　维	女	1979	9	11	11	18	25	29	2004
于　洋	女	1986	8	9	12	15	22	30	2008
杜　婧	女	1984	8	9	13	19	24	29	2008
赵芸蕾	女	1986	7	9	13	18	26	30	2 枚：2012
李雪芮	女	1991	6	7	13	19	21		2012
田　卿	女	1986	7	12	15	18	26	30	2012

（2）中国男子奥运会冠军全程性多年训练的年龄特征

2000—2021 年，中国羽毛球队共有 8 名男子夺得奥运会冠军，其中有 2 人获两枚奥运会金牌。男子羽毛球奥运会冠军选材的平均年龄为 7.29 岁，夺冠时平均年龄 25.90 岁，奥运会夺冠的训练周期约 18.6 年。男子奥运会冠军基础训练阶段（从选材到省队）约 6.6 年，专项提高阶段（从省队到国家队）约 4.28 年，最佳竞技阶段（从进国家队到奥运会夺冠）约为 7.7 年，竞技保持阶段（从奥运会夺冠到退役）约 6.5 年，已有 4 位退役的中国奥运会冠军平均退役年龄为 32.30 岁（参见表 3 - 32）。

表 3 - 32　中国男子羽毛球奥运会冠军全程性多年训练的年龄特征（N = 7）

姓名	性别	出生年	选材年龄	入体校年龄	入省队年龄	入国家队年龄	首获奥运冠军年龄	退役年龄	备注
吉新鹏	男	1977	10	12	15	19	23	25	2000
张军	男	1977	8	9	14	19	23	31	2 枚：2000、2004
林丹	男	1983	5	9	12	18	25	37	2 枚：2008、2012
蔡赟	男	1980	8	12	15	19	32	36	2012
张楠	男	1990	8	11	15	16	22		2 枚：2012、2016
傅海峰	男	1983	6	13	15	19	29		2 枚：2012、2016
谌龙	男	1989	6	7	11	17	27		2016

3. 36 名中外奥运会冠军全程性多年训练的年龄特征

我们统计了 1996—2016 年奥运会羽毛球比赛中首获冠军的 36 名中外运动员（其中男子 19 人，女子 17 人）的年龄特征：男子首获奥运会冠军的平均年龄为 25.06 + 3.17 岁，最小年龄 20 岁，最大年龄 32 岁；女子首获奥运会冠军的平均年龄为 23.94 + 2.53 岁，最小年龄 21 岁，最大年龄 29 岁（备注：中国张宁获 2 次奥运会单打冠军，第 2 次夺冠年龄为 33 岁）。

（六）女子排球

1984—2016 年，中国女排共有 36 名队员 3 次夺得奥运会冠军。1984 年奥运会夺冠的中国女排选材的平均年龄为 13.10±2.10 岁，身高 179.67±3.60 厘米，夺冠时平均年龄 23±3.12 岁，奥运会夺冠的训练周期约 10 年；2016 年奥运会中国女排队员选材平均年龄为 10.10±2.67 岁，身高增加到 189.25±3.80 厘米，但夺冠时的平均年龄为 24.17±3.67 岁[①]，奥运会夺冠的训练周期约 14 年。说明奥运会冠军的成才年限增加了，夺取奥运会冠军的训练周期更长了，比赛竞争更加激烈了。

2020 年 9 月 10 日，杨世勇在成都体育学院访谈了中国女子排球队教练员吴晓雷，并先后问卷调查了中国女排奥运会冠军朱玲、陈静和有关专家，查阅了大量文献资料，统计了中国女排奥运会冠军多年训练的阶段内容和负荷特征，详见表 3–33。

表 3–33　中国女排奥运会冠军多年训练的阶段内容和负荷特征（N=36）

阶段	年龄（岁）	主要训练内容	训练负荷	周训练量小时/次数
基础训练	10~14	基本技术、战术、体能、心理训练、	循序渐进增加训练负荷	15~24/5~7
专项提高	15~19	提高专项技术、战术、心理能力和专项体能，培养技术，战术意识，提高竞技能力	负荷和强度加大，接近极限；因人而异，区别对待	25~35/8~12
最佳竞技	20~24	积累比赛经验，提高实战和连续比赛能力，全面提高各项竞技能力	负荷强度增加，呈波浪形，保持明显节奏	35~48/13~16
竞技保持	25~28	强化技术细节，提高综合竞技能力，注重个性化训练，保持体能	保证强度，适当减量，注意负荷强度的节奏变化	32~40/12~15

---

① 杨世勇，李靖文. 体育界的精英——中国的奥运冠军［M］. 北京：人民体育出版社，2020：86–87.

（七）射击

1984—2021 年，我国共有 22 名射击运动员（11 男 11 女）荣获 26 枚奥运会射击比赛金牌，其中有 6 人荣获 2 枚奥运会金牌。中国男子、女子射击奥运会冠军全程性多年训练的年龄特征参见表 3 - 34、表 3 - 35。

1. 射击奥运会冠军全程性多年训练的年龄特征

表 3 - 34　中国射击男子奥运会冠军全程性多年训练的年龄特征（N = 9）

姓名	性别	出生年	选材年龄	入体校年龄	入省队年龄	入国家队年龄	首获奥运冠军年龄	退役年龄	备注
许海峰	男	1957	24		25	26	27（1984）	32	
李玉伟	男	1965	13	14	15	18	19（1984）	27	
王义夫	男	1960	14	15	17	19	32（1992）	47	2 枚：1992、2004
杨凌	男	1972	14		17	21	24（1996）	32	2 枚：1996、2000
蔡亚林	男	1977	13	14	17	20	23（2000）	31	
朱启南	男	1984	13	15	18	18	20（2004）	32	
贾占波	男	1974	13	14	16	23	30（2004）		
邱健	男	1975	15		18	25	33（2008）		
庞伟	男	1986	13	14	17	19	22（2008）		2 枚：2008、2021

1984—2021 年，中国射击队共有 11 名男子夺得奥运会冠军，其中有 3 人获两枚奥运会金牌。男子射击奥运会冠军选材的平均年龄为 13.50 岁（由于许海峰 23 岁才开始训练射击，情况特殊，其选材的年龄未纳入统计），夺冠时平均年龄 25.60 岁，奥运会夺冠的训练周期约 12.1 年。男子奥运会冠军基础训练阶段（从选材到省队）约 4 年，专项提高阶段（从省队到国家队）约 3.5 年，最佳竞技阶段（从进国家队到奥运会夺冠）约为 4.6 年，竞技保持阶段（从奥运会夺冠到退役）约为 7.9 年，已有 6 位退役的中国奥运会冠军平均退役年龄为 33.50 岁（参见表 3 - 34）。

在中国的男子奥运会冠军中，许海峰和王义夫的情况比较特殊，许海峰属于才能超常选手，并没有经过系统训练就赢得了奥运会射击冠军；而王义夫 32 岁首次获得奥运会金牌后，44 岁再获金牌，是射击选手中最佳竞技状态保持最长的运动员。

表 3 - 35　中国射击女子奥运会冠军全程性多年训练的年龄特征（N=9）

姓名	性别	出生年	选材年龄	入体校年龄	入省队年龄	入国家队年龄	首获奥运冠军年龄	退役年龄	备注
吴小旋	女	1958	12		16	23	26（1984）	31	
张山	女	1968	14	15	16	21	24（1992）	45	
李对红	女	1970	11	12	14	17	26（1996）	33	
陶璐娜	女	1974	13	16	18	21	26（2000）	39	
杜丽	女	1982	12	14	16	20	22（2004）	36	2 枚：2004、2008
陈颖	女	1977	12	13	17	24	31（2008）	39	
郭文珺	女	1984	12	13	21	22	24（2008）		2 枚：2008、2012
易思玲	女	1989	13	15	18	24	23（2012）		
张梦雪	女	1991	12	13	15	23	25（2016）		

1984—2021 年，中国射击队共有 11 名女子获奥运会冠军，其中有 3 人获两枚奥运会金牌。女子射击奥运会冠军选材的平均年龄为 12.30 岁，夺冠时平均年龄 25.20 岁，奥运会夺冠的训练周期约 12.9 年。女子奥运会冠军基础训练阶段（从选材到省队）约 4.4 年，专项提高阶段（从省队到国家队）约 4.3 年，最佳竞技阶段（从进国家队到奥运会夺冠）约为 4.1 年，竞技保持阶段（从奥运会夺冠到退役）约为 11.3 年，已有 6 位退役的中国奥运会冠军平均退役年龄为 37 岁（参见表 3 - 35）。

张山 1992 年在第 25 届奥运会上以 223 靶的成绩勇夺金牌后，2011 年 43 岁还两次夺得世界锦标赛女子飞碟双向冠军，女子飞碟双向团体冠军，是中国女子射击奥运会冠军中竞技能力保持时间最长的选手①。

射击项目奥运会冠军多年训练的阶段内容和负荷特征因为项目特征、性别差异等，与其他项目相比，有较大区别。

2. 射击奥运会冠军全程性多年训练的阶段内容和负荷特征

为了获得中国射击奥运会冠军全程性多年训练的阶段内容和负荷特征的准确信息，本课题组成员先后面谈或问卷调查了奥运会冠军张山、庞伟、杜丽、贾占波、许海峰，以及重庆射击学校副校长江峰等，并通过查阅信息，统计 18 位中国奥运会冠军的相关数据，获得了表 3 - 36。

---

① 杨世勇，李靖文. 体育界的精英——中国的奥运冠军 ［M］. 北京：人民体育出版社，2020：48.

2020 年 8 月 25 日，杨世勇与奥运会冠军易思玲的教练，国家级教练员付钧进行了电话访谈。付钧指出："夺得奥运会射击冠军的外国运动员既有 17 岁，18 岁的选手，也有 52 岁的老将，因此射击奥运会冠军多年训练的阶段内容和负荷特征是一个变化的动态过程。每一位奥运会冠军多年训练的阶段内容和负荷特征既有共性，也有一些个性区别。准确揭示中国射击奥运会冠军多年训练的阶段内容和负荷特征的一些共性规律，对射击运动员的科学训练有参考价值。"

表 3-36 中国射击奥运会冠军多年训练的阶段内容和负荷特征（N＝18）

阶段	年龄（岁）	主要训练内容	训练负荷	周训练量 小时/次数
基础训练	10～14	基本技术、体能、心理训练、	循序渐进增加训练负荷	22～26/9～12
专项提高	15～19	提高技术、战术、心理和专项体能，培养技战术和心理意识，提高竞技能力	负荷和强度加大，接近极限；因人而异，区别对待	26～33/12～15
最佳竞技	20～27	积累比赛经验，加强实战心理训练，全面提高实战和连续比赛能力，全面提高各项竞技能力	负荷强度增加，呈波浪形，保持明显节奏	32～38/12～16
竞技保持	28～35	强化技术细节，强化实战心理训练，保持综合竞技能力，注重个性化训练，保持体能	保证强度，适当减量，注意负荷强度的节奏变化	30～38/11～15

（八）游泳

我国共有 15 名游泳运动员获 16 枚奥运会金牌，其中孙杨获 3 枚，叶诗文、张雨霏各获 2 枚。由于游泳项目包括的游泳姿势，游泳距离不同，多年训练的阶段内容和负荷特征有较大区别。以 1992 年奥运会女子 50 米自由泳冠军杨文意（6 岁训练，20 岁获奥运会冠军，身高 178 厘米，体重 62 千克），女子 100 米自由泳冠军庄泳（7 岁训练，20 岁获奥运会冠军，171 厘米，体重 68 千克）为例，其基础训练阶段、专项提高阶段、最佳竞技阶段以及竞技保持阶段的训练规划参见表3-37。

表 3 – 37　杨文意、庄泳多年训练规划

（出生：杨文意 1972 年 1 月，庄泳 1972 年 5 月）

阶段	年度/年龄		主要训练任务
	杨文意	庄泳	
基础训练阶段	1979—1985 7 ~ 13 岁	1979—1984 7 ~ 12 岁	1. 启蒙训练，熟悉水性，培养兴趣 2. 打好技术基础 3. 全面发展运动素质 4. 循序渐进，提高负荷能力，达到国内一般水平
专项提高阶段	1986—1988 14 ~ 16 岁	1985—1987 13 ~ 15 岁	1. 提高专项素质与技术水平 2. 培养良好的比赛心理素质，达到一般国际水平
最佳竞技阶段	1989—1992 17 ~ 20 岁	1988—1990 16 ~ 18 岁	1. 最大限度地发展专项能力 2. 完善比赛心理品质 3. 参加世界大赛，创造优异成绩，完成多年训练目标
竞技保持阶段	1993—1994 21 ~ 22 岁	1991—1993 19 ~ 21 岁	努力保持竞技水平

　　男子奥运会 3 枚金牌得主孙杨出生于 1991 年 12 月 1 日，高 198 厘米，体重 89 千克。6 岁选材开始游泳基础训练，12 岁进浙江队开始专项提高阶段训练，16 岁进入国家队，随后进入最佳竞技阶段训练。20 岁获世界冠军，2012 年获奥运会男子 400 米自由泳（成绩 3′40″14）、1500 米自由泳（成绩 14′31″02）两枚金牌，2016 年 25 岁获奥运会男子 200 米自由泳（成绩 1′44″65）金牌。孙杨的最佳竞技阶段持续约 4 年，2013 年后为竞技保持阶段。

　　（九）柔道

　　我国在奥运会上共有 7 位女子获 8 枚奥运会柔道金牌，其中冼东妹获两届奥运会冠军。

1. 柔道奥运会冠军全程性多年训练的年龄特征

1992—2008 年，中国柔道队共有 7 名女子获奥运会冠军，其中冼东妹获两枚奥运会金牌。女子柔道奥运会冠军选材的平均年龄为 12.50 岁（目前优秀运动员选材年龄已提前到 10 岁左右），夺冠时平均年龄 24.86 岁，奥运会夺冠的训练周期约 12.4 年。基础训练阶段（从选材到省队）约 2.29 年，专项提高阶段（从省队到国家队）约 3.86 年，最佳竞技阶段（从进国家队到奥运会夺冠）约为 6.14 年，竞技保持阶段（从奥运会夺冠到退役）约为 3.9 年，已有 7 位退役的中国奥运会冠军平均退役年龄为 28.70 岁（参见表 3 - 38）。年龄最大的女子柔道奥运会冠军是冼东妹，他初次夺冠 29 岁，第 2 次夺冠 33 岁。

表 3 - 38　中国柔道奥运会冠军全程性多年训练的年龄特征（N = 7）

姓名	性别	出生年	选材年龄	入体校年龄	入省队年龄	入国家队年龄	首获奥运冠军年龄	退役年龄	备注（身高，体重）
庄晓岩	女	1969	13	14	15	17	23（1992）	26	
孙福明	女	1974	12	13	15	18	22（1996）	31	178 厘米，100 千克
唐琳	女	1976	12	14	15	19	24（2000）	25	174 厘米，78 千克
袁华	女	1974	13	14	15	22	26（2000）	28	172 厘米，90 千克
冼东妹	女	1975	12	14	15	18	29（2004）	34	2 枚：2004、2008 158 厘米，52 千克
佟文	女	1983	12	12	13	17	25（2008）	30	180 厘米，128 千克
杨秀丽	女	1983	14	14	16	20	25（2008）	27	173 厘米，77 千克

2. 柔道奥运会冠军全程性多年训练的阶段内容和负荷特征

2020 年 8 月 19 日和 22 日，杨世勇电话访谈了从 1986 年至今先后担任中国柔道队教练、总教练、顾问，培养了多位奥运会冠军的程志山，以及奥运会冠军杨秀丽的阶段教练刘鸿超，奥运会冠军唐琳的基础训练阶段教练魏嘉陵。程志山指出："目前，优秀柔道运动员一般从 10 岁左右选材。在柔道运动员专项提高阶段，最佳竞技阶段和竞技保持阶段强化并培养突出的专项得分能力，面对进攻零失误的能力，不断提高防守反攻的实战能力，全面提升并形成绝对得分能力是柔道运动员训练和竞赛中孜孜以求的重要目标。"

表 3-39　柔道奥运会冠军多年训练的阶段内容和负荷特征（N=7）

阶段	年龄（岁）	主要训练内容	主要负荷强度%	周训练量：小时/次数·比重
基础训练阶段	10~14	技术、体能、心理	逐渐加大负荷	22~26/10~13
专项提高阶段	15~19	提高技术、战术、心理、智力和体能，培养技术，战术意识，培养进攻、防守和防守反攻的得分能力	接近极限；因人而异，区别对待	27~36/12~15。技术50%，体能30%，其他20%
最佳竞技阶段	20~25	提高实战和连续比赛能力，形成技术风格；针对不同的对手特点，建立起不同的有针对性的技战术打法；形成进攻、防守和防守反攻的绝对得分能力	负荷强度增加，呈波浪形，保持明显节奏	33~40/15~18。技术50%，体能30%，其他20%
竞技保持阶段	26~29	强化技术细节，提高综合竞技能力，注重个性化训练，保持体能和竞技水平；巩固进攻、防守和防守反攻的绝对得分能力	保证强度，适当减量，注意负荷强度的节奏变化	32~38/13~17

注：中国 7 位柔道奥运会冠军中有 4 人为跨项选材运动员

（十）短道速滑

2002—2018 年，中国短道速滑共有 8 名（其中女子 7 人）运动员夺得 10 枚奥运会金牌，其中王濛获 4 枚金牌，周洋获 3 枚金牌，杨扬获 2 枚金牌。短道速滑奥运会冠军选材的平均年龄为 9.50 岁（目前优秀运动员选材年龄已提前到 7 岁左右），夺冠时平均年龄 23.75 岁，从选材到奥运会夺冠的训练周期约 14.25 年。短道速滑奥运会冠军基础训练阶段（从选材到省队）约 5.3 年，专项提高阶段（从省队到国家队）约 3.0 年，最佳竞技阶段（从进国家队到奥运会夺冠）约为 6.13 年，竞技保持阶段（从奥运会夺冠到退役）约为 3.8 年，已有 5 位退役的中国奥运会冠军平均退役年龄为 28 岁（参见表 3-40）。

表 3 - 40　中国短道速滑奥运会冠军全程性多年训练的年龄特征（N = 8）

姓名	性别	出生年	选材年龄	入体校年龄	入省队年龄	入国家队年龄	首获奥运冠军年龄	退役年龄	备注（身高，体重）
杨 扬	女	1975	9	13	15	20	27（2002 年 2 金）	31	166 厘米，60 千克
王 濛	女	1975	11	13	15	16	22（2006，2010，4 金）	30	167 厘米 58 千克
孙琳琳	女	1988	10	9	14	16	22（2010）	23	161 厘米，56 千克
张 会	女	1988	11	8	13	20	22（2010）	27	160 厘米，58 千克
周 洋	女	1991	7	12	14	15	19（2010，2014，3 金）		165 厘米，57 千克
李坚柔	女	1986	10			22	28（2014）	32	160 厘米，55 千克
张 虹	女	1988	7	12	17	22	26（2014）		174 厘米，65 千克
武大靖	男	1994	10	12	15	16	24（2018）		1.82 米，73 千克

2020 年 8 月 25 日—27 日，杨世勇电话访谈了沈阳体育学院教授牛雪松，中国短道速滑和速度滑冰队领队张蓓，结合 2016 年 5 月对奥运会冠军教练（现任中国滑冰协会主席）李琰，奥运会冠军周洋等的访谈，我们将短道速滑奥运会冠军多年训练的阶段内容和负荷特征总结为表 3 - 41。

表 3 - 41　短道速滑奥运会冠军多年训练的阶段内容和负荷特征（N = 8）

阶段	年龄（岁）	主要训练内容	负荷	周训练量小时/次数
基础训练阶段	6 ~ 14	技术训练、体能训练	逐渐增加负荷量	22 ~ 28/8 ~ 12
专项提高阶段	15 ~ 18	技术、战术、心理、智能、体能训练，根据个人特点逐渐培养个人特长技术、战术，全面发展竞技能力	在递增负荷量的基础上，增加负荷强度	28 ~ 32/12 ~ 16

续表

阶段	年龄（岁）	主要训练内容	负荷	周训练量 小时/次数
最佳竞技阶段	19～24	技术、体能、战术、心理、智能训练，形成个人技术、战术风格，全面提高竞技能力	保持负荷量，负荷强度接近极限	30～40/12～17
竞技保持阶段	25～29	专项体能、技术、战术、心理、智能训练，强化个性训练，巩固个人特长技战术，保持或进一步发展竞技能力	保证强度，适当减量，注意负荷强度的节奏变化	26～36/11～15

三、全程性多年训练的个案分析

（一）跳水

1. 女子跳水奥运会冠军多年训练的个案分析

（1）郭晶晶，1981 年 10 月 15 日出生于保定的一个普通家庭。身高 163 厘米，体重 49 千克。7 岁选材开始基础训练，11 岁进入河北跳水队开始专项提高阶段训练，12 岁入选中国跳水队逐渐进入最佳竞技阶段训练。14 岁获世界冠军。2000 年奥运会获得女子单人、女子双人 3 米跳板银牌。2004 年奥运会以336.90 分的成绩获得女子双人（与吴敏霞合作）3 米跳板冠军，以 633.15 分的成绩获得女子单人 3 米跳板冠军。2008 年奥运会上再次获得女子单人 3 米跳板金牌，女子双人 3 米跳板金牌。

郭晶晶入选中国跳水队（12 岁）和夺得世界冠军（14 岁）均较早，但夺得奥运会冠军较晚（首次奥运会夺冠 23 岁，最后一次奥运会夺冠 27 岁），其最佳竞技和竞技保持阶段长达 15 年，共夺得 4 枚奥运会金牌。郭晶晶取得的成绩是对奥运会冠军意志品质和良好的心理素质的最佳诠释。

（2）陈若琳，1992 年 12 月 12 日出生于江苏南通。身高 158 厘米，体重 47千克。4 岁时在业余体校学习跳水进行基础训练，8 岁进入江苏省少儿体校开始专项提高训练。12 岁入选中国队进入最佳竞技阶段训练。2008 年奥运会分别获得女子单人 10 米跳板金牌，女子双人（与王鑫合作）10 米跳台金牌。2012 年奥运会上再获女子单人、双人 10 米跳台金牌。2016 年奥运会上陈若琳第 3 次获得女子双人 10 米跳台金牌。陈若琳先后荣获 5 枚奥运会金牌，2016 年退役，竞技保持阶段持续 8 年。

2. 男子跳水奥运会冠军多年训练的个案分析

熊倪，1974 年 1 月 6 日出生于湖南，身高 166 厘米，体重 55 千克。6 岁开始选材训练，12 岁入选国家集训队。1988 年 14 岁的熊倪在奥运会上由于前冠军洛加尼斯的声望征服了裁判而以微弱差距获得亚军。1992 年第 25 届奥运会上，命运似乎在和他开玩笑，仅获得跳台第 3 名。1996 年奥运会获得男子 3 米跳板金牌。2000 年奥运会再获男子 3 米跳板金牌，并获男子 3 米板双人金牌（与肖海亮合作）。

熊倪先后参加了 4 届奥运会，前两届奥运会仅获奖牌，后两届奥运会才夺得金牌，说明奥运会冠军的成功并不是一蹴而就的，要经过很多挫折和磨炼才能成功。熊倪的最佳竞技和竞技保持阶段持续了 12 年，2001 年退役。

（二）体操

1. 男子体操奥运会冠军多年训练的个案分析

（1）李宁，1963 年 3 月 10 日出生，高 1.64 米。8 岁开始启蒙训练，8~12 岁基础训练，13~17 岁专项提高阶段训练，18~21 岁进入最佳竞技阶段（1982 年 12 月首获世界冠军并获世界杯 6 枚金牌，1984 年 21 岁获 3 枚奥运会金牌），随后进入竞技保持阶段，1988 年退役。

（2）邹凯，1988 年 2 月 25 日出生于泸州，身高 1.58 米，体重 47 千克。4 岁开始体操启蒙训练，6~10 岁基础训练，11~17 岁进入专项提高阶段训练（2001 进四川队，2002 年进国家队），18~20 岁进入最佳竞技阶段（2006 年获世界冠军，2008 年获 3 枚奥运会金牌），21~24 岁为竞技保持阶段（2009—2011 年获世界冠军，2012 年获 2 枚奥运会金牌)[①]。

2. 女子体操奥运会冠军多年训练的个案分析

（1）马燕红，出生于 1964 年 7 月 5 日，8 岁开始训练，15 岁成为世界冠军，20 岁成为奥运会冠军。

（2）刘璇，出生于 1979 年 8 月 12 日，6 岁开始训练，16 岁成为世界冠军，21 岁成为奥运会冠军。

（3）程菲，出生于 1988 年 5 月 29 日，高 1.52 米，体重 43 千克。5 岁开始启蒙训练，6 岁开始基础训练，10~15 岁进入专项提高阶段训练，16~20 岁（2005—2008）为最佳竞技阶段[②]，并连续夺得世界冠军和奥运会冠军。随后进入竞技保持阶段并于 2010 年退役。

---

① 杨世勇，李靖文. 体育界的精英——中国的奥运冠军 ［M］. 北京：人民体育出版社，2020：86 - 87.

② 姚侠文. 我国优秀体操运动员全程性多年训练的阶段划分和阶段性特征研究 ［D］. 北京体育大学，2006：34 - 51.

（三）举重

1. 中国举重奥运会冠军全程性多年训练的个案分析

在基础训练阶段打好技术和专项基础，在专项提高阶段努力提高训练水平，在最佳竞技阶段的比赛中充分展示训练水平，在竞技保持阶段延续最高竞技水平是中国举重队在奥运会夺取优异成绩的重要法宝。

由于性别、级别、年龄和个体差异，举重奥运会冠军多年训练的阶段内容和负荷特征会有一定差异和区别。另外，中国女子奥运会冠军的训练负荷强度（这里主要指95%～100%训练负荷强度的比例）略低于男子，但是承受训练负荷的时间、组数、次数、平均负荷强度等并没有特别明显的差异。在月经期间，女子的训练负荷量减少，腿部和腰腹部练习均大幅度减少。

（1）两届奥运会冠军龙清泉出生于1990年12月3日，8岁开始基础阶段训练，13～16岁为专项提高阶段，2008年8月9日（年仅17岁246天）达到最佳竞技阶段（奥运会男子56千克级，总成绩292千克）成为奥运会冠军；随后比赛成绩出现起伏，错失2012年奥运会比赛机会，2016年再次成为奥运会冠军（56千克级，总成绩307千克），并打破世界纪录，2007年退役。龙清泉的最佳竞技和竞技保持阶段为8年[1]。

（2）两届奥运会冠军吕小军出生于1984年7月27日，13岁（1997）才开始基础训练，16～24岁进入专项提高阶段（2000—2008），2009年25岁获世界冠军后进入最佳竞技阶段，之后于2012年、2021年获奥运会冠军，2016年获奥运会亚军，2017—2019年连续获世界冠军，其最佳竞技和竞技保持阶段长达12年[2]。

（3）两届奥运会女子举重冠军陈艳青出生于1979年4月5日，13岁开始基础阶段训练，25岁达到最佳竞技阶段，2004年、2008年连续获奥运会冠军。最佳竞技和竞技保持阶段为4年。

（4）王明娟1985年10月11日出生，10岁开始基础阶段训练，2002年17岁达到最佳竞技阶段，获世界锦标赛冠军。由于伤病等未能参加2004年、2008年奥运会比赛，2012年27岁（女子48千克级）夺得奥运会冠军后退役。王明娟的最佳竞技阶段保持了9年。

（5）邓薇1993年2月14日出生，10岁开始举重基础阶段训练，2016年23

---

① 杨世勇. 世界举重大赛概览和创破世界纪录进程 [M]. 北京：光明日报出版社，2020：7.

② 杨棠勋. 奥运会男子举重冠军年龄特征及制胜因素研究 [J]. 四川体育科学，2019（1）：54 – 57.

岁达到最佳竞技阶段（女子69千克级）成为奥运会冠军，2017—2019年均打破世界纪录，获得世锦赛冠军。

2. 世界著名举重奥运会冠军全程性多年训练的个案分析

对国外奥运会举重冠军全程性多年训练情况进行深入研究，有助于我们了解发展动态，借鉴有益经验，提高举重水平。

（1）鲁道夫·普留克费尔德尔，苏联选手，年龄最大的男子奥运会举重冠军，生于1928年9月6日，18岁才开始举重基础训练，28岁达到世界水平，36岁零40天（1964年10月16日）在第18届奥运会上获冠军[①]。

（2）苏莱马诺尔古，土耳其选手，3届奥运会冠军，8岁开始基础训练，每周训练6~7次；13~16岁进入专项提高阶段，每周训练8~12次；17~21岁进入最佳竞技阶段（1988年21岁首获奥运会冠军），每周训练8~12次；22~29岁（1992年、1996年又两次获奥运会冠军）进入竞技保持阶段，每周训练6~10次[②]。

（3）乌鲁蒂亚，女，哥伦比亚选手，年龄最大的女子奥运会举重冠军。出生于1965年3月25日，身高1.70米，1980年15岁时开始练习铁饼，1988年23岁参加了汉城奥运会铁饼比赛，1989年24岁开始从事举重训练，1999年参加世界举重锦标赛时体重88.53千克，2000年奥运会将体重降至73.28千克，35岁获得女子75千克级奥运会冠军后退役。乌鲁蒂亚的夺冠经历非常特殊，从中我们可以发现，其举重基础训练仅有1~2年（24~25岁），随后为专项提高阶段约为8年（26~33岁），最佳竞技阶段仅有1年（35岁），没有竞技保持阶段就直接退役了[③]。

（四）乒乓球

张继科，男，1988年2月16日出生于青岛。身高181厘米，体重74千克。5岁开始基础训练，12岁进入专项提高阶段，21岁获得世界杯团体冠军进入最佳竞技阶段。2012年24岁获奥运会男子单打和男子团体两枚金牌。2013年后进入竞技保持阶段，2016年奥运会再次获得男子团体金牌，并获男子单打银牌。

王楠，女，1978年10月23日出生于辽宁抚顺。身高162厘米，体重59千克。王楠7岁打球进行基础训练，随后进入专项提高阶段并于1993年底入选中

---

① 杨世勇. 举重奥运会冠军成绩增长规律的年龄特征 [J]. 成都体育学院学报，1999年（1）：56.

② 杨世勇. 世界举重大赛概览和创破世界纪录进程 [M]. 北京：光明日报出版社，2020：8.

③ 杨世勇，等. 奥运会女子举重冠军成绩增长规律研究及制胜因素 [J]. 成都体育学院学报，2016（6）：80.

国乒乓球队。19 岁获得世界冠军进入最佳竞技阶段，2000 年奥运会获女子双打和女子单打两项冠军。随后进入竞技保持阶段，2004 年 26 岁获奥运会女子双打和女子团体冠军，并获得女子单打亚军；2008 年 30 岁奥运会获得女子团体金牌，并再次获得女子单打银牌。王楠在奥运会上先后获得 4 枚金牌，最佳竞技和竞技保持阶段持续 11 年，2008 年退役。

张怡宁，女，1981 年 10 月 5 日出生于北京。身高 171 厘米，体重 52 千克。6 岁时开始基础训练，11 岁进入北京队开始专项提高训练，12 岁就进入了国家队。19 岁获世界冠军进入最佳竞技阶段，23 岁获奥运会女子双打和女子单打两枚金牌。24 岁进入竞技保持阶段，27 岁再次获奥运会女子团体、女子单打金牌。2009 年退役。张怡宁竞技保持阶段为 4 年。

（五）羽毛球

张宁，女，1975 年 5 月 19 日出生于辽宁省锦州市。身高 175 厘米，体重 64 千克。8 岁基础训练，10 岁选入辽宁锦州市体校，14 岁进入辽宁省体校开始专项提高训练，15 岁进辽宁队，1991 年 16 岁进中国队。2003 年 28 岁获得多项世界冠军进入最佳竞技阶段。2004 年 29 岁获奥运会单打冠军，2008 年 33 岁再获奥运会女子单打金牌，随后退役。张宁是获女子羽毛球奥运会冠军年龄最大，最佳竞技阶段保持时间最长，心理素质极佳，膝关节受伤较严重，克服了常人难以想象的困难而两次夺得单打冠军的选手。

谌龙，男，1989 年 1 月 18 日生于湖北荆州。身高 188 厘米，体重 78 千克。6 岁开始基础训练，2000 年 11 岁进入厦门队开始专项提高训练，17 岁进国家队。2010 年 21 岁成为汤姆斯杯冠军成员进入最佳竞技阶段。2012 年在第 30 届奥运会上获得男子单打铜牌。2016 年获奥运会单打金牌。谌龙是羽毛球男子单打奥运会冠军中身材最高的选手，力量大，体能突出，正在为东京奥运会积极备战。

（六）女子排球

朱婷，1994 年 11 月 29 日出生于河南省周口市郸城县。身高 198 厘米，体重 78 千克。12 岁开始接触训练，14 岁被选入河南省体校学习排球开始专项提高训练，19 岁入选中国女排开始最佳竞技阶段训练。2013 年在世界女排大奖赛总决赛上获得最佳主攻的称号。2014 年在女排世锦赛上获得最佳得分和最佳主攻的称号。2015 年在女排世界杯上是女子排球冠军主力队员，并获得本届世界杯最有价值球员奖。2016 年 8 月 21 日在第 31 届奥运会上，与队友合作获得女子排球金牌，并在本届奥运会上当选最佳主攻和最有价值球员。

张常宁，1995 年 11 月 6 日出生于江苏常州的一个排球世家。身高 195 厘米，体重 72 千克。7 岁开始基础训练，2009 年 10 月入选中国沙排集训队开始跨项训练和专项提高训练。2014 年 19 岁入选中国女排进入最佳竞技阶段。2016 年在第 31 届奥运会上，与队友合作获得女子排球金牌。

（七）射击

1. 许海峰，男，1957 年 8 月 1 日生于福建漳州，安徽马鞍山市和县人，身高 173 厘米，体重 80 千克。24 岁以后才开始射击系统训练。1984 年初 26 岁的许海峰进入中国射击队。7 月 29 日，在美国洛杉矶举行的第 23 届奥运会男子自选手枪慢射比赛中，以 569 环的成绩获得本届奥运会的首枚金牌，也是中国奥运会历史上的首位冠军得主，打破了中国奥运史上金牌"零"的纪录。1988 年获奥运会男子气手枪铜牌。随后退役。许海峰的射击基础训练和系统训练时间很短，其成功主要依靠其天赋的射击竞技能力，属于在重大比赛中竞技能力超常发挥的实例。

杨世勇 2017 年 8 月 30 日在天津全运会村对许海峰进行了访谈，许海峰对 1984 年奥运会射击比赛进行了回顾，他说道："前 5 组比赛平均 95 环，还好。如果最后一组再打 95 环，我的成绩就是 570 环，绝对会是冠军。但是因为我中间休息了，等我打到第 6 组时，别人都打完了，就剩下我一人，精力有点分散。结果前 7 发打得不好，有两个 8 环。我想，再这么打下去，肯定出问题，上不了 565 环就悬了。那时，我就把枪放下，停了 10 分钟左右。再举起枪，我又空枪试了 4 发。第 8 发、第 9 发连续 10 环。最后一枪，我打了 9 环。大概半小时后，我才知道获得了冠军。"[1]

2. 王义夫，男，1960 年 12 月 4 日出生于辽宁辽阳。身高 181 厘米，体重 85 千克。共获 6 枚奥运会奖牌（2 金 3 银 1 铜）。14 岁开始基础训练，1977 年 17 岁进入辽宁射击队开始专项提高训练，1979 年入选国家队，在 1984 年进入最佳竞技阶段。从 1984 年到 2004 年连续 6 次参加奥运会。1984 年第 23 届奥运会 50 米手枪慢射项目上夺得铜牌。

1992 年 7 月 28 日，在第 25 届奥运会男子 10 米气手枪比赛中以 684.8 环夺得金牌，并获得自选手枪慢射银牌。王义夫在比赛时曾经说过："我现在的对手就是自己。到了金牌该你去拿，该你去争时，我的对手就是自己和自己较量。"由于心理能力提高，使王义夫能够在击发最后一颗子弹前，仍然落后对手 0.1 环的情况下，毫不手软，沉着应战，以 0.6 环的优势超越对手，勇夺奥运会金牌。

---

[1] 王向娜. 不过就是个冠军［N］. 中国体育报，2016 - 6 - 4（3）.

1996 年在第 26 届奥运会上,王义夫获得男子气手枪亚军;2000 年在第 27 届奥运会上,再次获得男子气手枪亚军。2004 年第 28 届奥运会第二次荣获男子 10 米气手枪金牌,成绩为 690.0 环。2005 年王义夫退役。

王义夫是我国射击运动员中最佳竞技阶段和竞技保持阶段时间最长(分别为 8 年和 12 年),唯一一位参加过六届奥运会的六朝元老,也是迄今为止我国年龄最大的奥运会金牌得主,王义夫用忍耐、执着和突出的心理能力创造了一个老枪的神话。

3. 杜丽,女,1982 年 3 月 5 日出生于山东省淄博市沂源县南麻镇。身高 170 厘米,体重 55 千克。12 岁开始基础训练,1998 年 16 岁进入山东省射击队开始专项提高训练,2002 年进入国家集训队进入最佳竞技阶段,同年获得世锦赛女子 10 米气步枪团体冠军。2004 年奥运会上以 502 环的成绩获得女子 10 米气步枪金牌。2008 年在第 29 届奥运会上获得女子 50 米运动步枪三种姿势金牌。杜丽 22 岁就获得奥运会冠军,是中国射击队获金牌年龄最小的队员。36 岁退役。

(八)柔道

1. 孙福明,女,出生于 1974 年 4 月 14 日,辽宁铁岭西丰人,身高 178 厘米,体重 100 千克。13 岁进入体校练习铅球、铁饼,15 岁改学柔道并进入辽宁省柔道队,1995 年获世界锦标赛无差别级冠军。1996 年奥运会获得女子 72 千克以上级金牌。2003 年大阪世锦赛女子柔道 78 千克以上级别冠军。2004 年在雅典奥运会上获得女子柔道 78 千克以上级别铜牌。2005 年退役。

孙福明原为铅球运动员,力量突出;15 岁跨项选材练习柔道,仅仅 6 年就成为世界冠军,7 年成为奥运会冠军,不仅专项竞技能力提高快,也是中国柔道项目获奥运会冠军最年轻的运动员。此外,她竞技保持阶段长达 8 年,2004 年仍然获得了奥运会铜牌。

2. 冼东妹,女,1975 年 9 月 15 日出生于广东省四会市。身高 158 厘米,体重 52 千克。12 岁开始基础训练,1989 年 14 岁进入广东省体校练习摔跤,1990 年 15 岁在广东省体校改练柔道,由于摔跤与柔道均属于技能类同场格斗对抗项目,在竞技能力和制胜因素方面有较多的共同特征,冼东妹柔道水平进步很快,进入了专项提高阶段。1993 年 18 岁入选国家集训队,2001 年 26 岁正式进入中国柔道队,随后逐渐进入了最佳竞技阶段。2004 年 29 岁在世界杯上获得冠军。2004 年 8 月 16 日在第 28 届奥运会上用时 67 秒就以"一本"的绝对优势将日本队选手横泽由贵击败,获得女子柔道 52 千克级金牌。随后 3 次获得世界杯冠军。2008 年 8 月 13 日在第 29 届奥运会上,获得柔道女子 52 千克级金牌。并成为中国奥运历史上第一个"冠军妈妈"。2009 年宣布正式退役。

冼东妹的成就有以下特点：一、属于跨项选材运动员，先练习摔跤，后改练柔道；二、专项训练起步较晚，15 岁才开始练习柔道；三、大器晚成，26 岁才进国家队，29 岁才夺得世界冠军和奥运会冠军，是进入最佳竞技阶段较晚的选手；四、成就很大，29 岁首获奥运会冠军，33 岁再获奥运会冠军，是中国奥运会历史上著名的"妈妈选手"；五、心理素质好，头脑冷静，善于总结。冼东妹取得的成绩是研究延长柔道奥运会冠军竞技能力的重要范例。

3. 佟文，女，1983 年 2 月 1 日出生于天津。身高 180 厘米，体重 128 千克。12 岁开始基础训练，13 岁进入天津女子柔道队进行专项提高训练，17 岁进国家柔道队进入最佳竞技阶段，2003—2007 年 3 次获世界冠军。2008 年 25 岁获奥运会女子柔道 78 千克以上级金牌。随后进入竞技保持阶段，2009 年、2011 年世界柔道锦标赛上女子 78 千克以上级冠军。2012 年在第 30 届奥运会上获得女子柔道 78 千克以上级铜牌。30 岁退役。

（九）拳击

邹市明，男，1981 年 5 月 18 日出生于遵义市绥阳县。身高 162 厘米，体重 48 千克。邹市明 13 岁练习武术，14 岁开始拳击基础训练，16 岁进入贵州拳击队进入专项提高阶段训练，18 岁入选国家集训队。2004 年在第 28 届奥运会上获得男子拳击 48 千克级铜牌，逐渐进入最佳竞技阶段。2005 年、2007 年获得世界冠军。2008 年获得奥运会男子拳击轻量级（48 千克级）金牌。2012 年在第 30 届奥运会上获得男子拳击轻量级（49 千克级）级金牌。邹市明技术战术能力突出，心理素质好，攻防技术全面，复杂反应速度和动作速度极快，是典型的技术流选手。

（十）游泳

1. 叶诗文，女，1996 年 3 月 1 日生于杭州市。身高 173 厘米，体重 64 千克。6 岁时进入体校开始基础训练，12 岁入选浙江游泳队开始专项提高训练，2010 年 14 岁入选国家游泳队进入最佳竞技阶段。15 岁获女子 200 米混合泳世界冠军。2012 年 7 月 29 日在奥运会上以 4′28″43 的成绩获得女子 400 米混合泳金牌，并打破世界纪录。8 月 1 日在奥运会上以 2′07″57 的成绩获得女子 200 米混合泳金牌，创造了中国游泳女子个人单届奥运会获得两项奥运会冠军的历史。叶诗文也是中国获得奥运会冠军的游泳选手中，获金牌年龄最小的选手。

2. 迈克尔·菲尔普斯（美国）

迈克尔·菲尔普斯，1985 年 6 月 30 日出生于美国马里兰州巴尔的摩市。身高 193 厘米，两臂长 2.01 米。2004—2016 年共获 23 枚奥运会游泳金牌。菲尔普斯儿童时期练习过棒球、橄榄球和长曲棍球，7 岁开始游泳基础训练。11 岁开始进入专项提高阶段，每天游 5 小时，每周训练 7 天，每周练习 32~38 小时。几年下来，心肺功能有了明显改善，巅峰时期肺活量达到惊人的 15000 毫升。菲尔普斯体内的乳酸代谢跟常人有明显不同。大部分人在比赛结束时的数值都在每升血液 10 到 15 毫摩尔之间，而菲尔普斯 2003 年打破 100 米蝶泳世界纪录之后不久测出的数值是 5.6 毫摩尔。菲尔普斯的肌肉在同等收缩强度下比正常人少产生 50% 的乳酸。

2000 年的悉尼奥运会上，15 岁的菲尔普斯仅获得了 200 米蝶泳第 5 名。比赛刚一结束，教练鲍曼就立刻让菲尔普斯继续训练。6 个多月后，16 岁的菲尔普斯打破了 200 米蝶泳世界纪录，进入了最佳竞技阶段。

菲尔普斯每天早上 5 点起床，一天训练两次，每周训练 6~7 天，加起来每周至少要游 8 万米，每周训练时间达到 34~40 小时。菲尔普斯回忆那段生活时说："我每天的任务就是吃饭、睡觉和游泳。"菲尔普斯每天都要摄入 1.2 万卡路里的热量，是正常人的 3 倍。

与此同时，菲尔普斯的教练鲍曼还加强了他的陆上力量训练。除大力改进蛙泳技术外，尤其重视训练腿部力量。菲尔普斯的对手在转身蹬壁后只能维持 6~7 米的距离，菲尔普斯却能够借助强有力的蹬壁在水下滑出 8~9 米远。菲尔普斯每次转身都会比别人快。他在需要触壁 7 次的 400 米个人混合泳项目上的绝对优势与转身技术的改进有很大的关系[①]。

菲尔普斯的基础训练阶段是 7~11 岁，专项提高阶段是 12~15 岁，最佳竞技阶段是 16~23 岁，竞技保持阶段是 24~31 岁。菲尔普斯无论是技术、战术、心理、体能、智能，还是训练内容，训练负荷，多年系统训练的安排，科学训练和医学监控，训练保障等方面，都是世界杰出游泳运动员的最佳典范和竞技能力模拟的参考对象。

（十一）短道速滑

王濛，女，汉族，1984 年 7 月 9 日出生于黑龙江省七台河市。身高 167 厘米，体重 58 千克。11 岁开始速滑基础训练，13 岁进入黑龙江省体校开始短道速滑专项提高训练，15 岁进国家队进入最佳竞技阶段训练，19 岁成为世界冠军。2006 年 2 月 15 日在第 20 届冬季奥运会上，以 44″345 的成绩获得短道速滑女子 500 米金牌。并在本届奥运会上获得女子 1000 米银牌、1500 米铜牌。2010

---

① 王者菲尔普斯：还有多少极限不能突破 [N]．三联生活周刊 http：//www. sina. com. cn 2008 年 8 月 21 日．

年 2 月在第 21 届冬季奥运会上，以 43″048 的成绩获得女子 500 米金牌；以 1′29″213 的成绩获得女子 1000 米金牌；与队友合作，以 4′06″610 的成绩获得女子 3000 米接力冠军；成为中国短道速滑历史上第一个四冠王。2014 年退役。王濛快速能力突出，竞技保持阶段持续 8 年。

武大靖，男，1994 年 7 月 24 日出生于黑龙江省佳木斯市。高 1.82 米，体重 73 千克。10 岁练习短道速滑开始基础训练。13 岁进入江苏省短道速滑队开始专项提高训练。16 岁进入国家队。20 岁进入最佳竞技阶段训练，先后获 2014 年索契冬奥会短道速滑 500 米亚军（成绩 41″516）和短道速滑 5000 米接力季军（成绩 6′48″341）。2014 年、2015 年获短道速滑世锦赛 500 米冠军。2018 年 2 月 20 日，在韩国平昌举行的第 23 届冬季奥运会短道速滑男子 500 米决赛中，以 39″584 的成绩打破世界纪录并夺冠。武大靖滑法凶悍，爆发力出色，颠覆了亚洲选手小快灵的传统①。

第五节　中国奥运会冠军的体能训练特征

体能是指人体的运动能力，是为创造优异成绩所必需的各种身体运动能力的综合，包括身体形态、身体机能和运动素质。其中，运动素质是体能的最重要决定因素，形态、机能是形成良好运动素质的基础②。

奥运会冠军的体能特征是指中国奥运会冠军的身体形态、身体机能和运动素质特征。中国奥运会冠军的体能特征是身体形态符合专项的需要，身体机能优异并符合专项对身体机能的特殊要求，一般运动素质良好专项运动素质突出。

在竞技运动领域，人体体能远未达到极限。科学研究证明：人体有 206 块骨骼，638 块肌肉，1300 万 ~ 3000 万根肌纤维，每一根肌纤维可以产生 100 ~ 200 毫克的力量。假如人体肌肉力量向同一个方向用力（这种情况不可能），可以产生 20 ~ 30 顿力量③。到 2021 年，人类男子体能最大指标为抓举 222 千克，挺举 266 千克，深蹲 575 千克，站立推举 237.5 千克，卧推 350 千克，硬拉 511.5 千克，肩背负重 2840 千克，引体向上 612 次，俯卧撑 10507 次，立定跳

① 杨世勇，李靖文. 体育界的精英——中国的奥运冠军 [M]. 北京：人民体育出版社，2020：130 - 133.
② 杨世勇. 体能训练 [M]. 北京：高等教育出版社，2013：2.
③ 杨世勇. 举重运动教程 [M]. 北京：人民体育出版社，2014：57.

远 4.10 米，立定跳高 1.78 米。人类女子体能最大指标为抓举 155 千克、挺举 193 千克。随着人类体能潜力的开发，未来的竞技运动成绩和奥运会冠军水平还会有较大幅度提高。

一、技能主导类表现难美性项目奥运会冠军的体能特征

我国在奥运会上获得过金牌的跳水、竞技体操、花样滑冰、蹦床、自由滑雪都属于技能主导类表现难美性项目。这些项目要求运动员比赛时在三维空间中交替进行难度极大的动力性（或静力性）工作，同时要表现出具有强烈吸引力的人体美和运动美。因此，对快速力量、动作速度、专项耐力、柔韧性和灵敏素质有很高要求。

（一）跳水

跳水是我国获奥运会金牌最多的项目，共有 39 人 63 人次荣获 47 枚金牌。其中吴敏霞、陈若琳分别获 5 枚，伏明霞、郭晶晶分别获 4 枚，熊倪获 3 枚金牌。

1. 跳水奥运会冠军的身体形态特点

中国奥运会跳水冠军身体形态的基本特点是：身高中等略偏低（女子为 152.8cm ± 0.08，男子为 161cm ± 10.2），体重适中（女子为 41.88 千克 ± 7.09，男子为 54.4 千克 ± 10.9），身体上下比例协调，肩略宽，身体呈倒三角形，体脂较少，身体围度适中且均匀，上下肢较长，小腿较长等特点。其中小腿 A/下肢长 Bx100 指标是优秀运动员选材的参考指标之一①。

2. 跳水奥运会冠军身体机能特点

中国奥运会跳水冠军身体机能的基本特点是血红蛋白水平较高，有良好的平衡能力；视力较好，平均在 5.0 以上；时空感觉准确、灵敏。

3. 跳水奥运会冠军运动素质特点

上肢、下肢、腰腹力量较好；爆发力、空翻能力、灵敏性、协调性突出②。

4. 跳水奥运会冠军的体能训练特点

国家体育总局体育科研所研究员闫琪，2014 年 11 月至今担任中国跳水队部分重点运动员的体能教练，先后指导了奥运会冠军陈若琳、刘蕙瑕、林跃、曹

---

① 王荣辉，任弘，胡晓丽. 我国跳水运动员形态特征研究 [J]. 中国体育科技，2008 (4)：91-94.
② 王荣辉，任弘，林晞. 我国跳水运动员的身体机能与素质特征 [J]. 北京体育大学学报，2007 (8)：54-56.

缘、陈艾森、施廷懋的体能训练。2019 年 8 月 27 日与杨世勇的电话访谈中指出："中国跳水队体能训练一般每周安排三次，每次训练约 60 ~ 90 分钟，6 ~ 8 个项目，每个项目练习 3 ~ 4 组。根据训练的特点和不同的要求，每组练习 4 ~ 6 次或 8 ~ 12 次。主要目的是发展力量（特别是爆发力、核心力量）、动作速度、协调性、柔韧性。主要训练内容包括：核心力量训练、爆发力训练、超等长练习、抗阻训练等；常用的练习项目有：抗阻纵跳练习、抗阻屈体练习、抗阻团身练习、抗阻快速旋转练习、哑铃推举、哑铃高抓、壶铃甩摆、悬吊三方位收腹练习等。"

闫琪指出："中国跳水队体能训练的目的主要是：1. 改善和提高运动员的体能，以有利于高质量完成专项技术动作；2. 提高对动态动作特别是翻转动作的控制能力；3. 缓解和控制运动员伤病，保证系统训练；4. 通过体能训练，改善和影响运动员的专项技术（例如，运动员入水动作不正，往往会被误认为是技术动作问题，实际上是运动员身体功能变化导致肌肉紧张，动作失调等）。5. 每一个队员都有不同的体能问题，根据不同队员的具体情况，因人而异，针对训练，提高体能水平。"

（二）体操

体操是我国获奥运会金牌数居第三位的项目，共有 32 人 47 人次荣获 33 枚金牌。其中邹凯获 5 枚，李小鹏获 4 枚，李宁、陈一冰分别获 3 枚金牌。

1. 体操奥运会冠军身体形态特点

多数男子体操奥运会冠军身高在 160cm 左右（少数个子较高，如张成龙 173cm），女子 150cm 左右。体操项目对体型特征有专门要求。

2. 体操奥运会冠军身体机能特点

冯瑞在《中国竞技体操制胜规律探骊》（2010 年上海体育学院博士论文）一文中，对优秀体操运动员的身体机能有多方面研究和论述，指出：体操运动员心血管系统和呼吸系统调节能力很强，是科学选材和多年专项训练的结果。

3. 体操奥运会冠军运动素质特点

体操奥运会冠军相对力量突出，动作速度快，反应快，专项力量耐力强，柔韧性好，动作节奏和舞台表现力强。对时空概念判断的准确性好，对肢体姿态控制能力很强，纠错能力优于其他项目优秀运动员，三维感觉非常优秀，发现肢体错误并及时修复能力突出。

二、技能主导类表现准确性项目奥运会冠军的体能特征

我国在奥运会上荣获金牌的射击、射箭项目属于技能主导类表现准确性项目，其技术的精准性要求很高，对运动员的心理耐受能力，以及动作的灵活性、协调性、一致性和稳定性都有很高要求，并对平衡稳定能力、精细感觉能力（如位觉、触觉、本体感觉和视觉）、反应速度、静力性力量和专项耐力有很高要求。

射击射箭项目运动员的力量主要是持续性静力和肌肉耐力。在训练的时候，要注重静力性力量、平衡能力和柔韧性的练习。射击射箭项目需要长时间保持静止、固定的练习或比赛动作，肌肉长时间收缩，如果基础训练阶段体能训练特别是力量不足，容易造成运动员上肢力量不平衡。例如，训练三年以上出现的伤病，手枪主要出现在颈椎和肩部，步枪主要是腰部，射箭主要是肩部。

（一）射击奥运会冠军的体能训练特点

射击项目我国共有22人27人次荣获26枚金牌。其中王义夫、杨凌、杜丽、郭文珺、庞伟、杨倩分别获2枚金牌。

射击体能训练主要有两方面：第一，通过多种方式发展静态平衡和动态平衡能力。第二，通过多种方式提高感知觉能力（张广伟，2012）。要结合专项需要进行体能训练。

此外，加强反应速度以及动作速度训练也非常关键。例如，移动靶、速射以及飞碟项目等都要求运动员反应速度快，动作速度快。重视爆发力、静力性力量、平衡稳定能力、反应速度等常规训练是我国射击项目奥运会冠军体能训练的成功经验之一。

针对性地提高肩带肌群、腰腹部、下肢肌群力量，可以有效提升运动员射击过程中的平衡能力，提高射击动作的稳定性。只有将力量素质有效提高才能更好地完成技术动作。

（二）射箭奥运会冠军的体能训练特点

为了使箭射向靶心，在瞄准阶段，尤其是在撒放前，奥运会冠军肌电活动的平均值波动小，而且标准差也小，说明射箭用力准确性高而平稳，并且每次射箭时的用力状况比较一致。只有这样，才能提高射箭的命中精度。射箭奥运会冠军的体能训练主要包括力量训练，速度训练，耐力训练，柔韧和灵敏素质训练[①]。

三、体能主导类快速力量项目——举重奥运会冠军的体能特征

举重是我国获奥运会金牌数居第二位的项目，共有33人38人次荣获38枚

---

① 杨世勇. 体育院校通用教材. 体能训练［M］. 北京：人民体育出版社，2012：262.

金牌。其中占旭刚、陈艳青、龙清泉、石智勇、吕小军分别获 2 枚金牌。

举重属于体能主导类快速力量项目，要求运动员既要有突出的最大力量，又要有很快的动作速度，把力量和速度高度结合。

（一）举重奥运会冠军的身体形态指标

小级别身材较矮小，大级别身材较高大，总体特征是体格健壮、体形匀称、骨骼粗大、胸脯厚实、脂肪少、肌肉线条明显、四肢发达有力、肩宽、手指长、臀部肌肉紧缩上收等。杨世勇等 2016 年对中国男子、女子奥运会和世界锦标赛冠军的身高研究表明，男子前 5 个级别的平均身高为：56 千克级 155.7 厘米，62 千克级 158.9 厘米，69 千克级 163.1 厘米，77 千克级 167.1 厘米，85 千克级 170.2 厘米；女子 7 个级别的平均身高为：48 千克级 152.5 厘米，53 千克级 154.8 厘米，58 千克级 157.1 厘米，63 千克级 160.1 厘米，69 千克级 162.1 厘米，75 千克级 164.1 厘米， +75 千克级 170.2 厘米。

（二）举重奥运会冠军的身体机能特点

评定指标主要有：心率、血压、血红蛋白、血清睾酮（T）、血清肌酸激酶（CK）、血尿素（BUN）等 20 余项。其中有重要作用的是血清睾酮（T）。中国男子奥运会冠军的血清睾酮水平均在正常男子的上限水平 1000ng/dl 以上，中国女子奥运会冠军的血清睾酮水平均在正常女子的上限水平 100ng/dl 以上。

（三）举重奥运会冠军的运动素质

举重对最大力量、相对力量、动作速度有极高要求，对专项耐力、柔韧性要求也很高。其训练有多方面的特点和要求。表 3－42 为荣获 2008 年奥运会冠军的中国 5 位运动员的力量素质水平。

表 3－42　中国 2008 年举重奥运会冠军主要专项力量指标水平①

姓名	性别	级别	体重	抓举	挺举	前蹲	后蹲	宽硬拉	窄硬拉	高抓	高翻	架上挺
陈艳青	女	58	60.3	106	136	160	170	160	170	90	115	145
龙清泉	男	56	58.9	132	165	200	210	180	200	115	145	175
张湘祥	男	62	65.3	145	180	205	220	195	215	132	160	190
廖辉	男	69	72.9	160	195	240	260	230	260	145	170	200
陆永	男	85	86.3	180	214	251	270	255	275	155	185	220

① 杨世勇. 体育院校通用教材. 举重运动教程 ［M］. 北京：人民体育出版社，2012：192.

四、技能主导类隔网对抗性项目奥运会冠军的体能特征

技能主导类隔网对抗项目有乒乓球、羽毛球、排球、网球等。其中乒乓球、羽毛球和女子排球是我国的优势项目。这些项目战术变化多种多样，对复杂反应速度、动作速度、移动速度、起动力、快速力量、耐力、灵敏性和协调性要求极高。

（一）乒乓球

乒乓球是我国获奥运会金牌数居第 4 位的项目，共有 29 人 57 人次荣获 32 枚金牌。其中马龙获 5 枚金牌，邓亚萍、王楠、张怡宁分别获 4 枚金牌，马琳、丁宁、李晓霞、张继科分别获 3 枚金牌。

1. 乒乓球奥运会冠军的身体形态特点

我国男子乒乓球奥运会冠军的平均身高约为 172.4cm（王励勤身高 186 cm），体重 62.70 千克，指距 174.2cm，肩宽 38.9cm，静胸围 87.4cm，腰围 74.5cm，克托莱指数 363.25。我国女子乒乓球奥运会冠军的平均身高约为 162.8cm（邓亚萍身高 155 cm），体重 55.78 千克，指距 162.6cm，肩宽 36.2cm，静胸围 86.20cm，腰围 71.74cm，克托莱指数 342.42。乒乓球项目需要较强的上肢力量和较长的四肢[1]。

2. 乒乓球奥运会冠军的身体机能特点

血红蛋白 Hb（g/dl），血尿素 BUN（mmol/L），血清肌酸激酶 CK（U/L），血睾酮 T（mmol/L）是乒乓球运动员身体机能水平的重要指标。

奥运会冠军的 Hb 水平一般处于个体的高水平状态，由于受到训练的影响体内蛋白质代谢旺盛，安静时的血尿素浓度偏高，5.5mmol/L～7mmol/L[2]。

高强度的训练对奥运会冠军的血清 CK 指标变化产生显著影响。在训练和比赛中可以利用血清 CK 对运动强度进行评定。正常情况下，阳性血清肌酸激酶在 10u/L～300u/L，阴性在 10u/L～200u/L 之间变动[3]。

男子安静时血睾酮值为 22.86 ± 5.150mmol/L；女子安静值为 1.085 ±

① 祁团结. 我国男子乒乓球、羽毛球优秀运动员形态特征的研究［J］. 北京体育大学学报，2006（5）：648 – 650.

② 潘月顺，津君. 优秀中长跑运动员赛前训练血尿素氮（BUN）变化特征分析［J］. 天津体育学院学报，2007，22（3）：259.

③ 王清. 我国优秀运动员竞技能力状态诊断和监测系统的研究与建立［M］. 北京：人民体育出版社，2004：450 – 577.

0.315mmol/L. 血睾酮的变化除与负荷量有关外，与身体机能密切相关①。

3. 乒乓球奥运会冠军运动素质的基本特点

在近台快攻打法与强调"前三板"技术的中国乒乓球队，"快、转、准、狠、变"五大制胜因素中的速度居于首位。乒乓球比赛中，每一回合的攻防转换速度快，要求运动员必须具有良好的反应速度（特别是复杂反应速度）与身体灵活性②。乒乓球击球威力的大小主要靠挥击的速度，因而要求具有爆发力，特别是挥臂所需要的上肢、肩带和腰腹的肌肉爆发力 ③。

（二）羽毛球

羽毛球是我国获奥运会金牌数居第 6 位的项目，共有 22 人 30 人次荣获 20 枚金牌。

1. 羽毛球奥运会冠军的身体形态特点

我国男子羽毛球奥运会冠军的平均身高约为 179.1cm（2016 年奥运会羽毛球男子单打冠军谌龙身高 188cm），体重 69.7 千克，指距 182.5cm，肩宽 40.6cm，静胸围 88.1cm，腰围 72.7cm，克托莱指数 385.7。我国女子羽毛球奥运会冠军的平均身高约为 169.8cm，体重 61.97 千克，指距 171.5cm，肩宽 37.6cm，静胸围 81.7cm，腰围 68.5cm，克托莱指数 360.9。

羽毛球对运动员身高、指距、上臂围度和四肢长度有较高要求，说明此项目需要较强的上肢力量和较长的四肢④。

2. 羽毛球奥运会冠军身体机能的基本特点

中国羽毛球队机能监控测试生化指标主要包括 WBC、RBC、HGB、HCT、CK、BUN、T、C。

羽毛球项目的供能形式主要以无氧供能为主，完成单个技术动作是以磷酸原无氧代谢供能为主，连续完成多个动作组合时以乳酸供能为主，完成整场比赛以有氧代谢能力为基础。良好的有氧耐力能让机体更快清除堆积的乳酸。激烈的比赛过程中，运动员在场上的反应、移动和动作速度会使机体乳酸不断积

---

① 冯美云. 运动生物化学 ［M］. 北京：人民体育出版社，1999.

② 李智伟，陈志军，周烈铭. 乒乓球运动员体能特征分析及训练对策研究 ［J］. 四川体育科学，2007（2）：76 - 77 + 141.

③ 李金龙，刘英辉，梁波. 我国乒乓球运动制胜因素的专项身体素质训练学回顾与展望 ［J］. 成都体育学院学报，2007（4）：59 - 63.

④ 祁团结. 我国优秀女子乒乓球和羽毛球运动员身体形态特征的研究 ［J］. 武汉体育学院学报，2005（11）：88 - 91.

累，因此要进行一定程度的乳酸代谢能力训练①。及时通过生理生化指标对疲劳进行程度诊断，防止过度训练，是提高训练水平的重要因素②。

2020 年 8 月 12 日，杨世勇在中国羽毛球队四川体育训练基地（成都双流）问卷调查并访谈了中国羽毛球队医生兼科研人员刘翠萍，她指出："血清睾酮（T）水平也是评价羽毛球运动员身体机能的重要指标。2016 年奥运会男子单打冠军谌龙平均血清睾酮水平均超过正常男子的上限，达到 820ng/dl；两届奥运会冠军张楠的血清睾酮水平最高曾达到 1049.5ng/dl。中国女子羽毛球奥运会冠军的血清睾酮水平和血皮质醇水平均超过正常女子的上限。羽毛球运动员血清睾酮水平和血皮质醇水平均超过常人水平的上限是身体机能良好的表现。如果单纯血皮质醇水平较高，而血清睾酮水平不高，运动员的睡眠可能不好，休息可能会受到影响，可能有较深的疲劳产生，应该调整训练负荷。"

表 3 – 43　我国羽毛球运动员身体机能指标

指标	男子 mean	男子 norm	女子 mean	女子 norm
WBC（x10^9）	6.445	4.0 ~ 11.0	6.08	4.0 ~ 11.0
RBC（x10^{12}）	5.03	3.5 ~ 5.6	4.29	3.5 ~ 5.6
HGB（g/L）	153.53	110 ~ 170	131.95	110 ~ 170
HCT（%）	0.457	0.32 ~ 0.54	0.39	0.32 ~ 0.54
CK（IU/L）	277.62	24 ~ 195	149.73	24 ~ 195
BUN（mmol/L）	6.92	4.0 ~ 7.0	5.56	4.0 ~ 7.0
T（ng/dl）	616.49	270 ~ 1000	13.95	10 ~ 100
C（ng/dl）	15.45	6 ~ 26	17.84	6 ~ 26

---

① 张恕一. 我国一级男子羽毛球运动员专项身体素质测试与评价体系的研究［D］. 沈阳体育学院硕士论文，2011.

② 张恕一. 我国一级男子羽毛球运动员专项身体素质测试与评价体系的研究［D］. 沈阳体育学院硕士论文，2011.

3. 羽毛球奥运会冠军运动素质的基本特点

表 3 - 44　羽毛球运动员运动素质评价指标

类别	指标
弹跳	助跑摸高，立定跳远
反应移动	30 米跑，v 字移动
挥臂速度	实心球掷远，仰卧两头起，俯卧两头起，羽毛球掷远
灵敏素质	双摇跳绳

羽毛球运动员不仅要有突出的大力扣杀的绝对力量和平抽的快速力量，也需要突出的力量耐力。羽毛球运动员多数情况下都是以先离心再向心的肌肉收缩方式工作。

羽毛球奥运会冠军都有较好的柔韧性，因为在完成技术动作时的方向多变并且动作幅度大。羽毛球运动员以主动练习为主，被动牵拉为辅的方法发展柔韧性，重点是加强腰部、髋关节、肩关节的柔韧性练习，同时也需要加强手腕和踝关节的柔韧性。

中国羽毛球队教练员陈兴东（现任四川省体育职业技术学院党委书记，中国羽毛球协会副主席）2017 年 5 月 25 日在成都给杨世勇介绍："奥运会男女混双冠军张军卧推 120 千克，后深蹲为 180 千克，由于腿部力量突出，膝、踝关节从来没有受过伤。奥运会冠军林丹卧推 100 千克，谌龙卧推 120 千克。"

2018 年 11 月 10 日，杨世勇在武汉面谈调研中国羽毛球队兼职体能教练李春雷（北京体育大学教授）时，李春雷就奥运会冠军林丹的体能情况指出："林丹上肢力量一般，但爆发力和腿部力量强大，能用 300 千克的重量负荷进行多组数的腿部组合力量练习。此外，心肺功能好，肺活量大，专项耐力突出。"

李春雷还指出："羽毛球男子单打奥运会冠军谌龙深蹲 150 千克，腿力强大，爆发力突出。"

表 3 - 45 是 2004 年，2008 年奥运会混双冠军，女运动员高崚准备期的一周体能训练计划及其内容①。

---

① 钟建萍. 我国优秀羽毛球运动员全程性多年训练的阶段特征与影响因素的研究 [D].
　　北京体育大学，2013：65

表 3 – 45　羽毛球奥运会冠军高崚准备期的周体能训练计划

内容	周一	周三	周五
开始部分	1. 操类（以拉伸为主）10 分钟 2. 慢跑 2000 米 3. 专门练习 10 分钟	1. 操类（以拉伸为主）10 分钟 2. 慢跑 2000 米	1. 操类（以拉伸为主）10 分钟 2. 慢跑 2000 米
基本部分	1. 听信号跑：20 米 × 8 组 2. 听信号转身跑急停：20 米 × 8 组 3. 测跨步十级 × 8 组 4. 高翻 50 千克（8 次 × 5 组）+ 55 千克（4 次 × 5 组） 5. 肩关节专项力量训练：1 千克实心球 10 次 × 5 组 6. 负重仰卧起坐：30 个 × 5 组	1. 间歇跑：200 米 × 10 组（每次间歇 2 分钟） 2. 高翻 50 千克：8 次 × 6 组 3. 曲臂 40 千克：8 次 × 6 组 4. 手腕力量 20 千克：10 次 × 5 组 5. 40 千克负重跨步：10 × 5 组 6. 90°半跨跳 20 × 5 组	1. 基础耐力：5000 米（要求：前 2500 米变速跑，后 2500 米计时跑） 2. 投实心球 1 千克：10 × 6 组 3. 腹背肌力量：30 × 5 组 4. 深蹲：100 千克 6 × 2 + 110 千克 4 × 2 + 120 千克 2 × 2 + 130 千克 1 × 2
结束部分	1. 静态拉伸 2. 慢跑	1. 放松 2. 慢跑	1. 放松慢跑 2000 米 2. 静态拉伸

备注：2009 年 9 月备战全运会在湖北仙桃封闭训练。每周 3 次体能训练

（三）排球

中国女子排球队非常重视体能训练，荣获 1984 年、2004 年、2016 年奥运会冠军的中国女排运动员体能出色，不仅有身体形态优势，身体机能、运动素质也极为突出。

以荣获 2016 年里约奥运会冠军的中国女排为例，主教练郎平非常重视体能训练，并聘请了专门的体能训练师（拉尔森．加内特，美国）、康复师。中国女排身高优势明显，运动素质突出。例如，主攻朱婷高 1.98 米，体重 78 千克，扣球高度 3.27 米；主攻惠若琪高 1.92 米，体重 78 千克，扣球高度 3.15 米；副攻袁心玥高 2.01 米，体重 78 千克，扣球高度 3.27 米；主攻张常宁高 1.95 米，体

重 72 千克，扣球高度 3.25 米，拦网高度 3.15 米，在保护和帮助下可以卧推
100 千克。

2016 年中国女排运动员平均身高在 1.89 米，力量、速度、专项耐力、柔
韧、灵敏素质均居世界前列，突出的体能优势是夺取奥运会冠军的重要基础。

中国女排体能训练内容主要是重点提高平衡能力，发展后群肌力量和核心
区力量，防止膝关节损伤。

表 4-46　中国女排部分体能训练内容计划（自由组合）

序号	名称	负荷	序号	名称	负荷
1	泡沫轴再生	2 组/3 分钟	11	脚踝八点伸展练习	2 组/每侧
2	超级臀肌大全	6 组/30 秒	12	弹力带阻力负重跑	4 组/50 米
3	用手爬	3 组/5 次	13	瑞士球静力抗阻练习	2 组/3 分钟
4	侧向跨栏 + 向前冲刺跑	5 组/20 秒	14	五点追逐跑	4 组/2 分钟间歇
5	弹力带负重向上跳	3 组/10 次	15	土耳其起立	3 组/5 次
6	跳箱练习	3 组/10 次	16	单脚八向稳定练习	2 组/每侧
7	推垫跑 + 腹肌上推	5 组/10 次递减	17	拦网跳练习	3 组/10 次
8	药球侧向砸墙	2 组/8 次	18	静力对抗拉伸	2 组/15 秒动作
9	双手交叉下拉	3 组/10 次	19	四项循环练习	8 组/30 秒
10	跑台抗阻最大冲刺	5 组/8~10 秒	20	瑜伽放松练习	2 组/5 分钟

注：表 4-46 来源于 2016 年 11 月 3 日袁守龙资料

五、体能主导类耐力性项目奥运会冠军的体能特征

体能主导类耐力性项目主要有：中长超长距离的走、跑、滑雪、游泳、滑
冰、自行车和划船。至今我国在以下项目获得过金牌：赛艇、皮划艇、帆船、
游泳、速滑、田径长跑和竞走。

"从动作特征看，这些项目属于典型的单一动作结构的周期性项群，要求全
程有最高的平均速度。从生理学特征看，它们属于大、中强度的肌肉活动，供
能特点是有氧供能的比例随距离的增加而递增，同时无氧供能比例递减，能量

总消耗递增，其中 ATP－CP 供能所占比例甚小。因此，对运动员心血管系统机能状况、有氧耐力、力量（肌肉）耐力、速度耐力水平均有很高要求。"[1]

（一）长距离游泳

长距离游泳属于体能主导类耐力性项目。

1. 游泳奥运会冠军身体形态的基本特点

男子 1500 米自由泳奥运会冠军在身体形态方面具有身材高，臂展长，手和脚大，体脂含量低，身体呈明显的"倒三角"流线型的特征。

例如，奥运会冠军孙杨身高 198 厘米，2012 年伦敦奥运会参赛时体脂含量 10.2%。从流体力学的角度看，身高、臂长、肩宽、髋窄的倒三角体型流线型更好，身高、臂长、手面积大、脚面积大的运动员每次划水的有效距离大，划水效率高[2]。

2. 游泳运动员身体机能特点

表 3 - 47　我国游泳运动员身体机能指标

人群	性别	血红蛋白（g/l）	血睾酮（ng/dl）	血尿素（mmol/L）	肌酸激酶（U/L）
中国游泳队长距离运动员	男	154.0 ±6.7	558.7 ± 139.1	6.5 ±1.2	192.6 ±134.8
	女	136.5 ±8.4	30.9 ± 12.1	5.6 ±1.2	116.4 ±132.6

优秀游泳运动员血红蛋白个体差异较大，很难确定统一的评价标准。奥运会冠军安静态血清 CK 值偏高，定量负荷运动后血清 CK 活性的上升幅度较小，恢复较快[3]。

2018 年 11 月 10 日，杨世勇在武汉面谈调研中国游泳队体能教练李春雷（北京体育大学教授，2013—2016 年任孙杨体能教练），了解奥运会冠军孙杨的体能情况时，李春雷指出："孙杨高 1.98 米，体重约 90 千克，身体形态出众；卧推 120 千克，深蹲最大力量约为 150 千克，力量素质一般；但是心肺功能极佳，肺活量特别大，能承担常人难以想象的训练负荷，并且技术动作世界

---

① 杨世勇. 体育院校通用教材. 体能训练［M］. 北京：人民体育出版社，2012：259
② 蒋徐万. 男子 1500 米自由泳专项特征研究［J］. 成都体育学院学报，2015（5）.
③ 洪平，冯连世，宗丕芳. 我国优秀游泳运动员身体机能的生理生化评定［A］. 2002 年第 9 届全国运动医学学术会议论文摘要汇编［C］. 中国运动医学学会、国家体育总局运动医学研究所：，2002：120 - 122.

一流。"

极限速度下的速度保持能力是中长距离运动员取得好成绩的关键，有氧耐力是取得优异成绩的基础。

3. 游泳运动员运动素质的基本特点

由于游泳项目和性别不同，奥运会冠军的运动素质有较大差异。总体要求是必须具备突出的爆发力，运动素质全面而协调，由于要快速完成划水和摆动动作，对协调性、节奏感、灵活性的要求也非常高①。

耐力是基础，速度是关键，力量是核心。孙杨备战 2012 年伦敦奥运会时，每周 4 ~ 5 次陆上训练，其中 2 ~ 3 次专项力量，1 ~ 2 次核心力量、1 次拉伸放松。通过 8 周训练，他左、右侧抛实心球提高了 17%；跪姿前推实心球提高了 10%；摆臂自由纵跳提高了 11%。由于力量提高，孙杨的划幅明显提高，实效性增强②。

孙杨的教练朱志根指出：游泳运动员躯干核心力量很重要。如果核心力量不够，腰部会下沉，游起来阻力非常大。若核心力量强，保持身体与水面平行，阻力就很小，游起来速度就快。孙杨就是如此。为提高核心力量，要多练习平板支撑③。

（二）赛艇、皮划艇

1988 年北京奥运会赛艇女子四人双桨冠军金紫薇（高 1.84 米，体重 78 千克）、奚爱华（高 1.82 米，体重 85 千克）、唐宾（高 1.82 米，体重 74 千克）、张杨杨（高 1.85 米，体重 83 千克），身材高大、身体形态好，体脂少，肺活量大，身体机能突出；快速力量、速度耐力、有氧和无氧耐力、灵敏性和协调性均极为突出，这是她们夺得奥运会冠军的重要因素之一。

2004 年和 2008 年奥运会男子双人皮划艇冠军孟关良（高 1.82 米、体重 88 千克）、杨文军（高 1.77 米、体重 77 千克）力量突出，两人卧推的最佳成绩可以分别达到 160 千克，此外爆发力突出，动作速度快、无氧能力强、动作协调性好。突出的体能是他们赢得奥运会冠军的重要基础。

国家体育总局科研所特聘研究员陈小平 2019 年 8 月 8 日在广州对杨世勇访谈时指出：除奥运会冠军外，我国赛艇项目运动员"普遍存在体脂过高（女子

① 纪纲. 我国高水平游泳运动员竞技能力结构优化及其训练学分析［J］. 广州体育学院学报，2009，29（4）：82 - 85.

② 蒋徐万. 男子 1500 米自由泳专项特征研究［J］. 成都体育学院学报，2015，41（3）：78 - 81.

③ 李东烨. 朱志根锤炼冠军注重火候［N］. 中国体育报，2018 - 12 - 10（3）.

公开级尤为明显），瘦体重偏低（男子公开级尤为明显）"的现象。

六、技能主导类格斗对抗性项目奥运会冠军的体能特征

技能主导类格斗对抗性项群主要项目有：摔跤、柔道、拳击、击剑、跆拳道等项目，我国在上述项目获得过奥运会金牌。

杨世勇等认为："这些项目竞技能力的结构特点是鼓励主动进攻，绝对胜利的比例减少，相持能力（技术与体力）的作用加大，重视全面发展和突出绝招。同时，在双方激烈的格斗对抗中，必须以对手的身体为攻击目标，进攻取胜，并且还要注意保持自己身体重心的动态平衡，而迫使对方身体失去平衡。比赛中运动强度大，几乎无喘息之机，中枢神经系统处于极度紧张和高度兴奋的状态。对运动员的运动素质要求很全面，特别是对力量、速度和灵敏素质有很高要求。"①

（一）拳击

拳击属于技能主导类格斗对抗项目，是多元动作结构的变异组合项目。

1. 拳击奥运会冠军的身体形态

拳击是按照体重分级比赛的项目，运动员的身体形态与运动成绩有密切联系。身高和四肢较长的运动员可获得有利于接触目标的优越条件。拳击要求运动员四肢较长，肌肉发达有力，身高和体重保持恰当的比例。

拳击奥运会冠军邹市明、张小平始训年龄 14 岁，夺冠年龄在 26 岁左右，其身体特点是体脂含量低，上肢力量好，手臂长，颈围粗实，上肢肌肉力量强健。

表 3 - 48 我国拳击奥运会冠军基本情况

姓名	级别	身高	体重	夺奥运会冠军年龄	训练年限
邹市明	48 千克	164cm	48 千克	27 岁、31 岁	13 年
张小平	81 千克	189cm	81 千克	26 岁	12 年

2. 拳击奥运会冠军的身体机能

拳击运动涉及的机能指标有心率、血压、血红蛋白，肺活量、呼吸频率、最大摄氧量，肌纤维数量、长度、类型，视觉、听觉、平衡机能，高级神经活

---

① 杨世勇，唐照华，李遵，唐照明．体能训练学［M］．成都：四川省科技出版社，2002：264.

动类型，以及血睾酮等。邹市明、张小平的身体机能指标均在优秀运动员的上限。

3. 拳击奥运会冠军的运动素质

速度是拳击运动员的重要素质。拳击要求进攻节奏快，移动步伐快，动作快速多变。50 米跑是优秀拳击运动员选材的重要指标之一。在分级别的方差分析中，轻量级和重量级相比较在纵跳、握力、10 米×4 往返跑有显著性差异。轻量级与中量级比较在实心球推墙、1 分钟双摇、纵跳、握力等指标方面具有显著性差异。①立定跳远、纵跳、坐位体前屈、50 米短跑、400 米、左右手握力、10s 快速空击（次）、3000 米跑、1min 打击沙袋（次）、实心球对墙平推（次）、10 米×4 往返跑（s）、30s 仰卧起坐（次）等都是运动素质的重要指标。

此外，通过专项练习和与专项紧密结合的练习来发展专项运动素质极为重要。可采用以下内容进行练习：如快速出拳的练习、组合进攻练习、组合防守练习、快速击打目标的练习、快速击打沙袋的练习、提高复杂反应速度的练习、提高移动速度的练习、提高速度力量（爆发力）的练习、提高防守动作爆发力的练习、提高防守能力的练习、提高抗击打能力的练习、提高步伐移动灵活性的练习、提高手脚配合协调性的练习。

2019 年 9 月 16 日下午，杨世勇在遵义与邹市明的启蒙教练，遵义市体校高级教练员梁峰进行了访谈。他指出："第一，邹市明臂展长度不佳，初次选材未入选。1995 年初，14 岁的邹市明报考了我校拳击训练班，由于手短（邹市明当时身高 162 厘米，两手间距 160 厘米，两臂伸展长度比身高少 2cm），初试未入选。后来他主动找我要求训练并再次测试，发现他虽然两手间距短于身高，但其动作的灵活性，步法和快速移动能力很强，复杂反应速度快，头脑灵活，心理素质好，我将其招入了我校拳击队。"

"第二，邹市明自我管理能力的提高具有阶段性。据他父母介绍，邹市明在读小学和初中时，比较调皮，学习不认真，坐不住，老师管不住他。进入我校拳击队后，由于热爱拳击，珍惜来之不易的机会，他仿佛变了一个人，遵守纪律，自我控制和管理能力很好，有时还主动加练。他 1997 年底进入贵州省拳击队后，有五年都没有回遵义，父母都是到贵阳市去看望他。邹市明训练刻苦，令人印象深刻。"

---

① 巴义名．我国优秀男子拳击运动员竞技能力特征及选材标准的研究［D］．北京体育大学博士论文，2007.

（二）柔道

中国共有 7 位女运动员荣获柔道奥运会冠军，她们的体能能力均极为突出，最大力量好，爆发力突出是其共同特征。例如，在 2000 年奥运会获 78 千克级冠军的唐琳，2000 年 1 月 6 日进行了基础力量测试，其成绩为深蹲 150 千克，卧推 130 千克，高拉 160 千克，弯举 130 千克（注：弯举为双手反握杠铃杆，将杠铃提起，利用挺腹和双臂力量将杠铃举到胸前）[1]。

史衍（首都体育学院副教授，曾经担任奥运会女子柔道冠军杨秀丽的体能教练）2019 年 1 月 23 日，在与杨世勇的问卷调查和面谈中指出，柔道项目的体能特征是"身体强壮，动作敏捷，力量强大"。"杨秀丽身高 1.78 米，体重 80 千克，卧拉 95 千克，卧推 125 千克，后深蹲 140 千克。80 千克以上的重量每天要投入 500 次，总重量达到 40 吨。"

第六节   中国奥运会冠军的技术、战术能力训练及其特征

奥运会冠军的技术是指奥运会冠军完成技术动作的方法。中国奥运会冠军的技术特点是技术动作符合力学、生理学原理。技术能力训练特征是重视动作要素、技术结构和影响运动技术因素的研究；狠抓技术细节，注重技术创新；通过科学训练全面提高技术能力。

战术是指在比赛中为夺取优胜采取的计谋和行动。中国奥运会冠军的战术能力训练及其特征可以总结为：深入研究和掌握竞技战术及其训练方法；提高战术训练的实效性、科学性；研究战术创新，全面提高运用多种战术的能力；提前制定战术方案，[2] 随机应对不利局面。

一、技能主导类表现难美性项目技术战术特征

技能主导类表现难美性项目主要有：跳水、体操、花样滑冰、蹦床等，我国在上述项目获得过金牌。此类项目技能和战术能力具有以下特征：技能主要表现为时空判断精准，对身体姿态控制能力强，熟练掌握专门器械，与同伴协

① 程志山. 中国柔道运动实战技术训练理论与方法研究 [D]. 北京体育大学，2006：87-88.

② 田麦久，等. 运动训练学 [M]. 北京：人民体育出版社，2000：285.

调配合；在战术运用上，主要体现在动作编排上扬长避短、动作合理布局等①。

（一）跳水

李保虎在《我国优秀跳水运动员双人动作同步性的标注分析与运动学研究》一文中，对2012年伦敦奥运会男子双人跳板冠军秦凯、罗玉通，女子双人跳板冠军吴敏霞、何姿的跳板技术进行了运动学研究，获得了相关定量结论，有参考价值②。

（二）竞技体操

李小鹏（2000年和2008年奥运会男子双杠冠军）的技术。

踏跳阶段速度较快，踏跳有力，重心水平速度较大，技术尤佳。推手迅速有力，推手时间较短。从第二腾空的高度和远度来看，水平位移较大，空中身体姿态控制较好③。

体操奥运会冠军技术创新的最佳年龄一般为女子12～17岁，男子14～20岁④。

二、技能主导类表现准确性项目技术战术特征

技能主导类表现准确性项群主要项目有：射击、射箭等。其技术和战术能力具有以下特征：射箭、射击项目的技战术动作均属于单一动作结构。技术要求可以概括为"固势要稳，瞄靶要准，击发、撒放要正确"⑤。

（一）射击

射击项目对运动员的击发技术的稳定性、规律性、一致性有很高要求，同时自控能力和抗干扰能力也是本项目的关键制胜因素。射击比赛时间长、姿势单一，注意力高度集中。因此，射击选手要有超人的体力和精力，同时服装、场地环境、天气、枪械、子弹又会直接影响比赛成绩。因此，影响射击比赛运动员取得胜利的因素较多⑥。

---

① 田麦久，等．运动训练学［M］．北京：人民体育出版社，2000：46.
② 李保虎．我国优秀跳水运动员双人动作同步性的标注分析与运动学研究［D］．河北师范大学硕士论文．2012.
③ 杨金田，季彦霞，李伟，李建华．李小鹏、陆斌跳马前手翻直体前空翻转体900°技术运动学诊断［J］．山东体育学院学报，2009（5）：65－67.
④ 姚侠文．我国优秀体操运动员全程性多年训练的阶段划分和阶段性特征研究［D］．北京体育大学，2006：121.
⑤ 田麦久，等．运动训练学［M］．北京：人民体育出版社，2000：48.
⑥ 刘敏．中国优秀手枪射击运动员持枪臂表面肌电特征及其训练监测系统的应用研究［D］．山西大学博士论文，2010.

为了确保射击运动员正常稳定发挥训练水平，在训练方式上最重要的是从强化击发技术动作的稳定性、规律性和一致性出发，运动员枪支的晃动幅度、瞄准时间、击发时机的选择以及击发瞬间的保持需要始终精确[①]。

三、体能主导类快速力量项目——举重的技术战术特征

举重项目技术特征主要表现为技术动作高度的稳定性、准确性和可控性；技术动作明确的经济性和实效性，技术原理与个人技术特点的完美结合。战术上，努力实现预定参赛目标，保证抓举、挺举第一次试举成功，努力提高成功率；巧妙利用竞赛规则，运用多种暗示激发斗志和拼搏精神[②]。

龙清泉（2008 年、2016 年奥运会男子举重 56 千克级冠军）的挺举技术预蹲阶段技术表现堪称完美，上挺发力阶段技术表现优异，预蹲转化为上挺发力的时间仅为 0.02 s。但是上挺发力阶段时间过长，支撑与起立阶段技术表现较为优异，展现了"近""准"的举重技术原则要求。在第二个支撑——起立阶段收前腿时杠铃晃动较大，是需要改进的环节[③]。

中国举重队曾利用试举战术战胜强劲对手。1984 年 8 月 1 日，在第 23 届奥运会 60 千克级比赛中，我国选手陈伟强和罗马尼亚选手拉杜的抓举成绩都是 125 千克，陈伟强因体重轻而占优势。挺举比赛前，拉杜和陈伟强预报的第一次重量均为 155 千克，黄强辉教练见状后权衡利弊，果断地将陈伟强的第一次挺举重量改为 157.5 千克并成功，这就迫使拉杜必须在总成绩上超过陈伟强 2.5 千克才有可能获胜。拉杜估计陈伟强能够举起 162.5 千克，被迫第 2 次试举加到 165 千克，结果第 2、3 次试举接连失败。陈伟强虽然也加到了 165 千克，但不用再举，金牌已经在握[④]。

四、技能主导类隔网对抗性项目技术战术特征

技能主导类隔网对抗项目主要有：乒乓球、羽毛球、网球、排球等。此类项目技术和战术能力具有以下特征：技术水平主要表现在基本功扎实、全面、

① 刘敏. 中国优秀手枪射击运动员持枪臂表面肌电特征及其训练监测系统的应用研究 [D]. 山西大学博士论文，2010.

② 田麦久，等. 运动训练学 [M]. 北京：人民体育出版社，2000：56.

③ 陈锐，杨世勇，王雷. 龙清泉举重上挺技术运动学分析 [J]. 西安体育学院学报，2014（5）：33-40.

④ 杨世勇. 提高举重运动员比赛成功率的探索 [J]. 成都体育学院学报，1999（4）：38-42.

特点突出，并在技术发展中不断创新、形成绝招；战术能力则主要反映在个人与集体战术配合、注重技术创新和战术研究等①。

（一）乒乓球

中国乒乓球奥运会冠军技术和战术能力的一些共同特征是：球感好，上手能力强，发球技术好，发球抢攻好，正反手攻防能力均衡，正反手拉球技术突出，技术全面，有较强的正手或反手杀伤力和中远台相持能力，各项技术衔接速度快，失误少，个人特长技术鲜明。奥运会冠军邓亚萍、马龙、许昕②、丁宁等的技术就具有上述共同特征，并有与众不同的个人技术特点。

（二）羽毛球

陈兴东（羽毛球奥运会冠军张军、高崚教练，中国羽毛球协会副主席）2017 年 12 月 16 日在成都回复本课题负责人杨世勇的调查问卷中指出：羽毛球项目的技术能力及训练特征是"单打项目技术全面，变速能力强；双打项目对发球，接发球的技术要求更高，逼、抢、攻突出"。羽毛球项目的战术能力特征是"战术组合多样化更直接，目的更明确，线路组合要求更细"。

以左手持拍的两届奥运会冠军林丹为例，他弹跳高，爆发力强，手腕力量出色，除了能够打出速度快、力量十足的劈杀外，还拥有多项绝活：如飞身鱼跃救球，头顶滑板吊对角等。林丹比赛时头脑冷静，非常自信，还特别擅长捕捉对手的弱点，以突出的个人技术出奇制胜。③ 脑子灵活，善于琢磨，技术稳定是林丹的重要特点。

（三）排球

中国女排（1984 年、2004 年、2016 年奥运会冠军）的技战术特征。

综合发球、接发球、扣球、拦网和后排防守五方面，中国女排各个技术环节均技术全面。中国女排快攻和快掩技术使用的百分比高于强攻，说明中国女排坚持快速善变的打法。

中国女排战术发挥整体效果良好，特别是 1984 年、2004 年、2016 年奥运会比赛中，中国女排主教练袁伟民、陈忠和、郎平在关键场次的战术安排和随机应变的战术调整，为中国女排夺取奥运会金牌奠定了基础。

1984 年第 23 届奥运会上，中国女排在第一阶段的小组赛中以 1∶3 输给了

---

① 田麦久，等. 运动训练学［M］. 北京：人民体育出版社，2000：52.

② 王德志. 对我国乒乓球男双选手马龙、许昕的技战术分析［J］. 科技信息. 2010（9）：153.

③ 霍睿. 羽毛球"大满贯"运动员林丹的技术特点解析［J］. 科技资讯，2012（3）：235.

美国队,在决赛关键时刻,主教练袁伟民两次换侯玉珠发球,直接得分,提振了士气,进而顶住压力,以3:0反败为胜,夺得冠军。

2004年雅典奥运会,中国女排在对俄罗斯的决赛中,先输两局,危难之时,主教练陈忠和换上了张越红扭转局势,最终以3:2反败为胜。

2016年里约奥运会,中国队小组赛中输给了荷兰、塞尔维亚、美国,形势严峻。在对巴西队的比赛中,首局中国队大比分落败,第二局开始主教练郎平果断换上刘晓彤,对手也不了解她。只见刘晓彤扣杀,进攻,拦网连连得手,瞬间激发了士气,双方比分交替上升,中国队死咬不放,以25:23扳回关键一局。后面三局刘晓彤均为首发,她进攻19次得9分,中国队以两分优势险胜巴西,刘晓彤的出色发挥,为中国队获胜起到了不可低估的作用 ①。

五、体能主导类耐力性项目技术战术特征

体能主导类耐力性项目主要有:中长超长距离的走、跑、滑雪、游泳、滑冰、自行车和划船。我国在以下项目获得过奥运会金牌:赛艇、皮划艇、帆船、游泳、短道速滑、田径。具体有:女子200m蝶泳、混合泳;男子1500m自由泳;5000m、10000m跑和20km竞走;皮划艇、赛艇和帆船;短道速滑1000m和3000m接力等。

上述项目技术结构具有周期性特点,技术的完善、经济性、实效性和动作节奏感对取得优异成绩有重要作用。上述项目比赛战术分为创纪录战术和夺取冠军战术,同道竞速战术和分道竞速战术,领先者战术和跟随者战术等②。

(一) 游泳

1. 庄泳的技术战术

在1992年第25届奥运会上,中国游泳女将庄泳实力不如美国汤普森。汤普森当年3月创女子100米自由游泳54″48的世界纪录,而庄泳最好成绩为55″12。在这种情况下,庄泳与教练周明研究,决定用骄兵之计。他们预计汤普森将因成绩超人而在决赛时被排在第四或第五泳道,便决意避开有利于出成绩的第四至六道,选靠边的泳道,这就要求预赛成绩不可太好,却也不能太差。太差了就不能以55″78进入决赛,排第二泳道。汤普森预赛以54秒69轻取首位,被排入中间最佳泳道。由于预赛中只有她过了55秒大关,自以为

---

① 何慧闲. 巅峰对决——袁伟民郎平里约之后话女排 [N]. 中国体育报,2017 - 02 - 17 (6).

② 田麦久,等. 运动训练学 [M]. 北京:人民体育出版社,2000:60.

冠军非她莫属。决赛时自满松懈，仅游了54″80，而通常运动员决赛成绩应好于预赛，汤普森中了骄兵之计。庄泳在第二泳道比赛中几乎进入忘我的境界，想的只是拼命向前游。当庄泳到达终点撞池后，从水面抬头向计时钟仰望时，先为之一怔，继而兴奋地连连挥动手臂，以54″64夺冠，为中国夺得了第一枚奥运会游泳金牌。

2. 孙杨的技术

孙杨的自由泳技术特点是：水感好，划幅大，划频较快，划水效果显著。[①]

3. 叶诗文的技战术

出发15m和最后5m冲刺是叶诗文的优势技术环节，仰泳转身及仰泳转蛙泳转身技术的改进是其提高成绩的突破口，出发反应时慢和划频慢是其技术弱点[②]。

（二）皮划艇

划艇、皮艇分两大类：速度赛和急流回转赛。速度赛在静水域进行，而急流回转赛在动水域进行。

孟关良、杨文军（2004年、2008年男子双人划艇500米冠军）技战术特点是：二人技术动作的同步性较强，桨在水中支撑的效果较好，孟抓水效果好于杨、杨拉桨后程有爆发用力特点，如缩短回桨时间则可提高桨频。孟关良、杨文军动作一致性较高，在入水点和出水点上没有特别明显的前后顺序[③]。

（三）短道速滑

王濛的技战术特点是：持续无氧能力强，在保持速度和持续加速方面具备突出的能力，如果仅靠最后3圈爆发"后发制人"是很难完成超越的[④]。

六、技能主导类格斗对抗性项目技术战术特征

技能主导类格斗对抗性项目主要有：柔道、拳击、摔跤、跆拳道、击剑等，我国在上述五个项目获得过金牌。

---

① 王琳. 孙杨与中外优秀1500米自由泳选手分段技术指标的对比研究［D］. 上海师范大学硕士论文，2012.

② 高捷，袁绍婷，陶旼. 叶诗文400m混合泳个性化运动学技术特征的研究［A］. 中国体育科学学会. 2015第十届全国体育科学大会论文摘要汇编（一）.

③ 梁海丹. 中国优秀静水划艇运动员划桨技术的运动学分析［D］. 浙江师范大学硕士论文，2006.

④ 王超，潘慧炬. 我国优秀短道速滑运动员王濛2012—2013赛季世界杯赛1000m项目技术分析［J］. 运动，2013（19）：4－5.

上述项目的竞技特点是按体重分级比赛、一对一竞技，以绝对胜利或者得分取胜。技能和战术能力是其竞技能力的主导因素。上述项目技术分类包括进攻、防守和反攻三部分，具有主动性、实用性、连续性、重点性和全面性等特点。其战术特征主要采用因人而异、真假结合、先发制人、引诱和借力、消耗战和游击战，以及反边线战术等①。

（一）跆拳道

陈中是 2000 年、2004 年奥运会冠军女子跆拳道冠军，身高 183 厘米，体重 70 千克。

陈中是大级别选手，身高腿长，技术全面娴熟；战术思维灵活多变，善于出奇制胜。在 2000 年奥运会比赛中，陈中以破坏对方进攻为目的的总出腿次数高达 176 次；在 2004 年奥运会比赛中，陈中总出腿次数为 122 次，防守型干扰出腿比例降低。陈中在进攻和反击战术中主要运用步伐移动和出腿技术来调动对手，为自己创造战胜对手的时机。②

（二）击剑

1. 仲满的技术特征

仲满是 2008 年奥运会男子佩剑个人冠军，进攻、防守和防反进攻技战术能力突出。其首要得分手段是直接进攻，主要得分部位是对手的头、躯干外侧；防守主要依靠第三防守技术；反攻技术较差，反攻手段较单一，导致头部和躯干外侧失分。

2. 雷声的技术特点

雷声是 2012 年奥运会男子花剑个人冠军，技术全面，节奏感好，控制剑的能力强，进攻为主，命中率高，下移动快，上交锋能力强。防守时利用脚下的积极移动控制距离，反攻时利用侧身和对抗反攻得分。抢攻是雷声技术的重要组成部分。雷声属于准、先、快的技术风格③。

（三）拳击

邹市明是 2008 年奥运会 48 千克级、2012 年奥运会 49 千克级拳击冠军。其技术特点是技术全面，进攻和防守速度快，步法灵活，擅长寻找时机以及运用组合拳。其战术特点是巧字当头，扬长避短（与同级别选手相比，力量不占优

① 田麦久，等. 运动训练学 [M]. 北京：人民体育出版社，2000：50.
② 张会景. 对优秀跆拳道选手陈中 2000—2004 年奥运会技、战术特征研究 [D]. 北京体育大学硕士论文，2006.
③ 怀宁宁. 中国男子花剑个体化技术风格的研究 [D]. 北京体育大学硕士论文，2012.

势），灵活运用反应速度、动作速度和移动速度快的优点，跟对手进行周旋，寻机取胜[1]。

（四）摔跤

王旭是 2004 年奥运会女子 72 千克级冠军，技术全面，动作变化大而准确，绝招突出。抱腿和滚桥是王旭的主要得分技术。以抱腿为例，王旭除了善于抱单腿和双腿外，还善于使用抱小腿和左右抱单腿等配合动作，制胜能力强[2]。

第七节　中国奥运会冠军的心理能力、智能能力训练及其特征

心理能力和智能能力也是运动员竞技能力的决定因素，研究中国奥运会冠军的心理能力和智能能力及其训练特征，对于揭示奥运会冠军的竞技能力及其相关规律有重要意义。

一、中国奥运会冠军的心理能力训练及其特征

奥运会冠军的心理能力是指奥运会冠军与训练竞赛有关的个性心理特征，以及依竞赛需要把握和调整心理过程的能力[3]。

中国奥运会冠军的心理能力训练有以下特点：研究运动员的心理类型，分别进行心理疏导，根据运动项目的不同特点，因人而异地采用多种方法强化心理训练，提高心理能力。

（一）中国女子排球队

在 1984 年、2004 年、2016 年奥运会上荣获金牌的中国女排，不仅在身体形态、身体机能、运动素质、技术、战术、心理、智力诸方面达到或者接近了当时世界强队的先进水平，而且心理能力突出，成为夺取优胜的重要因素之一。

1984 年奥运会前，中国女排在心理能力的提高方面经历了这样一件事。1983 年亚洲锦标赛上中国女排 0：3 输给了日本队，1984 年初日本邀请中国队访日，袁伟民教练考虑亚锦赛输球后的士气问题没有答应；中国队邀请日本队

① 洪优．拳击选手邹市明伦敦奥运再夺冠的技、战术分析［D］．上海体育学院硕士论文，2011.

② 王旭．王旭的技术特点及备战雅典奥运会的周期训练安排［D］．北京体育大学硕士论文，2009.

③ 田麦久，等．运动训练学［M］．北京：人民体育出版社，2000：295.

来访，对方也未能前来。袁伟民想，不能让队员们带着"?"去参加奥运会比赛。机会来了，苏联组织了中、日、美、苏四国女排邀请赛，日本队尽遣主力，拟再胜中国队一场。但中国队以0：3回敬了日本，提振了士气。到彼得格勒再赛，又是中日女排争夺冠军。袁伟民分析，中国队已夺回心理优势，了解了对手底细，决定不上主力队员。日本队则全部主力上场，电视台再次向日本国内转播。比赛哨响，双方队员一站位，对方看见中国队阵容都愣住了，教练想换人已来不及。由于对方思想不集中，而中国队准备充分，在第二局、第四局关键比分时又换上郎平重扣得分，中国队非主力阵容以3：1再胜日本队，坚定了在即将到来的奥运会战胜一切对手的信心。①

在2016年里约奥运会上，中国队在小组赛中先后输给了荷兰、塞尔维亚、美国，心理压力很大，前景不容乐观。在对东道主巴西队的比赛中，首局中国队以15：25大比分落败，第二局开始形势依然严峻，此时，主教练郎平果断换上刘晓彤。刘晓彤过去没有和巴西队交过手，对手不了解她，她对巴西队也没有心理压力和畏惧感。只见刘晓彤奋勇扣杀，进攻，拦网连连得手，瞬间激发了场上士气，双方比分交替上升，中国队死咬不放，以25：23扳回关键一局。后面三局刘晓彤均为首发，她进攻19次得9分，中国队以两分优势险胜巴西，刘晓彤不惧对手的心理优势和出色发挥，为中国队获胜起到了不可低估的作用。中国队和巴西队8年来19次交锋，18次败北，这次取得了历史性胜利。此后，中国女排在半决赛战胜荷兰，决赛战胜塞尔维亚，逆转比赛结果，创造了世界排球运动的奇迹②。

（二）中国射击队

在奥运会上已荣获26枚金牌的中国射击队，非常重视心理能力提高，每逢奥运会等重大比赛，都专门聘请心理专家对运动员进行心理训练，提高心理能力。1992年第25届奥运会前，张山在日记中写道："赛前要把握四点：第一，不怕失败比敢于成功还重要；第二，根据多年比赛经验，必须全身心投入；第三，坚持好比赛程序；第四，希望在奥运会上带着最少的遗憾回来。"当张山以225靶223中战胜50多位男选手，勇夺金牌后，她回顾道："赛前普遍认为，能进入前6名就不错了，自己预料也差不多。应当说，实力毫不逊色，输赢在心理。"

---

① 李意群，谢亚龙. 体育博弈论［M］. 北京：北京体育大学出版社，2002：252 – 253.

② 何慧闲. 巅峰对决——袁伟民郎平里约之后话女排［N］. 中国体育报2017 – 2 – 17（6）.

王义夫的教练张恒也很重视心理训练，王义夫在比赛时曾经说过："我现在的对手就是自己。到了金牌该你去拿，该你去争时，我的对手就是自己和自己较量。"由于心理能力提高，使王义夫能够在 1992 年奥运会击发最后一颗子弹前，仍然落后对手 0.1 环的情况下，毫不手软，沉着应战，以 0.6 环的优势超越对手，勇夺金牌①。

（三）中国举重队

1984—2021 年，中国举重队已荣获 38 枚奥运会金牌。在奥运会比赛中中国队员展示了突出的心理能力。

唐灵生在 1996 年奥运会赛前一年内总成绩提高了 10 千克，在与希腊选手争夺冠军的过程中，奋力挺举起 170 千克成功，但裁判员未及时发出放下杠铃信号的情况下，将杠铃支撑了足有 5 秒钟。以创总成绩世界纪录的水平夺得金牌。

占旭刚在 2000 年奥运会抓举不利的情况下，成功地挺举起 207.5 千克，蝉联奥运会冠军。

2008 年北京奥运会 85 千克级运动员陆永第二次试举 214 千克，在裁判员判成功，但仲裁改判失败的困难情况下，在第三次试举中再次挺举起 214 千克，夺得宝贵的金牌。

2016 年奥运会，56 千克级的龙清泉，面对朝鲜的强劲对手，顶住压力，以超强实力创世界纪录，时隔 8 年后，再次荣获奥运会冠军。

二、中国奥运会冠军的智能能力训练及其特征

运动智能能力是指运动员在训练和比赛中为夺取优胜采取的计谋和行动。中国奥运会冠军的智能能力是指奥运会冠军在一般智能的基础上，运用多学科知识，参加训练和竞赛的能力。

中国奥运会冠军的智能能力训练及其特征可以总结为：重视智能的重要作用，注重一般智能水平的提高和一般智能能力训练，通过提高文化知识、专业理论水平、运用专业知识的能力和智能训练来提高运动员的运动智能能力。

通过查阅有关资料和面谈调查，我们发现中国奥运会冠军的智能能力大大超越常人。仅从奥运会冠军的受教育程度分析，中国 251 位奥运会冠军夺冠前大学学历者占总人数的 77.7%，获得奥运会冠军后学历均有大幅度提高，通过

---

① 周西宽，等. 教练员学 [M]. 成都：四川教育出版社，1993：222 – 223.

学习全部达到了大学或大学以上学历：其中硕士研究生占 15.1%，博士研究生占 2.8%（参见 243 页表 5－4 中国奥运会冠军夺冠前后受教育程度统计）。原有智商水平和文化素质的提高，对奥运会冠军智能能力的提高和奥运会夺冠有极为重要的作用。

第八节　中国奥运会冠军的训练创新

人类社会的进步需要创新，竞技运动成绩的提高也需要创新，训练创新是竞技运动水平得以提升的重要动因。中国奥运会冠军之所以能展示出优于他人的运动成绩，与其训练创新密不可分。创新是一种创造性活动，是在特定的领域内并在一定的物质技术基础上所进行的发明或改进。运动训练创新则是指在训练理论和技术实践的基础上，创新主体在运动训练领域中对创新客体所进行的发明或改造，并实现一定社会价值的创造性实践活动①。

一、训练实践的需求与训练理论的创新

理论是指导实践活动的重要依据，对于奥运会冠军的培养，需要科学的理论基础作为指导，并由经验化训练转向科学化训练，才能不断地突破人类的极限，向着优异运动成绩发展。而关于训练理论，在 20 世纪 80 年代以前，中国还未形成系统的运动训练理论体系，主要依靠借鉴苏联和日本训练经验，并以此作为培养竞技体育人才的主要依据，无论是引进马特维耶夫的周期训练理论，或是翻译关于运动训练与巴甫洛夫学说、神经系统、骨骼系统，生理、生化机能等一系列反映运动训练机理的论著等，均体现出中国对于竞技体育人才的培养从对认识运动训练规律开始，走向科学训练的道路②。

在此基础上随着训练实践的不断深入，20 世纪 80 年代起，为全面科学培养奥运会冠军，我国运动训练理论体系逐步形成，成为指导科学训练的重要依据，从 1984 年洛杉矶奥运会开始，中国竞技体育水平逐渐达到世界领先行列，这些成绩的取得，离不开体育科技服务的支持，与运动训练理论的支撑也存在必然的联系。然而随着训练实践的不断深入，世界竞技体育水平的不断提高，对现有训练理论提出了更高的要求，因而训练理论的创新需求不断扩大，由此而产

①　王璟，夏培玲．试论运动训练创新［J］．成都体育学院学报，2000，26（2）：73－76.

②　李瑞英．中国运动训练学的范式及其演进［D］．北京体育大学硕士论文，2008.

生的"一元与二元训练理论"之争、"周期与板块训练"之争、"专项化、个性化训练思想""体能训练"等，中国奥运会冠军培养中训练理论创新最突出地体现为与实践活动密切联系。

实践问题是科学研究的起点，推动训练革新的原因理论联系实际的训练思路①，中国奥运会冠军的培养过程，与不断探索实践活动中的问题，结合训练理论进行创新发展密不可分。

如"项群训练理论"的提出，就在于实现原有的一般训练学与专项训练学两个理论层次的对接，加强了训练理论与实践的联系②，使得同一项群运动项目之间从科学选材、项目特征、制胜规律、训练内容、竞技能力研究、训练方法及参赛特点等多方面得以互相借鉴，极大地推动了同一项群运动项目训练水平和运动成绩的快速提高，中国首位蹦床奥运会冠军何雯娜的成功即与此相关，立足于项群训练理论，蹦床项目借鉴了中国优势竞技项目体操的训练理论，实现了奥运会金牌的突破。

又如"一元训练理论"的发展，其强调体能训练与技术训练的一元化，认为训练进步的基本原理是"体力波"的"涌现"，相应于"体力波涌现"规律而组织的"训练小周期"是训练安排的基本骨架，运动员从开始运动实践直至退役，形成"运动训练全周期"③。"早期专项化"训练有其一定的现实意义，对我国举重、体操、跳水等项目培养奥运会冠军，做出了积极贡献④。

再如各专项制胜因素、制胜规律的研究，多年来持续不断，或革新现有制胜因素、规律，或引进新的制胜因素，均使训练理论更加贴近于实践活动。李永波在《对羽毛球传统训练模式的反思及创新训练思考》中，对羽毛球项目的制胜因素进行了探索，提出实战性既是创新的标准也是创新的目的。总结了中国羽毛球队从"零"起步实现辉煌，主要得益于"快为核心"的思想观念，指出狠、准、活分别代表着"体能、技术、战术"，强调以"快"为统一点，"活"对"狠、准"起支配作用⑤。

总体而言，随着现代竞技体育赛事的激烈程度和数量不断提升，传统的训

①　茅鹏. 运动训练新思路［M］. 北京：人民体育出版社，1994.

②　田麦久. 运动训练学［M］. 北京人民体育出版社，2000.

③　茅鹏，严政，程志理. 备战北京奥运会不可无视的经验教训［J］. 体育与科学，2004，25（9）：1 - 7.

④　茅鹏. 一元理论与训练实践［J］. 体育与科学，2003，24（9）：1 - 4.

⑤　李永波. 对羽毛球传统训练模式及创新训练的思考［J］. 中国体育教练员，2011（3）：8 - 9.

练理论已难以适应快速发展的竞技实践的需要，因此大周期训练理论、超量恢复理论受到挑战，竞技运动训练面临大量的新情况新问题。如击剑、拳击、跆拳道、短道速滑和田径男子 110 米栏等项目在近几届奥运会上取得突破，关键就是不断认识项目规律，敢于突破传统，创新训练理论①。

二、现代科技导向下的训练方法创新

训练方法的有效运用是关乎训练效果的重要因素，中国奥运会冠军培养过程中，关于训练方法的使用、调整与创新从未间断，可以说，中国竞技体育水平的提升与训练方法的创新步伐紧密相连。

我国学者徐本力从运动成绩的增长趋势，将训练方法划分成了四个阶段：自然发展阶段，即最简单、原始的一些身体练习方法；现代训练的萌芽阶段，即引入训练科学理论进行有效训练；大运动量训练阶段，即从人体极限上探索训练的高效性；综合训练阶段，即从训练方法的单一化走向综合化②。从徐本力对训练方法发展的阶段划分上来看，其发展创新均是在不同学科、技术发展引导下进行的，简言之，一项新的训练方法出现，必然需要相应的科学技术支持，因而，可以说，现代训练方法的创新步伐是在现代科技导向下进行的，而每一次训练方法的创新，均或多或少地促进了运动成绩的提高。中国奥运会冠军的培养过程中，不少教练员通过训练方法的创新，实现了运动员原有成绩的突破。

"走在世界难度表的前面"是中国跳水队的获胜秘诀，也是中国跳水队训练创新的重要目标。传统跳水训练是"以水练水"，而中国跳水队则采取了"以陆带水，陆上先行"训练方法，走出了"难度技术与身体素质交互发展"的训练新路。③

中国举重队在实践中先后进行了以下创新：训练方法创新，"一天两次训练"，"小周期、快节奏、多课次、高强度、针对性、全方位、大运动量系统训练"；技术创新，对运动员技术优化分析和调控纠偏，用下蹲式取代箭步式提铃至胸，用下蹲式上挺创新分腿上挺；早期选材，重视血睾酮水平检测；抓比赛成功率，重视营养（"一饮三餐一补"）恢复措施和医务监督④。

中国体操队总教练黄玉斌等在备战 2008 年北京奥运会期间，通过总结中国

① 肖天. 论竞技体育创新的思想基础 [J]. 南京体育学院学报，2011，25（4）：1-4.
② 徐本力. 运动训练学 [M]. 山东：山东教育出版社，1990：298.
③ 李意群，谢亚龙. 体育博弈论 [M]. 北京：北京体育大学出版社，2002：219-220.
④ 杨棠勋，杨世勇. 建国七十年来中国举重运动的发展历程与时代价值 [J]. 四川体育科学，2019，38（2）：1-4.

体操队 2004 年奥运会失利原因，面对北京奥运会周期规则的变化，大胆创新训练方法。中国男子体操队明确提出了"常年成套""一天多套"的训练理念，并且实施体能和技术相结合的训练方法。

中国赛艇队更新训练规律和大胆进行实践创新，探索性实践年度 5 个连续 8 ~ 10 周板块训练安排的新模式，冬训期 8 ~ 10 周能力主导型高原训练模式，"夏训北练"新探索高原训练法①。

中国柔道队巴塞罗那奥运会周期前创新了一系列新技术、新战术，刚开始实战效果并不理想。但中国柔道队坚持"以新制胜，以奇制胜"的创新思路，在 1992 年的奥运会比赛中，庄晓岩以一个带假动作的创新技术战胜多位强劲对手，荣获冠军②。

中国优势竞技项目乒乓球在训练创新上更是显著的代表。据刘建和、邱钟惠等的统计，1902—1970 年在世界乒乓球的 13 项发明中，中国 7 项占 53.8%；1926—1989 年在世界乒乓球技术的 23 项创新中，中国 14 项占 61%③。徐寅生曾经在《创新才有生命力》一文中明确指出："乒乓球运动发展 100 年来，有近三分之一的新技术是中国人发明的，我国男子乒乓球项目在 20 世纪 90 年代跌入低谷，其中一个重要原因就是技术训练方法创新不够。"④ 由此可见，训练方法创新在培养中国奥运会冠军中的重要作用。

纵观这些训练方法创新，其均是在一定的训练理论下所进行，而现代训练理论最突出的特点在于与现代科技相结合，如"高住低训法""高强度间歇训练""赛前加量训练"等的提出，均是基于一定的运动员生理生化指标变化。只有提供了相应的训练监控，运动员的身心情况才能第一时间掌控，才能辨别出训练效果的差异，才能实现训练方法的创新。假设中国赛艇队在探索"夏训北练"的过程中，不能得到即时的训练监控，则其训练方法创新过程中也存在风险。因而，我国在培养奥运会冠军的过程中，坚持不懈地进行训练方法创新，同时也依赖着现代科技的重要保障。

在训练创新方面，体能训练方法的创新体现得尤为突出。传统体能训练方法强调对身体大肌群能力的提高，中国重返国际奥运大家庭后，中外体育交流

---

① 张蓓，曹景伟. 中国赛艇项目训练创新认识与实践过程分析［J］. 天津体育学院学报，2010（5）：459 - 460.

② 李意群，谢亚龙. 体育博弈论［M］. 北京：北京体育大学出版社，2002：231.

③ 谢亚龙，王汝英. 中国优势竞技项目制胜规律［M］. 北京：人民体育出版社，1992：113.

④ 徐寅生. 创新才有生命力［N］. 中国体育报，1992 - 3 - 31.

机会逐渐增多，但也主要是以乒乓球、羽毛球、体操、射击、跳水等符合东方人灵巧特点的技能主导类项目①，所采用的体能训练方法也以传统方式为主。我国运动员体能训练不足的问题首先是在三大球项目中暴露出来的，之后才逐步引起国内学者的关注。而后，国家体育总局引入美国体能训练体系，建立了AP训练营，实现了体能训练方法的创新，将体能训练的外延向左翼延伸至运动损伤的预防与康复，向右翼延伸至专项技战术发展，诸如"核心训练""功能训练""能量代谢训练""板块训练""再生恢复训练"等一系列创新体能训练方法在中国培养奥运会冠军的过程中层出不穷。袁守龙在总结中国女排在2016年里约奥运会夺冠经验中，就明确指出："体能优先，科技保障"是女排奥运夺冠的成功经验之一。

第九节 中国奥运会冠军的教练团队特征

影响一个国家竞技运动水平的因素是多方面的，但教练员水平的高低，是其中一个重要因素。一个国家能培养出多少奥运会冠军，首先在于他们能够拥有多少个具有世界水平的教练员。

教练员是整个运动训练系统中运动员选材，训练计划制定与实施，参赛计划实施和竞赛过程参与的具体领导者、实施者。教练员的科学训练水平和执教能力直接决定运动员的竞技水平，奥运会冠军的成功很大程度上取决于高水平教练员及其团队的执教能力和科学训练水平。

一、教练员团队分类

卓越的选材能力、训练水平、专项技术操作能力、管理能力、专业理论水平、创新能力、临场指挥能力、协调能力、团队意识、事业心与敬业精神等，是优秀教练员的基本素质，也是我国奥运会冠军教练员的共同特征。

（一）复合型教练员团队

随着竞技水平提高和科学技术的进步，为提高训练效率和获得最佳训练效果，借助科学研究对训练实施科学指导，复合型团队教练取代个体执教已经成为体育发达国家的共识。我国运动员在奥运会取得的成就，很大程度上取决于

---

① 侯向锋，马凯. 我国竞技体育体能训练创新的对策研究［J］. 成都体育学院学报，2009（3）：63－65.

教练员团队的构建。时任国家体育总局副局长段世杰 2005 年指出，构建复合型国家队教练团队是我国竞技体育整体水平不断提高的必由之路。

以中国举重队为例，复合型教练员团队包括主教练、助理教练、体能教练、科研教练、运动生物力学专家、运动营养专家、运动生理生化专家和运动医学专家等相关人员。整个系统训练和参赛过程由主教练（或总教练）负责主导，其他管理工作由队委会（包括教练、领队等相关人员）共同研究决定。从 20 世纪 90 年代末开始，中国优势项目运动队就开始由单一的教练员负责制逐渐向复合型教练员团队发展。

复合型教练员团队具有"知识载体多元化""科训结合综合化""组织管理系统化"的特征。复合型教练员团队的构建有利于弥补教练员个体执教存在的知识局限，信息不灵，决策武断等不足，有利于科学训练。

中国国家队复合型教练员团队和科技服务经历了"训练主体"和"训练科研主导"的阶段演化，服务主体扩展，创新主体多元，实现了由"训练主体直接研发"向"有组织的系统博弈"的过渡①。

中国跳水队复合型教练团队的科技服务先后经过了初建（1997—2000 年）、发展（2001—2004 年）和完善阶段（2005 年至今）。形成了教练员主导，多学科专家协同参与攻关，全程科技服务保障的格局（例如，技术图像快速反馈系统的研制与完善）②。为中国跳水队在奥运会上取得佳绩提供了保障。

2014 年郎平任中国女排主教练后，构建了由多学科人员组成的复合型教练团队：包括助理教练，体能训练师（拉尔森，美国），康复师（丹尼尔，美国），康复医生（卫雍绩、王凯，Sherwin S. W 美国），科研人员（葛春林），数据分析专家（袁灵犀）等。

2016 年里约奥运会中国女排夺冠，体能训练是优先保障，充分体现了复合型教练团队的优势，郎平教练带领女排教练团队在 2014—2016 年做了以下工作：

第一，用一年半时间认真研究规则，研究对手，调整创新训练路径，以制胜对手。

第二，教练员明确各阶段目标任务，及时调整训练目标方向；

第三，在运动员全面训练的基础上减少漏洞，发挥个性；注重运动员视觉、

---

① 韩开成. 优秀运动队复合型教练团队管理模式及其运行机制［J］. 首都体育学院学报，2011，23（5）：446–449.

② 赵阳. 中国国家运动队科研团队运行机制研究［D］. 山西大学博士论文，2012.

听觉训练；

第四，强化重点运动员的专门性训练；

第五，聘任体能教练，平衡发展运动员竞技能力，防止并减少膝关节损伤，注重发展后群肌力量、核心区力量。

通过以上分工合作，紧密沟通，科学训练，为2016年奥运会夺冠提供了必要的保障（袁守龙，2016）。

（二）创新型教练员团队

竞技运动的发展历史就是一部创新的历史，"有创新则兴，无创新则衰"。运动训练全过程包括：选材，训练，训练目标及目标模型，训练计划，有效地组织与控制训练活动，竞赛，训练管理，防治伤病，营养和恢复措施等。而这一切都构成了训练科学化和训练创新的基本内容。

中国乒乓球队、中国女子排球队、中国跳水队、中国举重队、中国射击队、中国羽毛球队、中国短道速滑队等优势项目运动队和部分潜优势项目运动队就是创新型教练员团队的突出代表，并具有以下一些共同特征：

1. 善于科学选材（准确的选材是造就奥运会冠军的先决条件）；

2. 能根据专项需要和运动员个人特点因人而异进行针对性的体能、技术、战术、心理和智能训练，能组合多种训练方法以达到训练目的，训练中善于扬长避短，克服不足（例如，中国皮划艇队教练群体对有氧能力的认识和训练对相关项目的训练有一定启发。）。

3. 善于技术创新（如乒乓球项目的100多项技术创新，中国队约占51%；中国女排、中国跳水队、中国体操队的技术创新等）；

4. 注重战术训练（如两届奥运会拳击冠军邹市明的比赛战术；中国女排在1984年、2016年奥运会女排决赛紧张关头的战术调整）；

5. 了解心理诊断与心理训练，重视提高运动员心理素质（如射击奥运会冠军张山、王义夫、陶璐娜的赛前心理调控与比赛心理准备）；

6. 善于培养竞技状态（如中国女子排球队、中国乒乓球队、中国跳水队、中国举重队）；

7. 学习掌握研究技术规则并能合理运用；

8. 注意项目、技术所特有的形态要求并能用生物力学加以解释（例如，孙海平教练在提高刘翔爆发力训练以及对跨栏项目的认识上都有独到之处），注重运动员的营养恢复与科学管理；

9. 了解和研究运动员的伤病防治，并能在运动员伤病的情况下因人而异指导训练和参赛，充分发挥训练水平（例如，张宁在膝伤严重的情况下，2008年蝉联奥运会女子羽毛球单打冠军）；

10. 了解大运动量负荷下的营养保护和恢复措施，防止和坚决反对兴奋剂；

11. 有一定的科研和较强的训练创新能力；

12. 能够解决和努力克服训练中的疑难现象，如埃蒙斯现象、克拉克现象，相克现象（如心理相克，技术相克，打法相克、战术相克，身体相克，循环相克）等。

13. 重视学习交流和培训，能用英语等外国语言进行沟通，了解所在项目的国内外发展趋势和该项目体育发达国家的成功经验。

观念是创新的核心，观念转变对训练创新有重要作用。传统的训练中部分教练员存在信息反馈渠道单一，重训练，轻理论学习与探索，训练研究成果共享少，低水平重复研究较多的现象。对训练、竞赛经验的总结也多停留在现象上，涉及本质少，经验难以广泛推广。

创新性教练团队的人员构成与复合型教练员团队的人员构成并无太大的差异，实际上是有融合，有交叉。其主要特征是善于学习，重视训练创新，教练员之间的相互学习交流沟通多，获取信息渠道多，有利于更多的教练员认识和掌握竞技运动规律，激发创新活力，促进竞技运动水平提高。

复合型、创新性教练员团队的构建是竞技运动发展规律的体现和竞技水平不断提高的客观要求，也是科学训练的必由之路。加强复合型、创新性教练员团队的建设，促进运动训练科学化，是奥运会冠军培养的必然要求。

二、教练员的共性特点

总结我国一大批奥运会冠军教练员如袁伟民、邓若曾、陈忠和、郎平（女子排球），张燮林、蔡振华、刘国梁、施之皓、秦志戬、孔令辉（乒乓球），李永波、田秉毅、钟波、陈兴东、夏煊泽、陈金、张军（羽毛球），张健、高健、黄玉斌、白远韶、熊景斌、张霞（体操），徐益明、钟少珍、周继红、于芬、刘恒林、胡恩勇、任少芬（跳水），张亚东、朱志根（游泳），王魁、马俊仁、毛德镇、孙海平（田径），张恒、许海峰、王义夫（射击），黄强辉、赵庆奎、陈冠湖、杨汉雄、陈文斌、王国新、于杰、贺益成、周继红、李顺柱、胡常临、谢勇、张国政（举重），陈立人（跆拳道），张传良（拳击），傅国义（柔道）、李琰（短道速滑）等的成功经验，我们发现这些教练员在素质特征方面既有共性，也有个性，而以下这些共性正是中国奥运会冠军教练员的基本素质特征。

（一）目标远大，追求卓越

目标远大，追求卓越是我国奥运会冠军教练具有的共同特征。没有坚定的信念和远大理想，没有勇攀世界体育高峰，追求卓越的竞技运动水平的精神力量，要培养奥运会冠军是不可能的。

（二）重视学习，知识面广，善于创新

袁伟民、黄强辉、徐益明、郎平、孙海平、蔡振华、刘国梁、李琰等一大批奥运会冠军教练都是勤于学习，善于钻研，知识面广的典范。他（她）们基本上都接受了大学本科教育，部分有研究生学历，少数有博士学位。不仅有比较合理的一般和专业知识结构，而且有良好的专业技能（如选材，制订计划、实施训练、教育管理运动员、获得社会支持、掌握体育情报、运用制胜规律、提升竞技水平等多方面能力）；既能用外文（主要是英文）阅读原版专业学术刊物，还能进行口头外语交流。

创新是竞技运动的生命力和灵魂。20 世纪 80 年代中国女排袁伟民提出的"快打""背飞"等技战术；中国体操队张健、高健、杨明明等创新的"李宁交叉""李宁回环""楼云空翻""楼云吊环""李小双十字""李小鹏跳""李小鹏挂"；20 世纪 90 年代中国田径队马俊仁采用的有氧训练和无氧训练结合，用长距离练耐力，促进短距离的耐力水平；用短距离速度和技术，促进长距离提高成绩，长短互相补充的训练方法；21 世纪初孙海平创新的"缩短 110 米栏栏间距""高效率全面训练"等都是教练员创新的最好诠释 ①。

（三）不惧困难，顽强果断，情商高，有威望

1984 年奥运会女排决赛、2016 年奥运会女排决赛，中国女排都是在不被外界看好，败局已显的困难情况下，教练员袁伟民、郎平沉着冷静，调整战术，女排队员大胆拼搏，最后关头劣转战局，反败为胜，书写了中国体育史的辉煌篇章。

困难面前不退缩，遇到挫折不气馁，不惧困难，愈挫愈勇，敢为人先是中国奥运会冠军教练的特殊素质。袁伟民、蔡振华、刘国梁、李永波、黄玉斌、郎平、徐益明、周继红、孙海平、许海峰、王义夫、杨汉雄、王国新、陈文斌、张传良、李琰等教练面对困难顽强果断，激励运动员勇于拼搏，敢为人先的勇气和霸气，造就了中国女排、乒乓球队、羽毛球队、体操队、跳水队、举重队、射击队、短道速滑队等奥运会冠军光荣群体。

中国奥运会冠军教练群体以严明的纪律、绝对的权威和超越极限的"魔鬼训练"，铸造了中国奥运会冠军"金牌之师"的队伍。他们的威慑力、感召力、

---

① 许登云，乔玉成. 我国 10 位成功教练员素质特征分析［J］. 成都体育学院学报，2010，36（12）：36 - 39.

经验、谋略、气质、胆识、性格、修养、智慧、亲和力、情商、奉献精神等给运动员以无形的影响，让运动员树立起坚定的信念，赢得运动员的广泛尊重。

三、基层教练员的辛勤奉献

我国一大批基层教练员默默耕耘，辛勤奉献，为奥运会冠军的选材和基础阶段训练做出了贡献。例如，成都体育学院体育教育专业毕业的林朝阳，在四川省泸州市体校任教期间，选拔并在基础训练阶段培养了2008年、2012年奥运会男子体操5枚金牌得主邹凯。

福建省南平市少体校举重教练员薛行弼选拔并训练了张国政两年，1988年将其输送至北京体育大学竞技体校，2004年张国政获奥运会举重冠军。薛行弼的儿子薛元挺是厦门市体校教练，他选拔并在基础阶段训练了"三进三出"（三次进福建省队又因为成绩不佳三次被退回厦门市体校）福建省队，2012年获举重男子69千克级奥运会冠军的林清峰。

贵州省遵义市体育运动学校拳击教练员梁峰，1986年于贵州师范学院（现为贵州师范大学）毕业后，来到遵义市体育运动学校任拳击教练员。1995年初，梁峰将练习业余散打一年，但臂长略短（邹市明身高1.62米，两臂长1.60米，不利于拳击），初试未过，身体形态并不利于拳击的邹市明招收到该校训练，并打下了一定的拳击训练基础后，1996年底将其输送到贵州省拳击队，随后进入国家队。2008年、2012年邹市明获奥运会拳击冠军。

浙江省开化县业余体校教练员朱云儿，凭着对举重项目的热爱，多年来学习钻研，严格训练。1984年选拔了年仅10岁，个小偏瘦，体重30千克，能立定跳远2.10米的占旭刚。由于年纪小，比较调皮，担心睡不好，朱云儿干脆安排占旭刚等个别小队员住在自己家中。1987年占旭刚进浙江省队，后进国家队，成为中国首位两届奥运会举重冠军。

此外，培养了两届奥运会举重冠军龙清泉的湖南举重中心教练员胡常临，选拔并在基础阶段培养了奥运会冠军的福建省青少年体育学校的周志琴（她选拔并在基础阶段培养了2016年奥运会女子举重冠军邓薇）、宁波市体育运动学校的李冬瑜（他选拔并在基础阶段培养了2016年奥运会男子举重冠军石智勇），内江市少年儿童体校的魏嘉陵（她选拔并在基础阶段培养了2000年奥运会女子柔道冠军唐琳）等，都是基层和省市教练的杰出代表，为我国奥运会冠军的选拔培养做出了突出贡献。

第十节 中国运动员奥运会参赛的一些经验教训

一、反兴奋剂成效显著，但兴奋剂问题仍有发生

我国一直非常重视竞技运动中的反兴奋剂工作，成效显著，但是仍然有人误服或铤而走险，导致恶劣影响。

1988年加拿大卡尔加里冬季奥运会上，中国速滑运动员王秀丽被查出尿检呈阳性，因而被取消了1500米速滑的铜牌。王秀丽成了中国体育史上第一个因兴奋剂而被取消奥运会成绩的运动员。经过调查，王秀丽服用感冒药中的中成药"花茸维雄"含有违禁药成分。这起事故发生的原因在于我国当时对药品的管理和使用的水平较低。

1992年巴塞罗那奥运会，女排选手巫丹在小组赛中尿检查出"士的宁"违禁，这是一种剧毒的化学物质。国际奥委会经过调查认定，巫丹是为了缓解伤病及女性生理期上的一些问题，而服用了含有"士的宁"的一种中药而中招，因此，巫丹未被禁赛，只是被取消了比赛资格。

2016年2月23日，国际举重联合会公布，国际奥委会对2008年北京奥运会运动员检验样本的重新测试显示，15名运动员药检呈阳性，其中包括3名获金牌的中国女运动员：陈燮霞（48千克级）、刘春红（69千克级）、曹磊（75千克级）（《环球时报》2016年8月24日）。中国举重协会迅速做出了"将对相关责任人依法从严从重给予处罚"的声明。由于中国3名奥运会金牌选手涉兴奋剂，其金牌被取消。国际举重联合会于2017年10月1日—2018年9月30日，对中国男女举重队禁赛一年①。

中国女子游泳运动员陈欣怡2016年8月7日在里约奥运会兴奋剂检查中被查出阳性，100米蝶泳比赛第4名的成绩被取消，并被禁赛两年。

2016年里约奥运会女排冠军成员杨芳旭，2018年8月11日在赛外检查中被中国反兴奋剂中心查出违禁药物外源性促红素，禁赛四年，处罚期限是2018年8月11日至2022年9月11日，同时需要负担20例兴奋剂检测费用。杨芳旭兴奋剂阳性事件是里约奥运会后两年出现的，属于个人行为，对中国女排2016年

---

① 被禁赛一年 中国举重协会声明回应。2017 – 10 – 1 来源：新华社.

的奥运会成绩没有影响，但对中国女排的声誉有不利影响。

二、对竞技状态的培养存在不足，科学训练水平应进一步提高

1984 年 6 月 10 日，朱建华在联邦德国埃伯斯塔特以 2.39 米打破他自己保持的男子跳高世界纪录；但在两个月之后（8 月 11 日）美国洛杉矶举行的第 23 届奥运会上仅以 2.31 米获得铜牌。失利原因主要是对竞技状态的培养和控制存在不足，到赛区太早，对夺冠的困难估计不足，两次比赛之间间隔如此短，很难出现两次竞技状态高峰。

刘翔 2004 年荣获奥运会冠军后，各方面对其不切实际的宣传和期待过高，同时对其重大比赛竞技状态培养也存在不足。2007 年刘翔破世界纪录获世界冠军，2008 年 5 月仍然成绩突出，但 8 月的北京奥运会比赛却以退赛告终。2012 年 6 月 3 日，在国际田联钻石联赛尤金站 110 米栏决赛中以 12 秒 87 的成绩摘得冠军，但是 8 月 7 日下午伦敦奥运会男子 110 米栏预赛中，刘翔却在攻第一个栏时直接打栏摔倒在地，最终单腿跳过终点无缘晋级。说明 2008 年、2012 年奥运会前，刘翔的最佳竞技状态出现较早，防伤治伤存在不足，竞技状态的培养细节把握不够。

三、个别队员细节把握不当，导致金牌旁落

2016 年里约奥运会，中国女子举重 53 千克级选手黎雅君（以下简称黎）抓举 101 千克，超过中国台北队选手许淑静（以下简称许）1 千克，并且黎体重比许轻 0.1 千克，试举顺序的签号也在后，各方面优势突出，天平已经倒向黎。挺举比赛黎只需要跟着许的试举重量试举，甚至低许 1 千克试举均可以稳获冠军。但教练员细节把握不当，指挥失误，导致了不可挽回的遗憾。挺举比赛开把重量许要 123 千克，但因状态不佳改为 112 千克，成功。黎本应也减轻重量开把举 112 千克，却不明智地要了 123 千克试举，裁判员判决试举失败，但教练员居然浑然不觉，按照既定战术继续加重量为 126 千克，最后 2 次试举失败导致无总成绩，成为最大遗憾。而许淑静只挺举了 112 千克就已金牌在握。

四、参赛年龄不符，导致奖牌被取消

2010 年 4 月 29 日，国际奥委会公布了对中国女子体操运动员董芳霄修改年龄一事的调查结果。2000 年奥运会中国体操队董芳霄的年龄并未达到奥运会参赛资格中 16 岁的下限，中国队在悉尼奥运会中的女子团体体操铜牌被收回，改

授予美国队。此外，董芳霄在悉尼获得的女子个人自由体操第 6 和跳马第 7 名的成绩也被取消。

董芳霄在 2008 年北京奥运会上担任技术官员时，她的信息显示她出生于 1986 年 1 月 20 日，而并非她此前在国际体操联合会注册信息中的 1983 年 1 月 20 日。而如果按照董芳霄在北京奥运会时提供的生日信息，当她在 2000 年参加悉尼奥运会时，年龄为 14 岁，违反了 16 岁才能参加奥运会体操比赛的规定①。

五、个别人员选拔不当，导致比赛失误

2012 年由于选拔机制缺陷，没有获得过全国冠军的湖北女子举重选手周俊，被选入中国举重队参加奥运会 53 千克级比赛，分在 B 组，抓举 3 把失利，总成绩为零，引起轩然大波。

此外，乒乓球队和其他个别运动队也曾出现个别人员选拔不当，导致比赛成绩欠佳的情况。

六、信息不准，导致比赛成绩不佳

1988 年汉城奥运会前，中国选手何灼强将世界纪录从 262.5 千克提高到 267.5 千克。对此，有关方面认为何灼强奥运会上可稳操胜券，忽视了对国际信息的准确把握。在奥运会前的欧洲锦标赛上，保加利亚选手马林诺夫以 270 千克获 56 千克级冠军。在奥运会上，马林诺夫减体重参加 52 千克级比赛，以 270 千克夺得金牌。何灼强在强劲的对手面前缺乏足够的心理准备和应变能力，仅以 257.5（112.5 + 145）千克获铜牌②。

2004 年雅典奥运会上，女子 48 千克级夺金重任交给了世界冠军李卓。但没有预料到年仅 21 岁的土耳其选手塔伊兰，以 210 千克的总成绩打破世界纪录并夺得金牌。李卓以 5 千克差距仅获银牌。

此外，金牌之师的中国体操队在 2016 年奥运会上，与金牌无缘。上述失误的主要原因是对国际最新信息的搜集了解不够，盲目自大，对面对的困难和战胜困难没有充分的准备。

---

① 中国体操年龄造假遭处罚，女团奥运铜牌被剥夺 [N]. 宁波日报，2010 - 04 - 30.
② 杨世勇. 中国举重队在第 26 届奥运取得重大突破的多因素探索 [J]. 贵州体育科技，1996（4）：2 - 3.

七、管理工作不到位，导致遗憾

除 1988 年，2008 年奥运会外，中国体育代表团每一届奥运会都要面临时差、环境、饮食、减体重、住宿、语言、技术规则等多方面困难。2016 年奥运会中国举重队教练员对有关困难估计不足。例如，62 千克级总成绩 332 千克的世界纪录保持者，有绝对实力夺取冠军的谌利军因抽筋而退赛，哥伦比亚选手菲格罗斯仅以 318 千克就夺得了金牌。这与教练员对谌利军减体重的监控，管理和体能调控出现失误有关。

第十一节　有关专家对中国奥运会冠军训练特征的评价及其建议

2016 年 3 月—2020 年 12 月，我们采用问卷调查法对奥运会冠军 55 人，奥运会冠军教练员 51 人，有关专家学者和管理人员 83 人（详见第一章第 14 – 23 页表 1 – 3 至表 1 – 7）进行了调研，并获得了以下统计结果（详见表 3 – 49）。

表 3 – 49　问卷调查的奥运会冠军及其教练员和专家人数统计（N = 189）

问卷类型	人数	百分比	总计
奥运会冠军问卷	55 人	29.1%	
奥运会冠军教练问卷	51 人	27.0%	189 人
相关专家问卷	83 人	43.9%	

备注：本研究问卷调查奥运会冠军为 55 人占 29.1%，奥运会冠军教练员为 51 人占 27.0%，专家为 83 人占 43.9%）

一、奥运会冠军调查问卷分析

（一）奥运会冠军在比赛的关键时刻心理过程统计分析（表 3 – 50）

表 3 – 50　奥运冠军在比赛关键时刻心理过程统计（N = 55。可多选）

心理过程	勾选次数	所占比例%
1. 心理紧张	34	61.8%
2. 有自信心	26	47.3%
3. 心理平和冷静	19	34.6%

心理过程	勾选次数	所占比例%
4. 情绪激动	18	32.7%
5. 心理焦虑	12	21.8%
6. 注意力分散	7	12.7%
7. 心理胆怯	6	12.7%
8. 情绪消极	1	1.8%

通过问卷（可多选）调查 55 位奥运会冠军，统计结果如表 3-50。第一，奥运会冠军在比赛的关键时刻，心理紧张比例高达 61.8%；第二，有自信心占 47.3%；第三，心理平和冷静占 34.6%；第四，情绪激动占 32.7%；第五，心理焦虑也是不可忽略的因素为 21.8%。这五种心理过程是奥运会冠军最常出现的。所以，如何把心理紧张，心理焦虑等心理过程逐渐转化为心理适度紧张，有自信心，心里平和冷静，情绪适度激动等对夺取奥运会金牌十分重要。

（二）奥运会冠军在比赛的关键时刻心理过程个案分析

张山（1992 年奥运会射击冠军，四川省陆上运动学校校长）2017 年 7 月在本课题调查问卷中指出：她在比赛的关键时刻心理过程是"充满激情""平和心情"。她在 1992 年奥运会赛前的笔记中写道："一、要全身心投入；二、要带着最少的遗憾回来；三、打一发甩一发，发发从零开始；四、只想比赛过程，不想比赛结果。"由于心理素质优异，在奥运会比赛中她始终沉着冷静，以 223 靶的成绩获得双向飞碟金牌。

张宁（2004 年、2008 年奥运会羽毛球女子单打冠军，中国羽毛球队女单主教练）2018 年 5 月在本课题调查问卷中指出：她在比赛的关键时刻心理过程包括"心理紧张""心理胆怯""情绪激动""充满信心""有必胜信念"五种情况，说明奥运会冠军在大赛中心理活动具有多样性。

龙清泉（2008 年、2016 年奥运会男子举重 56 千克级冠军）2017 年 4 月在本课题调查问卷中指出，他在比赛的关键时刻心理过程是"情绪激动"。

魏秋月（2016 年奥运会女子排球冠军）2018 年 3 月在本课题调查问卷中指出，她在比赛的关键时刻心理过程是"充满信心""有必胜信念"。

杨文军（2004 年、2008 年奥运会男子双人皮划艇冠军）2017 年 6 月在本课题调查问卷中指出，他在比赛的关键时刻心理过程是"心理紧张""情绪激动"。

邹凯（2008 年、2012 年奥运会男子体操 5 枚金牌得主，四川省体操管理中心主任）2018 年 8 月在本课题调查问卷中指出，他在比赛的关键时刻心理过程包括"心理紧张""心理胆怯""心理焦虑""有必胜信念"四种情况，说明奥运会冠军在大赛中的心理活动具有多样性。

（三）奥运会冠军成功经验统计分析

表 3-51　奥运会冠军成功经验统计（N =55。可多选）

成功经验	勾选次数	所占比例%
1. 严格自我管理	55	100%
2. 科学训练	51	92.7%
3. 教练员优秀	51	92.7%
4. 热爱从事项目	49	89.1%
5. 父母及家人的支持	46	83.6%
6. 身体遗传条件好	32	58.2%
7. 奖励丰厚	6	10.9%

通过问卷调查（可多选）55 位奥运会冠军的统计结论发现：奥运会冠军的成功经验包括：第一，严格自我管理（占 100%）；第二，科学训练（92.7%）；第三，教练员优秀（92.7%）；第四，热爱从事项目（89.1%）；第五，父母及家人支持（83.6%）；第六，身体遗传条件好（58.2%）；第七，奖励丰厚（10.9%）等。其中最重要的是：严格自我管理和科学训练。

（四）奥运会冠军个人成功经验个案分析

4 位获得两届奥运会冠军的著名运动员陈中（2000 年、2004 年奥运会女子跆拳道冠军）、张宁（2004 年、2008 年奥运会女子羽毛球冠军）、杨文军（2004 年、2008 年奥运会男子皮划艇冠军）、龙清泉（2008 年、2016 年奥运会男子举重冠军）在本课题调查问卷中得出了相同结论："身体遗传条件好，热爱从事项目，科学训练，严格自我管理，教练员优秀，父母及家人支持，奖励丰厚"是夺取奥运会冠军的成功经验。

朱玲（1984 年奥运会女排冠军，四川省体育局局长）2017 年在本课题调查问卷中指出："身体遗传条件好，热爱从事项目，科学训练，严格自我管理，教练员优秀，父母及家人支持"是夺取奥运会冠军的成功经验。

张山（1992 年奥运会女子射击冠军，四川省陆上运动学校校长）2017 年 7

月在本课题调查问卷中指出："身体遗传条件好，热爱从事项目，科学训练，严格自我管理，教练员优秀，父母及家人支持，具备一定的文化素养，独立的思维能力"是她获得奥运会冠军的成功经验。

杜丽（2004年、2008年奥运会女子射击冠军，中国射击队教练员）2017年8月在本课题调查问卷中指出："身体遗传条件好，科学训练，严格自我管理"是她获得奥运会冠军的成功经验。

邹凯（2008年、2012年奥运会男子体操5枚金牌得主，四川省体操管理中心主任）2018年8月在本课题调查问卷中指出："严格自我管理，教练员优秀，父母及家人支持，热爱从事项目，科学训练"是获得奥运会冠军的成功经验。

2020年8月12日，杨世勇在中国羽毛球四川体育训练基地（成都双流）问卷并访谈了中国羽毛球队总教练，中国羽毛球协会主席，两届奥运会冠军张军，他指出："奥运会冠军的成功是科学选材，因材施教，系统训练，严格管理的结果。注重研究羽毛球项目的制胜规律，强化快速能力训练，牢固树立速度第一的思想，以快为先，以攻为主是夺取羽毛球奥运会冠军的重要经验。"张军指出，"我在体能训练中，长跑不行，有氧耐力水平不高，但是专项耐力好，承担大负荷的能力很强。此外，我最大力量突出，卧推为110千克，深蹲可以达到180千克。由于力量大，很少出现伤病或肌肉拉伤。"

上述奥运会冠军的个人成功经验既有共同点也有一些区别，特别是陈中、张宁、杨文军、龙清泉、张军对成功经验的总结全面实际；而中国女排1984年首次获得奥运会冠军时经济方面的物资奖励极少，所以中国女排奥运会冠军队员朱琳总结成功经验时没有"奖励丰厚"一说；而张山的问卷则单独强调了"具备一定的文化素养，独立的思维能力"；杜丽、邹凯、张军获得奥运会冠军成功经验的总结有个人特点。

二、奥运会冠军教练员调查问卷分析

表3-52是对51位奥运会冠军教练员（具体人员详见第17-19页，表1-6）进行培养奥运会冠军成功经验的调查问卷（可多选）统计。

（一）培养奥运会冠军成功经验统计分析

表 3 - 52 培养奥运会冠军成功经验统计（N = 51。可多选）

成功经验	勾选次数	所占比例%
1. 科学训练	51	100%
2. 举国体制的优势	48	94.1%
3. 科学选材	48	94.1%
4. 领导大力支持	46	90.1%
5. 队员勤奋努力	44	86.3%
6. 自身专业素质	44	86.3%
7. 后勤和医务监督	40	78.4%
8. 科学管理	40	78.4%
9. 高科技应用	27	52.9%
10. 反对兴奋剂	29	56.9%
11. 社会保障	22	43.1%
12. 其他	13	25.5%

通过问卷调查 51 位奥运会冠军教练，他（她）们培养奥运会冠军的成功经验主要集中在八方面：科学训练（100%）、举国体制的优势（94.1%）、科学选材（94.1%）、领导大力支持（90.1%）、队员勤奋努力（86.3%）、自身专业素质（86.3%）、后勤和医务监督（78.4%）、科学管理（78.4%）。其中最重要的还是科学训练，所占比例为 100%。

（二）培养奥运会冠军成功经验个案分析

1. 要全面提高运动员的竞技能力

中国短道速滑队总教练李琰 2016 年 5 月 19 日在成都体育学院接受杨世勇访谈时指出："短道速滑项目对运动员的身体形态、身体机能、运动素质、技术、战术、心理、智力都有全面的要求。在奥运会比赛中，运动员从预赛到决赛要比赛 5 轮，每轮比赛间隙不超过 20 分钟，有时间隙仅有几分钟。在 4 ~ 8 人（或 5 ~ 6 人）的同场竞技中，每秒平均 13 米以上的滑行速度，仅 8 秒钟就要滑行一圈，还不能有任何失误。因此对竞技能力要求极高。"

"中国短道速滑队虽然在奥运会比赛中取得了 12 枚金牌，但是面对的挑战很多，国际上的竞争越来越激烈，对技术规则的研究也极为重要。例如，短道速滑项目本身极限侧倾，高速圆周运动，出发站位对结果的影响，罕见的超人规则，接力较混乱，恶意犯规误判等都是亟须研究和面对的问题。我们还应该进一步普及冰雪运动特别是短道速滑项目，加大宣传力度，拓展项目发展区域，进一步促进市场化发展。"

2. 要从难从严从实战要求出发进行科学训练

周进强（国家体育总局举摔柔管理中心主任）2017 年 7 月 5 日在天津指出："日本仅有 300 余名女子摔跤运动员，但 2016 年奥运会就获得了 4 枚金牌，成才率很高。我们必须转变训练管理观念，处理好比赛与训练的关系，善于学习，提高科学训练水平，提高运动员的成才率。"

王国新（奥运会举重冠军占旭刚、陆永等的教练）2016 年 4 月 11 日接受杨世勇访谈时指出："从难从严从实战要求出发进行科学训练极为重要。在挺举技术训练中，我要求运动员连续两次完成下蹲翻铃以后，再做一次上挺；在架上预蹲训练中，要求运动员负重离开深蹲架后，向前走五步然后预蹲 5 次，再退后两步预蹲 2 次；在冲击最高总量的训练中，为适应比赛条件，有时要求运动员间隙 10 ~ 20 分钟后再试举大重量；在颈后负重宽握引体向上的训练中也加难度进行练习。总之，在平时训练中注意高强度，间隙短，在适应比赛要求情况下，强化技术细节，提高训练质量。"

3. 要掌握制胜因素，提高竞技能力

中国拳击协会主席、中国拳击队总教练张传良（奥运会拳击冠军邹市明、张小平的教练）于 2017 年 9 月 29 日在与杨世勇的电话访谈中指出："研究制胜因素，掌握制胜规律，提高竞技能力是夺取拳击优胜的前提。拳击项目的制胜因素是快、全、连、变、准、控、狠。以邹市明为例，他竞技水平的突破就是从快、全、连、变、准、控、狠上下功夫，扬长避短，在体能水平并不突出的情况下，以灵活的技术战术取胜。"

张传良还指出：拳击制胜因素和制胜规律之间还有以下本质联系：以技术、战术为生命，以速度为灵魂，以距离、时间差为突破口，以心理、意志品质为保障，以体能为载体，以创新求发展，以控制来把握，以赢得比赛为目的。

陈兴东（羽毛球奥运会冠军张军、高崚的教练）2016 年 12 月 16 日在回复本课题的调查问卷中指出"快、准、狠、活、变"是羽毛球制胜因素。要根据制胜因素提高竞技能力。"多球训练和针对性的组合训练在羽毛球项目中极为重要。在双打比赛中，要具体分析每一条线路的组合，甚至对手的个人习惯。比赛中只要能尽力夺得一分，有时都能起到决定性作用。"

4. 要获得运动员的充分信任

任满迎（2013 年至今任奥运会乒乓球冠军丁宁的体能教练，北京市体育科研所副研究员）2019 年 1 月 23 日在武汉体育学院与杨世勇面谈时指出："丁宁 2012 年奥运会获乒乓球女单亚军，对她打击较大，她自己认为没有发挥出应有的最高水平，以致 2013 年全年比赛竞技状态都不是很好。我 2013 年开始担任她的体能教练后，加强了针对性的个性化的体能训练。丁宁悟性很高，在充分信任教练员的训练指导后，目标明确，全力以赴，在专项教练的共同努力下夺得了 2016 年奥运会女子单打冠军。

"丁宁的父母为了她的发展和成才，付出了极大的心血和努力，这也是她能取得成功的不可忽视的因素。"

5. 面对挫折决不放弃

薛元挺（奥运会举重冠军林清峰的启蒙教练，厦门市体校国家级教练员）2017 年 10 月 2 日在成都指出："运动员的成长不是一帆风顺的，会经受很多磨难甚至打击。林清峰 1999 年 3 月开始跟我练习举重，起初他父母坚决反对，经多次登门拜访和说服，终于点头答应。2003 年林清峰进入福建省队试训，2005 年因为腰肌损伤被退回厦门队。回到厦门练了几个月后成绩回升，2006 年又进了省队。但也就过了一年左右，他告诉我教练又不要他了。

"第二次被退回时他受了很大打击，信心已经没有了。林清峰父亲建议他去学开车，当个出租车司机好了。我鼓励他不要放弃，告诉他张国政 25 岁才进国家队。我找到省队万建辉教练，劝他给清峰三个月时间观察一下。当时万导也不确定清峰行不行，但我对他充满信心。就在那三个月里，清峰脱胎换骨，总成绩增长了 20 千克。

"在万建辉教练指导下，林清峰 2009 年获全运会第三名，2010 年获全国锦标赛冠军。但是命运再次捉弄了他，世界锦标赛前他膝关节意外受伤，只能目送队友参赛，心如刀割，在此期间我又专程到京陪伴，心疼他受的挫折已经够多了。"

2012 年林清峰夺得奥运会冠军后，谈到薛元挺时动情地说"虽然他在基层，但很多次我快不行时他帮助我最多，就像很多次快掉下悬崖他都要拉我一把，非常关键"[①]。

中国女排 2016 年奥运会比赛中一波三折，小组赛先后负于荷兰、塞尔维亚、美国，在这种情况下要夺取冠军几乎不可想象。但中国女排在主教练郎平带领下面对挫折决不放弃，敢打敢拼。在四分之一决赛、半决赛、决赛中先后

---

① 林清峰. 险些放弃举重当的哥，恩师坚持才有今天［N］. 中国体育报，2013 - 3 - 12.

战胜巴西、荷兰、塞尔维亚，从而劣转战局夺得冠军。

三、有关专家调查问卷分析

以下是对全国有关专家学者和管理人员等共 83 人（具体人员详见第 20 - 23 页，表 1 - 7）进行的调查问卷（可多选）统计结果：

（一）中国未来奥运会冠军培养路径

表 3 - 53　中国未来奥运会冠军培养路径专家问卷分析（N = 83。可多选）

奥运会冠军培养注意问题	勾选次数	所占比例%
1. 加强科学训练	70	84.3%
2. 加强科学选材	61	73.5%
3. 人才培养路径多元化	56	67.5%
4. 坚持举国体制	51	61.4%
5. 体教结合培养竞技人才	46	55.4%
6. 构建科学的训练体系	41	49.4%
7. 教练员队伍的建设	30	36.1%
8. 潜优势项目投入	24	28.9%
9. 其他（如创新/退役问题）	10	12.0%

中国未来奥运会冠军培养路径，83 位专家的调查问卷统计得出表 3 - 53 的结论。从中可以看出未来奥运会冠军的培养，主要集中在加强科学训练（84.3%），加强科学选材（73.5%），人才培养路径多元化（67.5%），坚持举国体制（61.4%），体教结合培养竞技人才（55.4%），构建科学的训练体系（49.4%），教练员队伍建设（36.1%），潜优势项目投入（28.9%），其他（12.0%）等方面。

（二）中国未来培养奥运会冠军路径专家个人意见

我们统计和分析了部分有代表性的专家意见，他们的观点在表 3 - 53 中已有表述，以下是一些专家补充的观点：

王宣庆（国家体育总局自行车击剑运动管理中心党委书记、副主任）2017年 9 月在回复调查问卷时，对中国未来奥运会冠军的培养补了以下观点："把握项目规律，创新训练方法；引进世界最先进的训练手段、技术、外教；适度参加国际大赛锻炼与交流；牢固树立奥运夺冠的志向和目标。"

徐宏（贵州师范大学教授）指出："奥运会冠军的培养不仅仅是体能、技术、战术、心理和智力等的提高，情商、情怀、情感的培养也是必不可少的。"

王进（浙江大学教授，博士研究生导师）2016 年 9 月在回复调查问卷时，对中国未来奥运会冠军的培养补充了以下观点："训练结合比赛，在训练当中的心态要模仿比赛时的心态，把训练和比赛发挥的不稳定性降到最小，保证大赛的正常发挥……每场比赛前要充分了解对手，对可能发生的困难和意外情况（如灯光不好，场地打滑，球拍不合格等以外因素）有心理准备，当真正发生意外时，心态不会起伏太大。"

周均甫（湖南省举重协会秘书长，原湖南省举重中心主任）对中国未来奥运会冠军的培养补充了以下观点："要进行体制机制改革创新，要去行政化，走协会制、实体化、俱乐部化的道路。"

周英杰（中央电视台体育评论员，国家一级播音员）提出要加强"青少年的基础培养，高水平教练员的培养"。

四、专家问卷及面谈访问结论

通过对奥运会冠军 55 人，奥运会冠军教练员 51 人，有关专家学者和管理人员 83 人的调查问卷，以及 58 位资深专家面谈调查的情况分析，可以得出以下结论：

（一）奥运会冠军在比赛关键时刻的心理过程

55 位奥运会冠军在比赛关键时刻主要有五种心理过程：心理紧张（61.8%），有自信心（47.3%），心理平和冷静（34.6%），情绪激动（32.7%），心理焦虑（21.8%）。如何把心理紧张，心理焦虑等心理过程逐渐转化为心理适度紧张，有自信心，心里平和冷静，情绪适度激动等对夺取奥运会金牌十分重要。

（二）奥运会冠军的成功经验

55 位奥运会冠军的成功经验主要是：严格自我管理（100%），科学训练（92.7%），教练员优秀（92.7%），热爱从事项目（89.1%），父母及家人支持（83.6%），身体遗传条件好（58.2%），奖励丰厚（10.9%）等。其中最重要的是：严格自我管理和科学训练。此外，还有一些个人特点。

（三）培养奥运会冠军的成功经验

51 位奥运会冠军教练培养奥运会冠军的成功经验主要集中在八方面：科学训练（100%），举国体制的优势（94.1%）、科学选材（94.1%）、领导大力支持（90.1%）、队员勤奋努力（86.3%）、自身专业素质（86.3%）、后勤和医务监督（78.4%）、科学管理（78.4%）。此外，掌握制胜因素，全面提高竞技能力，从难从严从实战要求出发进行科学训练，面对挫折决不放弃是成功经验的个案表现。

（四）中国未来奥运会冠军培养路径

83位专家对未来奥运会冠军的培养路径有以下建议：加强科学训练（84.3%），加强科学选材（73.5%），人才培养路径多元化（67.5%），坚持举国体制（61.4%）、体教结合培养竞技人才（55.4%），构建科学的训练体系（48.2%）。

此外，对未来奥运会冠军的培养路径有关专家还提出了："管理工作要去行政化，走协会制俱乐部化"，以及要加强"青少年的基础培养，高水平教练员的培养"，加强情感培养等

第十二节　本章小结

本章分别从中国奥运会冠军的竞技能力，中国奥运会冠军所属项目的制胜规律，中国奥运会冠军的选材特征，全程性多年训练特征，体能训练特征，技术、战术训练及其特征，心理、智能训练及其特征等七方面，在大量案例和成功经验的基础上，系统地梳理，探索和总结了中国奥运会冠军的训练特征，揭示了一些重要的基本规律，得出了可靠结论。

此外，中国奥运会冠军的训练创新包括训练实践的需求与训练理论的创新，现代科技导向下的训练方法创新等；中国奥运会冠军的教练团队包括复合型教练员团队和创新型教练员团队，我国一大批基层教练员辛勤奉献，为奥运会冠军的选材和基础阶段训练做出了贡献。经55位奥运会冠军、51位奥运会冠军教练员、83位专家的问卷调查，以及7位奥运会冠军，6位奥运会冠军教练的面谈调查，对中国奥运会冠军的成功经验进行了多方面总结，得出了基本结论。

值得注意的是，我国奥运会冠军在训练和参赛过程中仍存在一些经验教训：反兴奋剂成效显著，但兴奋剂问题仍有发生；对一些运动员竞技状态的培养存在不足，科学训练水平应进一步提高；个别队员细节把握不当，导致金牌旁落；参赛年龄不符，导致奖牌被取消；个别人员选拔不当，导致比赛失误；信息不准，导致比赛成绩不佳；管理工作不到位，导致遗憾。在今后的训练和参赛等过程中对上述不足应予以重视并努力杜绝。

第四章

中国奥运会冠军的社会特征

特征是一事物区别于他事物的特别显著的征象和标志。

社会特征是作为活动主体的人,以物质生产活动为基础,通过交往、活动,能动的改造自然所表现出来的社会形态、社会意识、社会运行机制等变化,这些表现具有的共有特性,称之为社会特征。

中国奥运会冠军的社会特征是指在培养奥运会冠军的过程中,我国经济发展、体育体制、奖励机制、社会流动、人文社会环境等对奥运会冠军成长的积极作用和显著征象。

第一节　中国经济的发展为夺取奥运会金牌提供了物质基础

一、中国经济的发展情况

1977 年改革开放以后,我国经济进入快速发展阶段。经济总量的提升,使国家对体育方面做出了更大的投入,经济发展促进了体育事业发展。

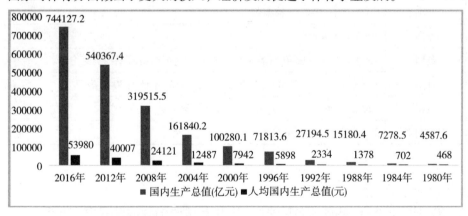

图 4 - 1　我国国内生产总值和人均国内生产总值数据（夏季奥运会当年）

（注：数据来源：国家统计局）

国民生产总值是衡量一个国家经济发展水平的重要指标之一。社会经济发展水平的提高，对改变影响竞技体育发展的各因素和推动竞技体育的不断发展起着举足轻重的基础性作用。

1980 年我国国内生产总值是 4587. 6 亿元，到 2000 年达到了 100280. 1 亿元。2016 年我国国内生产总值 744127. 2 亿元（详见图 4 - 1），2017 年我国国内生产总值达到 131735. 85 亿美元①。2018 年我国国内生产总值达到 134234. 89 亿美元（900309. 00 亿元人民币）②，成为仅次于美国（2018 年美国国内生产总值为 20. 5 万亿美元）的世界第二大经济体。

二、对竞技体育的投入

体育的发展受经济水平的制约，经济的发展为体育事业提供物质条件和财力基础。社会经济的发展，不但为体育的发展创造出更多的物质条件，而且也创造出社会成员对体育的新的需求，促使体育规模迅速扩大，运动水平不断提高，体育事业不断向前发展。

（一）部分国家对竞技体育的投入

从一些公开资料中我们查到了一些体育大国的体育投资数据，其中有些仅是该国奥组委的相关拨款，因为组织架构和国情不同，并不能一概而论。不过以下数据对我们了解部分国家对竞技体育的投入将有所帮助。

表 4 - 1　各国政府对竞技体育（奥运会）的资金投入③

国家	政府对奥运会（体育）资金投入情况
中国	6 亿~7 亿人民币/枚金牌
美国	5000 万美元/年
英国	7000 万英镑（9240 万美元）/年；3. 5 亿英镑备战里约奥运会
日本	1. 5 亿美元/年；2000 年 1. 8 亿美元；2020 年计划 30 亿美元
俄国	120 亿卢布（5. 1 亿美元）：备战北京奥运会
澳大利亚	2. 5 亿美元/年；里约奥运会 3. 33 亿美元

---

① 2017 年全球十大强国 GDP 排名出炉［EB/OL］. 世界经济信息网，2018 - 1 - 29.
② 数据来源：中华人民共和国国家统计局 2018 年国内生产总值国家数据.
③ 举国而论，世界各国培养一个奥运冠军要花多少钱？［EB/OL］. 搜狐网，2016 - 08 - 27.

国家	政府对奥运会（体育）资金投入情况
德国	1.5 亿欧元/年
加拿大	2 亿加元（1.55 亿美元）/年
新加坡	800 万美元/年
越南	480 多亿越南盾（约合 2100 万美元）/年
印度	49 亿卢比（10 亿人民币）：2007—2008 年体育拨款预算

（二）中国对竞技体育的投入

体育事业的发展和竞技运动水平的提高，与经济发展和竞技体育的投入密切相关。党和政府历来重视对竞技体育的投入，特别是 1977 年以后，政府逐渐加大对体育事业的投入，特别是重点体育资源领域的投入是我国竞技体育取得巨大成功的主要因素。表 4－2 是 1977—2006 年中央和地方体育事业经费情况一览表。1977 年我国体育事业经费为 1.837 亿元，1987 年为 10.020 亿元，1997 年为 20.717 亿元，2006 年为 215.685 亿元。这些数据充分说明在改革开放后三十年，我国对体育事业和竞技体育投入的增长幅度是巨大的，保证了我国竞技体育水平的不断提高。但是我国竞技体育资源优化整合还应进一步加强，提高奥运会冠军的产出率。

表 4－2 的数据说明，1977—2006 年我国中央和地方体育事业经费一直都在较大幅度地增长，但 1994 年和 2002 年情况比较特殊。1993 年北京申办 2000 年夏季奥运会落选，1994 年体育事业经费减少了 51.63%。2001 年北京申办 2008 年奥运会成功，2002 年体育事业经费大幅度增加了 268.00%。

表 4－2　1977—2006 年体育事业经费情况一览表（单位：万元）

年度	中央	地方	合计	增长率%
1977	1474.0	16899.0	18373.0	
1978	2657.0	22729.0	25386.0	27.63
1979	4417.8	24620.5	29038.3	14.38
1980	3672.3	26644.0	30316.3	4.22
1981	4685.1	29739.6	34424.7	11.94
1982	4810.0	36619.0	41429.0	16.91

续表

年度	中央	地方	合计	增长率%
1983	5705.3	39761.0	45466.3	8.88
1984	6739.4	53127.7	59867.1	24.06
1985	8592.3	66865.0	75457.3	20.66
1986	9808.3	89116.5	98924.8	23.72
1987	11534.7	88665.8	100200.5	1.27
1988	11397.4	105271.9	116669.3	14.12
1989	11445.2	126274.9	137220.1	15.29
1990	12439.1	133837.1	146276.2	5.85
1991	13184.3	153391.9	166576.2	12.19
1992	14100.0	172400.0	186500.0	10.68
1993	18600.0	190800.0	209400.0	10.94
1994	22626.5	85481.1	108107.6	-51.63
1995	41172.1	93331.6	134503.7	19.63
1996	61031.8	124752.6	185784.4	27.60
1997	67386.5	139784.0	207170.5	10.32
1998	68789.1	146380.8	215169.9	3.72
1999	107897.5	167840.9	275838.4	21.99
2000	82178.0	200810.7	282988.7	2.53
2001	85270.1	300094.9	385364.3	36.17
2002	216197.0	1201949.9	1418146.9	268.00
2003	285153.3	1267986.2	1553139.5	8.69
2004	346020.0	1391454.0	1737474.0	11.87
2005	276123.0	1525708.0	1801831.0	3.57
2006	376575.0	1780273.0	2156847.0	19.70
合计	2180208.1	9785710.9	11966019.0	

（资料来源：国家体育总局 2009 年编：改革开放三十年的中国体育）

另据 2009—2011 年《体育事业统计年报》等资料，我国 2008 年体育事业投入金额为 332.70 亿元，2010 年为 354.05 亿元（其中竞技体育支出 61.98 亿元，群众体育支出 22.37 亿元，体育场馆支出 42.38 亿元，其他支出 227.32 亿元）。我国体育产业增加值从 2006 年的 955.05 亿元增加到 2012 年的 3135.95 亿元，增长了 228.4%。经济发展为竞技体育发展奠定了重要基础。

第二节　举国体制是夺取奥运会金牌的制度保障

一、奥运争光战略提供政策支持

中国 1979 年 11 月在国际奥委会合法席位得到恢复后，1984 年在洛杉矶奥运会上一举夺得 15 块金牌，震惊了世界。竞技体育所蕴含的巨大影响力，引起我国政府高度重视，我国于 1984 年正式提出"奥运战略"，将全运会与奥运会关系明确定位于"国内练兵，一致对外"，自此，我国开始实施以奥运会为最高层次的竞技体育发展战略。

《奥运争光计划纲要》产生于 20 世纪 90 年代中期，是作为指导我国竞技体育事业发展的最高层次战略规划。迄今为止已经走过了 20 多年的发展历程，其间共出台了 3 期《纲要》，分别是 1995 年 7 月 6 日发布的《奥运争光计划纲要1994—2000》，2002 年 11 月 19 日发布的《奥运争光计划纲要 2001—2010》，2011 年 4 月 29 日发布的《2011—2020 年奥运争光计划纲要》。《奥运争光计划纲要》在推动我国竞技体育快速发展，增强竞技体育整体实力和综合竞争力，快速提升竞技体育在奥运会等国际赛场竞赛成绩，在实现赶超发展和为国争光等方面起到了至关重要的战略支撑作用。

为加强高素质教练员队伍建设，国家体育总局从 2012 年开始实施精英教练员双百培养计划，并发布了《国家体育总局精英教练员双百培养计划实施办法》①。通过教练员队伍建设，培养一批具有国际视野、创新思维和较高执教水平的领军型教练，带动全国教练员人才培养的整体推进，形成竞技体育领域人才优先的战略格局，为增强我国竞技体育的综合实力和国际竞争力提供人才支撑。同时也使奥运争光计划能够更好地实施。

---

① 国家体育总局办公厅：关于印发《国家体育总局精英教练员双百培养计划实施办法》的通知 [EB/OL]. http://www.sport.gov.cn/n16/n33193/n33208/n33433/n33688/2846614.html. 2012（4）.

二、三级训练网提供人才支持

"三级训练网"是指我国现行的初级、中级、高级训练形式。初级训练形式是指小学中学代表队和传统体育学校，中级训练形式是业余运动体校和体育运动学校，高级训练形式是各省市专业代表队和国家集训队①。这三种训练形式是在计划经济和举国体制下形成的培养运动员体制，符合中国国情的需要。

我国"三级训练网"雏形始于1954年，发展于1980年，逐步完善于20世纪90年代。形成了以竞技体育为先导、以奥运会为重点，带动体育事业全面发展的战略布局。我国多数地区拥有的省、市、县区"三级训练网"，为培养后备人才，发展竞技体育事业奠定了基础。我国获得奥运会冠军的运动员基本上都是通过三级训练网培养出来的。

目前，我国的"三级训练网"既包括上述传统的三级训练网，还包含新形势下出现的各种训练形式，如代表有关高校参加比赛的高水平运动队，一些俱乐部创办的各种训练梯队等，"三级训练网"是我国培养竞技体育人才的主要渠道②。

三、举国体制推动我国向体育强国迈进

举国体制是我国20世纪50年代以来形成的体育管理体制。这种"举全国之力发展竞技体育"的体制为我国竞技体育事业带来了举世瞩目的辉煌，特别是改革开放以来，我国竞技体育取得了卓越成就，从1984年洛杉矶奥运会到2016年的里约奥运会，我国不仅实现了从竞技体育"第三世界"跃身于奥运会三强的伟业，还正在向体育强国之路迈进。

从举国体制产生的历史背景看，建国初期中国需要在世界竞技体育舞台奏响强音，而举国体制正是我国当时高度集中的计划经济体制应运而生的管理体制，是社会主义制度优越性在体育领域的体现。事实证明，在我国经济尚处于整体不发达的背景下，依靠特有的制度优势，实施"举国体制"这种竞技体育发展战略，将有限的人力、物力、财力优先集中发展高水平竞技体育，在奥运会等重大国际赛事中夺取金牌，从而振奋民族精神，带动整个体育事业的全面

---

① 崔振宇. 论我国竞技体育"三级训练网"的发展［J］. 湖北体育科技，2013（7）.
② 周莹；申萍；张博；崔影澄. 我国竞技运动训练发展研究［J］. 体育文化导刊，2011（7）：23.

发展是完全正确的。① 中国运动员在奥运会取得的成就，充分体现了举国体制的优越性。

随着我国从计划经济体制到社会主义市场经济体制的转变，体育组织体系也进行了重大调整和改革，"举国体制"的参与主体已逐渐由"政府主导向社会主体协同参与"转换；机制设计向"体育系统内外共生"转型；内容上向"开放多元化"拓展②。中国体育代表团在奥运会取得的成就是"举国体制"成果的展现，未来中国竞技体育的发展将继续坚持并完善"举国体制"③。

第三节　中华体育精神的塑造

一、中华体育精神的形成

1959 年容国团以"人生能有几回搏"的昂扬斗志夺取了我国第一个乒乓球世界冠军。1984 年洛杉矶奥运会，作为中国奥运军团一员的许海峰，夺取了第一枚奥运会金牌，为炎黄子孙实现了奥运会金牌零的突破。20 世纪 80 年代，中国跳水队"冲出亚洲，走向世界"的胆识气魄、中国女排捍卫荣誉的拼搏精神、中国乒乓球队、中国体操队、中国举重队、中国射击队、中国羽毛球队卫冕成功的奋斗精神都经典地诠释了中华体育精神。

20 世纪 90 年代，中国体育界将长期形成的优良体育精神概括为中华体育精神，其具体内容是"为国争光精神、无私奉献精神、科学求实精神、遵纪守法精神、团结协作精神和顽强拼搏精神"④。中华体育精神不但激发和鼓舞运动员在赛场上不畏艰难、团结拼搏、勇攀高峰，而且极大地激发了全国各族人民不断进取、与时俱进的意志和振兴中华的爱国热情。中华体育精神是体育精神在中国的具体化，是中华民族精神的组成部分，是民族精神在体育领域的体现和发展，是体育精神在中华民族的诠释和升华，是中华民族精神和体育精神共同作用的结晶。

---

① 王勇. 中国竞技体育管理举国体制研究［D］. 吉林大学硕士论文，2006：5 – 10.
② 王凯. 论"新举国体制"［J］. 体育学研究，2018（4）：8 – 15.
③ 吕中凡，孔庆波. 中国竞技体育未来的发展战略［J］. 体育学刊，2010，17（3）：19 – 23.
④ 国家体育总局办公厅：《关于印发 < 关于加强体育道德建设的意见 > 的通知》（体办字『2002』248 号）.

二、中国奥运会冠军队伍的体育精神

为国争光，甘于奉献；科学求实，团结协作；追求卓越，锐意进取；顽强拼搏，勇攀高峰是中国运动员在奥运会赛场展现的中华体育精神。

（一）中国女排精神

20 世纪 80 年代到 2019 年，中国女子排球队在奥运会、世界杯等最高水平大赛上共夺得了 10 次冠军，创造了震惊世界的中国体育奇迹①。这不仅仅是体育史上的一个奇迹，更是中国竞技体育实现突破的一个标志。女排姑娘们在训练比赛和夺冠过程中所体现出来的"为国争光，甘于奉献，团结协作，追求卓越，顽强拼搏，锐意进取"② 的精神，被称为"女排精神"。"女排精神"成为激励各行各业中国人建设社会主义现代化事业的强大精神力量③。不畏艰难、不怕挫折的顽强拼搏精神是女排精神的核心，一个团队作战，最重要的是团结协作。而作为女排来说这是他们夺取胜利的重要法宝。"为国争光、奋力拼搏"的女排姑娘们成为那个时代精神的重要写照，并在全国上下引起极大的反响。

中国女排 1984 年夺得奥运会冠军后，虽然在奥运会赛场上经历过几次大的波动，但是在 2004 年雅典和 2016 年里约奥运会上，中国女排的姑娘们再次将冠军奖杯拿到手中。中国女排在比赛中依靠拼搏精神，永不言弃，全队上下团结一心勇敢面对困难和挑战，依靠团队意志，以及临场战术布置与高效指挥获得了来之不易的奥运会冠军，再次彰显了中国女排精神的时代光辉。

郎平在 2016 年里约奥运会上对决巴西队前对队员们说："哪怕今天有 1% 的希望，我们也要尽 100% 的努力；一定要坚持，坚持坚持再坚持，今天就是这个要求。"艰难战胜巴西后，郎平说："不要因为我们赢了一场，就谈女排精神，也要看到我们努力的过程。女排精神一直在，单靠精神不能赢球，还必须技术过硬。"

回顾 2016 年里约奥运会的整个女排比赛，只输了一场的美国队是铜牌，输了两场的塞尔维亚队是银牌，输了三场的中国队是冠军。郎平指出"女排精神不是赢得冠军，而是有时候明明知道不会赢，也竭尽全力。是你一路即使走得

---

① 鲁光. 中国姑娘［M］. 共和国专家文库. 作家出版社，2009.
② 舒为平. 改革开放 40 年中国女排的发展历程与时代意义［J］. 成都体育学院学报，2018，44（6）：18 - 23.
③ 陈静，梁建平. 再读中国"女排精神"的现实意义［J］. 体育科技文献通报，2006（6）：60 - 61.

摇摇晃晃，但依然站起来抖抖身上的尘土，眼中充满坚定。"

袁守龙等 2016 年总结中国女排实现里约奥运会夺冠的经验是体制创新，机制激活；精准判断，超前谋划；境界引领，与时俱进；精心设计，主体优先；团队攻关，分工细化；体能优先，科技保障；敢于挑战，善于突破；精神至上，永不放弃。

中国女排宝贵的财富就是体育精神，是"团结协作、顽强拼搏"的精神。在赛场上她们每个人都竭尽全力，为了共同的理想和目标，同心同德、矢志不渝地去拼搏。"女排精神"是几代人千锤百炼，精雕细琢的硕果。

2019 年 9 月 30 日，中共中央总书记、国家主席习近平在北京会见中国女排代表时指出：你们在赛场上展现了祖国至上、团结协作、顽强拼搏、永不言败的精神面貌。要大力弘扬新时代的女排精神，把弘扬中华体育精神同坚定文化自信结合起来，不忘初心，持之以恒，努力开创新时代我国体育事业新局面。

（二）中国乒乓精神

在我国竞技体育为国争光的历程中，乒乓球运动员功不可没。在几代人的共同努力下，中国乒乓球始终保持着总体领先，同时在拼搏奋斗的过程中总结提炼并形成了独特的中国乒乓文化。"乒乓精神"是在中国传统文化熏染下的乒乓技艺、乒乓文化的升华。"乒乓精神"成为推动中国乒乓运动发展的核心动力，正是这一强大的核心动力促使中国乒乓球队创造了一个又一个奇迹。

1904 年乒乓球运动传入中国，1959 年容国团在第 25 届世界乒乓球锦标赛上首次为新中国夺得世界冠军，从而实现了中国体育在世界比赛中"零"的突破。20 世纪 70 年代的"乒乓外交"，成功地促使美国总统尼克松访华乃至中美建交。在 1979 年第 35 届世乒赛上，中国乒乓球代表团痛失男子项目的 3 块金牌，中国男乒跌入了历史的谷底。面对困难，中国乒乓球队团结一致，众志成城，终于在第 36 届世乒赛上中国乒乓球队打了翻身仗，囊括了 7 项冠军。

1981 年 5 月，万里副总理在总结中国乒乓球队成功经验讲话中将其归因为："胸怀祖国、放眼世界、为国争光的精神；发奋图强、自力更生、艰苦奋斗的实干精神；不屈不挠、勤学苦练、不断钻研、不断创新的精神；同心同德、团结战斗的集体主义精神；胜不骄、败不馁的革命乐观主义和革命英雄主义精神"。并概括为"乒乓精神"①。

乒乓球成为奥运会项目后，中国乒乓球队共荣获 28 枚奥运金牌。"乒乓精

---

① 黄志玲，李志林. 论中国乒乓球运动发展的社会价值［J］. 中国体育科技. 1998（7）：1-4.

神"中展现的爱国主义精神、实干精神、集体主义精神和创新精神是我国乒乓球运动的灵魂和精髓，是中国乒乓球队发展的思想源泉和精神财富。它不仅是我国乒乓球运动长盛不衰的制胜法宝，而且丰富了中华民族精神的内涵，对精神文明建设有积极的促进作用①。

（三）中国举重精神

1956年6月7日，陈镜开在上海石破天惊的一举，以133千克的成绩打破了56千克级挺举世界纪录，成为我国体育第一个打破世界纪录的运动项目，擂响了中国体育健儿勇攀世界高峰的辉煌战鼓。

新中国成立70年来，中国举重经过了初创时期（20世纪60年代）、创新与提高时期（20世纪60年代）、动乱后恢复时期（20世纪70年代）、达到世界领先水平时期（20世纪80年代至今）。截至2021年8月，中国举重队荣获奥运会金牌38枚，占中国体育代表团夏季、冬季奥运会金牌总数的13.81%，是中国体育代表团名副其实的金牌之师，是"中国力量"的突出代表，为中国竞技体育的发展做出了突出贡献。此外，截至2018年12月，中国举重健儿获世界锦标赛金牌493枚，先后95次打破男子世界纪录，568次打破女子世界纪录，344次打破青年世界纪录，44次打破少年世界纪录，合计1051次创破各层次世界纪录，占世界各国或地区创造世界纪录总数（4752次）的22.11%②。

中国举重取得辉煌成就的主要原因有以下几方面：坚持党的领导和举国体制的制度优势；科学管理，政策激励，以人为本；强化科学选材，训练中求实创新，科学训练；重视科技攻关，后勤保障，医务监督；努力树立和倡导教练员忘我奋斗，运动员勇于拼搏的大无畏精神；注重后备人才的培养，全国有101个举重后备人才基地，培养机制完善；协同国际举重联合会，积极推动女子举重进入奥运会，使中国女子举重的优势地位在奥运会上充分展示。

中国举重精神是中华体育精神的重要内容之一，其主要内涵是：不惧困难，勇于奉献，科学求实，团结协作；改革创新，锐意进取，遇强越强，追求卓越；刻苦训练，勇攀高峰，顽强拼搏，为国争光③。

中国举重精神的主要内容是中华体育精神在中国优势竞技项目的具体化，是中华体育精神的组成部分，是中华民族精神在中国体育领域的体现和发展，

———————————

① 朱惠平. "乒乓精神"的文化内涵 [J]. 中国学校体育（高等教育），2015（9）：1-5.

② 杨世勇. 世界举重大赛概览和创破世界纪录进程 [M]. 北京：光明日报出版社，2019：1-5.

③ 杨棠勋，杨世勇. 新中国成立七十年来中国举重运动的发展历程与时代价值 [J]. 四川体育科学. 2019（3）：1-4.

是体育精神的具体诠释和升华，是中华体育精神共同作用的结晶。

三、中华体育精神的价值

"为国争光，甘于奉献；科学求实，团结协作；追求卓越，锐意进取；顽强拼搏，勇攀高峰"是中国运动员在奥运会赛场展现的精神风貌，促进了中国体育走向世界，积淀形成了"中华体育精神"，为现代化强国建设提供了强大精神动力；践行了思想解放、训练革新和训练理念的创新，为竞技体育发展提供了崭新思维；为我国体育产业的职业化、市场化发展增添了动能；推动了全民健身的发展，为体育强国建设筑造了坚实"基础"；中华体育精神服务于体育强国建设，为竞技体育发展标榜示范；践行了社会主义核心价值观，有利于推进中华体育精神的价值实现与提升，促进中华民族兴旺发展。

四、中华体育精神的价值实现

中华体育精神价值实现的途径为媒体传播①，社会互动②。其重要性在于促进我国各行各业奋发向上的精神风貌。

在我国现代化建设的过程中，体育健儿们通过训练和比赛展示出来的中华体育精神，向全世界展示了中国人民自强不息、奋发进取的精神风貌，体现了中华民族自立于世界民族之林的信心和力量，给举国上下带来了极大的鼓舞，增强了全民族的凝聚力和向心力。在建设中国特色社会主义、构建社会主义和谐社会的伟大征程中，我们要进一步发扬光大这些精神，为中华民族精神谱写新的篇章。

第四节　奥运会冠军的奖励机制

一、我国奥运会奖励政策

中华人民共和国成立后，党和政府对体育事业的发展给予了高度的重视和大力支持。国家为了激励更多的运动员向竞技运动高峰迈进，颁发了一系列的

---

① 韩亚辉 . 中华体育精神的价值与实现［A］. 第七届全国青年体育科学学术会议论文集［C］. 中国体育科学学会，2014：5.
② 郑杭生 . 社会学概论新修［M］. 北京：中国人民大学出版社，2003：124.

奖励政策和措施，对优秀运动员、教练员实施物质与精神奖励。奥运会冠军奖励制度已成为我国奥运会激励机制的重要内容，我国奥运会冠军奖励分为政府奖励和社会奖励。

（一）政府奖励

我国对奥运会冠军除了国家给予奖励外，地方政府还会给予奖励。

1. 国家奖励

为了激励运动员勇创佳绩，中国多次制定奥运会奖励办法，使奥运会奖励与社会经济发展水平相适应。国家体委、劳动人事部和财政部在1984年就联合出台了《参加第23届奥运会运动员、教练员奖励管理办法》，标准为金牌4000－8000元，银牌2000—4000元，铜牌1000—2000元。1995年制定的《中华人民共和国体育法》第一章第八条规定："国家对体育事业中做出贡献的组织和个人，给予奖励。"随着社会的发展变化，国家奖励标准也有所变化。从1984年第23届洛杉矶奥运会冠军奖励0.6万元，到2012年第30届伦敦奥运会冠军奖励50万元。

表4－3　第23－31届奥运会中国对奥运会冠军的奖励金额（万元）

	23届	24届	25届	26届	27届	28届	29届	30届	31届
国家奖励金额	0.6	1.5	8	8	15	20	35	50	50

（来源：根据腾讯财经等综合信息）

2. 地方政府奖励

运动员获得奥运会冠军不仅仅是国家荣誉，也是奥运会冠军所在地的荣誉。由于在奥运会上获得奖励名次的运动员有极大的社会效应，再加上奥运会成绩可纳入全运会计分体系，使得各地对奥运会冠军奖励也极为重视。虽然国家对地方性奖励没有明文规定，但各个地方省市所给予的奖励一般都不低于国家的同类奖励，甚至更为丰厚。

表4－4　部分省市对2016年里约奥运会冠军的奖励金额（万元）

单位	安徽省	湖北省	黑龙江省	福建省	湖南省	重庆市	四川省
金额	50	80	100	120	60	100	100

例如，据里约奥运会举重女子冠军邓薇的基础训练阶段教练、福建省体校国家级教练员周志琴2017年8月30日在天津全运会村对杨世勇的介绍："邓薇荣获奥运会冠军后，获得国家体育总局奖励50万元，福建省奖励120万元，厦

门市奖励 120 万元，三明市奖励 120 万元，合计 410 万元。如果包括社会奖励则更多。"

2017 年 8 月 27 日在天津全运会期间，杨世勇就奥运会冠军奖金问题调研湖南省举重协会秘书长周均甫，他指出"湖南举重运动员 2016 年荣获奥运会冠军的奖励金额分别为国家、省、市、县等均颁发 60 万人民币，加上其他社会赞助以及中国香港霍英东基金会、曾宪梓基金会的奖励，合计 400 多万元。"

3. 精神奖励

精神奖励是特有的高层次的激励方式，同物质追求一样都是优秀运动员行为的主要动因。因此，在对奥运会冠军进行物质激励外，还在精神层面上进行奖励。国家体育总局、共青团中央以及全国妇联等每届奥运会都会对取得优异成绩的运动员授予相应的奖章和荣誉称号。如国家体育总局给获得优异成绩的运动员、教练员授予"体育运动奖章"[1]。通常针对个人的荣誉奖章有"三八红旗手""全国（省）劳动模范""全国十佳运动员""青年五四奖章"等。有些省市还对有贡献的个人和集体做出"记功"的奖励。

（二）社会奖励

社会奖励是指企业、社会团体及个人对在奥运会比赛中获奖运动员实施的奖励[2]。随着我国市场经济的发展、竞技体育水平的提高及体育社会化程度的不断加深，体育在社会经济生活中的影响也在日益提高，体育中经济价值以及奥运会冠军良好形象的广告效应在社会上得到了普遍认可。一些企业出资赞助奥运会获奖选手，不仅可以提高企业和产品的知名度，还为自身树立了良好的公众形象。

在政府对奥运会冠军奖励额度提高的同时，社会对奥运会冠军奖励的力度也在扩大。1992 年巴塞罗那奥运会以前，只有少数企业向各运动队和运动员进行赞助和奖励。巴塞罗那奥运会以后，中信公司负责人荣毅仁奖励每位金牌得主 5000 美元；中国香港爱国企业家霍英东奖给金牌得主每人 1 千克的纯金奖牌，外加 4 万美元奖金等。分量更重也是最难统计的是奥运会冠军为企业做广告、形象代言以及从事其他商业开发所获得的巨大收入，已经有一些知名的奥运会冠军在这方面的收入达到比较惊人的数额（部分企业、个人对 2016 年里约

---

① 《傅园慧孙杨等 204 名运动员被授予 2016 体育运动荣誉奖章》中国新闻网，2017 - 1 - 4。http：//www.chinanews.com/ty/2017/01 - 04/8113518.shtml.

② 卢志成. 我国奥运会运动员奖励制度实施研究 [J]. 成都体育学院学报，2008（4）：20 - 24.

奥运会冠军的奖励情况参见表4-5）。

表4-5　部分企业、个人对2016年里约奥运会冠军的奖励情况统计

奖励主体	奖励的内容	奖励的对象	运动员所在省市
霍英东体育基金	每人一枚重1000克的纯金金牌和8万美元	全体奥运会冠军	
邵逸夫基金会	2300万人民币	全体奥运会冠军	
曾宪梓体育基金会	2484万港币	全体奥运会冠军	
恒升1号庄园	360万的法式洋房一套	朱婷	河南省
宝马公司	每人一辆轿车	中国女排队员	
黄石宏维置业有限公司/大冶汉龙汽车公司	价值约90万元住房一套/轿车一部	刘蕙瑕	湖北省
中天钢铁集团	100万元	惠若琪、张常宁、龚翔宇	
绿城集团	精装修房一套	孙杨、石智勇	浙江省

如果将国家、省市、地县和社会各界奖励统计在一起，则2016年中国奥运会冠军每人的平均奖励金额（含物质奖励）在500~800万元人民币。

2017年7月26日，杨世勇在尼泊尔首都加德满都举行的亚洲青少年举重锦标赛期间，面谈了中国台北举重队教练员吴美仪（她是中国台北队2012年、2016年女子举重奥运会冠军许淑静的教练之一），她说："中国台北奖励2016年奥运会冠军约为2000万台币（约合500万元人民币）。"

二、2016年里约奥运会有关国家奖励情况

（一）里约奥运会金牌总数前四位国家的奖励情况

作为奥林匹克赛场上当之无愧的第一强国，美国奥委会在里约奥运会上对运动员的奖励为金牌2.5万美元、银牌1.5万美元，铜牌1万美元。

英国在本届奥运会上获得金牌榜第二的成绩，而英国奥委会对获得奖牌的运动员没有任何现金奖励。英国奥委会一位发言人直言经济上的奖励不会激励选手取得佳绩。据加拿大《国家邮报》报道，英国奥委会认为，相比于提供物质奖励，将这笔钱用于基础体育设施建设和运动员训练更有实际意义。

俄罗斯在里约奥运会部分运动员禁赛的情况下仍然获得金牌榜第四名，俄

罗斯对金银铜牌得主分别奖励 400 万卢布（约合 6.3 万美元）270 万卢布（约合 4.2 万美元），170 万卢布（约合 2.6 万美元）①。

（二）韩国、日本对奥运会金牌选手奖励情况

韩国：2016 年里约奥运会上，韩国政府提供约 69 亿韩元（约 650 万美元）的奖金，激励选手创造佳绩。对里约奥运会上获得奖牌的运动员，其奖金总额为 36 亿 6800 万韩元。获得金牌的选手奖励 6000 万韩元（约 5.3 万美元），银牌选手奖励 3000 万韩元（约 2.7 万美元），铜牌选手奖励 1800 万韩元（约 1.6 万美元）。此外，该国各单项协会也推出奖励计划。高尔夫项目获得奥运会冠军可得三亿韩元。

2020 年东京奥运组委会官员，国际举重联合会技术委员会委员知念令子女士，于 2017 年 7 月 27 日在尼泊尔首都加德满都举行的亚洲青少年举重锦标赛期间，对杨世勇说："日本的奥运会金牌获得者国家奖励较少，主要是社会或企业有一些赞助。"日本奥委会在里约奥运会上将该国选手的金牌奖金额度，从原来的 300 万日元提升到 500 万日元（约 4.5 万美元）。银牌奖金 200 万日元（约 1.8 万美元）、铜牌奖金 100 万日元（约 0.9 万美元）的政策不变。日本还有一些单项体育组织，以及企业等社会团体，也对里约奥运会参赛的选手提出了金额不菲的奖励。

（三）东道主巴西的奖励情况

巴西奥委会在 2016 年里约奥运会上为取得奖牌的巴西运动员发放奖金，这是巴西在 2004 年雅典奥运会后首次给予运动员奖金，对金银铜牌的奖金金额不进行区分，一律发放 3.5 万雷亚尔（约 1.1 万美元），而对集体项目参赛者将发放 1.75 万雷亚尔（约 0.5 万美元）。

总之，一个国家无论其政治制度、宗教信仰、文化背景、经济状况、竞技体育水平上存在何种差异，一般都会对在奥运会上获得奖牌的运动员进行适当奖励。

（四）泰国、新加坡的奖励情况

2017 年 7 月 25 日，杨世勇在加德满都访谈泰国女子举重队领队黄远辉先生、主教练韩长美女士时，韩长美说："泰国对 2004 年奥运会女子举重冠军奖励 1000 万泰铢，2016 年奥运会女子举重冠军的奖励金额约为 4000 万泰铢（包括政府、协会、私有企业、社会奖励等，约合 900 万元人民币）。由于奖励丰

---

① 《俄罗斯奖牌得主物质精神双丰收 精神奖励不可缺》中国社会科学网。http://ex.cssn.cn/gj/gj/_ ggzl/201608/t20160825_ 3176377. shtml

厚，运动员训练都极为刻苦努力。"

2017 年 7 月 26 日，在加德满都杨世勇调研了新加坡举重协会主席廖勇毅先生，他说："新加坡政府对夺得 2016 年奥运会游泳冠军的运动员奖励了 100 万新币（约合 500 万元人民币）。"

三、国外的几种奖励模式

（一）一次性奖励模式

一次性的奖励模式是指将奖金和奖品一次发放给得奖运动员，今后不再给予奖励，除非再次取得优异成绩。目前采用这种奖励模式的国家较多，如美国、德国、新加坡、澳大利亚、哈萨克斯坦等[1]。一次性奖励的不足是：优厚的奖励可能导致运动员不思进取或过早退役；退役后生活难以保障等。因此，一些国家纷纷采取一些措施，通过灵活多样的形式对这种模式予以补救。

（二）一次性奖励与终身奖励相结合模式

实施这种奖励模式的国家主要有韩国、印度、罗马尼亚、土耳其等。这些国家对奥运获胜者除了给予一次性的奖励外，还以各种形式给予终身奖励，如奖励"终身津贴""养老金、养老保险""终身公务员待遇"等。[2]

韩国龙仁大学教授，国际举重联合会裁判员李汉景 2017 年 7 月 28 日在加德满都对杨世勇介绍说："韩国政府奖励奥运会冠军采用两种形式，任选其一：一、每月奖励 1500 美元至终生；二、一次性颁发奖励金额。"

一次性奖励与终身奖励相结合模式使运动员的终身生活得到了有效保障，为运动员免除了后顾之忧。这种奖励模式也能让运动员经常体会到获奖的喜悦，起到一种长效激励的作用。

（三）零物质奖励模式

零物质奖励模式是指政府不以官方的名义对奥运会获胜者进行直接的物质奖励。例如，新西兰和英国一般不奖励夺金选手，这与古代奥运会只为获奖运动员颁发橄榄枝或鲜花有相似之处[3]。在里约奥运会上，英国奥委会对获得奖牌的运动员也没有任何现金奖励。实施这种奖励模式不会加重政府的财政负担，但由于广告商和赞助商通常只顾及经济利益，可能导致热门项目的运动员获得广告商青睐从而收入很高，而非热门项目运动员收入很少。

[1] 张三梅.国外奥运奖励政策分析［J］.体育世界（学术版），2008（7）：30.
[2] 张三梅.国外奥运奖励政策分析［J］.体育世界（学术版），2008（7）：30.
[3] 张三梅.国外奥运奖励政策分析［J］.体育世界（学术版），2008（7）：30.

四、我国现行的奖励模式

我国目前现行的奖励模式一般是国内外大型赛事结束后，对获奖的运动员一次性地发放一笔重奖后，很少再获得阶段性奖励和终身的奖励。这种一次性的奖励模式虽有一定的时效性，但持续性比较缺乏，同时这种奖励发放方式会使部分运动员产生拜金主义思想。

五、国外奖励模式的启示

（一）一次性奖励、阶段奖励和终身奖励相结合

由于竞技运动的特殊性，绝大多数运动员的"运动寿命"是比较短暂的，退役时很多运动员青春不再，部分运动员伤病缠身，采用一次性奖励、阶段奖励和终身奖励相结合，可以使运动员终身无忧。

（二）强化精神奖励的作用

坚持物质奖励和精神奖励相结合，借鉴国外的一些精神奖励的方法，以及人们的精神需求，创新精神奖励内容。

（三）重视社会奖励的作用

在国外的奥运会选手奖励中，社会奖励的金额较多，以政府名义奖励的却不多。应鼓励和支持社会对奥运会获奖选手的奖励。这样既可以提高社会大众对奥运会的关注，也能减轻国家的财政负担。我国在制定奥运会奖励政策时，应注意整合多种对奥运会选手奖励的资源，将社会奖励纳入整个奥运会冠军奖励体系中。

第五节 奥运会冠军的社会流动

一、奥运会冠军夺冠前后的社会分层

社会阶层是根据人们不同的社会特征进行多角度划分而形成的社会地位阶梯。它是由社会身份、社会地位或职业特征相同的人所组成的社会集团，它反映了人们社会生产关系中的劳动关系与其他关系方面的同一性，也反映了社会

关系和社会结构的多样性和丰富性①。

诸多社会学家认为体育是一种生活方式，生活方式是社会分层和阶层再造的重要标志，较高社会地位的阶层总是通过参与不同的运动形式彰显他们与社会阶层的差异性。

中国社会科学院"当代中国社会阶层结构"课题组在经过大量社会调查与实证研究之后，提出了"以职业分类为基础，以组织资源、经济资源和文化资源的占有状况为标准来划分社会阶层的理论框架"，把当代中国社会划分为十大社会阶层，这十大社会阶层分别是：1. 国家与社会管理者阶层；2. 经理人员阶层；3. 私营企业主阶层；4. 专业技术人员阶层；5. 办事人员阶层；6. 个体工商户阶层；7. 商业服务业员工阶层；8. 产业工人阶层；9. 农业劳动者阶层；10. 城乡无业、失业、半失业者阶层。同时又把这十个阶层划归为五种社会地位等级：社会上层（前四个阶层中的高层）、社会中上层（前四个阶层中的中低层）、社会中层（跨越第四至九阶层）、社会中下层（六、七、八、九层）、社会下层（七、八、九、十层）②。

我们将中国251位奥运会冠军夺冠前家庭背景（父母职业）与夺冠后的职业情况进行了统计，获得表4-6。

表4-6 奥运会冠军夺冠前后职业分布统计（N＝251）（截至2018年）

序号	姓名	夺冠前阶层（父母职业、家庭背景）	退役后职业（夺冠项目时间）
1	许海峰	出生于军人家庭，父亲为新四军老战士，后转业体院工作	国家体育总局自行车、击剑中心副主任，已退休（射击1984）
2	李宁	父亲为广西来宾市南泗乡人	创立"李宁"体育用品品牌（体操1984）
3	楼云	父亲是业余体操运动员，后为工人	绿城文体发展有限公司经理（体操1984）
4	李玉伟	出生农村。父亲是村办小厂领导，母亲是农妇	辽宁省军事体育陆上运动学校副校长（射击1984）
5	曾国强	出生于工人家庭	广东省体育局二沙岛基地教练员（举重1984）

---

① 吴增基，吴鹏森，苏振芳. 现代社会学 [M]. 上海：上海人民出版社，2001：210.
② 陆学艺. 当代中国社会结构 [M]. 北京. 社会科学文献出版社，2010.

续表

序号	姓名	夺冠前阶层（父母职业、家庭背景）	退役后职业（夺冠项目时间）
6	吴数德	出生于工人家庭	广西区体育局副局长，已退休（举重1984）
7	陈伟强	出生于工人家庭	广东举重教练员，已退休（举重1984）
8	姚景远	出生于农民家庭	辽宁举重队教练员，已退休（举重1984）
9	吴小旋	父亲是小学气枪射击队的指导老师	杭州市射击学校名誉校长（射击1984）
10	周继红		总局游泳中心副主任、跳水队领队（跳水1984）
11	郎平	父亲是政法干部	中国女排总教练，中国排协副主席（排球1984）
12	张蓉芳	出生于工商业者世家	曾任总局排管党委书记，已退休（排球1984）
13	朱玲	出生于工人家庭，父亲为邮电局职工	四川体育局局长、党组书记，已退休（排球1984）
14	杨锡兰	军人退伍	在瑞士联合国安全系统负责监控系统（排球1984）
15	周晓兰	父亲是工程师	美国医疗器材公司部门负责人（排球1984）
16	梁艳	出生于知识分子家庭	创办梁艳体育广告公司（排球1984）
17	姜英		澳大利亚国家女排主帅（排球1984）
18	侯玉珠	家庭条件一般	福建省体育局青少年处处长（排球1984）
19	苏惠娟	出生于工人家庭	现在瑞士生活（排球1984）

续表

序号	姓名	夺冠前阶层（父母职业、家庭背景）	退役后职业（夺冠项目时间）
20	杨晓君	父亲在邮电系统工作，非常喜欢体育活动	现为德国 EBM 派特公司亚洲区进出口贸易的主管人（排球 1984）
21	郑美珠	工人家庭	中医疗养院做管理工作（排球 1984）
22	李延军		国家机关工委培训中心处长（排球 1984）
23	马艳红	出生于工人家庭	国士体育管理有限责任公司总经理（体操 1984）
24	栾菊杰	出生于工人家庭	加拿大击剑俱乐部教练（击剑 1984）
25	陈龙灿	父母均是教师	西华大学教授、乒乓球队主教练（乒乓球 1988）
26	韦晴光	父亲有过多年的军旅生涯	在日本东京开设乒乓球俱乐部，青森山田高校担任男队教练（乒乓球 1988）
27	陈静	普通家庭	华南师范大学硕士生导师，创办陈静俱乐部（乒乓球 1988）
28	许艳梅		创办了海南萨拉坦体育文化产业发展有限公司（跳水 1988）
29	高敏	知识分子家庭，父亲四川财经大学工作	北京越野足球俱乐部副董事长（跳水 1988）
30	陈跃玲	出生于农村	美国步行联盟董事、美国肾脏基金会和泛亚侨团联盟的发言人（1992）
31	李小双	出生于工人家庭	创办了李小双体育用品公司（体操 1992）
32	陆莉	出生于工人家庭	美国旧金山经营 ACC 体操俱乐部（体操 1992）
33	庄晓岩		辽宁省运动技术学院训练处干部（1992）

续表

序号	姓名	夺冠前阶层（父母职业、家庭背景）	退役后职业（夺冠项目时间）
34	王义夫	父亲王辉是转业军人，母亲刘国珍在卫生院工作	原国家体育总局射击管理中心副主任，现中国奥委会专家委员（射击1992）
35	张山	父亲是中学老师	四川省陆上运动学校校长（射击1992）
36	吕林	出生于乡村小学教师家庭	浙江省体育局副局长、党组成员（乒乓球1992）
37	王涛	父亲为全总文工团乐队队长，国家一级演奏家、作曲家	八一乒乓球队总教练（乒乓球1992）
38	邓亚萍	父亲曾是河南省乒乓球运动员	河南邓亚萍体育产业投资基金创始人（乒乓球1992）
39	乔红	出生于工人家庭	广东省体育局青少年体育处调研员（乒乓球1992）
40	杨文意	出生于体育世家，父亲是体育收藏家	创办金意体育传播有限公司（游泳1992）
41	庄泳	出生于工人家庭	创办了郁金香传媒公司（游泳1992）
42	钱红		创办了游泳俱乐部，代理了一家国际著名泳装品牌（游泳1992）
43	林莉	出生于工人家庭	在美国加州圣何西执教一个游泳俱乐部（游泳1992）
44	孙淑伟	出生于普通工人家庭	广东省跳水队教练（跳水1992）
45	伏明霞	汽车修配厂工人	现居中国香港（跳水1992）
46	王军霞	父母都是农民	成立健康跑俱乐部（田径1996）
47	葛菲	父亲曾从事羽毛球教练工作	南京市体育局副局长（羽毛球1996）
48	顾俊		创办金融投资公司（羽毛球1996）
49	杨凌		北京市射击运动技术学校的副校长（射击1996）

续表

序号	姓名	夺冠前阶层（父母职业、家庭背景）	退役后职业（夺冠项目时间）
50	李对红	出生于军人家庭	沈阳部队射击队大校军官（射击1996）
51	刘国梁	出生于乒乓球教练之家	原中国乒乓球队总教练，现任中国乒协副主席（乒乓球1996）
52	孔令辉	出生于乒乓球教练之家	原中国女子乒乓球队主教练（乒乓球1996）
53	熊倪	父亲钟表匠，母亲经营汽车配件	湖南省体育局党组成员、副局长（跳水1996）
54	唐灵生	出生于农村	广西体操武术发展中心干部（举重1996）
55	占旭刚	出生于农村	浙江体育职业技术学院院长（举重1996）
56	乐静宜		现在上海经营漫画吧和神乃健体育俱乐部（游泳1996）
57	孙福明	出生于农村	辽宁省体育局游泳中心副主任（柔道1996）
58	王丽萍	父母都是农民	北京体育大学竞技体校教练员（竞走2000）
59	吉新鹏	出生于工人家庭	厦门体育局青少年体育处处长（羽毛球2000）
60	龚智超	出生于工人家庭	湖南省体彩中心副主任（羽毛球2000）
61	张军		国家羽毛球队男子双打组主教练（羽毛球2000）
62	高崚		北京市公安局政治处（羽毛球2000）
63	李小鹏	出生于普通工人家庭	非凡领越体育发展（北京）有限公司董事长（体操2000）

续表

序号	姓名	夺冠前阶层（父母职业、家庭背景）	退役后职业（夺冠项目时间）
64	黄旭	出生于工人家庭	江苏省体操中心副主任、南京体育学院团委书记（体操2000）
65	邢傲伟	母亲烟台航道局话务员	山东省体操中心副主任（体操2000）
66	杨威	出生于工人家庭	湖北省体操运动管理中心书记（体操2000）
67	郑李辉		湖北省体育局奥运办副主任（体操2000）
68	肖俊峰		成立陕西海天声光工程有限责任公司（体操2000）
69	刘璇		演员（体操2000）
70	唐琳	出生于农村	创建物流公司（柔道2000）
71	袁华		辽宁省柔道队教练员（柔道2000）
72	蔡亚林	父母均为教师	创办了河北省蔡亚林射击俱乐部（射击2000）
73	陶璐娜	出生于工人家庭	上海市射击射箭运动中心副主任、上海市射箭协会副会长（射击2000）
74	王励勤	出生于普通工人家庭	上海体育职业学院副院长和上海乒羽中心主任（乒乓球2000）
75	闫森	出生于普通工人家庭	中国乒乓球女队教练（乒乓球2000）
76	王楠	父亲是教育工作者	共青团中央宣传部文体处处长（乒乓球2000）
77	李菊		南通大学体育科学学院副院长（乒乓球2000）
78	陈中	母亲是原篮球队员	现在北京体育大学团委书记（跆拳道2000）

续表

序号	姓名	夺冠前阶层（父母职业、家庭背景）	退役后职业（夺冠项目时间）
79	田亮	普通工人家庭	演员（跳水2000）
80	肖海亮	父亲为前湖北省体育局局长、著名跳水教练	武汉富隆酒窖总经理、湖北日报报业集团体育周报记者（跳水2000）
81	李娜	父亲任安徽田径队领队	2008年就读硕士研究生（跳水2000）
82	桑雪	父亲下岗工人	演员（跳水2000）
83	杨霞	父母农民	湖南省举重中心主任（举重2000）
84	陈晓敏	出生于农村	移民投资公司的合伙人，现居澳大利亚（举重2000）
85	林伟宁	出生于农村	山东省体育总会秘书处干部（举重2000）
86	丁美媛	出生于农村	辽宁省军事体育陆上运动学校校长（举重2000）
87	刘翔	出生于普通工人家庭	上海体育局团委副书记（田径2004）
88	邢慧娜	父母都是农民	山东省田径管理中心副主任（田径2004）
89	张宁	父亲是现役军人	中国羽毛球队女单助理教练（羽毛球2004）
90	杨维	出生于工人家庭	广东二沙体育中心羽毛球、网球管理中心书记（羽毛球2004）
91	张洁雯		广州市羽毛球管理中心副主任（羽毛球2004）
92	孟关良	父亲做过水运工作	浙江省建德市委常委（皮划艇2004）
93	杨文军	出生于农民家庭，父母去海南做生意	江西省体育局运动训练后勤服务中心主任（皮划艇2004）
94	滕海滨	出生于普通工人家庭	国家队少年班教练（体操2004）

序号	姓名	夺冠前阶层（父母职业、家庭背景）	退役后职业（夺冠项目时间）
95	贾占波		河南省射击中心副主任（射击 2004）
96	朱启南	父亲做纽扣生意	浙江省射击射箭自行车运动管理中心副主任（射击 2004）
97	杜丽	继父杜兆祥在县公安局工作	国家射击队女子步枪和手枪教练（射击 2004）
98	陈玘	父亲是江苏省南通市公安局领导	江苏乒乓球男队主教练（乒乓球 2004）
99	马琳	父亲在玻璃仪器厂上班，母亲在纺织厂工作	广东乒羽中心主任兼广东乒乓球队总教练（乒乓球 2004）
100	张怡宁	父亲工人，母亲医院工作，	中国乒乓球学院院长助理（乒乓球 2004）
101	罗微		中山大学体育教师、成立了罗微跆拳道俱乐部（跆拳道 2004）
102	罗雪娟	普通工人家庭	浙江体育职业学院竞技体育二系副主任（游泳 2004）
103	彭勃	父亲是位工程师，母亲是位内科医生	上海海军游泳队教练员（跳水 2004）
104	胡佳	父亲"下海"，在汉正街做生意	经营环保技术公司（跳水 2004）
105	杨景辉	父亲是农民	广东体育职业技术学院团委副书记（跳水 2004）
106	郭晶晶	出生于工人家庭	现居中国香港，跳水国际裁判（跳水 2004）
107	吴敏霞	普通工人家庭	共青团上海市委副书记（跳水 2004）
108	劳丽诗	父亲是个体户	个体经营（跳水 2004）
109	李婷	普通工人家庭	广西水上运动发展中心副主任（跳水 2004）

续表

序号	姓名	夺冠前阶层（父母职业、家庭背景）	退役后职业（夺冠项目时间）
110	李婷	出生于普通工人家庭	在北京体育大学任教（网球2004）
111	孙甜甜	普通工人家庭	河南省乒网中心主任助理（网球2004）
112	杨昊	父亲是企业老总，母亲曾是排球运动员	北京航空航天大学教师，排球教练（排球2004）
113	王丽娜	母亲是体育老师，父亲是工厂工人	在福州定居，经营餐厅（排球2004）
114	赵蕊蕊	父母都是排球运动员	作家（排球2004）
115	刘亚男		辽宁体育局排球管理中心副主任（排球2004）
116	冯坤	高级知识分子家庭	国家体育总局排球运动管理中心训练部副部长（排球2004）
117	宋妮娜		八一体工大队（排球2004）
118	周苏红	父母在长兴李家巷航运公司当船工	浙江省团委副书记，浙江体育职业学院五系主任（排球2004）
119	李珊		天津体工大队副队长（排球2004）
120	张越红		辽宁省体育局机关党委专职副书记（排球2004）
121	张萍	父亲是排球教练，母亲是幼儿园老师	中国女子水球队副领队（排球2004）
122	张娜		天津体育学院排球学院副院长（排球2004）
123	陈静	出生在篮球世家	四川省排球管理中心副主任（排球2004）
124	石智勇	出生于农民家庭	共青团福建省委青少部部长（举重2004）
125	张国政	出生于普通家庭	中国女子举重队总教练（举重2004）

续表

序号	姓名	夺冠前阶层（父母职业、家庭背景）	退役后职业（夺冠项目时间）
126	陈艳青	父母均为农民	江苏省苏州市体育局副局长（举重2004）
127	刘春红	出生于农村	山东体育局举摔柔中心副主任（举重2004）
128	唐功红	父母都是农民	山东省威海体育训练基地副主任（举重2004）
129	冼东妹	出生于农村	中国柔道协会主席、广东省重竞技中心党委书记（柔道2004）
130	王旭	父亲是自来水公司的职工	就读于北京体育大学（摔跤2004）
131	张娟娟	出生于农村	山东省青岛体育训练基地副主任（射箭2008）
132	林丹	父母都是工人	中国羽毛球队员（羽毛球2008）
133	于洋	出生于工人家庭	已退役（羽毛球2008）
134	杜婧	出生于工人家庭	辽宁羽毛球女双教练（羽毛球2008）
135	邹市明	父亲是航天工程师，母亲是教师	职业拳击手（拳击2008）
136	张小平	父亲在蒙古乌兰巴托开了一个砖厂	在锡林郭勒职业学院成立了张小平搏击俱乐部（拳击2008）
137	仲满	父母经营农药化肥等农资产品	南京体育学院击剑自行车系主任助理（击剑2008）
138	邹凯	父亲是中石油加油机修理工，母亲是公交公司售票员	四川省体操中心副主任（体操2008）
139	肖钦	出生于普通工人家庭	就读于清华大学（体操2008）
140	陈一冰	出生于普通工人家庭	创办"型动体育"公司（体操2008）
141	程菲	出生于普通工人家庭	在武汉体育学院任教（体操2008）
142	邓琳琳	出生于农民家庭	就读于北京大学国际关系专业（体操2008）

续表

序号	姓名	夺冠前阶层（父母职业、家庭背景）	退役后职业（夺冠项目时间）
143	何可欣		就读于北京师范大学体育管理系（体操2008）
144	江钰源	父亲是柳州一名普通的出租车司机。	就读于浙江大学（体操2008）
145	李珊珊	出生于普通工人家庭	创办启航运动馆（体操2008）
146	杨伊琳	父亲经营一个小超市	就读于北京体育大学竞技体育学院运动训练专业（体操2008）
147	陆春龙	父亲是搞建筑的	江苏省蹦床队领队、党支部书记（蹦床2008）
148	何雯娜	普通工人家庭	已退役（蹦床2008）
149	杨秀丽	父母都是农民	国家柔道队教练（柔道2008）
150	佟文		天津市付村体育训练基地副主任（柔道2008）
151	唐宾	出生于农村	辽宁省反兴奋剂中心副主任（赛艇2008）
152	金紫薇	出生于工人家庭	江西省水上管理中心党委书记（赛艇2008）
153	奚爱华	来自农村	山东省水上运动学校副校长（赛艇2008）
154	张杨杨	出生于工人家庭	中国皮划艇队（赛艇2008）
155	邱健	出生于工人家庭	江苏射击队副总教练（射击2008）
156	庞伟	普通市民家庭	在役（射击2008）
157	陈颖	普通家庭	国家射击队手枪教练（射击2008）
158	郭文珺		党十九大代表，陕西省射击射箭运动管理中心（射击2008）
159	王皓	父亲是工人	中国乒乓球队教练（乒乓球2008）
160	郭跃	父亲是工厂的工人	就读于清华大学管理学院（乒乓球2008）

续表

序号	姓名	夺冠前阶层（父母职业、家庭背景）	退役后职业（夺冠项目时间）
161	吴静钰	出生于农民家庭	中国人民大学体育教师（跆拳道 2008）
162	刘子歌	出生于工人家庭	上海市体育局团委副书记（游泳 2008）
163	何冲	父亲从事装修工作	自媒体（跳水 2008）
164	王峰		山东体育局跳水管理中心副主任（跳水 2008）
165	秦凯	出生于工人家庭	中国人民大学深造（跳水 2008）
166	林跃	出生于普通园艺工作者家庭	艺人，中国人民大学深造（跳水 2008）
167	火亮	父母均为工人	中国人民大学深造（跳水 2008）
168	陈若琳	单亲家庭。父亲开了家小店，专营	就读于中国人民大学（跳水 2008）
169	王鑫	下岗工人家庭，夜市摆地摊	中国跳水运动员（跳水 2012）
170	龙清泉	出生于农民家庭	中国举重队运动员（举重 2008）
171	张湘祥	父亲做房屋装饰工作，母亲电焊工	北京体育大学教师，开体育公司（举重 2008）
172	廖辉	出生于农村，父母个体经营	湖北省举重中心副主任（举重 2008）
173	陆永	出生于农村，父母是某单位临时工	广西举重中心副主任（举重 2008）
174	王娇	出生于农民家庭	辽宁省女子摔跤队领队（摔跤 2008）
175	殷剑	父母都是渔民	四川省水上运动学校副校长（帆船 2008）
176	易思玲	父母是下岗工人，经营小餐馆	中国射击运动员（射击 2012）
177	王明娟	出生于农民家庭	湖南省体育局干部（举重 2012）
178	孙杨	父母在高校教书、教授	中国游泳队（游泳 2012）

续表

序号	姓名	夺冠前阶层（父母职业、家庭背景）	退役后职业（夺冠项目时间）
179	叶诗文	母亲是杭州松下洗衣机波轮制造科员工	在役中国游泳运动员（游泳 2012）
180	何姿	普通职工家庭	中国人民大学深造（跳水 2012）
181	曹缘		在役中国跳水运动员（跳水 2012）
182	张雁全	父母在潮州开店，专门卖电器。	中国跳水运动员（跳水 2012）
183	李雪英	出生于农村	就读于北京体育大学（举重 2012）
184	张成龙	出生于普通工人家庭	体操运动员（体操 2012）
185	郭伟阳	父亲开电器维修店	云南体育职业学院竞技学院副院长（体操 2012）
186	冯喆	出生于成都普通家庭	四川省体操中心副主任（体操 2012）
187	汪皓		就读于天津体育学院（跳水 2012）
188	雷声	父亲国企总工程师，母亲教师	中国男子花剑队教练员（击剑 2012）
189	林清峰	父亲搬运工，母亲钟点工	福建省举重队教练员（举重 2012）
190	罗玉通	出生于农村。父亲承包 30 亩鱼塘。	在中山大学就读（跳水 2012）
191	李晓霞	父母是工人	中国乒乓球队参谋部参谋（乒乓球 2012）
192	焦刘洋	父亲曾是田径运动员，母亲教师	中国游泳运动员（游泳 2012）
193	吕小军	出生于农村	中国举重队员（举重 2012）
194	张继科	父亲是乒乓球教练	中国乒乓球队（乒乓球 2012）
195	赵芸蕾	父亲是体校副校长，母亲网球教练	湖北省羽毛球协会主席，中国羽毛球队教练员（羽毛球 2012）
196	张楠	父亲是出租车司机	中国羽毛球队员（羽毛球 2012）
197	董栋	出生农村	中国蹦床运动员（蹦床 2012）
198	李雪芮	普通工人家庭	中国羽毛球队员（羽毛球 2012）
199	田卿	父亲是安化体校羽毛球教练	已退役（羽毛球 2012）

续表

序号	姓名	夺冠前阶层（父母职业、家庭背景）	退役后职业（夺冠项目时间）
200	陈定	父母经营土特产小生意	北京进修（田径2012）
201	许安琪	父亲在浦镇车辆有限公司上班，妈妈在毛纺厂工作	中国女子重剑队员（击剑2012）
202	李娜	出生于小商贩家庭	吉林师范大学教师（击剑2012）
203	骆晓娟	出生于农村，父亲是个拖拉机手	南京体育学院团委副书记（击剑2012）
204	孙玉洁	父母曾从事运动训练	中国击剑队员（击剑2012）
205	蔡赟	普通家庭	从事媒体工作（羽毛球2012）
206	傅海峰	羽毛球教练	中国羽毛球球队员（羽毛球2012）
207	周璐璐	父母都是农民	山东举重管理中心干部（举重2012）
208	徐莉佳	出生于上海的一个工薪家庭	中国帆船队员（帆船2012）
209	丁宁	父母都是石化职工	中国乒乓球队员（乒乓球2012）
210	马龙	父亲是普通干部	中国乒乓球队员（乒乓球2012）
211	张梦雪	父母是美术总厂职工	中国射击队员（射击2016）
212	施廷懋	出生于工人家庭	中国跳水队员（跳水2016）
213	陈艾森	母亲会计，父亲个体户	中国跳水队员（跳水2016）
214	邓薇	出生于农村	中国举重队员（举重2016）
215	刘蕙瑕	父亲银行职工，母亲电厂工人	中国跳水队员（跳水2016）
216	石智勇	父亲是个泥水工	现役中国举重队员（举重2016）
217	向艳梅	父母原务农，后做一些生意	中国举重队员（举重2016）
218	王镇	父亲是农民工；母亲务农	中国田径队竞走队员（竞走2016）
219	宫金杰	父母开了一家饭店	中国自行车队员（自行车2016）
220	钟天使	出生于一个上海农民家庭	中国自行车队员（自行车2016）
221	孟苏平	出生于农民家庭	中国举重队员（举重2016）
222	刘诗雯	父亲厂长	中国乒乓球队员（乒乓球2016）
223	许昕	出生于干部家庭	中国乒乓球队员（乒乓球2016）
224	赵帅	父母目前在沈阳打工	中国跆拳道队员（跆拳道2016）

序号	姓名	夺冠前阶层（父母职业、家庭背景）	退役后职业（夺冠项目时间）
225	任茜	出生于农村	中国跳水队员（跳水2016）
226	刘虹	出生于农民家庭	中国竞走队员（竞走2016）
227	谌龙	父亲荆州金龙公司工作，母亲银行工作	中国羽毛球队员（羽毛球2016）
228	郑姝音	父母经营钓鱼场，在丹东乡村长大，	中国跆拳道队员（跆拳道2016）
229	惠若琪	父亲是上市公司高管，并有兼职	中国女排队员（排球2016）
230	魏秋月	父母从商，父亲从事装修生意	天津市团委副书记（排球2016）
231	徐云丽	父母是普通市民，母亲曾到日本打工	中国女排队员（排球2016）
232	张常宁	出生于排球世家，父亲排球教练	中国女排队员（排球2016）
233	颜妮	出生于工人家庭。	中国女排队员（排球2016）
234	朱婷	出生于普通农民家庭	中国女排队员（排球2016）
235	杨方旭	父亲退休，母亲是企业的化验员	中国女排队员（排球2016）
236	袁心玥	母亲中学体育教师，父亲是警察	中国女排队员（排球2016）
237	丁霞	父亲是石家庄车辆厂职工	中国女排队员（排球2016）
238	刘晓彤	出生于普通农民家庭	中国女排队员（排球2016）
239	龚翔宇	父亲是公安局教导员	中国女排队员（排球2016）
240	林莉	父亲在工地打工	中国女排队员（排球2016）
241	杨扬	父亲是警察，母亲经营照相馆	全国青联副主席，国际滑联速滑理事（短道速滑2002）
242	韩晓鹏	父母是粮食系统职工	总局冬季运动管理中心滑雪一部官员（自由式滑雪2006）
243	王濛	父亲曾是煤矿工人，母亲法院工作	国家集训队主教练（短道速滑2006）
244	申雪	父亲是工人，母亲是售货员	北京团委副书记，总局花滑部部长（花样滑冰2010）
245	孙琳琳	父亲煤矿工作，母亲水泥厂工作	已退役（短道速滑2010）

续表

序号	姓名	夺冠前阶层（父母职业、家庭背景）	退役后职业（夺冠项目时间）
246	张会	出生于小商贩家庭	已退役（短道速滑 2010）
247	赵宏博	父亲工商局干部，母亲工人	花样滑冰国家队双人滑主教练（花样滑冰 2010）
248	周洋	妈妈腿有残疾，爸爸没有固定的单位，全家人靠小彩票站维持生计	现役中国短道速滑队员（短道速滑 2010）
249	李坚柔	父亲木工，母亲会计	东北师范大学体院副教授（短道速滑 2014）
250	张虹	父母是黑龙江科技大学哈尔滨煤矿机械研究所员工	中国奥委会执委（速度滑冰 2014）
251	武大靖	父母均为工人	中国短道速滑队员（短道速滑 2018）

注：序号 1~240 是夏季奥运会冠军，241~251 是冬季奥运会冠军。据中国奥委会官方网站明星档案及运动员所在地体育局网站、百度百科、360 百科、搜狗百科等网络搜索引擎，及报纸的相关报道资料和面谈调研统计。

表 4-7 我国奥运冠军夺冠前父母从事职业和社会阶层分布（N=251）（截至 2018 年）

	社会阶层	从事该类职业人数	所占百分比（%）
第一类	国家与社会管理者阶层	15	5.98%
第二类	经理人员阶层	1	0.39%
第三类	私营企业主阶层	4	1.59%
第四类	专业技术人员阶层	42	16.73%
第五类	办事人员阶层	2	0.78%
第六类	个体工商户阶层	22	8.76%
第七类	商业服务业员工阶层	5	1.99%
第八类	产业工人阶层	86	34.26%
第九类	农业劳动者阶层	44	17.53%

续表

	社会阶层	从事该类职业人数	所占百分比（％）
第十类	城乡无业、失业、半失业者阶层	0	0
第十一类	父母职业情况不详者	30	11.95%
	合计	251	100%

表 4 - 7 说明中国 251 位奥运会冠军出生于：1. 国家与社会管理者阶层约占 5.98%；2. 经理人员阶层约占 0.39%；3. 私营企业主阶层约占 1.59%；4. 专业技术人员阶层约占 16.73%；5. 办事人员阶层约占 0.78%；6. 个体工商户阶层约占 8.76%；7. 商业服务业员工阶层约占 1.99%；8. 产业工人阶层约占 34.26%；9. 农业劳动者阶层约占 17.53%；10. 城乡无业、失业、半失业者阶层为零；其余不详者占 11.95%。

按照上述 11 个阶层的分类，我们将中国 251 位奥运会冠军父母的职业划归为三种社会地位等级，其等级如下：1. 社会上层（1 ~ 4 阶层）62 人，约占 24.70%；2. 社会中层（5 ~ 6 阶层）24 人，约占 9.56%；3. 社会下层（7 ~ 10 阶层）135 人，约占 53.78%；父母职业阶层不详者 30 人，约占 11.95%。

上述统计说明，中国奥运会冠军中仅有 24.7% 出生于社会上层，多达 75.3% 的人出生于社会中下层。其中出生于社会下层家庭的人数居多，占 53.78%（备注：如将父母职业情况不详的 30 位奥运会冠军划归表 4 - 7 的 7 - 10 阶层，则中国奥运会冠军共有 165 人，65.74% 主要出生于社会下层的家庭）

二、奥运会冠军的社会流动

社会分层是从静态的角度，研究社会阶层结构分化的质变过程；社会流动是从动态的角度，研究社会阶层结构的量变过程；二者互为表里，相辅相成①。社会流动是指社会成员从某一种社会地位转移到另一种社会地位的现象②。社会流动可分为向上和向下流动、水平和垂直流动、自然和非自然流动、代际和代内流动、结构和非结构性流动。社会流动的实质是社会资源占有的变化，社会流动有利于激发人的积极性和创造性，使社会成员获得改变自身社会地位的机

---

① 陆学艺. 中国社会流动 ［M］. 北京：社会科学文献出版社，2004：1 - 2.
② 陆学艺. 中国社会流动 ［M］. 北京：社会科学文献出版社，2004：1 - 2.

会，缓解社会冲突，促进社会和谐发展。

一个人社会地位的获得受到个人才能、努力、家庭背景及社会环境等诸方面的影响和制约。因此，在社会学领域内，社会流动研究又有代际流动与代内流动之分。代际流动是指上一代（父亲）与下一代（子女）之间的职业地位或阶级阶层位置的变化情况，代内流动是指个人所经历的职业地位或阶级阶层位置的变化情况①。

在体育领域，运动成绩是实现社会流动的主要路径。奥运会冠军作为竞技体育的佼佼者，位于竞技体育金字塔的最上层。中国奥运会冠军的社会流动是整个中国社会流动的一个组成部分，运动员在获得奥运会冠军后，大多进入了社会上层。

我国的三级训练体制是以国家队为龙头，以省市专业队为中坚力量，以重点业余体校为基础，以一般业余体校为"草根"的金字塔式的运动训练体系和网络。三级训练体制的建立，为运动员提供了社会流动的阶梯。业余体校的运动员取得突出成绩后，便可上升到省级运动队，成为正式的专业运动员；专业运动员在拥有一定的成绩资本后，会进一步上升到国家队。相反，国家队运动员成绩表现不佳，也有可能被打回省级运动队，而省级运动员长期不出成绩就会面临被退役的问题。我国奥运会冠军一般都是从业余体校出来，通过各级竞赛，成绩优秀者脱颖而出，一步步进入国家队。

（一）自致性因素在奥运会冠军的向上流动中起关键作用

在社会学中，一个人社会流动的影响因素可分为先赋性因素和自致性因素两种。前者主要包括家庭出身、性别、父母职业和文化程度等因素；自致性因素主要指个人通过后天的努力所获得的知识、专业技能、个人成就、政治表现等。运动员在向上流动的过程中，运动成绩这个自致性因素起着决定性作用。大多数运动员并不能从父母亲那里得到有力的社会资本的支持，其自身发展只能是一靠自我奋斗；二靠天赋的身体条件和机遇；三靠自身积累起来的社会资本的支持②。成绩资本是影响运动员地位获得的第一要素③。

从某种程度上说，现代社会是一个后致性因素主导的社会。奥运会冠军通过个人努力取得"成绩资本"使自身社会地位得以提高，实现向上流动。由于

---

① 李春玲. 社会阶层的代际流动与代内流动 [N]. 中国社会科学院院报, 2004 - 8 - 12 (3).
② 秦海霞. 辽宁竞技体育人才外流的社会影响 [J]. 理论界, 2006 (6): 96 - 97.
③ 钟秉枢. 成绩资本和地位获得 [J]. 体育科学, 1998, 18 (3): 45 - 49.

"成绩面前，人人平等"，实现向上流动需要自身去争取，这可以极大地调动人的积极性，激发人的创造性，促使人们奋发向上①。竞技体育"成绩至上"的特点使奥运会冠军获取的社会资源急剧增加，而拥有较多的社会资源与职业地位的获得往往呈正相关。因此，优异的运动成绩使运动员拥有了向理想社会阶层流动的资源和能力②。

（二）物质奖励和精神鼓励等在奥运会冠军向上流动中有激励作用

物质奖励和精神鼓励为奥运冠军的社会流动创造了外部动力和便利条件。

奥运冠军是优秀运动员的典型代表，国家对这些优秀运动员出台了许多政策来进行奖励，奖励主要表现为物质和精神奖励、高层次教育机会、退役后的职业安置等。在"举国体制"和"奥运战略"的双重作用下，即使有严格的选拔制度和考察程序，奥运会冠军进入管理者和专业技术人员阶层依然有相对宽松的环境，并有获得高等教育的更好条件③。接受更好的教育可以使个人综合能力得到更好提升。奥运会冠军退役后，还有组织对其进行经济和再就业的扶持，有利于获得较好的工作和较高的社会经济地位。

我国优秀运动员的生活、训练、比赛费用基本都是由国家和地方政府的体育行政部门来承担，并且每月领取工资。社会资源就像一块蛋糕，但这块蛋糕在内容上并不固定，而是随政治的需要而变化。对那些主要来自中下层家庭的运动员来说，参加竞技训练不仅能发挥个人运动特长，实现人生价值的梦想，还可用获得的工资和奖金反哺家用，奥运会夺冠后有很高荣誉，从而实现社会、家庭和个人双赢。

三、奥运会冠军的退役安置

（一）退役运动员再就业保障的相关法规制度

20世纪60年代以来，原国家体委（现为国家体育总局）、财政部、人事部等相继颁布了关于退役运动员安置的相关政策（见表4—8）。

---

① 张三梅. 从社会流动视角看中国女性的竞技体育参与 ［J］. 广州体育学院学报，2008（5）：20-23.

② 王雪峰，肖锋，刘洪磊. 结果与动因：中国奥运冠军的社会流动 ［J］. 沈阳体育学院学报，2014，33（6）：71-77.

③ 王雪峰，肖锋，刘洪磊. 结果与动因：中国奥运冠军的社会流动 ［J］. 沈阳体育学院学报，2014，33（6）：71-77.

表4—8　我国制定的关于退役运动员安置的部分政策文件

颁布时间	颁布机构	文件名称
1965	国家体委	关于做好调整处理运动员工作的通知
1980	民政部、劳动总局、国家体委	关于招收和分配优秀运动员等问题的联合通知（民发（1980）26号、（80）劳总计字81号、（80）体政字253号）
1986	国家体委	运动员退役实施办法（〔86〕体干字1133号）
1987	国家体委、国家教委	关于著名优秀运动员上大学有关事宜的通知（体人字〔1986〕1241号）
1995	国家体委	关于加强和发展优秀运动队职业教育的意见
1995	全国人民代表大会	中华人民共和国体育法
1999	国家体育总局	关于国家体育总局直属体育院校免试招收退役优秀运动员学习有关问题的通知（体人字〔1999〕420号）
2002	国家体育总局	优秀运动员伤残互助保险试行办法（体人字〔2002〕137号）
2002	国家体育总局、中编办、教育部、财政部、人事部、劳动保障部	关于进一步做好退役运动员就业安置工作的意见（体人字〔2002〕411号）
2003	人事部、财政部、国家体育总局	自主择业退役运动员经济补偿办法（国人部发〔2003〕18号）
2006	人事部、财政部、国家体育总局	关于印发《体育运动员贯彻事业单位工作人员收入分配制度改革方案的实施意见》的通知（国人部发〔2006〕129号）
2007	国家体育总局	关于进一步做好全国优秀运动员保障工作的意见（体人字〔2007〕391号）
2007	国家体育总局	关于做好运动员职业转换过渡期工作的意见（体人字〔2007〕410号）
2010	国家体育总局、教育部、财政部、人力资源社会保障部	关于进一步加强运动员文化教育和运动员保障工作指导意见（国办发〔2010〕2号）

续表

颁布时间	颁布机构	文件名称
2013	国家体育总局	国家体育总局关于进一步加强运动员职业辅导工作的意见（体人字〔2013〕388 号）
2014	国家体育总局	国家体育总局关于进一步做好退役运动员就业安置工作有关问题的通知（体人字〔2014〕382 号）

　　1980 年民政部等三部委联合制定了《关于招收和分配优秀运动员等问题的联合通知》，对运动员的生活、学习、就业等做出了系统规定。优秀运动员经过考核按"干部"和"工人"分配工作，"符合干部条件的……按干部分配工作。""按工人分配的，由各省、自治区、直辖市劳动局协助体委安排。"①

　　1987 年国家体委、国家教委联合颁布了《关于著名优秀运动员上大学有关事宜的通知》，规定奥运会、世界杯、世界锦标赛单项前三名获得者和集体项目前三名的主力队员以及世界纪录创造者可免试上大学②。

　　2002 年国家体育总局颁布的《关于进一步做好退役运动员就业安置工作的意见》中明确规定，要完善运动员的保障和就业培训机制；鼓励退役运动员自主择业，自己创业或者进入高校学习，通过高校毕业生就业渠道就业③。

　　2003 年人事部等三部委颁布的《自主择业退役运动员经济补偿办法》指出"经济补偿费由基础安置费、运龄补偿费和成绩奖励三部分组成"④。

　　2006 年国家体育总局、财政部和社会保障部联合颁布了《关于进一步加强运动员社会保障工作的通知》，要求运动员及其单位按照《失业保险条例》规定参加失业保险，履行缴费义务。未就业的退役运动员可办理失业登记，享受相应的就业服务。符合《失业保险条例》规定条件的，失业保险经办机构应及时足额为其发放失业保险金⑤。

　　2010 年国家体育总局等四部委颁布的《关于进一步加强运动员文化教育和

---

①　国家体委政策研究室. 体育运动文件汇编（1949—1981）［M］. 北京：人民体育出版社，1982：435.

②　国家体委：关于著名优秀运动员上大学有关事宜的通知. 体干字号，1987.

③　国家体委：关于著名优秀运动员上大学有关事宜的通知. 体干字号，1987.

④　人事部，财政部，国家体育总局. 自主择业退役运动员经济补偿办法. 国人部发，2003.

⑤　国家体育总局. 关于进一步加强运动员社会保障工作的通知. 体人字，2006.

运动员保障工作指导意见》指出："完善运动员职业转换社会扶持体系，帮助运动员顺利实现职业转换。"①

综上所述，我国在体育发展的不同阶段均出台了关于退役运动员就业保障相应的政策和指导性文件，反映了政府行政部门对运动员保障的重视。从安置、保障运动员就业到加强职业培训和鼓励自主择业，这一系列政策的演变，记录了社会不同发展时期价值取向的变化，为退役运动员再就业指明了思路与方向。

有效解决奥运会冠军退役后再就业问题，既关系到奥运会冠军的切身利益，也关系到竞技体育的可持续发展，更关系到和谐社会下的民计民生。政策性安置、入学深造和自主择业等是奥运会冠军退役后职业的主要形式。

（二）我国奥运会冠军退役后职业现状

2015 年出版的《中华人民共和国职业分类大典》，将我国职业归为 8 个大类，75 个中类，434 个小类，1481 个职业。

表 4 - 9　中华人民共和国职业分类大类列表

	职业分类
第一大类	党的机关、国家机关、群众团体和社会组织、企事业单位负责人
第二大类	专业技术人员
第三大类	办事人员和有关人员
第四大类	社会生产服务和生活服务人员
第五大类	农、林、牧、渔业生产及辅助人员
第六大类	生产制造及有关人员
第七大类	军人
第八大类	不便分类的其他从业人员

从 1984 年洛杉矶奥运会到 2018 年平昌冬奥会，中国体育健儿共荣获 237 枚金牌（其中夏季奥运会获 224 枚金牌，冬季奥运会获 13 枚金牌），有 350 人次荣获奥运会冠军，251 人获得了奥运会金牌。其中已经退役和宣布退役的运动员 197 人，现役运动员 54 人。我国奥运会冠军退役后所从事职业详见表 4 - 9 奥运会冠军夺冠前后职业分布统计。

---

① 国家体育总局，教育部，财政部，人力资源社会保障部. 关于进一步加强运动员文化教育和运动员保障工作指导意见. 国办发，2010.

表 4 – 10　我国奥运会冠军退役后所从事职业分类表（N = 251）（截至 2018 年）

	职业分类	从事该类职业人数	所占百分比（%）
第一大类	党的机关、国家机关、群众团体和社会组织、企事业单位负责人	113	45.02%
第二大类	专业技术人员	104	41.43%
第三大类	办事人员和有关人员	8	3.19%
第四大类	社会生产服务和生活服务人员	3	1.20%
第五大类	农、林、牧、渔业生产及辅助人员	0	0
第六大类	生产制造及有关人员	0	0
第七大类	军人	1	0.40%
第八大类	不便分类的其他从业人员	22	8.76%
合计		251	100%

注：据中国奥委会官方网站及其他相关资料统计。

　　奥运会冠军都会面对退役的问题，退役是他们的第二次人生抉择。我国奥运会冠军退役后的职业选择方向主要有以下几种：走进仕途进入管理岗位、担任教练、自主创业、移居海外、演艺等。

　　由表 4 – 10 可见，我国奥运会冠军退役后，主要从事的职业方向集中在第一大类（党政国家机关、群众团体和社会组织、企事业单位负责人），约占 45.02%；第二大类（专业技术人员类），约占 41.43%。说明中国的奥运会冠军退役后 86.45% 均进入了社会上层。

第六节　反对兴奋剂，塑造良好形象

　　在奥运会的赛场上，个别国家或地区的运动员希望依靠兴奋剂来提高比赛成绩的现象时有发生，兴奋剂的发展越来越隐蔽，科技含量越来越高，为了维护体育竞赛的公平，促进社会进步，反兴奋剂的任务越来越重。中国一贯反对使用兴奋剂，这体现了我国是一个负责任的国际大国，同时也是对我国国家形象和体育形象的维护，对体育公平竞赛的维护，是促进我国体育事业全面健康发展的重要保障。

一、维护中国体育形象

为了维护体育运动的纯洁性，保护运动员健康，1984 年 2 月，中国政府体育主管部门——国家体育运动委员会（简称国家体委）做出决定，开始筹备建立兴奋剂检测中心。1989 年底，中国兴奋剂检测中心通过国际奥委会（IOC）的兴奋剂检测资格考试，并取得认可资格。中国兴奋剂检测中心开始在国内进行兴奋剂检查。1992 年 7 月，中国奥委会反兴奋剂委员会正式宣布成立。

1995 年 3 月，国家体委颁布《禁止在体育运动中使用兴奋剂的暂行规定》①。2004 年 3 月，我国《反兴奋剂条例》正式颁布和实施，标志着我国政府把反兴奋剂工作纳入了法制化管理的轨道，也是我国成为世界上以专门立法规范反兴奋剂工作为数不多的国家之一，在社会上引起了较大的反响和积极评价。反兴奋剂工作是一项长期、复杂而又艰巨的任务，在反兴奋剂工作上经过常年的努力，我国运动员每年药检的数量在逐渐增加，而接受兴奋剂检查的阳性率大大低于国际平均水平。

我国的反兴奋剂工作取得了巨大成效，但是使用兴奋剂的事件还时有发生。例如，2016 年国际奥委会在对 2008 年奥运会的兴奋剂复查中，因兴奋剂检查阳性取消了三名中国女子举重运动员陈燮霞（48 千克级）、刘春红（69 千克级）、曹磊（75 千克级）的金牌；在 2016 年里约奥运会上中国游泳运动员也出现了兴奋剂违例情况，导致了不良的影响。中国举重协会、中国游泳协会均积极配合调查，依法维护正当权益，严肃处理兴奋剂违禁事件。

中国体育作为世界体育舞台越来越重要的角色，同时也是世界反兴奋剂领域的重要力量之一，中国政府与体育部门积极做好反兴奋剂工作，努力维护奥林匹克运动的纯洁性，遵循公平竞赛的原则，树立良好的中国体育形象，维护竞技体育的纯洁性，维护中国体育形象。

二、维护公平竞赛，促进我国竞技体育健康发展

改革开放以来，我国经济进入快速发展的阶段，而体育事业也进入蓬勃发展的阶段，随着我国体育对外交流的频繁，作为国际公害的兴奋剂问题也在时刻影响着我国体育事业的发展。体育运动的健康发展需要我们将面临的威

---

① 关于严格禁止在体育运动中使用兴奋剂行为的规定 [EB/OL] . http：//2004. sina. com. cn/other/2004 - 08 - 09/55696. html9

胁——兴奋剂进行坚决的遏制。

体育运动作为一项健康、阳光的事业，需要运动员、教练员积极维护体育竞赛的公平公正，坚决反对使用兴奋剂。在体育运动中使用兴奋剂，违反了公平竞赛的原则，破坏了体育发展的道德基础，背离了体育目的，是不正之风和腐败现象在体育界的集中表现；是违背科学精神、无视人的尊严、背离社会责任的行为①。

奥林匹克精神是"更快、更高、更强"的自我挑战精神，也是公平、公正、平等、自由的体育竞技精神。有些人为了获得更好的成绩不惜使用兴奋剂，违反了公平竞赛的原则，破坏了竞技体育健康有序的发展。从体育事业的长远发展来看，我们不仅仅要追求"更高、更快、更强"，还要追求"更干净、更人性、更团结"。

国家体育总局印发的《竞技体育"十三五"规划》提出，坚持正风肃纪，坚决反对使用兴奋剂，加强行业作风建设，通过与有关责任部门签订《反兴奋剂工作责任书》，建立反兴奋剂责任制。建立体育系统反腐倡廉长效机制和日常巡视制度，彻底扭转行业不正之风，不断完善体育竞赛制度，促进公平竞争②。

国家体育总局印发《竞技体育"十三五"规划》提出，通过与有关责任部门签订《反兴奋剂工作责任书》，建立反兴奋剂责任制。建立体育系统反腐倡廉长效机制和日常巡视制度，彻底扭转行业不正之风，促进公平竞争③。

三、检测水平不断提高，兴奋剂现象受到有效遏制

中国兴奋剂检测中心自1989年正式通过了国际奥委会医学委员会的资格考试，取得了国际检测资格以来，一直承担我国国内赛事兴奋剂检测任务，以及圆满完成世界反兴奋剂机构等国际组织委托的兴奋剂检测任务。自1990年开始在全国范围内实施统一的兴奋剂检测，到现在我国所检查的兴奋剂总数呈现明显的增长，而阳性率呈现稳中下降的态势。

中国兴奋剂检测中心在承担任务的同时，还不断开展大量的科研工作，同时与其他国家进行交流与合作，不断提高检测水平，使我国兴奋剂检测中心保

① 刘鹏同志在全国体育科技工作会议、全国体育反兴奋剂工作会议开幕式上的讲话［J］. 体育科学，2005（9）：3-5.
② 体育总局：将建立反兴奋剂责任制加大检查力度［EB/OL］. http：//www. chinanews. com/ty/2016/08-30/7988479. shtml
③ 体育总局：将建立反兴奋剂责任制加大检查力度［EB/OL］. http：//www. chinanews. com/ty/2016/08-30/7988479. shtml

持在国际先进水平。中国兴奋剂检测中心已经连续二十多年通过世界反兴奋剂机构的认证，虽然在 2016 年初中国兴奋剂检测中心被世界反兴奋剂机构暂停实验室检测资格，但是在同年 8 月通过了世界反兴奋剂机构的技术整改并达到评审要求，恢复了兴奋剂检测和实验室认可资格。

我国从 20 世纪 90 年代初开始对参加省级以上竞赛的运动员，以及参加奥运会比赛的运动员进行兴奋剂检查，检查的数量也在大幅度提高。1990 年，全年检查 165 例（全部为赛内检查）；2000 年检查 3245 例；2015 年检查 14351 例（不含在华国际比赛和国际委托检查）。并且 1998 年在体能类项目实施血检，我国目前实施的兴奋剂检查的数量处于国际前列。随着我国兴奋剂检查力度的增大，兴奋剂阳性率逐渐降低，从 1990 年的阳性率 1.82%，到 2015 年的兴奋剂阳性率 0.33%，降到了目前 0.3% 左右。

中国政府及体育界自 20 世纪 90 年代以来，在 20 多年的不懈努力下，反兴奋剂工作水平和质量均得到明显的提高，成效有目共睹。时任国际奥委会主席萨马兰奇曾说，中国的反兴奋剂工作是世界上做得最好的国家之一[①]。

四、积极开展反兴奋剂教育

反兴奋剂教育是防止运动员使用兴奋剂的重要途径之一。我国在反兴奋剂工作中始终坚持"预防为主，教育为本"的原则，不断加强对运动员的反兴奋剂教育，让广大运动员及体育工作者了解兴奋剂对身心健康的严重危害，提高自觉抵制兴奋剂的意识和能力。反兴奋剂教育包括常识教育、健康教育、思想道德教育和法制教育。

2006 年国家体育总局和中国奥委会编写了《运动员反兴奋剂知识读本》和《教练员反兴奋剂知识读本》，并在国家队开展反兴奋剂集中教育活动。在反兴奋剂教育工作中，逐渐形成了反兴奋剂基础知识学习培训、基础知识考试、签订反兴奋剂承诺书等教育形式。2009 年开始实施反兴奋剂教育参赛资格准入制度，所有参赛的运动员及其辅助人员都必须参加反兴奋剂教育培训，通过反兴奋剂教育的考核，并签署反兴奋剂承诺书，进行反兴奋剂宣誓，再由相关部门进行审批，合格的运动员才能获得参赛资格，这就使得运动员更加系统地掌握反兴奋剂知识，提高自觉抵制兴奋剂的意识和能力。

中国奥委会反兴奋剂委员会网站的建立和完善，各相关网站反兴奋剂专栏

---

① 杨桦. 我国奥运会备战参赛的理论与实践［M］. 北京：中国法制出版社，2015.

的开辟，为了解全球反兴奋剂动态和中国反兴奋剂的措施、法律法规、成果、科研、咨询等提供了良好的宣传和教育平台。

反兴奋剂教育是一项长期、复杂和艰巨的工作，需要坚决贯彻实施《反兴奋剂条例》，深入持久地开展反兴奋剂斗争，创造公平竞争的体育环境，推动体育事业健康发展和社会主义精神文明建设①。

第七节　奥运会冠军培养中出现的一些值得商榷的问题

一、奥运会冠军比赛期中出现的消极事件

2012 年 8 月 1 日，伦敦奥运会羽毛球女双比赛出现了戏剧性的一幕，A 组和 C 选手都不约而同地选择了消极比赛，被世界羽毛球联合会取消了继续参加奥运会比赛的资格。她们这样做的原因除了降低被淘汰风险以外，还有一部分原因是为了避免提前"内战"，提高整体利益。但这种消极比赛现象，导致了不良的社会影响②。

二、奥运会冠军赛事外出现的消极事件

2006 年 7 月 21 日凌晨 3 时 30 分，一辆保时捷跑车在北京朝阳区工人体育馆南门路口与一辆出租车相撞，驾驶者是一位乒乓球奥运会冠军，涉嫌酒后驾车受到警方处理。

2011 年 6 月 6 日，中国短道速滑队的一位著名女子奥运会冠军和多位队员，在云南丽江就餐时，与当地巡防人员发生肢体冲突，导致了不良影响。2011 年 7 月 24 日，中国短道速滑队的一位奥运会冠军违反队规，与多位队员外出饮酒迟到归队，领队对其批评管理时，与领队发生严重冲突，引起媒体和社会高度关注，导致恶劣影响。随后，冬季运动管理中心对此进行了通报并严肃处理，将该奥运会冠军从中国短道速滑队退回原单位。

2013 年 11 月 3 日，一位荣获多枚奥运会金牌的浙江省著名男子游泳运动员，驾车在杭州市中心与公交车发生刮擦，因为无证驾驶受到交警处理。

2017 年 5 月 30 日，中国女子乒乓球队某主教练因在新加坡赌场涉赌欠款被

---

① 国家体育总局《反兴奋剂工作报告》[J]．体育科技文献通报，2005（11）：17 - 18．
② 三大社关注羽毛球消极比赛：违背体育道德。新浪 2012 - 8 - 2．

媒体曝光，被解除教练员职务。

2014 年 5 月 17 日，一位奥运会金牌获得者在奥运会赛事外的全国游泳冠军赛兴奋剂检查中被查出使用违禁物质曲美他嗪，从而遭到禁赛 3 个月处罚。同时，在全国游泳冠军赛上的 1500 米冠军头衔被取消，罚款 5000 元。

奥运会冠军受到的社会关注较大，其行为有影响力和代表性，因此出现任何不良影响的消极事件都会被人们关注。

第八节 有关专家对中国奥运会冠军社会特征的评价及其建议

2016 年 3 月—2020 年 12 月，课题组成员问卷调查了 85 位专家，剔除无效问卷 8 份，获得有效问卷 77 份。这 77 位专家（详见第 23 – 26 页 "表 1 – 8 中国奥运会冠军的社会学特征研究调查问卷专家统计"）关于中国奥运会冠军的社会学特征问卷调查获得了以下统计结果。

一、对奥运会冠军社会特征的评价及其建议专家问卷统计

（一）中国奥运会冠军体现的体育精神专家问卷统计

表 4 – 11 中国奥运会冠军体现的体育精神专家问卷统计（N = 77。可多选）

奥运会冠军的体育精神	勾选次数	所占比例%
1. 为国争光	77	100%
2. 超越自我	75	97.40%
3. 顽强拼搏	69	89.61%
4. 团结协作	55	71.43%
5. 遵守竞技规则	47	61.04%
6. 不怕困难	36	46.75%
7. 胜不骄败不馁	33	42.86%
8. 其他	2	2.60%

通过 77 位专家的问卷调查发现，中国奥运会冠军体现的体育精神包括：第一，为国争光（100%）；第二，超越自我（97.40%）；第三，顽强拼搏（89.61%）；第四，团结协作（71.43%）；第五，遵守竞技规则（61.04%）；第

六，不怕困难（46.75%）；第七，胜不骄败不馁（42.86%）；第八，其他（2.60%）。

问卷结果说明为国争光、超越自我、顽强拼搏、团结协作、遵守竞技体育规则这五方面是中国奥运会冠军体现的主要体育精神。其中"为国争光、超越自我、顽强拼搏"是中国奥运会冠军体育精神的核心。是中国运动员夺取奥运会金牌的精神力量源泉。

（二）对奥运会冠军出现的兴奋剂问题专家问卷统计

表4-12　对奥运会冠军出现的兴奋剂问题专家问卷统计（N=77。可多选）

对兴奋剂问题的看法及建议	勾选次数	所占比例%
1. 加大对使用兴奋剂的处罚力度	43	55.84%
2. 兴奋剂违背公平竞赛原则	37	48.05%
3. 加强对兴奋剂的检测	32	41.56%
4. 兴奋剂违反奥林匹克精神	24	31.37%
5. 从根源入手查明兴奋剂原因	22	28.57%
6. 其他	4	5.19%

表4-12通过问卷调查77位专家，对奥运会冠军出现的兴奋剂问题的看法及建议得出以下统计结果：1. 加大对兴奋剂的处罚力度占55.84%；2. 兴奋剂违背公平竞赛原则占48.05%；3. 加强兴奋剂的检测占41.56%；4. 认为兴奋剂违反奥林匹克精神占31.37%；5. 从根源入手查明兴奋剂的原因占28.57%；6. 其他占5.19%。

根据表4-12的统计结果，我们认为：第一，反兴奋剂必须加强食物来源的监督及检测，以保证食物来源的健康；第二，一旦发现兴奋剂事件就要从源头入手彻查，加大惩罚力度，以保证体育赛场的公平公正；第三，要从小对运动员进行反兴奋剂的教育，了解使用兴奋剂的危害，自觉坚决抵制兴奋剂。

（三）奖励机制对奥运会冠军成就的影响专家问卷统计

表4-13　现有奖励机制对奥运会冠军成就的影响问卷统计（N=77。可多选）

奖励机制对奥运会冠军成就的影响	勾选次数	所占比例%
1. 激励运动员勇攀高峰	52	71.42%
2. 提升自豪感	31	40.29%

奖励机制对奥运会冠军成就的影响	勾选次数	所占比例%
3. 提高物质生活水平	22	28.57%
4. 激励作用不大	5	22.73%
5. 其他	9	11.69%
6. 没有影响	0	0%

我国现有奖励机制对运动员夺取奥运会冠军有如下积极影响：激励运动员勇攀高峰（占71.42%）；提升自豪感（40.29%）提高物质生活水平（占28.57%）。认为激励作用不大的占22.73%，其他占11.69%（参见表4-13）。

我国现行奖励机制是国家、地方和社会共同实施，影响很大但仍有尚待完善的地方。在提高物质奖励的同时还应该进一步加强精神方面的奖励。我国现行的奖励机制是一次性奖励到位，可以借鉴有关国家的奖励机制，对奥运会冠军进行终身奖励。奥运会冠军奖励机制对鼓舞运动员创造佳绩有重要作用。

（四）我国传统礼仪文化对奥运会冠军夺冠的作用专家问卷统计

表4-14　我国传统文化对奥运会冠军夺冠的作用专家问卷统计（N=77。可多选）

我国传统文化对奥运会冠军夺冠的作用	勾选次数	所占比例%
1. 自觉遵守比赛规则，尊重对手	44	57.14%
2. 自觉维护公平公正的比赛氛围	39	50.65%
3. 降低了竞争和拼搏意识	13	16.88%
4. 没有影响	10	12.99%
5. 其他	7	9.09%

77位专家的问卷调查说明我国传统礼仪文化对奥运会冠军夺冠有以下作用：第一，自觉遵守比赛规则，尊重对手（占57.14%）；第二，自觉维护公平公正的比赛氛围（占50.65%）；第三，降低了竞争和拼搏意识（占16.88%）；其中有10位专家认为我国传统礼仪文化对奥运会冠军夺冠没有影响（占12.99%）。

我国传统礼仪文化博大精深，可以帮助运动员树立正确的人生观、世界观、价值观，对运动员理解人生、感悟人生起到积极的作用；同时中国传统文化积极向上的思想；对行为规范、品格培养、尊师重道等的要求，对运动员人格的完善都能起到良好的促进作用。

（五）中国、美国奥运会冠军培养机制的专家问卷统计

表 4 – 15　中国、美国奥运会冠军培养机制的专家问卷统计（N = 77。可多选）

中国、美国奥运会冠军培养机制	勾选次数	所占比例%
1. 体制不同	55	71.43%
2. 国情不同	30	38.96%
3. 成长路径不同	23	29.87%
4. 训练动机不同	14	18.18%
5. 其他	4	5.19%

表 4 – 15 统计了 77 位专家问卷，对中国、美国奥运会冠军培养机制的不同点得出以下结果：有 71.43% 的专家认为中国、美国奥运会冠军的培养体制不同，有 38.96% 的专家认为是国情不同；29.87% 的专家认为是成长路径不同；18.18% 的专家认为是训练动机不同；其他选项占 5.19%。

中国是举国体制，主要是由国家培养运动员；美国先期是个人投入，达到高水平后才是学校、社会企业或国家投入。美国重视学校体育，重视青少年培养；而中国则是从娃娃抓起，选拔好苗子进行专门训练，随后进入少体校、省队、国家队，经过层层选拔最后才能站在奥运会的赛场上拼搏。关于训练动机，中国运动员更多考虑的是为国争光，实现个人价值，改善个人待遇和处境等，而美国运动员对个人兴趣和人生价值的考虑会更多一些。

（六）奥运会冠军对我国社会发展的积极影响专家问卷统计

表 4 – 16　奥运会冠军对我国社会发展的积极影响专家问卷统计（N = 77。可多选）

奥运会冠军对我国社会发展的积极影响	勾选次数	所占比例%
1. 振奋民族精神	49	63.64%
2. 传承体育精神	44	57.14%
3. 提高全民健身的热情	34	44.15%
4. 增强民族自信心	34	44.15%
5. 促进体育相关产业发展	28	36.36%
6. 提升社会凝聚力	23	29.87%
7. 提高文化软实力	19	24.68%
8. 其他	2	2.60%

表 4-16 说明，奥运会冠军对我国社会发展的积极影响有以下几方面：振奋民族精神（63.64%）；传承体育精神（57.14%）；提高全民健身的热情（44.15%）；增强民族自信心（44.15%）；促进体育相关产业发展（36.36%）；提升社会凝聚力（29.87%）；提高文化软实力（24.68%）。

（七）中国奥运会冠军的成长经历对青少年成长的积极作用专家问卷统计

表 4-17　中国奥运会冠军对青少年成长的积极作用专家问卷统计（N=77。可多选）

奥运会冠军对青少年成长的积极作用	勾选次数	所占比例%
1. 激励奋发向上和拼搏精神	55	71.43%
2. 榜样作用	54	70.13%
3. 引领作用	52	67.53%
4. 树立远大的理想	32	41.56%
5. 培养爱国情怀	26	33.77%
6. 其他	5	6.49%

中国奥运会冠军的成长经历对青少年成长的积极作用主要有：激励奋发向上和拼搏精神（71，43%）；榜样作用（70.13%）；引领作用（67.53%）；树立远大的理想（41.56%）；培养爱国情怀（33.77%）；其他（6.49%）。

榜样的形象直观具体，易于学习理解，有很强的说服力，能够起到正面引导的积极作用。青少年的成长离不开社会各界，尤其是奥运会冠军的榜样引导。奥运会冠军面对困难永不气馁的精神潜移默化地影响着青少年，有利于激励其不怕困难，勇往直前的大无畏精神。

（八）对奥运会冠军社会流动建议的专家问卷统计

表 4-18　奥运会冠军社会流动建议的专家问卷统计（N=77。可多选）

对奥运会冠军社会流动的建议	勾选次数	所占比例%
1. 因材就业，鼓励多元化就业	70	90.91%
2. 加强岗位培训	31	40.26%
3. 加强职业生涯规划教育	29	37.66%
4. 其他	2	2.60%

77 位专家问卷结果认为奥运会冠军的社会流动应该从以下几点实施：因材

就业，鼓励多元化就业（90.91%）；加强岗位培训（40.26%）；加强职业生涯规划教育（37.66%）；其他（2.60%）。

奥运会冠军都有退役的时候，在退役前后应根据能力、兴趣进行多方面的专门培训和学习提高，并帮助其职业生涯的规划，发挥优势，因材就业。奥运会冠军的社会流动应该针对具体情况专门规划，以利于未来发展。

（九）奥运会冠军效应在社会群体中体育价值的体现专家问卷统计

表4-19 奥运会冠军效应体育价值专家问卷统计（N=77。可多选）

奥运会冠军效应在社会群体中体育价值的体现	勾选次数	所占比例%
1. 激发对体育运动的热爱参与	56	72.72%
2. 有利于激发健康体育活动开展	51	66.23%
3. 培养集体荣誉感和顽强拼搏的精神	34	44.16%
4. 促进竞技体育的发展	23	29.87%
5. 其他	4	5.19%

表4-19说明，奥运会冠军效应在社会群体中体育价值的体现主要在以下几方面：激发对体育运动的热爱参与（72.72%）；有利于激发健康体育活动开展（66.23%）；培养集体荣誉感和顽强拼搏的精神（44.16%）；促进竞技体育的发展（29.87%）；其他（5.19%）。

（十）对个别奥运会冠军违纪问题的修正建议专家问卷统计

统计77位专家问卷得出表4-20。对个别奥运会冠军培养过程中违纪问题主要从以下几方面进行修正：加强思想道德教育（57.12%）；完善监督管理机制（57.12%）；提升自身修养（51.95%）；加强作风管理（49.35%）。

表4-20 对个别奥运会冠军违纪问题的修正建议专家问卷统计（N=77。可多选）

对个别奥运会冠军违纪问题的修正建议	勾选次数	所占比例%
1. 加强思想道德教育	44	57.12%
2. 完善监督管理机制	44	57.12%
3. 提升自身修养	40	51.95%
4. 加强作风管理	38	49.35%
5. 其他	2	2.60%

运动员都有自己的个性，监督管理就是规范其行为。教练员和管理工作者

要在潜移默化中影响运动员，教导运动员，要时刻关注运动员生理、心理的变化，并且能及时调节运动员的负面情绪。要规范运动员的行为，使其自觉遵章守纪。同时教练员也要以身作则，严格要求，对运动员进行积极的正面引导。

二、奥运会冠军社会特征专家面谈观点与建议

2016 年 5 月—2021 年 1 月，课题组成员对 77 位专家进行了中国奥运会冠军社会学特征的问卷和面谈调查，以下是一些专家有代表性的观点。

（一）对奥运会冠军出现的兴奋剂问题的看法及建议

陈兴东（四川省运动技术学院书记，羽毛球奥运会冠军教练）：兴奋剂大都是食源性的，因此应严把入口关。

吴璞（中央电视台高级记者）：兴奋剂是世界体育的毒瘤，是不择手段谋取名利的方法，必须严罚。获利者绝不只是运动员本人，运动员年轻且缺乏经济基础，谁在背后导演是需要彻查的问题。

赵健（时任国家体育总局反兴奋剂中心副主任，现任国家体育总局游泳中心副主任）：在举国体制下，就算是优秀运动员，自己想故意使用兴奋剂也非常困难，背后必然有教练员或者其他辅助人员的支持和帮助。重大复杂的兴奋剂案件，应当要求公安机关介入，对涉事运动员，教练员等进行深入调查，查明事实真相，找出幕后黑手。对于非法生产，交易兴奋剂，组织，强迫，欺骗，教唆运动员使用兴奋剂的，应当追究刑事责任。

（二）奖励机制对奥运会冠军成就影响的专家观点

王进（浙江大学教授博士导师）：我国的奖励机制是运动员取得成就的部分动力，名誉带来的动力作用要大于我国的奖励机制。

刘祯（中国高山滑雪队领队）：奖励机制应该更加完善和科学，重点应该是社会价值的体现和提升，最后应该转化为服务社会的需求。

赵健（时任国家体育总局反兴奋剂中心副主任，现任国家体育总局游泳中心副主任）：过高的物质奖励会扭曲运动员和辅助人员的价值观，名利观，让个别人为达到目的不择手段，甚至故意使用兴奋剂，违背公平竞争的体育精神。

（三）我国传统文化对奥运会冠军夺冠的作用专家观点

刘川（中央电视台记者）：中国的传统文化博大精深。它会指导人对事物的看法，帮助人树立正确的人生观、世界观，对运动员理解人生，感悟人生起到积极的作用。

范佳音（西南财经大学体育学院副院长、教授）：传统文化中的中庸思想，

对于体育竞争来说有些负面影响。在和平年代，那些非隔网对抗性的运动就像战争一样，需要运动员勇于对抗，不仅拼的是智慧，还有技巧。

杨钢（四川省社会科学院副院长，四川省学术技术带头人，博士生导师）：自觉遵守比赛规则，尊重对手。

（四）中国、美国奥运会冠军培养机制的专家观点

赵健（时任国家体育总局反兴奋剂中心副主任，现任国家体育总局游泳中心副主任）：一个是举国体制，有各级体育主管部门组织管理：一个是俱乐部体制，高度职业化，运动员根据个人兴趣爱好选择职业发展方向。

王涛（安踏体育经理）：训练动机不同，成长路径不同。

卿尚霖（国家体育总局网球中心副主任）：中国奥运会冠军是政府培养的，美国是个人的兴趣爱好通过社会的竞争，参与获得。

王进（浙江大学教授博士导师）：中国的举国体制更加系统规范，美国的培养模式更加个性化，各有优点。

杨宏建（国际举重联合会 A 级裁判员，北京国际体育项目经理）：中国运动员从小就由国家培养，美国先是运动员自己投资，出成绩后国家给补助。

陈义阶（湖南省举重运动管理中心教练、奥运会冠军教练）：比赛是公平、公正、公开的。奥运会参赛队员的选拔应是择优选拔。但我国个别项目存在弊端，如行政干预，暗箱操作等，容易导致体育界的腐败。

（五）奥运会冠军对我国社会发展的积极影响专家观点

周进强（国家体育总局举重摔跤柔道管理中心主任，中国举重协会主席）：弘扬体育文化，振奋民族精神，提高社会凝聚力，增强民族自信心。

蒋明朗（咸阳师范学院教授）：奥运会冠军对某一体育产业具有影响力从而有助于经济的发展，奥运会冠军表现出的某些特质也会促进社会的和谐发展。

刘川（中央电视台记者）：奥运会冠军能激励人心，有利于进一步激发全体国民的爱国热情，能够形成和谐互助的人际关系，奋发进取的工作热情，对社会的发展起到积极的推动作用。

（六）中国奥运会冠军的成长经历对青少年成长的积极作用专家观点

陈兴东（四川省运动技术学院院长，羽毛球奥运会冠军教练）：吃苦，付出才能有所收获，意志品质的教育对青少年的培养尤为重要。

吴璞（中央电视台高级记者）：榜样的力量是无穷的，虽然每个人的人生无法复制，但榜样身上的闪光点会让青少年去努力接近，这也给我们的冠军提出了更高的要求。

杨汉雄（国家体育总局举重摔跤柔道管理中心专家，原国家男子举重队总

教练）：奥运会冠军对青少年有着积极影响，但个别运动员的兴奋剂事件对青少年的成长也有消极影响。

（七）对奥运会冠军社会流动建议的专家观点

卿尚霖（国家体育总局网球中心副主任）：很难找到统一的定式。不同的人不同的项目有着不同的结果，奥运冠军就是一个财富，一个经历。更多的还是应该在本项目中去发展，去拓宽自己的发展之路。

刘祯（中国高山滑雪队领队）：奥运会冠军担任教练的人数较少，需要从社会和文化的角度去考量，精英人才的流失对体育可持续性发展带来影响。

帅裕钦（四川省职业体育学院国家级教练员）：奥运会冠军干什么工作都可行，关键是要开发好奥运会冠军这个"无形资产"，树立正确的"榜样"，回报社会，推动国家体育事业发展。

杨鸿宁（重庆市第三体育运动学校校长）：目前，大多数冠军均给予处级岗位或破格晋升高级职称，但他们是否具备领导干部的能力和进行高水平训练的教学能力还有待进一步锻炼和考查。

（八）奥运会冠军效应在社会群体中体育价值的体现专家观点

钟森（成都中医药大学学术委员会主任、教授、博士生导师）：有利于激发健康体育活动开展，培养集体荣誉感和顽强拼搏的精神，促进竞技体育的发展。

王进（浙江大学教授博士导师）促进大众体育发展，促进竞技体育的发展，为社会提高更多的就业岗位，有助于修身养性和延年益寿。

徐宏（贵州师范大学体育学院副院长、教授）：在个人价值方面，奥运会冠军拥有一定知名度，他们身上所拥有的正能量，赢得广大人民群众的信任，具有一定的社会影响力。

三、专家问卷调查统计结论

通过 77 位专家的问卷调查（可多选）统计得出以下结论：

（一）中国奥运会冠军的体育精神、积极作用

中国奥运会冠军展现的体育精神是为国争光（100%），超越自我（97.40%），顽强拼搏（89.61%），团结协作（71.43%），遵守竞技规则（61.04%），不怕困难（46.75%），胜不骄败不馁（42.86%）。

中国奥运会冠军对社会发展的积极影响是振奋民族精神（63.64%）；传承体育精神（57.14%）；提高全民健身的热情（44.15%）；增强民族自信心（44.15%）；促进体育相关产业发展（36.36%）；提升社会凝聚力（29.87%）；

提高文化软实力（24.68%）。

中国奥运会冠军的成长经历对青少年成长的积极作用是激励奋发向上和拼搏精神（71.43%）；榜样作用（70.13%）；引领作用（67.53%）；树立远大的理想（41.56%）；培养爱国情怀（33.77%）。

（二）奖励机制、传统文化对夺冠的影响及作用

奖励机制对奥运会冠军成就的影响是激励运动员勇攀高峰（71.42%）；提升自豪感（40.29%）；提高物质生活水平（28.57%）。

我国传统礼仪文化对奥运会冠军夺冠的作用是自觉遵守比赛规则，尊重对手（57.14%），自觉维护公平公正的比赛氛围（50.65%）。

（三）中国、美国培养机制，奥运会冠军社会流动的建议

关于中国、美国奥运会冠军培养机制的问题，71.43%的专家认为中国、美国奥运会冠军的培养体制不同；29.87%的专家认为是成长路径不同；有38.96%的专家认为是国情不同。

对奥运会冠军社会流动的建议是鼓励多元化就业，因材就业（90.91%）；加强岗位培训（40.26%）；加强职业生涯规划教育（37.66%）。

（四）对兴奋剂问题的看法及其修正建议

对兴奋剂问题的看法是要加大对兴奋剂的处罚力度（55.84%）；兴奋剂违背公平竞赛原则（48.05%）；加强兴奋剂的检测（41.56%）；兴奋剂违反奥林匹克精神（31.37%）；从根源入手查明兴奋剂的原因（28.57%）。

对个别奥运会冠军出现的违纪问题的修正建议是加强思想道德教育（57.12%）；完善监督管理机制（57.12%）；提升自身修养（51.95%）；加强作风管理（49.35%）。

第九节　本章小结

个人的发展不仅依靠自身的努力，而且与社会发展和社会进步有重要联系。本章从中国经济的发展为夺取奥运会金牌提供了物质基础，举国体制是夺取奥运会金牌的制度保障，中华体育精神的塑造，奥运会冠军的奖励机制，奥运会冠军的社会流动，反对兴奋剂等诸方面，奥运会冠军培养中出现的一些值得商榷的问题，有关专家对中国奥运会冠军社会特征的评价及其建议等方面对我国奥运会冠军的社会特征及其相关因素进行了系统总结，得出以下结论：中国经济的快速发展和体育事业经费的大幅度增加，为夺取奥运会金牌提供了物质基

础；举国体制是夺取奥运会金牌的制度保障；奥运争光战略提供政策支持，三级训练网提供人才支持；我国对奥运会冠军的奖励分为政府奖励和社会奖励，奖励金额不断增多，奖励机制不断完善，促进了运动员向竞技运动高峰迈进；75.30%（189人）的奥运会冠军出生于社会中下层家庭（其中有65.74%出生于社会下层家庭），奥运会冠军退役后86.45%（217人）进入了社会上层。

　　奥运会冠军效应在社会群体中有重要价值，体育作为精神文化不仅作用于生物的人，同时也作用于精神的人。中国奥运会冠军在奥运会赛场展现的精神风貌，促进了中国体育走向世界，积淀形成了"为国争光，甘于奉献；科学求实，团结协作；追求卓越，锐意进取；顽强拼搏，勇攀高峰"的"中华体育精神"。奥运会冠军对社会发展有积极影响，奥运会冠军的成长经历对青少年的成长有积极作用。

　　此外，中国奥运会冠军受到的社会关注较多，出现任何不良现象，如比赛消极，酗酒、无证驾驶、酒驾、打架斗殴、涉赌等都会被社会关注，应努力避免不良影响。

第五章

中国奥运会冠军的教育特征

教育特征是指通过对学习者施加的教育内容、教育方法、教育形式，从而影响其文化知识、伦理道德意识、生活方式、行为习惯等。学习者文化教育表现形式的众多特性在心理上的反映，称为教育的特征。

第一节　运动员文化教育的政策法规

1956—2010 年，我国先后颁布了 14 个有关运动员文化教育的政策法规（部分文件参见表 5 - 1），致力于竞技体育事业的全面协调可持续发展，积极解决"学训矛盾"，为优秀运动员升学深造创造条件，以提高运动队伍的科学文化素质，并取得了较好效果。

表 5 - 1　我国历年颁布的关于运动员文化教育的主要政策法规一览

序号	时间	颁发部门	政策法规文件名称	主要内容
1	1956	原国家体委	《青少年业余体育学校章程草案》和《少年业余体育学校章程草案》	青年业余体校招收 17 ~ 23 岁青年，少年业余体校招收 13 ~ 17 岁少年，学制 3 年
2	1963	原国家体委	《运动队伍工作条例》	要求加强运动员文化教育，成立专职文化教育组织机构
3	1979	原国家体委和国家教委联合	《少年儿童业余体育学校章程》	各级体委主办，教育部门协办；输送为 15 ~ 17 岁；重点业余体校学生与教职员工比例为 2.5 : 1

续表

序号	时间	颁发部门	政策法规文件名称	主要内容
4	1983	原国家体委、国家教委联合	《关于试办职工体育运动技术学院的意见》	北京、上海等省市部分运动员进入职工体育运动技术学院学习训练，逐步建立小学—初中高中—中专一条龙的训练和文化学习体制
5	1986	原国家体委	《国家体委优秀运动队工作条例试行》	对运动队文化教育提出了具体要求
6	1986	原国家体委	《关于执行优秀运动队工作条例中有关文化教育工作的暂行规定》	要求运动队文化教育经费不包括基建和工资，应从体育事业经费中列支，不得低于全年经费的百分之二
7	1987	原国家体委和国家教委	《关于著名优秀运动员上大学有关事宜的通知》	奥运会、世界杯、世锦赛前三名以及世界纪录创造者，可以申请免试进入高校学习，并由高校文化考核，必要时可适当延长学习年限
8	1993	原国家体委	《国家体委关于深化体育改革的意见》	指出了运动员文化教育方式和教育目标，提出必须完善符合运动队特点的文化教育体制
9	1993	原国家体委	《国家体委关于优秀运动队文化教育工作深化改革的意见》	对深化改革优秀运动队文化教育工作提出了意见
10	2003	国家体育总局	《关于进一步加强运动员文化教育工作的意见》	对运动员文化教育的指导思想、办学体系、教学、保障措施等提出了全面的要求
11	2006	教育部、国家体育总局	《关于进一步加强学校体育工作切实提高学生健康素质的意见》	对高校高水平运动队的评估必须将学校开展群体活动的情况和形成体育特色的水平作为重要条件；合理解决学习与训练的矛盾等具体措施

序号	时间	颁发部门	政策法规文件名称	主要内容
12	2010	国务院	《关于进一步加强运动员文化教育和运动员保障工作的指导意见》	公办体校要纳入当地教育发展规划，文化教育经费纳入同级财政预算，加大经费投入，不断改善办学条件

梳理我国历年颁布的关于运动员文化教育的主要政策法规发现，政府行政部门对运动员文化教育非常重视，并且在不同时期提出了不同的要求，目标逐渐明确，措施不断完善。

一、优秀运动员免试入学政策

为更好地培养体育人才，近40年来，我国针对优秀运动员先后制定了一系列政策。如1987年颁发的《关于著名优秀运动员上大学有关事宜的通知》，规定奥运会等世界大赛（单项和集体项目）前三名以及世界纪录创造者达到高中毕业水平，由高校进行必要的文化考核后，进入高校学习。

1999年根据教育部文件精神，国家体育总局下发了《关于国家体育总局直属体育院校免试招收退役优秀运动员学习有关问题的通知》，规定获得奥运会项目全国三大赛（全运会、全国锦标赛、全国冠军赛）前三名；非奥运会项目全国三大赛冠军；亚洲比赛前六名；奥运会、世界杯、世界锦标赛前八名及球类、田径运动健将，武术武英级和其他项目国际健将运动员免试进入六所直属体育院校学习，扩大了运动员免试进入高校学习的范围①。

2002年国家体育总局、教育部等六部门联合下发了《关于进一步做好退役运动员就业安置工作的意见》再次扩大了运动员免试进入高等学校学习的范围。规定获得全国前三名、亚洲前六名、世界前八名和球类、田径项目运动健将、武术武英级和其他项目国际级运动健将者，可免试进入高等院校学习。免试入学政策的实施，使一大批运动员文化教育层次得到显著提高。

我国高等教育事业的快速发展使得优秀运动员"免试入学"政策和提升优秀运动员的就学层次成为可能。优秀运动员"免试入学"政策在提高运动员的

---

① 卢志成，李斌琴. 对优秀运动员"免试上大学"政策的辩证思考［J］. 南京体育学院学报（社会科学版），2011（4）：15－19.

学历层次，改变运动员的低学历状况方面发挥了积极的作用①。据不完全统计，截至 2018 年，我国 256 位奥运会冠军中本科以上学历者约占 90%，硕士以上学历者约占 30%。

二、优秀运动员"免试入学"政策的实践运行

我国优秀运动员"免试入学"政策的运行模式包括现役运动员和退役运动员两种类型。现役运动员"免试入学"的优势在于运动员在追求"体"（竞技运动水平提高）的同时又可兼顾"教"的目标，实现体教结合的同步发展。退役运动员"免试入学"的优势在于"体"与"教"不易产生排斥。

我国优秀运动员"免试入学"政策主要指向大学教育和研究生教育两个层次。在大学教育层次，"免试入学"政策所拥有的优势在于相对丰富的高等教育资源。研究生教育"免试入学"的制度基础是我国高等教育的推免生制度。

国家队和省队是我国优秀运动队的两个层次，也是"免试入学"政策结构分层的主要范围。国家队优秀运动员"免试入学"在运动员文化教育体系中有极其重要的影响。省队优秀运动员"免试入学"者都是全国比赛前三名，或者是运动健将②。

三、高校单招政策

我国体育单招制度可以分为三个阶段：一是创办阶段（1986—1992），仅有 6 所直属体育院校招生；二是发展阶段（1993—1995），我国竞技体育的快速发展，先后又有 12 所院校有权招生；三是拓展阶段（1995 年至今），高等教育的不断改革和发展，招生院校到 2005 年达到 68 所③，2016 年达到 100 余所，招生人数也迅速增加。

四、优秀运动员文化教育管理体制

优秀运动员实行"长学制"文化教育的管理体制和弹性学制。有些高校为

① 赵德国. 中国奥运冠军调查报告［EB/OL］. 中国校友会网，http：//www. ciaa. net. 2008 - 8 - 23.

② 戴志鹏. 对我国优秀运动员"免试入学"政策的审视［J］. 浙江体育科学，2014，36（1）：22 - 26.

③ 万彩英. 我国高校运动训练专业与民族传统体育专业单独招生管理现状及思考［J］. 北京体育大学学报，2006（9）：1238 - 1240.

了运动员能更好地接受高等教育延长了学制，一般是采用预科班的形式，即进入大学之后首先进行一年的相关高中课程的学习，再进行大学四年的学习。延长学制能提高文化课基础，接受更为全面的文化课专业知识，保障运动员学业的完成质量，同时也能在大学期间接受系统的运动训练①。

部分有条件的高校在具有较高文化知识水平的高水平运动员中采取保送研究生的管理措施，既可为高校留住优秀人才，延长运动寿命，又可激励运动员更好地投入训练，是为运动员可持续发展提供良好学训环境的举措之一②。

第二节　优秀运动员文化教育的具体措施

一、"三级训练网"和三级训练体系的贡献

初级（中小学运动队和传统体育项目学校）、中级（体育学校和业余体校）和高级（省市队和国家队）"三级训练网"和三级训练体系（包括高校高水平运动队和俱乐部创办的训练梯队）是我国培养竞技体育人才的主要渠道，为我国竞技体育做出了巨大贡献。

为了解决学生的学习问题各级体校开设了文化课，主要的方式就是"亦训亦学"。从 1980 年开始，我国六所高等体育院校逐渐建立了附属竞技体育学校，较好地解决了科学训练和文化学习的问题。由于高校有科研优势，有优秀教练员和科研人员，同时竞技体育学校的文化学习有专门的教师，成绩好的学生可以参加高考或者直接进入体育学院继续学习，较好地解决了运动员退役后的社会问题。

二、体育院校对优秀运动员的培养

我国高等体育院校顺应时代发展和自身要求，逐渐形成了"教学、训练、科研"三结合的办学体系，走出了一条符合中国国情的道路。经高等体育院校的不断探索与实践，体育院校高水平运动队，已经成为我国竞技体育发展中的一支生力军，为国家培养了大量优秀运动员。

---

① 樊花梅．"体育强国"视域下我国竞技体育人才培养制度的研究［J］．西安体育学院学报，2012，29（5）：566－569．
② 戴志鹏．对我国优秀运动员"免试入学"政策的审视［J］．浙江体育科学，2014（1）．

（一）北京体育大学

北京体育大学 1979 年创办附属竞技体育学校，设置举重、摔跤、柔道、跆拳道、田径等 12 个项目，在校学生 362 人。该竞技体校以北京体育大学教育、训练、科研"三结合"为依托，以建立"从初中、高中到大学一条龙的培养体制、打造高水平后备人才培养基地"为办学定位，坚持"亦读亦训、科学训练"的办学特色，积极探索体教结合办学模式，为中国队有关运动项目输送了较多的优秀后备人才，成为教科训"三结合"示范基地。培养出奥运会冠军陈中、王旭、张国政、罗微、张湘祥等人和世界冠军 50 多人次。

北京体育大学运动训练本科从 20 世纪 80 年代起每年招收优秀运动员（可"免试入学"）和优秀教练员，采用集中面授和函授相结合的方式进行教学。并定期选派教师及聘请专家为优秀运动员进行集中授课，开设专题讲座。

2003 年北京体育大学获得教育部批准开办硕士研究生层次的"冠军班"，成为国内唯一可免试招收奥运会冠军、世界冠军攻读硕士学位的高等院校；"冠军班"专门招收奥运会、世锦赛和世界杯赛中获得单项冠军或集体项目冠军的运动员及其教练员，以 2016 级"冠军班"学生为例，共有 24 人，其中奥运会冠军 8 人，世界冠军 14 人，冠军教练 2 人；8 位奥运会冠军分别是周苏红、丁霞、颜妮、刘虹、郑姝音、杨伊琳、张楠、武大靖。

2019 年 6 月 18 日，中共中央总书记、国家主席习近平给 2016 级"冠军班"学生回信，对他们提出勉励和期望。

2019 年北京体育大学硕士研究生"冠军班"招收学生 30 人，其中奥运会冠军 4 人、世界冠军 21 人，冠军教练 5 人。北京体育大学拥有体育学一级学科博士学位授予权 5 个一级学科硕士学位授予权，为我国优秀运动员的培养做出了重要贡献。

（二）上海体育学院

上海体育学院附属竞技体育学校创办于 1980 年，是为备战奥运会，培养后备体育人才建立的全日制中等专业学校，设摔跤、田径、拳击等 8 个运动项目，先后有 7 名运动员参加奥运会比赛，获得金牌 2 枚、铜牌 4 枚。其中男子摔跤运动员盛泽田获 3 枚铜牌。上海体育学院本科从 20 世纪 80 年代起招收优秀运动员和优秀教练员。优秀运动员的学风管理较好，文化教育颇有成效，并注重科研能力培养。上海体育学院 1986 年成为我国体育院校首批博士学位授予单位之一。

（三）成都体育学院

成都体育学院附属竞技体育学校创办于 1987 年，走资源集约化、发展多元化、训练科学化之路。经过 30 多年的发展，举重、艺术体操、武术等项目形成特色，培养了多位奥运会奖牌选手（获 2008 年奥运会艺术体操集体全能银牌）和世界冠军，并获国内外重大比赛金牌 398 枚，形成了附属竞技体校→本科→研究生院的培养模式。成都体育学院 2014 年成为体育学博士学位授权单位，2019 年获批体育学博士后科研流动站，有 22 个本科专业，4 个硕士学位一级学科，14 个硕士学位二级学科。现为国家高水平体育后备人才培养基地，优秀运动员本科和研究生教育均有成效。2008 年奥运会女子帆板冠军殷剑是成都体育学院培养的硕士研究生，两届奥运会冠军赵芸蕾于 2018 年被录取为成都体育学院博士研究生。

（四）武汉体育学院

武汉体育学院于 1981 年创办附属竞技体育学校，着力于优秀运动员的培养，形成了竞校→本科→研究生培养模式。水上项目成绩突出，1988 年奥运会上，学生张香花一举获得 1 枚银牌和 1 枚铜牌，结束了中国划船项目与奥运会奖牌无缘的历史。1988—2017 年，培养输送和在籍学生运动员先后在世界三大赛（奥运会、世锦赛、世界杯）获金牌 130 枚（其中 2008 年北京奥运会上，培养输送和在籍的学生运动员获 6 金 2 银 2 铜），培养了杨威、程菲、张香花等优秀运动员，为我国"奥运争光计划"做出了贡献。武汉体育学院 2011 年获得体育学一级学科博士学位授予权，2012 年获批体育学博士后科研流动站。

（五）沈阳体育学院

沈阳体育学院成立于 1954 年，是具有本科和研究生教育的体育高等学府。冰雪项目竞技水平高，构建了附属竞技体校→本科→研究生的一条龙培养模式。韩晓鹏 1995 年被沈阳体育学院选入自由式滑雪队，2006 年都灵冬季奥运会获自由式滑雪空中技巧冠军，成为首位在冬奥会夺冠的中国男子运动员。60 多年来，沈阳体育学院为我国冰雪运动竞技水平的提高做出了主要贡献，也是冰雪运动后备人才培养的重要基地。

（六）西安体育学院

西安体育学院创办于 1954 年，是具有本科和研究生教育的体育高等学府，陕西省拟新增博士学位授权立项建设单位。设有附属竞技体育学校，培养拳击、摔跤等项目高水平运动员，并建立了较为完善的优秀运动员训练与竞赛管理办法。60 多年来已培养出 6 万余名体育师资、教练员、运动员和体育科研、体育新闻、体育管理人才。与国家体育总局田径运动管理中心共建中国竞走学校，与国家体育总局小球运动管理中心共建中国掷球学院，并组建了跨项国家冰壶队。

（七）天津体育学院

天津体育学院成立于 1958 年 8 月，拥有完备的教学、科研、训练设施，是具有本科、硕士、博士教育的体育高等学府。竞校→本科→研究生是该校培养高水平竞技人才的重要模式。赛艇、橄榄球、羽毛球、棒球、网球等是该校竞技体育学院的传统优势项目，附属竞技体育学校（附属中专部）每年按计划招收运动训练专业学生，对录取学生采取亦读亦训的教育方针，实现学生训练和文化学习的有机结合。

（八）广州体育学院

广州体育学院创建于 1956 年，是华南地区唯一独立建制具有本科和研究生教育的体育高等学府。该校运动训练专业始建于 1958 年，2017 年 3 月成立运动训练学院，设有球类、田径、游泳和举重等项目，竞技水平不断提高。运动训练专业面向全国和港澳地区实行单独提前招生，招收优秀运动员、优秀教练员和具有二级运动员或以上的本科四年制学生，运动训练专业现有学生 1300 余人。广州体育学院先后培养了容国团、陈肖霞、戚烈云等优秀体育人才。

（九）吉林体育学院

吉林体育学院是具有本科和研究生教育的体育高等学府。2004 年，原吉林省体育运动学校并入吉林体育学院。滑雪、拳击、跆拳道、射箭等成绩突出。培养了奥运会场地自行车女子团体竞速冠军宫金杰、2018 年平昌冬奥会短道速滑冠军武大靖，女子举重世界冠军李亚娟，女子速滑世界冠军叶乔波，女子花样滑冰世界冠军陈露，短道速滑世界冠军李佳军，女子拳击世界冠军李金子，女子散打世界冠军鄂美蝶、刘玲玲等。该院在优秀运动员培养中注重人文教育和科学教育的结合，使学生成人、成才、成功。

（十）南京体育学院

南京体育学院是江苏省独立建制的高等学府和竞技体育训练基地，有 14 个本科专业，在校生 7000 余名。运动训练设有网球学院、竞技训练学院、省少年业余体校 3 个单位，11 支优秀运动队，有专业运动员 355 名。作为江苏竞技体育的主力军，共有 15 人 23 人次 20 项次获奥运会冠军，袁伟民、蔡振华等体育领军人物曾在该院学习。南京体育学院建立了多媒体课程中心和电子阅览室，通过自动录播系统为教师授课录像，以多媒体的方式网络直播以备优秀运动员实时学习和课后点播。提高了优秀运动员的学习积极性和学习效果[1]。

---

[1]　张宇霆. 体育院校优秀运动员人才培养模式的研究［D］. 沈阳体育学院硕士论文，2011.

我国高等体育院校拥有先进的场馆设施，一流的运动技术，雄厚的师资力量，完善的仪器设备和先进的科研成果，是我国培养优秀竞技体育人才的摇篮。

三、有关高校对优秀运动员的培养

高校为我国培养了大批的人才，也为我国竞技体育的发展做出了重大贡献。高校竞技体育是我国体育事业的重要组成部分，是培养全面发展的竞技体育人才的必然选择。高校发展竞技体育不仅有利于我国高校及其竞技体育可持续发展，还有利于推进竞技体育人才培养改革创新。培养竞技体育人才是长期的系统工程，高校是人才培养"链"的重要关节点，也是竞技体育与高等教育最好的"结合点"①。

到 2014 年，我国有资格招收高水平运动员的高校已发展到 275 所②。经过 40 多年的实践探索，我国高校在国家政策的支持下，竞技体育及其人才培养均取得了显著成效，找到了一条适合高校培养竞技体育复合型人才的发展道路。

2008 年北京奥运会共有 87 名高校运动员夺得奥运会金牌（详见表 5 - 2）。例如，跳水冠军郭晶晶当时正就读于中国人民大学，举重冠军张湘祥当时已经取得了北京体育大学硕士学位等。

表 5 - 2　2008 年北京奥运会中国高校运动员获冠军人数统计③（N = 87）

学校名称	冠军人数
北京体育大学	27
中国人民大学	13
上海交通大学	7
北京大学	6
清华大学	6

---

① 王忆琳. 我国高校培养高水平运动员现状思考［D］. 科技信息，2010.
② 张志华. 我国高校竞技体育人才培养的理论与实践研究［D］. 北京体育大学博士论文，2014.
③ 杨彤彤，彭延春. 张传来. 北京奥运背景下"体教结合"再思考［J］. 体育与科学，2009（5）：25.

学校名称	冠军人数
南开大学	5
中山大学	4
南京体育学院	9
武汉体育学院	4
广州体育学院	3
河北体育学院	3

吕赟和徐长红在《体教结合——高校培养优秀运动员教育模式探究》的文章中认为，我国高校"体教结合"培养竞技体育人才有以下几种模式：竞技运动学校培养运动员模式，直接招收现役运动员模式，直接引进退役运动员模式①。

针对部分现役运动员的特殊性，很多高校采用了延长学制的培养模式。中国人民大学就是其中的代表，奥运会跳水冠军郭晶晶、吴敏霞等就曾在中国人民大学就读。北京体育大学还特别开设了研究生层次的冠军班，众多奥运会冠军都曾经在"冠军班"就读。

到高等体育院校或高校学习的运动员，大多数是为了转型而来，与体育相关专业是其学习首选。只要完成学业，退役之后就可以从运动员直接转型为教练员或管理人员。

第三节　奥运会冠军文化教育的成效分析

奥运会冠军对我国社会进步做出了重要贡献，但迄今为止，人们对奥运会冠军的研究更多的主要是集中在训练学领域，对奥运会冠军文化教育的整体研究和成效分析并不多。因此，将奥运会冠军作为一个整体从其教育方面进行综合研究，从社会影响、受教育程度等方面归纳总结出共性的规律或相关因素，对于我们全方位地认识奥运会冠军群体，促进青少年树立正确的体育观、价值

---

① 吕赟，徐长红. 体教结合：高校培养优秀运动员教育模式探究 [J] . 长春理工大学学报·高教版，2010（3）：139－140.

观、人生观，更好地培养竞技体育人才，促进社会进步和体育事业发展都具有重要意义。

一、奥运会冠军文化教育的年龄结构特征

通过统计奥运会冠军夺冠时年龄及夺冠前后的受教育程度，可以得出技能类表现难美性项目（如竞技体操、跳水等）的运动员夺冠时的年龄和受教育程度较体能类项目和对抗性项目小，说明技能类表现难美性项目选手出成绩较早，夺冠时受教育程度相对略低。

（一）中国奥运会冠军夺冠前后受教育程度统计

表 5－3　中国奥运会冠军夺冠前后受教育程度统计（N＝251）（截至 2018 年）

序号	姓名	性别	项目	夺冠前学历	夺冠后学历	夺冠时年龄（夺冠时间）	获金牌数
1	周继红	女	跳水	高中	大学	19（1984）	
2	许艳梅	女	跳水	初中	大学	17（1988）	
3	高敏	女	跳水	大学	大学	22（1988、1992）	2 枚
4	伏明霞	女	跳水	初中	大学	15（1992、1996、2000）	4 枚（1996 年 2 枚）
5	孙淑伟	男	跳水	初中	大学	16（1992）	
6	熊倪	男	跳水	大学	大学	22（1996、2000）	3 枚（2000 年 2 枚）
7	田亮	男	跳水	大学	硕士	21（2000、2004）	2 枚
8	李娜	女	跳水	初中	硕士	16（2000）	
9	桑雪	女	跳水	初中	大学	16（2000）	
10	肖海亮	男	跳水	大学	大学	23（2000）	
11	吴敏霞	女	跳水	高中	大学	19（2004、2008、2012、2016）	5 枚（2012 年 2 枚）
12	杨景辉	男	跳水	大学	硕士	21（2004）	
13	胡佳	男	跳水	大学	大学	21（2004）	
14	劳丽诗	女	跳水	初中	大学	17（2004）	
15	李婷	女	跳水	初中	大学	17（2004）	2004 年 2 枚
16	彭勃	男	跳水	大学	大学	23（2004）	
17	郭晶晶	女	跳水	大学	大学	23（2004、2008）	4 枚（2004、2008 各 2 枚）
18	陈若琳	女	跳水	初中	大学	16（2008、2012、2016）	4 枚（2012 年 2 枚）

续表

序号	姓名	性别	项目	夺冠前学历	夺冠后学历	夺冠时年龄（夺冠时间）	获金牌数
19	王鑫	女	跳水	初中	大学	16（2008）	
20	林跃	男	跳水	初中	大学	17（2008、2016）	2枚
21	火亮	男	跳水	大学	大学	19（2008）	
22	何冲	男	跳水	大学	大学	21（2008）	
23	王峰	男	跳水	大学	大学	29（2008）	
24	秦凯	男	跳水	大学	大学	22（2008、2012）	2枚
25	何姿	女	跳水	高中	大学	22（2012）	
26	罗玉通	男	跳水	大学	大学	27（2012）	
27	张雁全	男	跳水	高中	大学	18（2012）	
28	汪皓	女	跳水	大学	大学	20（2012）	
29	曹缘	男	跳水	初中	大学	17（2012、2016）	2枚
30	施廷懋	女	跳水	大学	硕士	25（2016）	2枚
31	陈艾森	男	跳水	大学	大学	21（2016）	2枚
32	任茜	女	跳水	初中	大学	15（2016）	
33	刘蕙瑕	女	跳水	大学	大学	19（2016）	
34	曾国强	男	举重	高中	大学	19（1984）	
35	吴数德	男	举重	大学	大学	25（1984）	
36	陈伟强	男	举重	大学	大学	26（1984）	
37	姚景远	男	举重	大学	大学	25（1984）	
38	占旭刚	男	举重	大学	大学	22（1996、2000）	2枚
39	唐灵生	男	举重	大学	大学	25（1996）	
40	林伟宁	女	举重	高中	大学	21（2000）	
41	陈晓敏	女	举重	大学	大学	23（2000）	
42	丁美媛	女	举重	大学	大学	21（2000）	
43	杨霞	女	举重	大学	大学	23（2000）	
44	石智勇	男	举重	大学	大学	24（2004）	
45	张国政	男	举重	大学	硕士	30（2004）	
46	刘春红	女	举重	高中	硕士	19（2004）	
47	陈艳青	女	举重	大学	硕士	25（2004、2008）	2枚
48	唐功红	女	举重	大学	大学	25（2004）	
49	龙清泉	男	举重	高中	大学	17（2008、2016）	2枚

续表

序号	姓名	性别	项目	夺冠前学历	夺冠后学历	夺冠时年龄（夺冠时间）	获金牌数
50	张湘祥	男	举重	大学	硕士	25（2008）	
51	陆永	男	举重	大学	大学	22（2008）	
52	廖辉	男	举重	大学	大学	21（2008）	
53	周璐璐	女	举重	大学	大学	24（2012）	
54	王明娟	女	举重	大学	大学	27（2012）	
55	李雪英	女	举重	大学	硕士	22（2012）	
56	吕小军	男	举重	大学	大学	25（2012）	
57	林清峰	男	举重	大学	大学	23（2012）	
58	石智勇	男	举重	大学	大学	23（2016）	
59	邓薇	女	举重	大学	大学	23（2016）	
60	向艳梅	女	举重	大学	大学	24（2016）	
61	孟苏平	女	举重	大学	大学	27（2016）	
62	李宁	男	体操	高中	大学	21（1984）	3枚
63	楼云	男	体操	大学	大学	20（1984、1988）	2枚
64	马艳红	女	体操	高中	大学	20（1984）	
65	李小双	男	体操	大学	大学	19（1992、1996）	2枚
66	陆莉	女	体操	初中	大学	16（1992）	
67	李小鹏	男	体操	大学	大学	27（2000、2008）	4枚（2000、2008各2枚）
68	黄旭	男	体操	大学	大学	21（2000、2008）	2枚
69	邢傲伟	男	体操	高中	大学	18（2000）	
70	杨威	男	体操	大学	大学	20（2000、2008）	2枚
71	郑李辉	男	体操	大学	硕士	22（2000）	
72	肖俊峰	男	体操	大学	硕士	21（2000）	
73	刘璇	女	体操	高中	大学	21（2000）	
74	滕海滨	男	体操	高中	大学	19（2004）	
75	邹凯	男	体操	高中	大学	20（2008、2012）	5枚（2008年3枚 2012年2枚）
76	肖钦	男	体操	大学	大学	23（2008）	2枚
77	程菲	女	体操	大学	大学	20（2008）	
78	江钰源	女	体操	初中	大学	17（2008）	

续表

序号	姓名	性别	项目	夺冠前学历	夺冠后学历	夺冠时年龄（夺冠时间）	获金牌数
79	杨伊琳	女	体操	初中	大学	16 (2008)	
80	李珊珊	女	体操	初中	硕士	16 (2008)	
81	何可欣	女	体操	初中	大学	16 (2008)	2 枚
82	陈一冰	男	体操	大学	硕士	24 (2008、2012)	3 枚（2008 年 2 枚）
83	邓琳琳	女	体操	初中	大学	16 (2008、2012)	2 枚
84	郭伟阳	男	体操	大学	硕士	24 (2012)	
85	张成龙	男	体操	大学	大学	23 (2012)	
86	冯喆	男	体操	大学	大学	25 (2012)	2 枚
87	陆春龙	男	体操（蹦床）	高中	大学	19 (2008)	
88	何雯娜	女	体操（蹦床）	高中	大学	19 (2008)	
89	董栋	男	体操（蹦床）	大学	大学	23 (2012)	
90	陈龙灿	男	乒乓球	大学	大学	23 (1988)	
91	韦晴光	男	乒乓球	大学	大学	26 (1988)	
92	陈静	女	乒乓球	大学	博士	20 (1988、2004)	2 枚
93	吕林	男	乒乓球	大学	大学	23 (1992)	
94	王涛	男	乒乓球	大学	大学	25 (1992)	
95	邓亚萍	女	乒乓球	高中	博士	19 (1992、1996)	4 枚（1992、1996 各 2 枚）
96	乔红	女	乒乓球	大学	硕士	24 (1992、1996)	2 枚
97	刘国梁	男	乒乓球	高中	硕士	20 (1996)	2 枚
98	孔令辉	男	乒乓球	大学	大学	21 (1996、2000)	2 枚
99	王励勤	男	乒乓球	大学	大学	22 (2000、2008)	2 枚
100	闫森	男	乒乓球	大学	大学	25 (2000)	
101	王楠	女	乒乓球	大学	大学	22 (2000、2004、2008)	4 枚（2000 年 2 枚）
102	李菊	女	乒乓球	大学	大学	24 (2000)	
103	陈玘	男	乒乓球	高中	大学	20 (2004)	
104	马琳	男	乒乓球	大学	大学	24 (2004、2008)	3 枚（2008 年 2 枚）
105	张怡宁	女	乒乓球	大学	大学大学	23 (2004、2008)	4 枚（2004、2008 各 2 枚）
106	王皓	男	乒乓球	大学	大学	29 (2008、2012)	2 枚

续表

序号	姓名	性别	项目	夺冠前学历	夺冠后学历	夺冠时年龄（夺冠时间）	获金牌数
107	郭跃	女	乒乓球	大学	硕士	24（2008、2012）	2枚
108	马龙	男	乒乓球	大学	大学	24（2012、2016）	3枚（2016年2枚）
109	丁宁	女	乒乓球	大学	硕士	22（2012、2016）	3枚（2016年2枚）
110	李晓霞	女	乒乓球	大学	大学	24（2012、2016）	3枚（2016年2枚）
111	张继科	男	乒乓球	大学	大学	24（2012、2016）	3枚（2012年2枚）
112	刘诗雯	女	乒乓球	大学	大学	25（2016）	
113	许昕	男	乒乓球	大学	大学	26（2016）	
114	许海峰	男	射击	大学	大学	27（1984）	
115	李玉伟	男	射击	高中	大学	19（1984）	
116	吴小旋	女	射击	大学	大学	26（1984）	
117	王义夫	男	射击	大学	大学	32（1992、2004）	2枚
118	张山	女	射击	大学	大学	24（1992）	
119	杨凌	男	射击	大学	大学	24（1996、2000）	2枚
120	李对红	女	射击	大学	大学	26（1996）	
121	蔡亚林	男	射击	大学	大学	23（2000）	
122	陶璐娜	女	射击	大学	硕士	26（2000）	
123	杜丽	女	射击	大学	大学	22（2004、2008）	2枚
124	朱启南	男	射击	高中	大学	20（2004）	
125	贾占波	男	射击	大学	大学	30（2004）	
126	陈颖	女	射击	大学	大学	31（2008）	
127	邱健	男	射击	大学	大学	33（2008）	
128	庞伟	男	射击	高中	大学	22（2008）	
129	郭文珺	女	射击	大学	大学	24（2008、2012）	2枚
130	易思玲	女	射击	大学	大学	23（2012）	
131	张梦雪	女	射击	大学	大学	25（2016）	
132	葛菲	女	羽毛球	高中	大学	21（1996、2000）	2枚
133	顾俊	女	羽毛球	大学	大学	21（1996、2000）	2枚
134	吉新鹏	男	羽毛球	大学	硕士	23（2000）	
135	龚智超	女	羽毛球	大学	大学	23（2000）	
136	张军	男	羽毛球	大学	大学	23（2000、2004）	2枚
137	高崚	女	羽毛球	大学	大学	21（2000、2004）	2枚

续表

序号	姓名	性别	项目	夺冠前学历	夺冠后学历	夺冠时年龄（夺冠时间）	获金牌数
138	张宁	女	羽毛球	大学	大学	29（2004、2008）	2枚
139	张洁雯	女	羽毛球	大学	大学	23（2004）	
140	杨维	女	羽毛球	大学	大学	25（2004）	
141	林丹	男	羽毛球	大学	硕士	25（2008、2012）	2枚
142	于洋	女	羽毛球	大学	大学	22（2008）	
143	杜婧	女	羽毛球	大学	大学	24（2008）	
144	张楠	男	羽毛球	大学	大学	22（2012、2016）	2枚
145	赵芸蕾	女	羽毛球	大学	在读博士	26（2012）	2枚
146	李雪芮	女	羽毛球	大学	硕士	21（2012）	
147	田卿	女	羽毛球	大学	大学	26（2012）	
148	蔡赟	男	羽毛球	大学	大学	32（2012）	
149	傅海峰	男	羽毛球	大学	大学	29（2012、2016）	2枚
150	谌龙	男	羽毛球	大学	大学	27（2016）	
151	杨文意	女	游泳	大学	大学	20（1992）	
152	林莉	女	游泳	大学	大学	22（1992）	
153	钱红	女	游泳	高中	大学	21（1992）	
154	庄泳	女	游泳	大学	大学	20（1992）	
155	乐静宜	女	游泳	初中	大学	21（1996）	
156	罗雪娟	女	游泳	大学	大学	20（2004）	
157	刘子歌	女	游泳	高中	大学	19（2008）	
158	孙杨	男	游泳	高中	博士	21（2012、2016）	3枚（2012年2枚）
159	叶诗文	女	游泳	初中	大学	16（2012）	2枚
160	焦刘洋	女	游泳	大学	大学	21（2012）	
161	陈跃玲	女	田径	大学	大学	24（1992）	
162	王军霞	女	田径	大学	大学	23（1996）	
163	刘翔	男	田径	大学	博士	21（2004）	
164	邢慧娜	女	田径	高中	大学	20（2004）	
165	陈定	男	田径	大学	硕士	20（2012）	
166	王丽萍	女	田径（竞走）	大学	大学	24（2000）	
167	王镇	男	田径（竞走）	大学	硕士	25（2016）	
168	刘虹	女	田径（竞走）	大学	大学	29（2016）	

续表

序号	姓名	性别	项目	夺冠前学历	夺冠后学历	夺冠时年龄（夺冠时间）	获金牌数
169	庄晓岩	女	柔道	大学	大学	23（1992）	
170	孙福明	女	柔道	大学	大学	22（1996）	
171	唐琳	女	柔道	大学	博士	24（2000）	
172	袁华	女	柔道	大学	大学	26（2000）	
173	冼东妹	女	柔道	大学	大学	29（2004、2008）	2枚
174	佟文	女	柔道	大学	大学	25（2008）	
175	杨秀丽	女	柔道	大学	大学	25（2008）	
176	陈中	女	跆拳道	高中	硕士	18（2000、2004）	2枚
177	罗微	女	跆拳道	高中	大学	21（2004）	
178	吴静钰	女	跆拳道	高中	大学	21（2008、2012）	2枚
179	赵帅	男	跆拳道	大学	大学	21（2016）	
180	郑姝音	女	跆拳道	大学	大学	22（2016）	
181	栾菊杰	女	击剑	大学	大学	26（1984）	
182	仲满	男	击剑	大学	大学	25（2008）	
183	雷声	男	击剑	大学	硕士	28（2012）	
184	孙玉洁	女	击剑	高中	大学	20（2012）	
185	李娜	女	击剑	大学	硕士	31（2012）	
186	许安琪	女	击剑	高中	大学	20（2012）	
187	骆晓娟	女	击剑	大学	大学	28（2012）	
188	郎平	女	排球	大学	硕士	24（1984）	
189	张蓉芳	女	排球	大学	硕士	27（1984）	
190	朱玲	女	排球	大学	硕士	27（1984）	
191	梁艳	女	排球	大学	大学	23（1984）	
192	周晓兰	女	排球	大学	大学	27（1984）	
193	姜英	女	排球	大学	大学	21（1984）	
194	侯玉珠	女	排球	大学	大学	21（1984）	
195	杨锡兰	女	排球	大学	大学	24（1984）	
196	苏惠娟	女	排球	大学	大学	21（1984）	
197	杨晓君	女	排球	大学	大学	21（1984）	
198	郑美珠	女	排球	大学	大学	21（1984）	
199	李延军	女	排球	大学	大学	21（1984）	

续表

序号	姓名	性别	项目	夺冠前学历	夺冠后学历	夺冠时年龄（夺冠时间）	获金牌数
200	杨昊	女	排球	大学	硕士	24（2004）	
201	张萍	女	排球	大学	大学	22（2004）	
202	王丽娜	女	排球	大学	大学	26（2004）	
203	赵蕊蕊	女	排球	大学	大学	23（2004）	
204	刘亚男	女	排球	大学	大学	24（2004）	
205	冯坤	女	排球	大学	大学	26（2004）	
206	宋妮娜	女	排球	大学	大学	24（2004）	
207	周苏红	女	排球	大学	大学	25（2004）	
208	李珊	女	排球	大学	大学	24（2004）	
209	张越红	女	排球	大学	大学	24（2004）	
210	张娜	女	排球	大学	大学	24（2004）	
211	陈静	女	排球	大学	大学	29（2004）	
212	惠若琪	女	排球	大学	在读博士	25（2016）	
213	魏秋月	女	排球	大学	大学	28（2016）	
214	徐云丽	女	排球	大学	大学	29（2016）	
215	张常宁	女	排球	大学	硕士	21（2016）	
216	颜妮	女	排球	大学	大学	27（2016）	
217	朱婷	女	排球	大学	硕士	22（2016）	
218	杨方旭	女	排球	大学	大学	22（2016）	
219	袁心玥	女	排球	大学	大学	22（2016）	
220	丁霞	女	排球	大学	大学	26（2016）	
221	刘晓彤	女	排球	大学	硕士	26（2016）	
222	龚翔宇	女	排球	大学	大学	19（2016）	
223	林莉	女	排球	大学	大学	24（2016）	
224	邹市明	男	拳击	大学	大学	27（2008、2012）	2枚
225	张小平	男	拳击	大学	硕士	26（2008）	
226	王旭	女	摔跤	高中	大学	19（2004）	
227	王娇	女	摔跤	高中	大学	20（2008）	
228	孟关良	男	皮划艇静水	大学	硕士	27（2004、2008）	2枚
229	杨文军	男	皮划艇静水	大学	硕士	25（2004、2008）	2枚

续表

序号	姓名	性别	项目	夺冠前学历	夺冠后学历	夺冠时年龄（夺冠时间）	获金牌数
230	奚爱华	女	赛艇	专科	大学	26（2008）	
231	金紫薇	女	赛艇	大学	大学	23（2008）	
232	唐宾	女	赛艇	大学	大学	22（2008）	
233	张杨杨	女	赛艇	高中	大学	19（2008）	
234	徐莉佳	女	帆船	大学	大学	25（2008）	
235	殷剑	女	帆船	大学	大学	30（2012）	
236	孙甜甜	女	网球	大学	大学	23（2004）	
237	李婷	女	网球	大学	大学	24（2004）	
238	张娟娟	女	射箭	大学	大学	27（2008）	
239	宫金杰	女	自行车	大学	大学	30（2016）	
240	钟天使	女	自行车	大学	大学	25（2016）	
241	杨扬	女	短道速滑	大学	大学	27（2002）	2 枚
242	王濛	女	短道速滑	大学	硕士	22（2006、2010）	4 枚（2010 年 3 枚）
243	孙琳琳	女	短道速滑	大学	大学	23（2010）	
244	张会	女	短道速滑	大学	大学	22（2010）	
245	周洋	女	短道速滑	高中	大学	19（2010、2014）	3 枚（2010 年 2 枚）
246	李坚柔	女	短道速滑	大学	大学	28（2014）	
247	武大靖	男	短道速滑	大学	大学	24（2018）	
248	申雪	女	花样滑冰	大学	大学	32（2010）	
249	赵宏博	男	花样滑冰	大学	大学	37（2010）	
250	韩晓鹏	男	自由式滑雪	大学	大学	24（2006）	
251	张虹	女	速度滑冰	大学	大学	26（2014）	

表 5－4　中国奥运会冠军夺冠前后受教育程度统计（N＝251）（截至 2018 年）

获奥运会冠军前学历	人数	百分比（%）	获奥运会冠军后学历	人数	百分比（%）
初中	18	7.2%	初中	无	无
高中（中专）	38	15.1%	高中（中专）	无	无
大学	195	77.7%	大学	206	82.1%
硕士研究生	无	无	硕士研究生	38	15.1%
博士研究生	无	无	博士研究生	7	2.8%
合计	251	100	合计	251	100

表5－4说明了中国251位奥运会冠军夺冠前后的受教育程度：获得奥运会冠军前初中学历者占总人数的7.2%，高中或中专学历者占总人数的15.1%，大学学历者占总人数的77.7%，硕士、博士学历者无。其中跳水、体操等项目出成绩较早，获得奥运会冠军前运动员年龄普遍较小，故学历较低。运动员获得奥运会冠军后学历均有大幅度提高，通过学习全部达到了大学或大学以上学历：其中硕士研究生占15.1%（38人），博士研究生占2.8%（7人）。

（二）奥运会冠军学习形式的分析

奥运会冠军的学习形式主要是在校全日制学习、在职学习、函授教育和集中面授学习等多种方式。由于优秀运动员每年比赛任务较多，面授集中学习是重要形式。而奥运会夺冠和退役后的学习，主要是在校全日制学习。特别是奥运会冠军退役后在国内外高校的全日制学习，对于掌握知识，提高就业能力和职业竞争力有重要作用。

二、奥运会冠军文化教育存在的不足

（一）学历与受教育程度存在差距

首先，优秀运动员的文化教育缺乏系统性，一开始就输在了起跑线上，同时运动水平的提高往往以牺牲文化学习为代价；其次，教练员及管理人员重"竞技水平"轻"文化教育"的管理形式使运动员的成长重心发生偏颇，难以抵挡外界的诸多诱惑；再次，有一些高校通过奥运会冠军挂名来提高自身的知名度。大多数优秀运动员由于文化基础差，一般难以适应高等教育要求，一旦训练竞赛与文化学习产生冲突，学校往往降低学习要求。有一些高校采用保留学籍的方法让优秀运动员在学校挂名，从而致使高水平运动员与学校之间的关系变为纯粹的互利关系，学校需要他们在比赛时拿金牌、争荣誉，他们则从学校领走一个"注水"的文凭[①]。有部分高校运动员文化教育出现"有形式，无内容；有内容，无效果"的问题。

例如，石坤、何芝、刘青等调查四川的情况后认为：在役优秀运动员在学训矛盾下，文化学习时间少，学习效果较差，知识面较窄，运动成绩突出而科学文化水平、人文素质偏低[②]。

---

① 张春合.我国高校高水平运动队建设存在问题及其解决对策［J］.体育学刊，2009（2）：55－58.

② 石坤，何芝，刘青，等.四川省优秀运动员文化教育现状分析［J］.成都体育学院学报，2003（6）：27－30.

王鲁宁、张世林认为：运动员文化教育质量亟待提高。由于学习目的不明确，学习习惯未养成，在繁重的学习和训练任务面前，往往会放松学习，导致文化学习流于形式，文化素质不高①。

从高校实施文化教育工作的现状来看，除北京、成都、上海、武汉、沈阳、西安、天津、广州、南京、吉林等部分体育学院外，有一些高校并没有专门为优秀运动员单独开课。多数高校采取让运动员跟随相应年级和班级的普通大学生教学班就读的措施，教学效果存在不足②。

（二）奥运会冠军文化教育管理还需进一步完善

虽然我国在解决运动员文化教育方面采取了很多措施，取得了显著成效，但由于管理体制上的条块分割以及其他因素的影响，体育和教育的结合还存在偏差；优秀运动员文化教育管理形成的条块分割现象还没有完全解决③。优秀运动员文化教育政策制度还不能完全解决学训矛盾。

（三）奥运会冠军与全日制学生文化教育质量存在较大差距

除专业技能极为突出外，在尖锐的学训矛盾下，由于投入文化学习的时间少，奥运会冠军的文化教育与全日制学生文化教育相比，即使按照相关政策进入大学学习，其文化水平离相应的文化学习要求也有较大差距。其突出表现是运动成绩突出而科学文化水平和人文素质相对偏低④。部分奥运会冠军的文化素质还不能完全适应社会发展的需要，进入社会后难以完全适应激烈竞争的需要。

第四节　奥运会冠军对我国社会有关方面的积极影响

2016 年 6 月—2020 年 6 月，我们问卷调查了全国 3 所初中（150 人）、3 所高中（150 人）、3 所高校（150 人）合计 450 名学生（详见表 5 - 5），以及有关专家（包括奥运会冠军及其教练员、有关管理人员等）96 人（详见第一章 26 -

---

① 王鲁宁，张世林. 我国优秀运动队文化教育现状与发展研究［J］. 体育与科学，1999
（2）：43 - 47.

② 韩开成. 河南省优秀运动员接受高等教育现状及对策研究［J］. 体育成人教育学刊. 2008
（3）：71 - 73.

③ 李晨峰. 我国优秀运动员文化教育政策与实践研究［D］. 北京体育大学博士论文，2011.

④ 石坤，何芝，刘青，等. 四川省优秀运动员文化教育现状分析［J］. 成都体育学院学报，2003（6）：27 - 30.

29 页 "表 1 - 9")。

　　问卷围绕研究目的设计内容与形式，并参考国内外相关研究成果，针对体育教师、专家、教练员、学生（初中、高中、大学）等设计四套调查问卷。问卷内容涉及奥运会冠军的教育、管理体制，以及不同调查对象对奥运会冠军的认知观点等内容。表 5 - 5 是问卷学生对象与问卷单位的具体情况。

表 5 - 5　问卷调查学生单位的具体信息（学校 N = 9）

序号	学校名称	发放	回收	有效	有效率
1	陕西延安土基镇土基中学（初一——初三）	50	50	50	100%
2	陕西渭南大荔县冯村中学（初一——初三）	50	50	50	100%
3	河南新乡龙泉中学（初一——初三）	50	49	49	98%
4	河南新乡新乡县高级中学（高一——高三）	50	50	49	98%
5	河南新乡新乡县龙泉高中（高一——高三）	50	50	50	100%
6	陕西咸阳咸阳中学（高一——高三）	50	50	50	100%
7	西安工业大学（大一——大四）	50	50	50	100%
8	安阳师范学院（大一——大四）	50	48	48	96%
9	辽宁中医药大学（大一——大四）	50	47	47	94%

一、奥运会冠军对学生的积极影响

　　奥运会冠军在赛场上不畏艰难困苦，勇于战胜强者的精神，极大地鼓舞着青少年，奥运会冠军的拼搏精神对学生有积极影响。

　　（一）奥运会冠军对学生有精神引领的价值

　　"体育运动不仅作用于生物的人，同时也作用于精神的人和社会的人。"学生通过奥运会比赛看到的是不断超越、不断进取、顽强拼搏、公平竞争、团结友爱和爱国主义精神。特别是奥运会的竞争精神，召唤着学生身心完善，人际关系和谐和对美的追求。奥运会也广泛地影响着学校体育，奥运会冠军是竞技体育的英雄，是一些青少年学生的偶像，有一些奥运会冠军的一举一动都为广大青少年学生所模仿。奥运会冠军同时也会促进学校体育的健康发展①。

---

① 李勇．奥林匹克运动对学校体育发展的影响作用 ［J］．体育世界（学术版），2009（9）：25.

表5-6　奥运会冠军夺取金牌的必要条件大学生问卷统计表（N=90）

夺金原因	五项全选	其他
人数	57	33
百分比	63.30%	36.70%

备注：调查对象为西安工业大学、安阳师范学院、辽宁中医药大学

　　先天优势和后天的不懈努力，是奥运会冠军成功的重要因素。奥运会冠军不仅是个人荣誉，也是民族和国家荣誉。表5-6是对三所高校90名大学生，关于奥运会冠军夺取金牌的必要条件进行的问卷统计，结果表明：有57位大学生（占63.30%）认为奥运会冠军夺金的必要条件是：1. 良好的身体素质；2. 科学系统训练；3. 突出的心理素质；4. 比赛经验的积累；5. 坚韧不拔的毅力。认为只有具备上述五项素质才有可能夺取冠军。另有33人（36.70%）的大学生认为奥运会冠军夺取优胜与其他因素有关。

　　奥运会冠军对学生的影响是多方面的，其影响不仅表现在完美的竞技能力方面，更表现在精神引领上。奥运会冠军在赛场上表现出来的竞技精神，对手间的激烈对抗，同伴间的默契配合，百折不挠的进取等对观看者的视觉冲击及心灵的震撼都是巨大的。许多学生在平时的学习及体育运动中积极学习模仿奥运会冠军的优秀表现，有利于学生的自我激励。

　　图5-1是对三所高校（西安工业大学、安阳师范学院、辽宁中医药大学）90名大学生关于奥运会冠军比赛过程对大学生的影响问卷统计结果，有51.10%的大学生认为奥运会冠军比赛中表现出的体育精神对自己影响最大，有25.60%的大学生认为奥运会冠军的比赛对自己的身体锻炼最有影响，有12.20%的大学生认为奥运会冠军的比赛对自己技术学习的影响最大，有11.10%的大学生认为奥运会冠军的比赛对自身的临场快速反应能力的锻炼（7.80%）及遵守纪律（3.30%）最有影响。可见奥运会冠军对大学生的影响是多方面的，有利于培养学生热爱体育，不怕困难，勇于进取的精神。

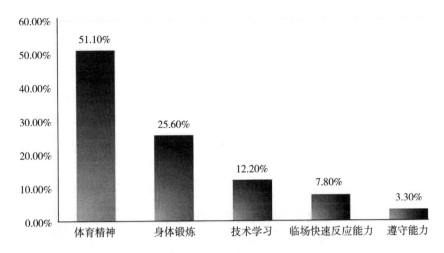

图 5 – 1　奥运会冠军比赛过程对大学生的影响问卷统计（N = 90）

（备注：调查对象同表 5 – 6）

（二）奥运会冠军对学生有教育价值

奥运会冠军夺取金牌时，五星红旗升起飘扬在奥运会赛场的那一刻，不仅是奥运会冠军一个人的荣誉，也是全体中国人的骄傲，那种强烈的民族自豪感顿时涌上心头。这种民族自豪感和爱国主义精神对当代学生有着极大的教育意义，同时对学生的成长有很大的促进作用。当代学生对奥运会冠军的喜爱是多种多样的，有些学生喜欢其在比赛中勇于拼搏、勇于挑战的大无畏精神，有些学生喜欢奥运会冠军英姿飒爽、英气逼人，有的学生喜欢其高超的专业技艺，有的学生喜欢其豪爽的性格等。奥运会冠军对学生的积极影响是学生健康成长的有利因素之 一，对学生的健康发展有重要的教育价值。

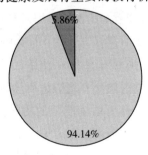

有教育意义占94.14%　　　　　无教育意义占5.86%

图 5 – 2　奥运会冠军对学生的教育意义问卷统计（N = 273）

（备注：调查对象为表 5 – 5 中 9 所学校的 273 人）

教育不仅传授知识,更能提高个人修为。奥运会冠军是除教师及家长以外的最好的教育读本,奥运会冠军的事迹不仅有利于启迪学生积极进取,奋勇拼搏,狭路相逢勇者胜的道理,更能启迪学生建立健全的人格,内心充满对胜利的渴望和追求。图 5 - 2 是我们对 9 所学校 273 位学生的问卷调查得出的统计结论:有 94.14% (257 人) 的学生认为奥运会冠军的事迹对其有教育意义,有5.86% (16 人) 的学生认为奥运会冠军的事迹对其没有教育意义。可见奥运会冠军的事迹对学生有教育意义但还不是非常深刻,教师在平时的教学中应该主动借鉴奥运会冠军的优秀事迹来激励学生,激发学生的努力进取精神。

表 5 - 7 　 奥运会冠军对学生的榜样作用问卷统计 (N = 183)

奥运会冠军的榜样作用问卷统计	勾选次数	所占比例%
1. 奥运会冠军的榜样作用影响深刻	106	58.47%
2. 奥运会冠军的榜样作用影响一般	67	37.70%
3. 奥运会冠军的榜样作用对其没有影响	10	16.60%

好的榜样是最好的引导,好的楷模是最好的说服。一个好的榜样有感染、鼓舞、教育和鞭策人的力量。除了老师、家长、同伴的榜样示范作用外,学生最容易受具有影响力的社会人物的牵引。榜样是一种非常直观、现实的引导和教育,其形象具体,易于学习理解,能够起到正面引导的积极作用。学生的教育离不开社会精英尤其是奥运会冠军的榜样引导。表 5 - 7 是中学生关于奥运会冠军的榜样作用问卷统计,结果表明:有 58.47% 的学生认为奥运会冠军的榜样作用对自己影响深刻,有 37.70% 的学生认为奥运会冠军的榜样作用对其影响一般,16.60% 的学生认为奥运会冠军的榜样作用对其没有影响。可见奥运会冠军在某些方面的榜样作用对学生有潜移默化的积极影响。

(三) 奥运会冠军对学生的人生观、世界观、价值观的塑造有积极影响

奥运会和学校体育都有增进健康和增强体质、传授体育知识、技术、技能,培养具有一定体育文化素养和体育锻炼能力的功能。奥林匹克运动给学生提供了大量成功的范例,激励着学生参与体验运动。在奥运会比赛中学生不仅看到了精彩的比赛,也看到了运动员表现出来的顽强拼搏、遵守规则、团结友好的精神;更看到了奥运会冠军在比赛中永不言弃、为国争光的精神。

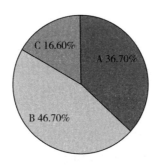

对终身体育信念: A 有重要影响36.70% B 有一定影响46.70% C 没有影响16.60%

图5-3 奥运会冠军对大学生终身体育信念影响问卷统计（N=90）

（备注：调查对象同表5-6）

图5-3是我们对三所高校90名大学生关于奥运会冠军对其终身体育信念的影响问卷统计结果：36.70%的大学生认为奥运会冠军对其终身体育信念的建立有重要影响，46.7%的大学生认为奥运会冠军对其终身体育信念的建立有一定影响，16.60%的大学生认为奥运会冠军对其终身体育信念的建立没有影响。可见奥运会冠军对大学生终身体育信念的建立还是有较大的引领作用。

由于现在通信技术的发展，学生通过互联网、微博等消息对奥运会冠军的了解和接触越来越多。当代学生对奥运会冠军的喜爱已成为一种社会主流，奥运会冠军不仅是明星和体育精英，更是一种精神引领。奥运会冠军永不放弃、勇于拼搏、团结协作的精神对学生有积极影响，其榜样作用对学生人生观、价值观和世界观的塑造有积极影响。

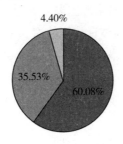

有较大影响60.08% 影响一般35.53% 没有影响4.40%

图5-4 奥运会冠军对学生人生观、世界观、价值观塑造的影响问卷统计（N=273）

（备注：调查对象为表5-5中9所学校的273人）

图 5 - 4 是对 9 所学校 273 位不同受教育层次（初中、高中、大学）学生，关于奥运会冠军对其人生观、世界观、价值观塑造的积极影响问卷调查结果：60.08%的学生认为有较大影响；35.53%的学生认为影响一般，4.40%的学生认为没有影响。可见奥运会冠军对学生人生观、世界观、价值观的塑造还是有积极的引导和促进作用的。

（四）奥运会冠军的成功经验有重要传承价值

奥运会冠军的榜样示范对学生有积极影响，同时也给学生带来了运动的激情和活力。学生在平时学习技术动作的基础上会模仿奥运会冠军在训练及比赛中的动作，有利于培养其独立练习和独立思考的能力。

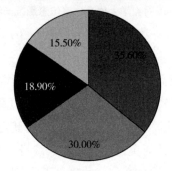

奥运会冠军比赛视频35.6%　　　请教别人30%　　　查阅图书18.90%　　　其他途径15.5%

图 5 - 5　大学生提高体育技能的资料来源问卷统计（N = 90）

（备注：调查对象同表 5 - 5）

图 5 - 5 所示，通过三所高校 90 位大学生的问卷调查统计，有 35.60%的大学生认为其提高体育技能的资料来源主要是通过观看中国奥运会冠军的比赛视频；有 30.00%的学生认为提高体育技能的途径主要是请教别人；有 18.90%的学生主要通过查阅图书来提高体育技能；有 15.50%的学生通过其他途径来提高自身体育技能。可见奥运会冠军的比赛视频对学生体育技能的提高有促进作用。比赛视频资源广泛多样，通过观看视频学习，有利于学生积极思考，培养发现问题解决问题的能力。

运动技能的迁移即一个人把已经掌握了的某种运动技能，运用到学习某些新运动技能中去的过程。运动技能的迁移有利于提高自身学习技能的效果及速度，能更好地促进对技术的掌握。通过三所高校 90 位大学生的问卷调查统计得出以下结论：5.60%的大学生认为奥运会冠军的训练方法对其运动技能的迁移很有影响；46.70%的大学生认为奥运会冠军的训练方法对其运动技能的迁移有影响；44.40%的大学生认为奥运会冠军的训练方法对其运动技能的迁移有一点影响；3.30%的大学生认为奥运会冠军对其运动技能的迁移没有影响。由此可见，借鉴奥运会冠军的训练方法来指导学生的运动技能学习有利于达到事半功倍，促进运动技能迁移的效果。

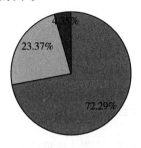

有帮助72.29%   有一点帮助23.37%   没有帮助4.35%

图 5 - 6　学生对奥运会冠军成功经验的传承问卷统计（N = 184）

（备注：调查对象为表 5 - 5 中的三所高中和三所大学的 184 人）

图 5 - 6 是对三所高中和 3 所高校关于奥运会冠军成功经验的传承问卷统计图示。结果表明：72.29%的学生认为奥运会冠军的比赛视频对其技能的学习有帮助；23.37%的学生认为奥运会冠军的比赛视频对其技能的学习有一点帮助；4.35%的学生认为奥运会冠军的比赛视频对其技能的学习没有帮助。

二、奥运会冠军对社会体育发展的积极影响

表 5 - 8　奥运会冠军对社会体育发展的积极影响专家问卷统计（N = 96。可多选）

奥运会冠军对社会发展的影响	勾选次数	所占比例%
1. 推广体育运动	84	87.50%
2. 树立榜样作用	68	70.80%
3. 大众价值观的塑造	48	50.00%
4. 增强全民健身意识	19	19.80%
5. 提高社会责任意识	4	4.20%

表 5 - 8 所示，96 位专家关于奥运会冠军对社会体育发展的积极影响问卷结果表明：87.50%的专家认为奥运会冠军对推动体育发展有积极作用；70.80%

的专家认为奥运会冠军对社会体育发展树立了榜样作用；50.00%的专家认为奥运会冠军对大众价值观的塑造有着积极影响；19.80%的专家认为奥运会冠军增强了全民的健身意识；4.20%的专家认为奥运会冠军提高了社会责任意识。

第五节　有关学生对我国奥运会冠军教育特征的评价

一、初中生对奥运会冠军综合素质的评价

表5-9　奥运会冠军综合素质与同龄人比较初中生问卷统计（N=89）

奥运会冠军综合素质比较	勾选次数	所占比例%
1.奥运会冠军的综合素质高于同龄人	79	87.70%
2.奥运会冠军的综合素质不高于同龄人	10	11.10%

（备注：调查对象为土基中学、冯村中学、龙泉中学）

表5-9是三所中学89名初中学生对奥运会冠军综合素质的评价。这里的综合素质主要包括思想素质、文化素质、劳动技能、身体素质及心理素质。学生问卷统计结果表明：89人中有79人（87.70%）认为奥运会冠军的综合素质比同龄人高；11.10%的学生认为奥运会冠军综合素质不高于同龄人。奥运会冠军的身体素质及心理素质远远高于同龄人是毫无疑问的。

二、高中生对奥运会冠军综合素质和影响因素的评价

表5-10　奥运会冠军综合素质与同龄人比较高中生问卷统计（N=94）

奥运会冠军综合素质比较	勾选次数	所占比例%
1.奥运会冠军的综合素质高于同龄人	90	94.80%
2.奥运会冠军的综合素质不高于同龄人	4	5.20%

（备注：调查对象为新乡高级中学高中、新乡龙泉高中、咸阳中学高中）

表5-10是三所中学94名高中学生对奥运会冠军综合素质的评价。问卷统计结果表明：94.80%（90人）的学生认为奥运会冠军的综合素质比同龄人高，5.20%的学生认为奥运会冠军综合素质不高于同龄人。

表5－11 奥运会冠军对学生影响最大的因素高中学生问卷统计（N＝94）

影响最大的因素	使命感	带伤参赛	运动素质超乎常人	获得项目首金
人数	44	24	16	10
百分比	46.30%	25.30%	16.80%	10.50%

（备注：调查对象为新乡高级中学高中、新乡龙泉高中、咸阳中学高中）

　　表5－11是三所中学94名高中学生关于奥运会冠军对自己影响最大的因素问卷统计，统计项目四项，结果如下：46.30%的学生认为奥运会冠军对自己影响最大的是每一次比赛都有较强的使命感；25.30%的学生认为奥运会冠军对自己影响最大的是带伤参赛；16.80%的学生认为奥运会冠军对自己影响最大的是他们的运动素质超乎常人；10.50%的学生认为奥运会冠军对自己影响最大的是夺得项目首金。

三、大学生对奥运会冠军综合素质和运动风范的评价

表5－12 奥运会冠军综合素质与同龄人比较大学生问卷统计（N＝90）

奥运会冠军综合素质比较	勾选次数	所占比例%
1. 奥运会冠军的综合素质高于同龄人	79	87.70%
2. 奥运会冠军的综合素质不高于同龄人	11	12.20%

（备注：调查对象为西安工业大学、安阳师范学院、辽宁中医药大学）

　　表5－12是三所高校90名大学生对奥运会冠军综合素质的评价。问卷统计结果表明：87.70%（79人）的学生认为奥运会冠军的综合素质比同龄人高，12.20%的学生认为奥运会冠军综合素质不高于同龄人。

表5－13 奥运会冠军的运动风范大学生问卷统计（N＝90）

奥运会冠军的运动风范问卷统计	勾选次数	所占比例%
1. 奥运会冠军具有良好的运动风范	81	90.00%
2. 奥运会冠军运动风范一般	9	10.00%

（备注：调查对象为西安工业大学、安阳师范学院、辽宁中医药大学）

　　表5－13是90名大学生对奥运会冠军运动风范统计结果。运动风范是指公平竞赛，胜不骄败不馁，勇于拼搏的精神风貌。拥有良好运动风范的运动员不但能正确引导学生建立良好的人格，而且有利于社会优良风气的发扬，是学习

的楷模。调查结果：90.00%的大学生认为奥运会冠军普遍都具有良好的运动风范；10.00%的大学生认为奥运会冠军的运动风范一般。

奥运会冠军对大学生成长有积极影响，不仅体现在运动技能的学习上，也在精神方面有潜移默化的影响。

第六节　有关专家对奥运会冠军文化教育的评价及其建议

2016年3月—2021年1月，课题组成员问卷调查了103位专家，剔除无效问卷7份，获得有效问卷96份。统计这96位专家（详见第26—29页"表1-9"）关于中国奥运会冠军的教育特征问卷，获得了有关专家对中国奥运会冠军文化教育的评价与建议。同时，我们对部分专家的面谈建议进行了总结，得出了相关结论。

一、对奥运会冠军文化教育的问卷统计结果

96位专家对奥运会冠军文化教育的评价主要涉及优秀运动员文化教育应注意的问题，优秀运动员文化教育的建议，奥运会冠军学历教育的途径，如何完善优秀运动员的学历教育管理，优秀运动员免试入学政策改进建议，奥运会冠军的科学训练过程对体育教师教学的积极影响，奥运会冠军对青少年有哪些积极影响等。

（一）奥运会冠军文化教育应注意的问题专家问卷统计

表5-14　奥运会冠军文化教育应该注意哪些问题（N=96。可多选）

优秀运动员的文化教育应注意哪些问题	勾选次数	所占比例%
1. 落实基础教育	68	70.83%
2. 学训两头抓	65	67.71%
3. 文化课考评占运动成绩比分	34	35.42%
4. 其他	20	20.83%

统计96位专家问卷，得出表5-14。认为优秀运动员（奥运会冠军）的文化教育应该注意以下三点：落实基础教育（70.83%）；学训两头抓（67.71%）；文化课考评占运动成绩比分（35.42%）。优秀运动员的文化教育应注意落实基

础教育，处理好学训矛盾，在科学训练的同时注意文化教育的跟进，进入大学时期应注意毕业后的就业技能学习与培训。

（二）有关专家对我国奥运会冠军文化教育的建议问卷统计

表 5 - 15　对奥运会冠军文化教育的建议（N = 96　可多选）

对奥运会冠军文化教育的建议	勾选次数	所占比例%
1. 提高运动员自我学习意识	75	78.13%
2. 处理好学训矛盾	65	67.71%
3. 加强就业指导	48	50.00%
4. 加强学校教育的责任意识	48	50.00%
5. 其他	17	17.71%

统计96位专家问卷对奥运会冠军文化教育的建议得出以下结论（详见表5 - 15）：提高运动员自我学习意识（占78.13%）；处理好学训矛盾（67.71%）；加强就业指导（50.00%）；加强学校教育的责任意识（50.00%）；其他（17.71%）。专家对奥运会冠军的文化教育建议不仅给学校也给教练员提出了要求，对优秀运动员也提出了中肯的建议。

（三）荣获奥运会冠军以后的学历教育应注意问题的专家问卷统计

表 5 - 16　运动员荣获奥运会冠军后学历教育应注意问题（N = 96。可多选）

奥运会冠军的学历教育应注意什么问题	勾选次数	所占比例%
1. 设置相应课程及学习计划（根据运动员情况）	75	78.13%
2. 加强素质教育	68	70.83%
3. 提高就业能力	44	45.83%
4. 其他	14	14.58%

统计96位专家问卷结果认为：优秀运动员荣获奥运会冠军以后的学历教育应该注意以下几点：根据运动员情况设置相应的课程及学习计划（78.13%）；加强素质教育（70.83%）；提高就业能力（45.83%）；其他（14.58%）。

（四）优秀运动员荣获奥运会冠军后学历教育的途径专家问卷统计

表 5 – 17 奥运会冠军学历教育途径专家问卷统计（N = 96。可多选）

获得奥运会冠军以后的学历教育有哪些途径	勾选次数	所占比例%
1. 国内体育院校	75	78.13%
2. 国内综合性大学	65	67.71%
3. 函授课程	37	38.54%
4. 全日制学习	34	35.42%
5. 国外高校	34	35.42%
6. 远程教育	24	25.00%
7. 其他	10	10.42%

优秀运动员荣获奥运会冠军后学历教育的途径专家问卷统计结果如下（见表 5 – 17）：国内体育院校（78.13%）、国内综合性大学（67.71%）、函授课程教育（38.54%）、全日制学习（35.42%）、国外高校（35.42%）、远程教育（25.00%）、其他（10.42%）七方面。其中，国内体育院校、国内综合性大学、函授课程教育、全日制学习、国外高校是主要途径。

（五）完善运动员学历教育管理的建议专家问卷统计

表 5 – 18 完善运动员学历教育管理的建议专家问卷统计（N = 96。可多选）

怎样完善运动员的学历教育管理	勾选次数	所占比例%
1. 全面培养	82	85.42%
2. 宽进严出	65	67.71%
3. 建立奖励机制	37	38.54%
4. 严把毕业论文质量	27	28.13%
5. 其他	14	14.58%

表 5 – 18 所示，完善运动员的学历教育管理专家问卷统计表明，大多数专家倾向于全面培养（85.42%），宽进严出（67.71%）。此外，建立奖励机制（38.54%）、严把毕业论文质量（28.13%）也占一定比例。

（六）优秀运动员实行的免试入学政策改进建议专家问卷统计

表 5 - 19　优秀运动员免试入学政策改进建议专家问卷统计（N = 96。可多选）

怎样改进对优秀运动员实行的免试入学政策	勾选次数	所占比例%
1. 入学时进行摸底考试，合理分班	75	78.13%
2. 宽进严出，严把质量关	51	53.13%
3. 开设预科班	44	45.83%
4. 设置若干硬性标准与考试科目	34	35.42%
5. 其他	3	3.13%

优秀运动员免试入学政策的改进方法专家问卷统计结果是：入学前进行摸底考试并合理分班（78.13%），宽进严出，严把质量关（53.13%）、开设预科班（45.83%）、设置若干硬性标准与考试科目（35.42%）等四方面。

（七）奥运会冠军的科学训练过程对体育教师教学的积极影响专家问卷统计

表 5 - 20　奥运会冠军训练过程对体育教学积极影响专家问卷统计（N = 96。可多选）

奥运会冠军的科学训练对体育教师教学的积极影响	勾选次数	所占比例%
1. 借鉴良好的训练方法	78	81.25%
2. 规范教学动作	58	60.42%
3. 科学训练	37	38.54%
4. 其他	7	7.29%

统计 96 位专家问卷，得出表 5 - 20。奥运会冠军的科学训练过程对体育教师的体育教学主要有三方面的积极影响：借鉴良好的训练方法（81.25%），规范教学动作（60.42%），促进科学训练（38.54%）。对奥运会冠军科学训练过程及其理论和方法的学习总结，对体育教师的教学工作有重要借鉴作用。

（八）奥运会冠军对青少年有哪些积极影响专家问卷统计

表 5 - 21　奥运会冠军对青少年有哪些积极影响专家问卷统计（N = 96。可多选）

奥运会冠军对青少年有哪些积极影响	勾选次数	所占比例%
1. 榜样作用	82	85.42%
2. 对青少年三观的塑造产生积极影响	75	78.13%
3. 引领青少年积极参与体育运动	75	78.13%
4. 其他	14	14.58%

96 位专家问卷中，认为奥运会冠军对青少年的积极影响有榜样作用的占85.42%；对青少年三观（世界观、人生观、价值观）的塑造产生积极影响的占78.13%；引领青少年积极参与运动的占78.13%；其他占14.58%。可见奥运会冠军的青少年的成长有良好的促进作用。

二、对奥运会冠军文化教育的评价和建议

（1）对我国奥运会冠军文化教育的建议

庞高兴（国家体育总局举摔柔管理中心，奥运保障和社会活动部处长）：国家和高校应为专业运动员退役后开辟进修绿色通道，将运动员所学专业和兴趣相结合，加强学习力度，适当增加学习时间。

阿力木·吾拉音（新疆鄯善县第一中学体育组组长）：不能只看运动员的体育方面，也应注意文化方面，让运动员全面发展。

卿尚霖（国家体育总局网球中心副主任）：全国开展的运动项目众多，特点各异，对文化教育程度的要求不一。对于优秀运动员的文化教育要从实际出发，对运动员进行分类管理。

李雪英（2012 年女子举重奥运会冠军、郑州大学体育学院干部）：在运动实践后增添理论知识的学习，这种实践与理论相结合的模式在体育运动队里应该被普及。利用训练的碎片化时间加强对文化知识的学习。

（2）奥运会冠军学历教育应注意的问题

蒋明朗（咸阳师范学院体育学院教授）：运动员退役前在高校中接受学习与训练相结合的课程安排，夺冠后将专业教育与通识教育相结合，进一步提高运动员的综合素质。

郭白桦（云南大学体育学院副教授）：现在大多数运动员文化教育水平较低，不能很好地适应社会及工作。学历教育能够帮助优秀运动员增强认知能力，尤其是在社会文化的认识方面起到关键性作用。

杨春元（江南大学体育理论教研室主任、副教授）：注重通识教育，加强职业转型的专业培训，防止优秀运动员出现不思进取的现象。

王进（浙江大学教授、博士生导师）：要注意教育的实用性，还要能与社会需要有着切实的衔接。

（3）优秀运动员荣获奥运会冠军后学历教育的途径

马建平（美国林登伍德大学总教练）：可通过国内体育院校和国外相关高校对优秀运动员进行退役后的专门化培养。

杨辉（北京体育大学田径高级教练、全运会冠军教练）：国内体育院校，国内综合性大学。

郝铮（华奥星空体育记者）：在校学习应该是奥运会冠军求学的主要途径。一些现代化的教学方式和远程网络教育的方式正在普及，同时冠军们也应该加强校内学习。

（4）完善运动员学历教育管理的建议

王宣庆（国家体育总局自行车击剑运动管理中心党委书记、副主任）：宽进严出、全面培养，制订个性化的教学计划和方案。

李浩（中国举重协会副秘书长）：体育主管部门和教育主管部门需要共同努力，制定切实可行的学历教育实施方法。

蒋明朗（咸阳师范学院体育学院教授）：指定相关考核标准，添加有关就业方面的专业知识或相关证书。

李雪英（2012年女子举重奥运会冠军、郑州大学体育学院干部）：在运动员自愿的情况下，国内高校可以给予优秀运动员的学习多一些政策支持，在知识和自身能力方面给予更多的帮助。

（5）优秀运动员免试入学政策的建议

赵健（国家体育总局反兴奋剂中心副主任，2017年改任游泳管理中心副主任）：提高运动成绩与文化学习在时间安排上存在一定冲突这是事实，两者只能是一个度的把握。拥有一定的运动成绩在创造一定的条件补充文化学习的不足，政策上应该给予支持。

朱孟（新浪网综合栏目副主编）：优秀运动员入学前应该进行相应的测评，对不达标者进行针对性的入学前培训。

（6）奥运会冠军的科学训练过程对体育教师教学的积极影响

杨钢（四川省社科院副院长、博士生导师、四川省学术技术带头人）：借鉴良好的训练方法，规范教学动作，课程内容更具科学性。

徐宏（贵州师范大学体育学院副院长、教授）：大多数奥运会冠军的训练方法和参赛过程中使用的方法，对体育教师的教学存在一定的导向性作用。

郝铮（华奥星空体育记者）：可以提高基层体育教师的理论水平和业务能力，也可以进一步将竞技体育与学校体育相结合。

杨春元（江南大学体育理论教研室主任、副教授）：奥运会冠军训练过程中的科学性和系统性对体育教师的教学有案例性影响。

三、奥运会冠军对学生的积极影响问卷统计结论

3所初中（150人）、3所高中（150人）、3所高校（150人）合计450名学

生问卷统计（可以多选）结论如下。

奥运会冠军对学生有精神引领的价值。57位大学生（占63.30%）认为奥运会冠军夺取金牌的必要条件是：1. 良好的身体素质；2. 科学系统训练；3. 突出的心理素质，4. 比赛经验的积累，5. 坚韧不拔的毅力。

奥运会冠军比赛过程对大学生有积极影响。51.10%的大学生认为奥运会冠军比赛中表现出的体育精神对自己影响最大，有25.60%的大学生认为奥运会冠军的比赛对自己的身体锻炼最有影响，有12.20%的大学生认为奥运会冠军的比赛对自己技术学习的影响最大，有11.10%的大学生认为奥运会冠军的比赛对自身的临场快速反应能力的锻炼（7.80%）及遵守纪律（3.30%）最有影响。

94.14%的中学生认为奥运会冠军的事迹对其有教育意义，96.17%的中学生认为奥运会冠军的榜样作用对自己有较大的影响，95.61%的学生认为奥运会冠军对其人生观、世界观、价值观的塑造有一定的积极影响，95.65%的学生认为奥运会冠军的比赛视频对其运动技能的学习有帮助。

对90名大学生关于奥运会冠军综合素质的问卷统计结果表明：87.70%（79人）的学生认为奥运会冠军的综合素质比同龄人高。90%的大学生认为奥运会冠军普遍都具有良好的运动风范。

四、有关专家对奥运会冠军文化教育的评价统计结论与建议

96位专家中有85.42%的专家认为奥运会冠军对青少年有榜样作用；对青少年世界观、人生观、价值观的塑造有积极影响（78.13%）；引领了青少年积极参与体育运动（78.13%）。

87.5%的专家认为奥运会冠军对推动体育发展有积极作用；70.80%的专家认为奥运会冠军对社会体育发展树立了榜样；50.00%的专家认为奥运会冠军对大众价值观的塑造有着积极影响；19.80%的专家认为奥运会冠军增强了全民的健身意识；4.20%的专家认为奥运会冠军提高了社会责任意识。

奥运会冠军的文化教育应注意落实基础教育（70.83%）；学训两头抓（67.71%）；文化课考评占运动成绩比分（35.42%）。建议提高运动员自我学习意识（78.13%）；处理好学训矛盾（67.71%）；加强就业指导（50%）；加强学校教育的责任意识（50%）。

奥运会冠军的学历教育应注意根据运动员情况设置相应的课程及学习计划（78.13%）；加强素质教育（70.83%）；提高就业能力（45.83%）。

奥运会冠军学历教育的途径是国内体育院校（78.13%）、国内综合性大学（67.71%）、函授课程教育（38.54%）、全日制学习（35.42%）、国外高校

（35.42%）、远程教育（25.00%）等。

完善运动员学历教育管理应全面培养（85.42%），宽进严出（67.71%）。

奥运会冠军的科学训练过程对体育教师的教学主要有三方面的积极影响：借鉴良好的训练方法（81.25%），规范教学动作（60.42%），促进科学训练（38.54%）。

第七节　本章小结

本章从我国优秀运动员文化教育的政策法规及其具体措施，奥运会冠军文化教育的成效分析（包括奥运会冠军夺冠前后文化结构），奥运会冠军对我国社会的积极影响，有关学生对我国奥运会冠军教育特征的评价，有关专家对奥运会冠军文化教育的评价及其建议等方面分析总结了中国奥运会冠军的教育特征，揭示了一些规律性的结论。

结论如下：我国在20世纪50年代迄今先后颁布实施的优秀运动员"免试入学"政策、单招政策、文化教育管理体制等促进了奥运会冠军文化素质提高；"三级训练网"、三级训练体系以及体育院校和有关高校的培养，提高了我国优秀运动员的文化教育水平；基于这些使得我国奥运会冠军能够在长期的系统训练中保持较高的教育水平；奥运会夺冠前有77.7%（195人）为大学学历，夺冠后受教育程度普遍提高，82.1%（206人）为大学本科，15.1%（38人）是硕士研究生，2.8%（7人）为博士研究生；奥运会冠军的学习形式主要是在校全日制学习、在职学习、函授教育和集中面授学习等。奥运会冠军与全日制学生在文化教育质量上存在一定差距，但其专业技能出类拔萃，运动成就受到社会各界赞誉。

此外，对9所学校（包括大学、中学、小学各3所）的450名学生就中国奥运会冠军的社会影响进行了问卷调查，得出了非常积极的定量结论。96位专家对中国奥运会冠军和优秀运动员的文化教育提出了重要的可行性建议。

第六章

中国夏季、冬季奥运会冠军数据库

现代奥运会是最高层次的国际综合体育赛事，1896—2016 年共举行了 31 届夏季奥运会，1924—2018 年共举行了 23 届冬季奥运会。中国运动员共获得 224 枚夏季奥运会金牌和 13 枚冬季奥运会金牌，产生了 251 位奥运会冠军（包括集体项目共计 350 人次获得奥运会金牌）。众多奥运会冠军的信息难以管理，需要一套信息查询管理系统能方便地对奥运会冠军的信息进行录入与查询。我们将奥运会冠军的信息录入数据库中，并设计了一套拥有多种检索方式的奥运会冠军智能查询系统，用户可以根据需要选择检索方式，进行查询。

中国奥运会冠军信息查询系统访问网址：http：//47.100.216.28：12305（可输入网址在手机上或谷歌浏览器查询）。

第一节　中国奥运会冠军信息查询系统说明

一、开发框架

前端采用 React + Dva + Antd + Umi 技术栈。

后端采用 SpringBoot 开发框架和 mysql 数据库。

React：是一个为数据提供渲染为 HTML 视图的开源 JavaScript 库。Facebook 在 2013 年 instgram 项目上进行开源，具有以下特点：

1. 声明式设计：React 采用声明范式，可以轻松描述应用。

2. 高效：React 通过对 DOM 的模拟，最大限度地减少与 DOM 的交互。

3. 灵活：React 可以与已知的库或框架很好地配合。

4. JSX ：JSX 是 JavaScript 语法的扩展，即为 JavaScript 和 XML 的混合体。React 开发不一定使用 JSX ，但建议使用它。

5. 组件：通过 React 构建组件，使得代码更加容易得到复用，能够很好地应用在大项目的开发中。

6. 单向响应的数据流：React 实现了单向响应的数据流，从而减少了重复代码，这也是它为什么比传统数据绑定更简单。

7. Umi：中文可发音为乌米，是一个可插拔的企业级 react 应用框架。umi 是以路由为基础的，支持类 next. js 的约定式路由，以及各种进阶的路由功能，并以此进行功能扩展，比如，支持路由级的按需加载。然后配以完善的插件体系，覆盖从源码到构建产物的每个生命周期，支持各种功能扩展和业务需求，目前内外部加起来已有 50 + 的插件。umi 是蚂蚁金服的底层前端框架，已直接或间接地服务了 600 + 应用，包括 java、node、H5 无线、离线（Hybrid）应用、纯前端 assets 应用、CMS 应用等。它能很好地服务于内部用户，也能服务于外部用户。

8. Ant Design：是阿里的一套开箱即用的中台前端/设计解决方案，UI 框架。简单来说就是提供了大量的 UI 组件，例如，输入框、动效、按钮、表格等，每个 UI 组件都有稳定的 API 可进行调用，开发者只要在各组件 API 基础上进行开发，即可快速搭建自己的前端页面。

Dva：由阿里架构师 sorrycc 带领 team 完成的一套前端框架，首先是一个基于 redux 和 redux - saga 的数据流方案，然后为了简化开发体验，dva 还额外内置了 react - router 和 fetch，所以也可以理解为一个轻量级的应用框架。

Mysql 数据库，搭建 php 环境的服务器

SpringBoot：是由 Pivotal 团队开发的框架，其作用是用来简化新 Spring 应用的初始搭建以及开发过程。该框架使用了特定的方式来进行配置，从而使开发人员不再需要定义样板化的配置，简单理解就是 springboot 并不是什么新型的框架，而是整合了 spring，springmvc 等框架，默认了很多配置，从而减少了开发者的开发时间。Spring Boot 简化了基于 Spring 的应用开发，通过少量的代码就能创建一个独立的、产品级别的 Spring 应用。Spring Boot 为 Spring 平台及第三方库提供开箱即用的设置①。

二、数据库

Mysql 数据库：MySQL 是一种开放源代码的关系型数据库管理系统（RD-BMS），MySQL 数据库系统使用最常用的数据库管理语言——结构化查询语言（SQL）进行数据库管理。由于 MySQL 是开放源代码的，因此任何人都可以在 General Public License 的许可下下载并根据个性化的需要对其进行修改。MySQL

---

① 杨强，张钧鸣. 基于微服务架构的大数据应用开发创新实践［J］. 电力大数据，2019（3）.

因为其速度、可靠性和适应性而备受关注。大多数人都认为在不需要事务化处理的情况下，MySQL是管理内容最好的选择①。

三、系统功能

系统的主要功能是对奥运冠军的信息进行检索，信息包含姓名、性别、出生日期、出生地、获得奥运冠军的年份信息、参训时间、参赛项目以及其所属的大类项目。系统支持用户进行多种方式的检索：用户可以按姓名、性别、出生日期、奥运会时间、出生地、参训时间、项目或小项查询，也可以综合其中多种条件进行综合的查询。同时还可对查询结果根据用户需求进行排序，如按出生日期升序排序；按奥运会时间升序排序；按参训时间降序排序等。下面列出几种不同检索方式的实例及不同排序方式帮助大家更直观地了解该检索系统。

（一）按姓名查询

用户如要查找奥运会冠军李宁的身份信息，则在"姓名"一栏选择"李宁"，其余选全部。

点击检索按钮，可以看到系统检索到两条记录。表明奥运会冠军李宁在1984年获得男子鞍马和男子吊环两项冠军，李宁的其他身份信息也会进行展示。

（二）按性别查询

用户如要查找所有女性奥运会冠军的身份信息，则在"性别"一栏选择"女子"，其余选全部。

点击检索按钮，可以看到系统检索到209条记录，表明截至2016年中国女性共有209人次获得奥运会金牌。

（三）按出生日期查询

用户如要查找1991年出生的所有奥运会冠军的身份信息，则在"出生日期"一栏选择"1991"，其余选全部。

点击检索按钮，可以看到系统检索到18条记录，表明1991年出生的运动员获得的奥运会金牌共有18枚。

（四）按奥运会时间查询

用户如要查找2008年北京奥运会中国奥运会冠军的全部身份信息，则在"奥运会时间"一栏选择"2008"，其余选全部。

---

① 张洪波. 现代远程教育公共服务体系教学管理系统的研究［D］. 山东师范大学硕士论文，2010.

点击查询按钮，可以看到系统检索到 71 条记录。表明在 2008 年北京奥运会中，中国代表团一共获得 48 枚金牌，将信息按出生日期升序排列。可以看到年龄最大的三位奥运会冠军 1975 年出生，获得奥运会冠军时年龄达到 33 岁。年龄最小的 8 位奥运会冠军 1992 年出生，获得奥运会冠军时年仅 16 岁。

（五）按出生地查询

用户如要查找浙江省的所有奥运会冠军的身份信息，则在"出生地"一栏选择"浙江"，其余选全部。点击检索按钮，可以看到系统检索到 16 条记录，表明截至 2016 年浙江省共获得过 16 枚奥运会金牌。

（六）按参训时间进行查询

用户如想查找 1995 年参训的所有奥运会冠军的身份信息，则在"参训时间"一栏选择"1995"，其余选全部。点击检索按钮，可以看到系统检索到 17 条记录，表明 1995 年前参训的运动员一共获得过 17 枚奥运会金牌。表明 1995 年参训的运动员中，最快只用了 5 年时间获得奥运会冠军，最慢用了 11 年获得奥运会冠军。

（七）按大类项目进行查询

用户如要查询在游泳这一类项目上所有中国奥运会冠军的身份信息，则在"项目"一栏选择"游泳"，其余选全部。点击查询按钮，可以看到系统检索到 13 条记录，表面中国代表团在游泳类项目上一共获得过 13 枚金牌。

（八）按小项进行查询

用户如要查询体操类项目中获得男子吊环冠军的中国奥运会冠军的身份信息，则在"小项"一栏选择"男子吊环"，其余选择全部。点击检索按钮。可以看到系统检索到两条记录，表明中国代表团在男子吊环项目上一共获得过两枚金牌，

（九）综合查询

如查询 1984 年举重项目的奥运冠军身份信息；孙杨在 1500 米项目中获得冠军的信息，2008 年奥运会所有男性奥运冠军的信息等。

第二节　中国奥运会冠军基本信息统计表

表 6—1　中国奥运会冠军基本信息统计表

Id	Name	Sex	Birth	Oyear	Home	Tyear	Project	Sproject
1	许海峰	男子	1957	1984	福建	1979	射击	男子 50 米
2	李宁	男子	1963	1984	广西	1971	体操	男子自由体操
3	李宁	男子	1963	1984	广西	1971	体操	男子鞍马
4	李宁	男子	1963	1984	广西	1971	体操	男子吊环
5	楼云	男子	1964	1984	浙江	1973	体操	男子跳马
6	李玉伟	男子	1965	1984	辽宁	1979	射击	50 米移动靶标准速个人
7	曾国强	男子	1965	1984	广东	1976	举重	52 千克
8	吴数德	男子	1959	1984	贵州	1973	举重	56 千克
9	陈伟强	男子	1958	1984	东莞	1972	举重	62 千克
10	姚景远	男子	1958	1984	辽宁	1973	举重	67.5 千克
11	吴小旋	女子	1958	1984	浙江	1974	射击	50 米步枪 3 种姿势
12	周继红	女子	1965	1984	湖北	1977	跳水	女子 10 米跳台
13	郎平	女子	1960	1984	天津	1973	排球	女子排球
14	张蓉芳	女子	1957	1984	河南	1970	排球	女子排球
15	朱玲	女子	1957	1984	山东	1970	排球	女子排球
16	杨锡兰	女子	1961	1984	天津	1973	排球	女子排球
17	周晓兰	女子	1957	1984	江苏	1973	排球	女子排球
18	梁艳	女子	1961	1984	山西	1975	排球	女子排球
19	姜英	女子	1963	1984	山东	1970	排球	女子排球
20	侯玉珠	女子	1963	1984	福建	1977	排球	女子排球
21	苏惠娟	女子	1964	1984	天津	1972	排球	女子排球
22	杨晓君	女子	1963	1984	北京	1976	排球	女子排球
23	郑美珠	女子	1963	1984	福建	1975	排球	女子排球
24	李延军	女子	1963	1984	辽宁	1975	排球	女子排球
25	马艳红	女子	1964	1984	北京	1972	体操	女子高低杠
26	栾菊杰	女子	1958	1984	江苏	1973	击剑	女子花剑个人
27	楼云	男子	1964	1988	浙江	1973	体操	男子跳马

续表

Id	Name	Sex	Birth	Oyear	Home	Tyear	Project	Sproject
28	陈龙灿	男子	1965	1988	四川	1973	乒乓球	乒乓球男子双打
29	韦晴光	男子	1962	1988	广西	1970	乒乓球	乒乓球男子双打
30	陈静	女子	1968	1988	湖北	1979	乒乓球	女子单打
31	许艳梅	女子	1971	1988	江西	1979	跳水	女子 3 米跳板
32	高敏	女子	1970	1988	四川	1980	跳水	女子 10 米跳台
33	陈跃玲	女子	1968	1992	辽宁	1985	田径	女子十公里竞走
34	李小双	男子	1973	1992	湖北	1979	体操	男子自由体操
35	陆莉	女子	1976	1992	湖南	1983	体操	女子高低杠
36	庄晓岩	女子	1969	1992	辽宁	1973	柔道	女子 +72 千克级
37	王义夫	男子	1960	1992	辽宁	1978	射击	男子十米步枪
38	张山	女子	1968	1992	四川	1984	射击	女子双向飞碟
39	吕林	男子	1969	1992	浙江	1975	乒乓球	乒乓球男子双打
40	王涛	男子	1967	1992	北京	1970	乒乓球	乒乓球男子双打
41	邓亚萍	女子	1973	1992	河南	1983	乒乓球	女子单打
42	邓亚萍	女子	1973	1992	河南	1983	乒乓球	乒乓球女子双打
43	乔红	女子	1968	1992	湖北	1975	乒乓球	乒乓球女子双打
44	杨文意	女子	1972	1992	上海	1978	游泳	女子 50 自由泳
45	庄泳	女子	1972	1992	上海	1979	游泳	女子 100 自由泳
46	钱红	女子	1971	1992	河北	1980	游泳	女子 100 蝶泳
47	林莉	女子	1970	1992	江苏	1976	游泳	女子 200 米混合泳
48	孙淑伟	男子	1976	1992	广东	1984	跳水	男子 10 米跳台
49	高敏	女子	1970	1992	四川	1980	跳水	女子 3 米跳板
50	伏明霞	女子	1977	1992	湖北	1984	跳水	女子 10 米跳台
51	王军霞	女子	1973	1996	吉林	1988	田径	女子 5000
52	葛菲	女子	1975	1996	江苏	1981	羽毛球	女子双打
53	顾俊	女子	1975	1996	江苏	1984	羽毛球	女子双打
54	李小双	男子	1973	1996	湖北	1979	体操	男子个人全能
55	杨凌	男子	1972	1996	北京	1986	射击	男子 10 米移动靶
56	李对红	女子	1970	1996	黑龙江	1982	射击	女子 25 手枪
57	刘国梁	男子	1976	1996	河南	1982	乒乓球	男子单打
58	孔令辉	男子	1975	1996	黑龙江	1981	乒乓球	男子双打
59	刘国梁	男子	1976	1996	河南	1982	乒乓球	男子双打

续表

Id	Name	Sex	Birth	Oyear	Home	Tyear	Project	Sproject
60	邓亚萍	女子	1973	1996	河南	1983	乒乓球	女子单打
61	邓亚萍	女子	1973	1996	河南	1983	乒乓球	乒乓球女子双打
62	乔红	女子	1968	1996	湖北	1975	乒乓球	乒乓球女子双打
63	熊倪	男子	1974	1996	湖南	1982	跳水	男子 3 米跳板
64	伏明霞	女子	1977	1996	湖北	1984	跳水	女子 3 米跳板
65	伏明霞	女子	1977	1996	湖北	1984	跳水	女子 10 米跳台
66	唐灵生	男子	1971	1996	广西	1983	举重	男子 59 千克
67	占旭刚	男子	1974	1996	浙江	1984	举重	男子 70 千克
68	乐静宜	女子	1975	1996	上海	1987	游泳	100 米自由泳
69	孙福明	女子	1974	1996	辽宁	1987	柔道	女子 +72 千克级
70	王丽萍	女子	1976	2000	辽宁	1989	竞走	女子 20 公里竞走
71	吉新鹏	男子	1977	2000	湖北	1986	羽毛球	男子单打
72	龚智超	女子	1977	2000	湖南	1985	羽毛球	女子单打
73	葛菲	女子	1975	2000	江苏	1981	羽毛球	女子双打
74	顾俊	女子	1975	2000	江苏	1984	羽毛球	女子双打
75	张军	男子	1977	2000	江苏	1986	羽毛球	混合双打
76	高崚	女子	1979	2000	湖北	1987	羽毛球	混合双打
77	李小鹏	男子	1981	2000	湖南	1987	体操	体操男团
78	黄旭	男子	1979	2000	江苏	1984	体操	体操男团
79	邢傲伟	男子	1982	2000	山东	1987	体操	体操男团
80	杨威	男子	1980	2000	湖北	1985	体操	体操男团
81	郑李辉	男子	1978	2000	湖北	1983	体操	体操男团
82	肖俊峰	男子	1979	2000	陕西	1984	体操	体操男团
83	李小鹏	男子	1981	2000	湖南	1987	体操	男子双杠
84	刘璇	女子	1979	2000	湖南	1984	体操	女子平衡木
85	唐琳	女子	1976	2000	四川	1990	柔道	女子 70 ~ 78 千克级
86	袁华	女子	1974	2000	辽宁	1988	柔道	女子 +78 千克级
87	杨凌	男子	1972	2000	北京	1986	射击	男子 10 米移动靶
88	蔡亚林	男子	1977	2000	河北	1991	射击	男子 10 米气步枪
89	陶璐娜	女子	1974	2000	上海	1992	射击	女子 10 米气手枪
90	孔令辉	男子	1975	2000	黑龙江	1981	乒乓球	男子单打
91	王励勤	男子	1978	2000	上海	1984	乒乓球	男子双打

续表

Id	Name	Sex	Birth	Oyear	Home	Tyear	Project	Sproject
92	闫森	男子	1975	2000	江苏	1982	乒乓球	男子双打
93	王楠	女子	1978	2000	辽宁	1985	乒乓球	女子单打
94	王楠	女子	1978	2000	辽宁	1985	乒乓球	乒乓球女子双打
95	李菊	女子	1976	2000	江苏	1983	乒乓球	乒乓球女子双打
96	陈中	女子	1982	2000	河南	1995	跆拳道	女子 +67 千克级
97	熊倪	男子	1974	2000	湖南	1982	跳水	男子 3 米跳板
98	田亮	男子	1979	2000	重庆	1985	跳水	男子 10 米跳台
99	熊倪	男子	1974	2000	湖南	1982	跳水	男子双人 3 米跳
100	肖海亮	男子	1977	2000	湖北	1982	跳水	男子双人 3 米跳
101	伏明霞	女子	1977	2000	湖北	1984	跳水	女子 3 米跳板
102	李娜	女子	1984	2000	安徽	1989	跳水	女子双人 10 米跳台
103	桑雪	女子	1984	2000	天津	1989	跳水	女子双人 10 米跳台
104	占旭刚	男子	1974	2000	浙江	1984	举重	男子 77 千克
105	杨霞	女子	1977	2000	湖南	1988	举重	女子 53 千克
106	陈晓敏	女子	1977	2000	广东	1989	举重	女子 63 千克
107	林伟宁	女子	1979	2000	山东	1994	举重	女子 69 千克
108	丁美媛	女子	1979	2000	辽宁	1991	举重	女子 +75 千克
109	刘翔	男子	1983	2004	上海	1998	田径	100m
110	邢慧娜	女子	1984	2004	山东	1996	田径	10000m
111	张宁	女子	1975	2004	辽宁	1985	羽毛球	女子单打
112	杨维	女子	1979	2004	广东	1990	羽毛球	女子双打
113	张洁雯	女子	1981	2004	广东	1989	羽毛球	女子双打
114	张军	男子	1977	2004	江苏	1986	羽毛球	混合双打
115	高凌	女子	1979	2004	湖北	1987	羽毛球	混合双打
116	孟关良	男子	1977	2004	浙江	1994	皮划艇　静水	男子双人划艇 500 米
117	杨文军	男子	1983	2004	江西	1992	皮划艇　静水	男子双人划艇 500 米
118	滕海滨	男子	1985	2004	北京	1994	体操	男子鞍马
119	贾占波	男子	1974	2004	河南	1988	射击	50 米步枪 3 种姿势
120	朱启南	男子	1984	2004	浙江	1997	射击	男子 10 米步枪
121	王义夫	男子	1960	2004	辽宁	1977	射击	男子 10 米手枪
122	杜丽	女子	1982	2004	山东	1996	射击	女子 10 米气步枪
123	陈玘	男子	1984	2004	江苏	1990	乒乓球	男子双打

续表

Id	Name	Sex	Birth	Oyear	Home	Tyear	Project	Sproject
124	马琳	男子	1980	2004	辽宁	1986	乒乓球	男子双打
125	张怡宁	女子	1981	2004	北京	1986	乒乓球	女子单打
126	王楠	女子	1978	2004	辽宁	1985	乒乓球	乒乓球女子双打
127	张怡宁	女子	1981	2004	北京	1986	乒乓球	乒乓球女子双打
128	罗微	女子	1983	2004	北京	1999	跆拳道	女子 -67 千克级
129	陈中	女子	1982	2004	河南	1995	跆拳道	女子 +67 千克级
130	罗雪娟	女子	1984	2004	浙江	1990	游泳	女子 100 米蛙泳
131	彭勃	男子	1981	2004	江西	1987	跳水	男子 3 米跳板
132	胡佳	男子	1983	2004	湖北	1993	跳水	男子双人 10 米跳台
133	田亮	男子	1979	2004	重庆	1985	跳水	男子双人 10 米跳台
134	杨景辉	男子	1983	2004	广东	1992	跳水	男子 10 米跳台
135	郭晶晶	女子	1981	2004	河北	1988	跳水	女子 3 米跳板
136	郭晶晶	女子	1981	2004	河北	1988	跳水	女子双人 3 米跳板
137	吴敏霞	女子	1985	2004	上海	1991	跳水	女子双人 3 米跳板
138	劳丽诗	女子	1987	2004	广东	1995	跳水	女子双人 10 米跳台
139	李婷	女子	1987	2004	广西	1993	跳水	女子双人 10 米跳台
140	李婷	女子	1980	2004	湖北	1987	网球	女子双打
141	孙甜甜	女子	1981	2004	河南	1989	网球	女子双打
142	杨昊	女子	1980	2004	辽宁	1990	排球	女子排球
143	王丽娜	女子	1978	2004	黑龙江	1990	排球	女子排球
144	赵蕊蕊	女子	1981	2004	江苏	1990	排球	女子排球
145	刘亚男	女子	1980	2004	辽宁	1991	排球	女子排球
146	冯坤	女子	1978	2004	北京	1990	排球	女子排球
147	宋妮娜	女子	1980	2004	辽宁	1990	排球	女子排球
148	周苏红	女子	1979	2004	浙江	1990	排球	女子排球
149	李珊	女子	1980	2004	天津	1992	排球	女子排球
150	张越红	女子	1975	2004	辽宁	1989	排球	女子排球
151	张萍	女子	1982	2004	天津	1989	排球	女子排球
152	张娜	女子	1980	2004	天津	1990	排球	女子排球
153	陈静	女子	1975	2004	四川	1990	排球	女子排球
154	石智勇	男子	1980	2004	福建	1990	举重	男子 62 千克级
155	张国政	男子	1974	2004	福建	1983	举重	男子 69 千克级

续表

Id	Name	Sex	Birth	Oyear	Home	Tyear	Project	Sproject
156	陈艳青	女子	1979	2004	江苏	1990	举重	女子 58 千克级
157	刘春红	女子	1983	2004	山东	1994	举重	女子 69 千克级
158	唐功红	女子	1979	2004	山东	1990	举重	女子 +75 千克级
159	冼东妹	女子	1975	2004	广东	1988	柔道	女子 48~52 千克级
160	王旭	女子	1985	2004	北京	1993	摔跤	女子自由跤 72 千克级
161	张娟娟	女子	1981	2008	山东	1995	射箭	女子奥林匹克淘汰赛
162	林丹	男子	1983	2008	福建	1988	羽毛球	男子单打
163	张宁	女子	1975	2008	辽宁	1985	羽毛球	女子单打
164	于洋	女子	1986	2008	辽宁	1995	羽毛球	女子双打
165	杜婧	女子	1984	2008	辽宁	1993	羽毛球	女子双打
166	邹市明	男子	1981	2008	贵州	1996	拳击	男子 -48 千克级
167	张小平	男子	1982	2008	内蒙古	1998	拳击	男子 75~81 千克级
168	孟关良	男子	1977	2008	浙江	1994	皮划艇 静水	男子双人划艇 500 米
169	杨文军	男子	1983	2008	江西	1992	皮划艇 静水	男子双人划艇 500 米
170	仲满	男子	1983	2008	江苏	1997	击剑	男子佩剑个人
171	杨威	男子	1980	2008	湖北	1985	体操	男子团体
172	邹凯	男子	1988	2008	四川	1991	体操	男子团体
173	肖钦	男子	1985	2008	江苏	1990	体操	男子团体
174	陈一冰	男子	1984	2008	天津	1989	体操	男子团体
175	李小鹏	男子	1981	2008	湖南	1987	体操	男子团体
176	黄旭	男子	1979	2008	江苏	1984	体操	男子团体
177	杨威	男子	1980	2008	湖北	1985	体操	男子个人全能
178	邹凯	男子	1988	2008	四川	1991	体操	男子自由体操
179	肖钦	男子	1985	2008	江苏	1990	体操	男子鞍马
180	陈一冰	男子	1984	2008	天津	1989	体操	男子吊环
181	李小鹏	男子	1981	2008	湖南	1987	体操	男子双杠
182	邹凯	男子	1988	2008	四川	1991	体操	男子单杠
183	程菲	女子	1988	2008	湖北	1995	体操	女子团体
184	邓琳琳	女子	1992	2008	安徽	1998	体操	女子团体
185	何可欣	女子	1992	2008	北京	1997	体操	女子团体
186	江钰源	女子	1991	2008	广西	1995	体操	女子团体
187	李珊珊	女子	1992	2008	湖北	1995	体操	女子团体

续表

Id	Name	Sex	Birth	Oyear	Home	Tyear	Project	Sproject
188	杨伊琳	女子	1992	2008	广东	1997	体操	女子团体
189	何可欣	女子	1992	2008	北京	1997	体操	女子高低杠
190	陆春龙	男子	1989	2008	江苏	1994	蹦床	男子个人赛
191	何雯娜	女子	1989	2008	福建	1995	蹦床	女子个人赛
192	冼东妹	女子	1975	2008	广东	1988	柔道	女子 48 ~ 52 千克级
193	杨秀丽	女子	1983	2008	辽宁	1998	柔道	女子 70 ~ 78 千克级
194	佟文	女子	1983	2008	天津	1996	柔道	女子 +78 千克级
195	唐宾	女子	1986	2008	辽宁	2000	赛艇	女子四人双桨无舵手
196	金紫薇	女子	1985	2008	辽宁	1999	赛艇	女子四人双桨无舵手
197	奚爱华	女子	1982	2008	山东	1996	赛艇	女子四人双桨无舵手
198	张杨杨	女子	1989	2008	吉林	2004	赛艇	女子四人双桨无舵手
199	邱健	男子	1975	2008	江苏	1991	射击	男子 50 米步枪 3 种姿势
200	庞伟	男子	1986	2008	河北	2000	射击	男子 10 米步枪
201	杜丽	女子	1982	2008	山东	1996	射击	女子 50 米步枪 3 种姿势
202	陈颖	女子	1977	2008	北京	1990	射击	男子 25 米手枪
203	郭文珺	女子	1984	2008	陕西	1997	射击	女子 10 米气手枪
204	马琳	男子	1980	2008	辽宁	1986	乒乓球	乒乓球男团
205	王皓	男子	1983	2008	吉林	1990	乒乓球	乒乓球男团
206	王励勤	男子	1978	2008	上海	1984	乒乓球	乒乓球男团
207	张怡宁	女子	1981	2008	北京	1986	乒乓球	乒乓球男团
208	王楠	女子	1978	2008	辽宁	1985	乒乓球	乒乓球男团
209	郭跃	女子	1988	2008	辽宁	1994	乒乓球	乒乓球男团
210	马琳	男子	1980	2008	辽宁	1986	乒乓球	男子乒乓球单打
211	张怡宁	女子	1981	2008	北京	1986	乒乓球	女子乒乓球单打
212	吴静钰	女子	1987	2008	江西	1999	跆拳道	女子 -49 千克级
213	刘子歌	女子	1989	2008	辽宁	1996	游泳	女子 200 米蝶泳
214	何冲	男子	1987	2008	广东	1993	跳水	男子 3 米跳板
215	王峰	男子	1979	2008	山东	1986	跳水	男子双人 3 米跳板
216	秦凯	男子	1986	2008	陕西	1994	跳水	男子双人 3 米跳板
217	林跃	男子	1991	2008	广东	1996	跳水	男子双人 10 米跳板
218	火亮	男子	1989	2008	上海	1996	跳水	男子双人 10 米跳板
219	郭晶晶	女子	1981	2008	河北	1988	跳水	女子 3 米跳板

续表

Id	Name	Sex	Birth	Oyear	Home	Tyear	Project	Sproject
220	陈若琳	女子	1992	2008	江苏	1996	跳水	女子 10 米跳台
221	郭晶晶	女子	1981	2008	河北	1988	跳水	女子双人 3 米跳板
222	吴敏霞	女子	1985	2008	上海	1991	跳水	女子双人 3 米跳板
223	王鑫	女子	1992	2008	湖北	2002	跳水	女子双人 10 米跳台
224	陈若琳	女子	1992	2008	江苏	1996	跳水	女子双人 10 米跳台
225	龙清泉	男子	1990	2008	湖南	1997	举重	男子 56 千克级
226	张湘祥	男子	1983	2008	福建	1992	举重	男子 62 千克级
227	廖辉	男子	1987	2008	湖北	1997	举重	男子 69 千克级
228	陆永	男子	1986	2008	广西	1998	举重	男子 85 千克级
229	陈艳青	女子	1979	2008	江苏	1990	举重	女子 58 千克级
230	王娇	女子	1988	2008	辽宁	2001	摔跤	女子自由跤 72 千克级
231	殷剑	女子	1978	2008	四川	1993	帆船	女子帆板
232	易思玲	女子	1989	2012	湖南	2002	射击	10 米气步枪
233	王明娟	女子	1985	2012	湖南	1997	举重	女子 48 千克
234	孙杨	男子	1991	2012	浙江	2000	游泳	男子 400 米自由泳
235	叶诗文	女子	1996	2012	浙江	2005	游泳	女子 400 米混合泳
236	郭文珺	女子	1984	2012	陕西	1997	射击	女子 10 米气手枪
237	吴敏霞	女子	1985	2012	上海	1991	跳水	女子双人 3 米跳板
238	何姿	女子	1990	2012	广西	1996	跳水	女子双人 3 米跳板
239	曹缘	男子	1995	2012	湖南	2003	跳水	男子双人 10 米跳台
240	张雁全	男子	1994	2012	广东	1998	跳水	男子双人 10 米跳台
241	李雪英	女子	1990	2012	河南	1999	举重	女子 58 千克
242	张成龙	男子	1989	2012	山东	1994	体操	体操男团
243	陈一冰	男子	1984	2012	天津	1989	体操	体操男团
244	郭伟阳	男子	1988	2012	云南	1993	体操	体操男团
245	冯喆	男子	1987	2012	四川	1994	体操	体操男团
246	邹凯	男子	1988	2012	四川	1991	体操	体操男团
247	陈若琳	女子	1992	2012	江苏	1996	跳水	女子双人 10 米跳台
248	汪皓	女子	1992	2012	天津	1997	跳水	女子双人 10 米跳台
249	雷声	男子	1984	2012	天津	1994	击剑	男子花剑
250	林清峰	男子	1989	2012	福建	1997	举重	男子 69 千克
251	叶诗文	女子	1996	2012	浙江	2005	游泳	女子 200 米自由混合泳

Id	Name	Sex	Birth	Oyear	Home	Tyear	Project	Sproject
252	秦凯	男子	1986	2012	陕西	1990	跳水	男子双人三米跳板
253	罗玉通	男子	1985	2012	广东	1993	跳水	男子双人三米跳板
254	李晓霞	女子	1988	2012	辽宁	1995	乒乓球	女子乒乓单打
255	焦刘洋	女子	1991	2012	黑龙江	1997	游泳	200 米蝶泳
256	吕小军	男子	1984	2012	湖北	1998	举重	男子 77 千克
257	张继科	男子	1988	2012	山东	1993	乒乓球	男子乒乓单打
258	赵芸蕾	女子	1986	2012	湖北	1995	羽毛球	羽毛球混双
259	张楠	男子	1990	2012	北京	1995	羽毛球	羽毛球混双
260	董栋	男子	1989	2012	河南	1994	蹦床	男子蹦床冠军
261	李雪芮	女子	1991	2012	重庆	1998	羽毛球	女子羽毛球单打
262	田卿	女子	1986	2012	湖南	1993	羽毛球	女子羽毛球双打
263	赵芸蕾	女子	1986	2012	湖北	1995	羽毛球	女子羽毛球双打
264	陈定	男子	1992	2012	云南	2002	田径	20 公里竞走
265	孙杨	男子	1991	2012	浙江	2000	游泳	男子 1500 米自由泳
266	许安琪	女子	1992	2012	江苏	2002	击剑	女团重剑
267	李娜	女子	1981	2012	辽宁	1993	击剑	女团重剑
268	骆晓娟	女子	1984	2012	江苏	1996	击剑	女团重剑
269	孙玉洁	女子	1992	2012	辽宁	2000	击剑	女团重剑
270	林丹	男子	1983	2012	福建	1988	羽毛球	男子单打
271	邹凯	男子	1988	2012	四川	1991	体操	自由体操
272	蔡赟	男子	1980	2012	江苏	1989	羽毛球	男子双打
273	傅海峰	男子	1983	2012	广东	1989	羽毛球	男子双打
274	周璐璐	女子	1988	2012	山东	1999	举重	女子 75 千克
275	吴敏霞	女子	1985	2012	上海	1991	跳水	女子 3 米跳板
276	徐莉佳	女子	1987	2012	上海	1997	帆船	女子单人艇
277	冯喆	男子	1987	2012	四川	1994	体操	男子双杠
278	邓琳琳	女子	1992	2012	安徽	2000	体操	女子平衡木
279	丁宁	女子	1990	2012	黑龙江	1996	乒乓球	女子团体
280	李晓霞	女子	1988	2012	辽宁	1995	乒乓球	女子团体
281	郭跃	女子	1988	2012	辽宁	1995	乒乓球	女子团体
282	马龙	男子	1988	2012	辽宁	1993	乒乓球	男子团体
283	王皓	男子	1983	2012	吉林	1990	乒乓球	男子团体

续表

Id	Name	Sex	Birth	Oyear	Home	Tyear	Project	Sproject
284	张继科	男子	1988	2012	山东	1993	乒乓球	男子团体
285	陈若琳	女子	1992	2012	江苏	1996	跳水	女子 10 米跳台
286	邹市明	男子	1981	2012	贵州	1996	拳击	次蝇量级
287	吴静钰	女子	1987	2012	江西	1989	跆拳道	女子 49 千克以下
288	张梦雪	女子	1991	2016	山东	2004	射击	10 米气手枪
289	吴敏霞	女子	1985	2016	上海	1991	跳水	女子双人 3 米跳板
290	施廷懋	女子	1991	2016	重庆	1999	跳水	女子双人 3 米跳板
291	龙清泉	男子	1990	2016	湖南	1999	举重	举重 56 千克级
292	陈艾森	男子	1995	2016	广东	2002	跳水	男子双人 10 米台
293	林跃	男子	1991	2016	广东	1996	跳水	男子双人 10 米台
294	孙杨	男子	1991	2016	浙江	1999	游泳	男子 200 米自由泳
295	邓薇	女子	1993	2016	福建	2002	举重	女子举重 63 千克
296	陈若琳	女子	1992	2016	江苏	1996	跳水	女子双人 10 米跳台
297	刘蕙瑕	女子	1997	2016	湖北	2000	跳水	女子双人 10 米跳台
298	石智勇	男子	1993	2016	广西	2002	举重	男子举重 69 千克
299	向艳梅	女子	1992	2016	湖南	2003	举重	女子举重 69 千克
300	丁宁	女子	1990	2016	黑龙江	1996	乒乓球	乒乓球女单
301	马龙	男子	1988	2016	辽宁	1993	乒乓球	乒乓球男单
302	王镇	男子	1991	2016	黑龙江	2005	竞走	男子 20 公里竞走
303	宫金杰	女子	1986	2016	吉林	1994	自行车	自行车团体
304	钟天使	女子	1991	2016	上海	1998	自行车	自行车团体
305	施廷懋	女子	1991	2016	重庆	1999	跳水	女子 3 米跳板
306	孟苏平	女子	1989	2016	安徽	2003	举重	女子举重 75 千克以上
307	曹缘	男子	1995	2016	湖南	2003	跳水	男子单人 3 米板
308	李晓霞	女子	1988	2016	辽宁	1995	乒乓球	女子团体
309	刘诗雯	女子	1991	2016	辽宁	1996	乒乓球	女子团体
310	丁宁	女子	1990	2016	黑龙江	1996	乒乓球	女子团体
311	马龙	男子	1988	2016	辽宁	1993	乒乓球	男子团体
312	许昕	男子	1990	2016	江苏	1998	乒乓球	男子团体
313	张继科	男子	1988	2016	山东	1993	乒乓球	男子团体
314	赵帅	男子	1995	2016	辽宁	2004	跆拳道	跆拳道男子 58 千克
315	任茜	女子	2001	2016	四川	2007	跳水	跳水女子单人 10 米台

续表

Id	Name	Sex	Birth	Oyear	Home	Tyear	Project	Sproject
316	张楠	男子	1990	2016	北京	1998	羽毛球	男子双打
317	傅海峰	男子	1983	2016	广东	1989	羽毛球	男子双打
318	刘虹	女子	1987	2016	江西	1999	竞走	女子20公里竞走
319	谌龙	男子	1989	2016	湖北	1996	羽毛球	羽毛球男单
320	陈艾森	男子	1995	2016	广东	2002	跳水	男子单人10米台
321	郑姝音	女子	1994	2016	辽宁	2004	跆拳道	跆拳道67千克以上级
322	惠若琪	女子	1991	2016	辽宁	2000	排球	女排团体
323	魏秋月	女子	1988	2016	天津	1993	排球	女排团体
324	徐云丽	女子	1987	2016	福建	1997	排球	女排团体
325	张常宁	女子	1995	2016	江苏	2003	排球	女排团体
326	颜妮	女子	1989	2016	辽宁	1997	排球	女排团体
327	朱婷	女子	1994	2016	河南	2007	排球	女排团体
328	杨方旭	女子	1994	2016	山东	2008	排球	女排团体
329	袁心玥	女子	1996	2016	重庆	2006	排球	女排团体
330	丁霞	女子	1990	2016	河北	2000	排球	女排团体
331	刘晓彤	女子	1990	2016	吉林	2000	排球	女排团体
332	龚翔宇	女子	1997	2016	江苏	2005	排球	女排团体
333	林莉	女子	1992	2016	福建	2000	排球	女排团体
334	杨倩	女子	2000	2021	浙江	2010	射击	女子10米气步枪
335	侯志慧	女子	1997	2021	湖南	2008	举重	女子49公斤级
336	孙一文	女子	1992	2021	山东	2003	击剑	女子个人重剑
337	施廷懋	女子	1991	2021	重庆	1996	跳水	女子双人3米跳板
338	王涵	女子	1991	2021	河北	1995	跳水	女子双人3米跳板
339	李发彬	男子	1993	2021	福建	2002	举重	男子61公斤级
340	谌利军	男子	1993	2021	湖南	2003	举重	男子67公斤级
341	庞伟	男子	1986	2021	河北	2000	射击	混合团体10米气手枪
342	姜冉馨	女子	2000	2021	上海	2012	射击	混合团体10米气手枪
343	陈芋汐	女子	2005	2021	上海	2008	跳水	女子双人10米跳台
344	张家齐	女子	2004	2021	北京	2008	跳水	女子双人10米跳台
345	杨倩	女子	2000	2021	浙江	2010	射击	混合团体10米气步枪
346	杨皓然	男子	1996	2021	河北	2008	射击	混合团体10米气步枪
347	陈云霞	女子	1995	2021	内蒙古	2009	赛艇	女子四人双桨

续表

Id	Name	Sex	Birth	Oyear	Home	Tyear	Project	Sproject
348	张灵	女子	1997	2021	河南	2009	赛艇	女子四人双桨
349	吕扬	女子	1993	2021	河南	2005	赛艇	女子四人双桨
350	崔晓桐	女子	1994	2021	辽宁	2007	赛艇	女子四人双桨
351	谢思埸	男子	1996	2021	广东	2002	跳水	男子双人 3 米跳板
352	王宗源	男子	2001	2021	湖北	2005	跳水	男子双人 3 米跳板
353	石智勇	男子	1993	2021	广西	2002	举重	男子举重 73 公斤
354	张雨霏	女子	1998	2021	江苏	2003	游泳	女子 200 米蝶泳
355	汤慕涵	女子	2003	2021	长春	2014	游泳	女子 4 * 200 米自由泳接力
356	杨浚瑄	女子	2002	2021	山东	2008	游泳	女子 4 * 200 米自由泳接力
357	李冰洁	女子	2002	2021	河北	2008	游泳	女子 4 * 200 米自由泳接力
358	张雨霏	女子	1998	2021	江苏	2003	游泳	女子 4 * 200 米自由泳接力
359	陈梦	女子	1994	2021	山东	1999	乒乓球	女子单打
360	汪顺	男子	1994	2021	浙江	2000	游泳	男子 200 米个人混合泳
361	朱雪莹	女子	1998	2021	北京	2002	蹦床	女子蹦床
362	王懿律	男子	1994	2021	浙江	2003	羽毛球	混合双打
363	黄东萍	女子	1995	2021	福建	2001	羽毛球	混合双打
364	马龙	男子	1988	2021	辽宁	1993	乒乓球	男子单打
365	卢云秀	女子	1996	2021	福建	2008	帆船	女子帆板 RS：X 级
366	吕小军	男子	1984	2021	湖北	1998	举重	男子81 公斤
367	巩立姣	女子	1989	2021	河北	2001	田径	女子铅球
368	施廷懋	女子	1991	2021	重庆	1996	跳水	女子 3 米跳板
369	陈雨菲	女子	1998	2021	浙江	2004	羽毛球	女子单打
370	汪周雨	女子	1994	2021	湖北	2005	举重	女子87 公斤级
371	刘洋	男子	1994	2021	辽宁	1999	体操	男子吊环
372	张常鸿	男子	2000	2021	山东	2013	射击	男子 50 米步枪 3 种姿势
373	鲍珊菊	女子	1997	2021	河南	2012	自行车	女子团体争先赛
374	钟天使	女子	1991	2021	上海	1998	自行车	女子团体争先赛

续表

Id	Name	Sex	Birth	Oyear	Home	Tyear	Project	Sproject
375	李雯雯	女子	2000	2021	辽宁	2014	举重	女子87公斤以上级
376	谢思埸	男子	1996	2021	广东	2002	跳水	男子3米跳板
377	邹敬园	男子	1998	2021	四川	2001	体操	男子双杠
378	管晨辰	女子	2004	2021	湖北	2010	体操	女子平衡木
379	全红婵	女子	2007	2021	广东	2014	跳水	女子10米跳台
380	陈梦	女子	1994	2021	山东	1999	乒乓球	女子团体
381	孙颖莎	女子	2000	2021	河北	2005	乒乓球	女子团体
382	王曼昱	女子	1999	2021	黑龙江	2004	乒乓球	女子团体
383	许昕	男子	1990	2021	江苏	1998	乒乓球	男子团体
384	马龙	男子	1988	2021	辽宁	1993	乒乓球	男子团体
385	樊振东	男子	1997	2021	广东	2002	乒乓球	男子团体
386	刘诗颖	女子	1993	2021	山东	2005	田径	女子标枪
387	徐诗晓	女子	1992	2021	江西	2005	皮划艇静水	女子500米双人划桨
388	孙梦雅	女子	2001	2021	山东	2015	皮划艇静水	女子500米双人划桨
389	曹缘	男子	1995	2021	湖南	2003	跳水	男子10米跳台
390	杨扬	女子	1975	2002	黑龙江	1985	短道速滑	女子500米
391	杨扬	女子	1975	2002	黑龙江	1985	短道速滑	女子1000米
392	韩晓鹏	男子	1982	2006	黑龙江	1995	自由式滑雪	男子空中技巧
393	王濛	女子	1984	2006	黑龙江	1994	短道速滑	女子500米
394	王濛	女子	1984	2010	黑龙江	1994	短道速滑	女子500米
395	王濛	女子	1984	2010	黑龙江	1994	短道速滑	女子1000米
396	王濛	女子	1984	2010	黑龙江	1994	短道速滑	3000米接力
397	周洋	女子	1991	2010	吉林	1999	短道速滑	3000米接力
398	张会	女子	1988	2010	黑龙江	1999	短道速滑	3000米接力
399	孙琳琳	女子	1987	2010	黑龙江	1997	短道速滑	3000米接力
400	周洋	女子	1991	2010	吉林	1999	短道速滑	女子1500米
401	赵宏博	男子	1973	2010	黑龙江	1985	花样滑冰	双人滑
402	申雪	女子	1978	2010	黑龙江	1991	花样滑冰	双人滑
403	李坚柔	女子	1986	2014	吉林	1996	短道速滑	女子500米
404	张虹	女子	1988	2014	哈尔滨	2000	速度滑冰	女子1000米
405	周洋	女子	1991	2014	吉林	1999	短道速滑	女子1500米
406	武大靖	男子	1994	2018	黑龙江	2004	短道速滑	男子500米

备注：

1. Oyear 奥委会参赛时间；Home 出生地；Tyear 参训时间；Project 项目；Sproject 小项。

2. 中国香港奥委会运动员获 2 枚奥运会金牌，（1）李丽珊，女，获得 1996 年亚特兰大奥运会帆板项目金牌。（2）张家郎，男，获第 32 届奥运会上男子花剑个人冠军。

3. ID1 - 389 为夏季奥运会冠军人次，ID390 - 406 为冬季奥运会冠军人次。

4. 中国台北奥委会 7 名运动员获夏季奥运会金牌 7 枚，获金牌的运动员是：

陈诗欣，获 2004 年雅典奥运会跆拳道女子 49 千克级金牌；

朱木炎，获 2004 年雅典奥运会跆拳道男子 58 千克级金牌；

陈苇绫，获 2008 年北京奥运会女子举重 48 千克级金牌；

许淑净，分别获 2012 年、2016 年奥运会举重女子 53 千克级 2 枚金牌。

郭婞淳，获第 32 届奥运会女子举重 59 公斤级金牌。

李洋，获第 32 届奥运会羽毛球男子双打冠军。

王齐麟，获第 32 届奥运会羽毛球男子双打冠军。

由于中国香港奥委会和中国台北奥委会运动员训练体制和成长特征与中国大陆（内地）运动员有一定区别，本课题在此不做研究。本课题的研究对象特指中国的奥运会冠军。

第三节　本章小结

为了查阅和有利于了解中国获奥运会金牌情况（共有 24 个大项获夏季和冬季奥运会金牌，共计 295 人 406 人次获奥运会冠军）的信息管理，我们采用 Mysql 数据库，搭建 php 环境服务器，用 php 语言开发了中国奥运会冠军数据信息查询系统，该系统将 406 位中国奥运会冠军的姓名、性别、出生日期、参训时间、参加奥运会年份、参赛项目等信息录入数据库中，以数据表的形式直观返回给用户。网址为：http：//47.100.216.28：12305。

第七章

结论与建议

本研究历时五年多，采用文献资料法、问卷调查法（先后 53 次外出调研。调查奥运会冠军 55 人，奥运会冠军教练 51 人，各类专家 256 人，中学生和大学生 450 人）、专家访谈法（访谈 58 人，其中奥运会冠军 7 人，奥运会冠军教练员 6 人）、实地调查法、观察法、录像分析法、数理统计法、逻辑分析法、案例分析法、质性研究法、实证研究法、信息技术研究法等，对中国夏季、冬季奥运会冠军的训练特征、社会特征、教育特征等多方面因素进行系统研究，构建了中国奥运会冠军数据库，并得出了以下结论与建议。

第一节　结论

一、中国奥运会冠军的基本特征

（一）1984—2021 年，中国运动员共获得 262 枚夏季奥运会金牌和 13 枚冬季奥运会金牌（本研究未包括中国台北 7 枚和中国香港 2 枚奥运会金牌），产生了 295 位奥运会冠军，有 406 人次获奥运会金牌。荣获金牌最多的六个竞技项目是跳水 47 枚，举重 38 枚，体操 33 枚，乒乓球 32 枚，射击 26 枚，羽毛球 20 枚。

（二）中国夏季奥运会冠军有以下特征：从时间特征看，在参加的 10 届夏季奥运会中，除第 24、30、31 届奥运会外，金牌数呈逐届上升趋势。从省市分布特征看，东部冠军多，西部冠军少；金牌总量与经济总量基本呈正相关态势，相关系数为 0.644；受地理环境影响，水上项目冠军主要来自南方；与群众基础雄厚、地方政府支持和后备人才的储备有关。从地域分布特征看，华东地区冠军最多；华中、东北次之；华北、华南、西南相对略少；西北地区为 5 人次。从年龄特征看，夏奥会冠军平均年龄 23.42 岁，最小 14 岁，最大 44 岁。从性别特征看，男子获得 114.5 枚金牌，女子获得 147.5 枚金牌，女子金牌的贡献率为 53.64%。从年龄项群特征看，男女金牌获得者的平均年龄差异不大，平均值为 23.42 岁。从训练年限看差异显著，技能类项群的训练平均年限较体能类项群训练平均年限长。从民族分布特征看，获金牌的 10 名少数民族奥运会冠军主要分布为壮族、回族、满族、蒙古族、侗族、土家族和瑶族七个少数民族；在空间分布上，10 名少数民族冠军主要来自广西、湖南、辽宁、北京、天津和内蒙古六个省市，其中广西和湖南有 3 位冠军，其余四个省市各有 1 位冠军。

（3）中国冬季奥运会冠军有以下特征：从时间特征看，中国奥运会代表团在参加的 11 届冬季奥运会中，所获金牌数逐届上升，其中短道速滑是我国冬季奥运会的优势项目。从地域分布特征看，冠军全部分布在黑龙江省、吉林省，地域性十分明显。从性别特征看，女子冠军为 14 人次，获得 10.5 枚金牌，男子冠军为 3 人次，获得 2.5 枚金牌，女子冠军与男子冠军比高达 4.7：1。从年龄特征看，我国冬季奥运会冠军平均年龄为 25.44 岁，最小年龄 19 岁，最大年龄 37 岁。获金牌运动员的主力在 23~28 岁。

（四）中国奥运会冠军所属项目及其分布特征是：夺取金牌项目"集群性"明显，"潜优势"和"非优势"类项目依靠"举国体制"发展；夺金项目面逐步增大，但不能持久；"重金项目"与体育强国差距明显，是项目结构优化的"瓶颈"；女子成绩优于男子，部分夺金项目社会化程度低。

（五）在历届夏季和冬季奥运会上，共有 108 个国家或地区荣获 6497 枚金牌。夺得金牌最多的前 20 位国家中有 15 个为发达国家。其中第 1 名美国 1158 枚，第 2 名俄罗斯 731 枚，第 3 名德国 591 枚，第 4 名英国 298 枚，第 5 名中国 275 枚（如果包括中国香港 2 枚、中国台北 7 枚则为 284 枚）第 6 名法国 258 枚，第 6 名意大利 251 枚。我国获金牌 275 枚，获金牌数占国际奥委会颁发金牌总数的 4.23%，取得了突出成就。

二、中国奥运会冠军的训练特征

（一）中国奥运会冠军的竞技能力是夺取优异成绩的主导因素，由身体形态、身体机能、运动素质、技术、战术、心理和智力七方面涉及 200 余种因素决定的。中国女排、举重、射击、跳水、体操、乒乓球、羽毛球队在竞技能力的表现方面均有突出事例。

（二）研究和掌握制胜规律，最大限度地提高竞技能力，是中国优势竞技项目和潜优势在奥运会比赛中夺取金牌的重要前提。

（三）研究 24 个奥运会大项中国奥运会冠军的选材年龄，选材指标，选材的个案情况和跨项选材特征，得出规律性结论，对提高我国潜优势和非优势项目竞技能力有重要借鉴价值。

（四）研究 11 个奥运会大项，203 位中国奥运会冠军全程性多年训练的阶段划分，训练内容和负荷特征，结合世界著名运动员的个体情况，揭示中国奥运会冠军全程性多年训练的基本规律，得出了准确结论，对运动训练科学化有重要指导意义。

（五）体能是创造优异成绩所必需的各种身体运动能力的综合。中国奥运会冠军的体能特征是：技能主导类表现难美性项目对速度力量、动作速度、专项耐力、柔韧性和灵敏素质都有很高的要求；技能主导类表现准确性项目对平衡稳定能力、精细感觉能力、反应速度、动作协调性、静力性力量和专项耐力有很高要求。体能主导类快速力量项目要求具有突出的最大力量、速度能力。技能主导类隔网对抗项目对反应速度、动作速度、移动速度、起动力、力量、耐力、灵敏和协调性要求极高。体能主导类耐力性项目对心血管系统机能状况、有氧耐力、力量耐力、速度耐力水平均有很高要求。技能主导类格斗对抗性项群对力量、速度和灵敏素质有很高要求。

（六）中国奥运会冠军的技术特征是技术动作，符合力学、生理学、心理学原理；技术能力训练特征是重视动作要素、技术结构和影响运动技术因素的研究；狠抓技术细节，注重技术创新；通过科学训练全面提高技术能力。中国奥运会冠军的战术能力训练及其特征可以总结为：深入研究和掌握竞技战术及其训练方法；提高战术训练的实效性、科学性；研究战术创新，全面提高运用多种战术的能力；提前制订战术方案，随机应对不利局面。

（七）中国奥运会冠军的心理能力训练及其特征是研究运动员的心理类型，分别进行心理疏导，根据运动项目的不同特点，因人而异地采用多种方法强化心理训练，提高心理能力。中国奥运会冠军的智能能力训练及其特征是重视智能的重要作用，注重一般智能水平的提高和一般智能能力训练，通过提高文化知识、专业理论水平、运用专业知识的能力和智能训练来提高运动员的运动智能能力。

（八）中国奥运会冠军的训练创新包括训练实践的需求与训练理论的创新，现代科技导向下的训练方法创新等。

（九）中国奥运会冠军的教练团队包括复合型教练员团队和创新型教练员团队。教练员个性特点包括目标远大，追求卓越；重视学习，知识面广，善于创新；不惧困难，顽强果断等。我国一大批基层教练员默默耕耘，辛勤奉献，为奥运会冠军的选材和基础阶段训练做出了贡献。

（十）中国运动员奥运会参赛的经验教训有：反兴奋剂成效显著，但兴奋剂问题仍有发生；对竞技状态的培养存在不足，科学训练水平应进一步提高；细节把握不当，导致金牌旁落；参赛年龄不符，导致奖牌被取消；人员选拔不当，导致比赛失误；信息不准，导致比赛成绩不佳；管理工作不到位，导致遗憾。

（十一）55 位奥运会冠军成功经验的问卷调查结论是：严格自我管理（100%），科学训练（92.7%），教练员优秀（92.7%），热爱从事项目（89.1%），父母及家人支持（83.6%），身体遗传条件好（58.2%），奖励丰厚（10.9%）等。

（十二）51 位奥运会冠军教练员培养奥运会冠军的成功经验问卷调查结论是：科学训练（100%），举国体制的优势（94.1%），科学选材（94.1%），领导大力支持（90.1%），队员勤奋努力（86.3%），自身专业素质（86.3%），后勤和医务监督（78.4%），科学管理（78.4%）。此外，掌握制胜因素，全面提高竞技能力，从难从严从实战要求出发进行科学训练，面对挫折决不放弃是成功经验的个案表现。

（十三）83 位专家对未来奥运会冠军的培养路径有以下建议：加强科学训练（82.4%），加强科学选材（71.8%），人才培养路径多元化（65.9%），坚持举国体制（60.0%）、体教结合培养竞技人才（54.1%），构建科学的训练体系（48.2%）。还有专家提出管理工作要去行政化，走协会制俱乐部化，要加强"青少年的基础培养，高水平教练员的培养"，加强情感培养等。

三、中国奥运会冠军的社会特征

（一）经济发展促进了竞技体育发展。中国经济的快速发展和体育事业经费的大幅度增加，为夺取奥运会金牌提供了物质基础。截至 2018 年中国 GDP 总量为 90.0309 万亿元，居世界第二位。

（二）举国体制是夺取奥运会金牌的制度保障，奥运争光战略提供政策支持、三级训练网提供人才支持等，推动了奥运会冠军人才培养。

（三）中华体育精神是体育精神在中国的具体化，是中华民族精神的组成部分，是中华民族精神和体育精神共同作用的结晶。"中国女排""中国乒乓""中国举重""中国跳水"队等的精神风貌是对体育精神的最好诠释。"为国争光，甘于奉献；科学求实，团结协作；追求卓越，锐意进取；顽强拼搏，勇攀高峰"是中国运动员在奥运会赛场展现的中华体育精神

（五）我国对奥运会冠军的奖励分为政府奖励和社会奖励，奖励金额不断增多，奖励机制不断完善，促进了运动员向竞技运动高峰迈进。

（六）中国奥运会冠军的社会流动结果表明，75.3%（189 人）的奥运会冠军出生于社会中下层家庭（其中有 65.74% 出生于社会下层家庭），奥运会冠军退役后 86.45%（217 人）进入了社会上层。

（七）中国一贯反对使用兴奋剂，中国兴奋剂检测水平不断提高，兴奋剂现象受到有效遏制。

（八）奥运会冠军受到的社会关注较大，出现任何不良影响，如比赛消极、酗酒、无证驾驶、酒驾、打架斗殴、涉赌等都会被人们关注，应努力避免不良影响。

（九）通过77位专家的问卷调查统计结论表明：中国奥运会冠军效应在社会群体中有重要价值，奥运会冠军展现了体育精神，奥运会冠军对社会发展有积极影响，奥运会冠军的成长经历对青少年成长有积极作用。奖励机制，传统礼仪文化对奥运会冠军夺冠也有积极作用。此外，专家对中国、美国奥运会冠军培养机制，奥运会冠军的社会流动建议，对兴奋剂问题的看法及其建议均有可操作性见解。

四、中国奥运会冠军的教育特征

（一）我国在20世纪50年代迄今先后颁布实施了有关运动员文化教育政策法规的重要文件，促进了奥运会冠军文化素质提高。

（二）优秀运动员文化教育的具体措施采用"三级训练网"、三级训练体系以及体育院校和有关高校培养，提高了我国优秀运动员的文化教育水平。

（三）对奥运会冠军文化教育的成效分析表明，奥运会夺冠前77.7%（195人）为大学学历，初中和高中（中专）学历为22.3%（56人），研究生（硕士、博士）无。夺冠后受教育程度普遍提高，82.1%（206人）是大学本科，15.1%（38人）是硕士研究生，2.8%（7人）为博士研究生。学习形式主要是在校全日制学习、在职学习、函授教育和集中面授学习等多种方式。除运动专业技能极为突出外，奥运会冠军与全日制学生文化教育质量存在较大差距。

（四）奥运会冠军对我国社会发展有积极影响。对450位初中、高中和大学生的问卷调查统计表明：奥运会冠军对学生有精神引领的价值和教育价值；对学生的人生观、价值观、世界观的塑造有一定的积极影响；奥运会冠军的成功经验有重要传承作用；奥运会冠军树立的榜样作用对推广体育运动，增强全民健身意识，以及大众价值观的塑造，提高社会责任意识等均有积极影响。

（五）96位专家对奥运会冠军文化教育的问卷和面谈调查统计结果表明：奥运会冠军对青少年有榜样和引领作用；对推动竞技运动发展，增强全民健身意识，提高社会责任感，大众价值观的塑造等有积极影响。

（六）96位专家对奥运会冠军文化教育提出了以下建议：应落实基础教育，处理好学训矛盾，加强就业指导，增强学校教育的责任意识；奥运会冠军的学历教育应根据情况设置相应的课程及学习计划，加强素质教育，提高就业能力。奥运会冠军学历教育的途径有国内体育院校、国内综合性大学、全日制学习、国外高校、函授教育、远程教育等。完善运动员学历教育管理应全面培养，宽进严出。

五、中国运动员奥运会参赛及其他有关经验教训

（一）反兴奋剂成效显著，但兴奋剂问题仍然存在。1988—2016 年我国先后有 6 名运动员在奥运会比赛的兴奋剂检测中呈阳性，3 枚举重金牌被取消。

（二）部分项目比赛成绩与训练成绩差距大，训练与比赛脱节。对运动员竞技状态的培养存在不足，科学训练水平有待进一步提高。

（三）个别项目细节把握不当，导致金牌旁落；人员选拔不当，导致比赛失误；信息不准，导致比赛成绩不佳；管理工作不到位，导致比赛成绩遗憾。

（四）一名运动员因年龄虚假问题导致中国体操队 2000 年奥运会女子团体铜牌被取消。

（五）2012 年奥运会中国羽毛球队女子双打选手消极比赛，导致被取消后续参赛资格。

（六）个别奥运会冠军涉赌造成不良影响。

六、我国部分奥运会项目的发展面临严峻挑战

无论是优势项目、潜优势项目还是非优势项目，我国部分奥运会项目的发展都面临严峻挑战。2008 年北京奥运会后，中国体育代表团夏季奥运会金牌总数从 2008 年的 48 枚减至 2012 年伦敦奥运会的 38 枚，2016 年又减少至 26 枚。中国奥运会比赛的金牌总数逐届减少，特别是优势竞技项目体操在 2016 年奥运会上金牌数为零，为我国优势项目的发展敲响了警钟。举重项目由于受兴奋剂影响，我国 2008 年奥运会获得的 3 枚金牌被取消。中国体育代表团冬季奥运会的金牌数也不容乐观，2010 年冬奥会中国获 5 枚金牌，2014 年获 3 枚金牌，2018 年仅获 1 枚金牌。此外，我国部分优势项目还面临体制危机（举国体制如何更好适应市场经济的发展），观念危机（如对现代科学训练理论的认识存在偏差，故步自封），人才危机（如优秀运动员、高水平教练员、科研人员、队医、技术官员的选拔培养不容乐观），文化危机（中国体育文化的根基何在？中国体育精神的发掘传承？中国体育能为中国社会的发展留下哪些宝贵财富），市场危机（部分优势项目受社会关注程度低，大众参与程度少，市场化推广难）等。

我国潜优势项目、非优势项目除了存在上述问题外，对项目制胜规律的认识，教练员执教能力，科学化管理水平和科研能力，对国际最新信息的把握均有一定差距。

七、中国奥运会冠军数据库

采用 Mysql 数据库，搭建 php 环境服务器，用 php 语言开发了中国奥运会冠军数据信息查询系统：http：//47.100.216.28：12305。首先将调查统计的中国所有奥运会冠军的姓名、性别、出生日期、参训时间、奥运会年份、参赛项目等信息录入数据库中。然后编写信息查询后台，根据用户输入的信息，进行相应的奥运会冠军身份查询（如姓名、性别、出生日期、奥运会时间、奥运会冠军出生地、参训时间、大类项目、小项、综合查询等），以数据表的形式返回给用户。前端与后端的信息交互采用了 Ajax 技术，提升了用户体验，构建了具有理论与实践应用价值的中国奥运会冠军数据库。

第二节　建议

一、对中国奥运会冠军基本特征的建议

（一）继续坚持和完善举国体制，从全面提高我国竞技体育的综合实力入手，优化资源配置，追求效益产出；加强科技投入，注重项目均衡发展。进一步巩固我国优势项目竞技水平，提高潜优势项目和非优势项目竞技水平，夯实群众基础，拓宽奥运会冠军培养路径，实现中国竞技运动水平的全面提高与突破。

（二）要进一步加强对发达国家优势竞技项目如田径、游泳、水上运动、冬季运动项目先进经验的学习；加大对西部竞技体育的人力、物力和科技投入，改变西部竞技体育的落后状况；根据自然地理环境、民族特征、性别特征等，因地制宜，从多学科角度选拔培养优秀运动员。加大对冬季项目的科学研究和冬季项目的推广，促进冬季奥运会项目竞技水平进一步提高。

（三）进一步完善多学科的综合训练体系；优化项目布局，对奥运会夺金项目、夺金潜力项目重点布局；扩大女子项目的优势，研究竞技项目优势转移规律及策略，借鉴优势项目理念，强化优势项目，发展优势项群，提高潜优势项

目，普及发展非优势项目，促进我国竞技运动整体水平提高。

二、对中国奥运会冠军训练特征的建议

（一）进一步深入研究和掌握各竞技运动项目的制胜规律，加强对运动员竞技能力的全面研究，强化科学选材，科学训练，注重技术、战术创新，注重对优秀运动员重大比赛出现的热点现象如埃蒙斯现象、克拉克现象、相克现象等的研究，最大限度地全面提高竞技能力水平。

（二）我国竞技体育后备人才培养现已有"三级训练"模式、"体教结合"模式、"地域"模式、"职业化"模式和"开放的大教育"模式。但是对我国竞技体育后备人才多元化培养模式进行构建还需要在以下方面努力：打破系统壁垒，三线并举共同培养竞技体育人才；科学布局，适时调整项目结构设置；建立层层衔接的后备人才管理体系；挖掘基层潜力，拓宽竞技体育后备人才培养路径；以区域经济为基础，统领后备人才培养体系，促进人才梯队建设。

（三）加强对训练创新的研究，从训练实践需求与训练理论等方面进行创新；加强对奥运会冠军教练员成功经验的总结，研究奥运会金牌教练员特征，强化金牌教练员效应，加强复合型和创新型教练员的培养，全面提高教练员专业素质。

（四）进一步提高训练的科学化水平，提高运动员成才率；深化对运动员控降体重和增加体重的研究，加强对竞技状态调控的研究，提高科学管理水平；把握参赛细节，严格按照相关规定选拔运动员参加奥运会；加强信息研究，掌握准确信息；强化反兴奋剂工作，保证奥运会比赛不出兴奋剂事件。

（五）重视和加强对奥运会冠军成功经验研究。重视和采纳 83 位专家对未来奥运会冠军培养路径的建议。加强青少年的基础培养，促进人才培养路径多元化；从难、从严、从实战要求出发进行科学训练，构建科学的训练体系。

三、对中国奥运会冠军社会特征的建议

（一）进一步加大对竞技体育的经费投入，强化奥运争光战略，强化大众体育和三级训练网的人才支持。加强对体育相关功能的研究，深化"中国女排""中国乒乓""中国跳水""中国举重"等优秀运动队和中国奥运会冠军体育精神的研究，促进中华体育精神发展。

（二）对中国奥运会冠军的奖励应与国情相适应，除了国家、省市县和社会奖励外，可以采用一次性发放、多次发放和终身按比例发放等形式，重在精神

奖励，鼓励社会组织和企业奖励。

（三）要通过多种形式不断提高奥运会冠军的文化素质和人文素质；充分发挥家庭和社会的作用，规范奥运会冠军的商业活动，避免消极因素和消极事件的影响；不断提高奥运会冠军的科学训练水平、管理能力和处理复杂事务的能力；完善运动员退役保障制度，促进奥运会冠军退役后在专业领域精英层或管理精英层的流动。

（四）深入研究奥运会冠军在社会群体中的价值，探索奥运会冠军成长经历对青少年成长的积极作用；借鉴美国等发达国家通过高等院校培养奥运会冠军的成功经验，促进竞技人才培养。

四、对中国奥运会冠军教育特征的建议

（一）正视奥运会冠军与全日制学生文化教育质量之间存在的较大差距，强化三级训练体系中运动员的文化教育，完善优秀运动员的单招政策，"免试入学"政策，文化教育管理体制等，加大体育院校和有关高校培养优秀运动员的力度，通过全日制学习、在职学习、函授教育等多种方式提高教学质量，促进奥运会冠军文化素质的不断提高。

（二）落实基础教育，处理好学训矛盾，加强就业指导，增强学校教育的责任意识，实行竞技体育和高等教育同步发展，科学素质、人文精神、竞技水平、健康体魄四者兼备。奥运会冠军的学历教育应根据情况设置相应的课程及学习计划，加强素质教育，提高就业能力。完善运动员学历教育管理应全面培养，宽进严出。

（三）强化反兴奋剂工作。加强对奥运会冠军成功经验和对青少年榜样引领作用的总结，促进青少年学生人生观、价值观、世界观的培养，促进青少年形成正确的价值导向。增强全民体育意识和健身意识，构建终身体育观念。

五、其他建议

（一）增强危机意识，积极应对未来挑战

我国竞技体育的发展呈现出波浪式发展的特征，有高峰有低谷，发展并不平衡。例如，1984 年夏季奥运会获得 15 枚金牌后，1988 年仅有 5 枚，1992—2008 年金牌数逐届增加，2008 年达到 48 枚高峰，随后又逐届下降。中国在冬奥会所获金牌从 2014 年开始逐渐减少。中国竞技体育虽然成就巨大，但也面临体制危机、观念危机、人才危机、文化危机、市场危机和奥运会改革及其未来发

展存在的一些不确定因素的危机。必须增强危机意识，从人才培养，观念创新、训练创新，科学训练，国际合作，文化传承与发扬，运动员文化教育，竞技项目社会化市场化推广等方面积极应对。

（2）将竞技体操、举重等优势项目纳入各级学校体育教学大纲

近30多年来在全国中小学体育教学中，竞技体操、举重、跳水等优势项目均未列入教学大纲；在高等体育教育和体育院校的教学中，竞技体操、举重等项目的普修课教学几乎已被全部取消，这对增强学生体质和上述优势项目后备人才培养，竞技水平提高都极为不利。建议各级小学、中学、大学尽快因地制宜恢复竞技体操、举重等优势项目的体育教学。也可以按照基本体操、力量训练、体能训练安排教学，促进我国优势项目后备人才培养。

此外，在小学、中学的体育教学中，对我国部分潜优势项目、非优势项目也应该根据有关地区情况适当安排体育教学，以促进后备人才的选拔培养。

（3）加强对全球性重大事件对竞技体育影响的研究

2020年爆发的全球性新冠肺炎不仅使2020年东京奥运会被迫推迟一年，而且对运动员的系统训练和其他重大国际比赛均带来了严重影响，面对新冠疫情常态化的严峻形势，加强对全球性重大事件特别是新冠疫情对竞技体育影响的研究和对策极为重要。

（四）加强对奥运会冠军理论与实践的研究，促进奥林匹克运动发展

1896年至今现代奥运会已经有120多年的历史，我国全面参与奥运会比赛始于1984年，全面融入国际奥林匹克大家庭也仅有40余年的历史。而美国和英国、德国、法国、意大利等发达国家参与奥运会已经有100多年的历史，获得的奥运会金牌也多于我国。因此，从广阔的世界范围内，从政治、经济、文化、军事、教育、科技、地理人文环境、民俗、人才学、人种学的不同角度，通过纵向研究和横向比较，加强对奥运会冠军成长规律及其有关理论和实践的研究，对于促进中国和世界奥林匹克运动理论与实践的发展均具有重要的现实意义和深远的理论价值。

附录一 中国夏季奥运会冠军简介

　　1984—2021 年，中国体育代表团在参加的 10 届夏季奥运会比赛中，共荣获 262 枚金牌。其中，1984 年获 15 枚，1988 年获 5 枚，1992 年获 16 枚，1996 年获 16 枚，2000 年获 28 枚，2004 年获 32 枚，2008 年获 48 枚，2012 年获 38 枚，2016 年获 26 枚，2021 年获 38 枚。

　　（一）1984 年夏季奥运会冠军

　　第 23 届夏季奥运会于 1984 年 7 月 28 日—8 月 12 日在美国洛杉矶举行。中国体育代表团 26 人次荣获 15 枚金牌。其中男子 10 人获 10 枚金牌，女子 16 人获 5 枚金牌。此外，中国体育代表团还获得 8 枚银牌，9 枚铜牌。以下是中国体育代表团金牌获得者的情况。

　　1. 许海峰（第 1 枚夏季奥运会金牌），男，汉族，1957 年 8 月 1 日生于福建漳州，安徽马鞍山市和县人，身高 173 厘米，体重 80 千克。1984 年初，训练仅有一年多的许海峰进入中国射击队。7 月 29 日，在美国洛杉矶举行的第 23 届奥运会男子自选手枪慢射比赛中，以 569 环的成绩获得本届奥运会的首枚金牌，也是中国奥运会历史上的首位冠军得主，打破了中国奥运史上金牌"零"的纪录。

　　1988 年第二次参加奥运会比赛获男子气手枪铜牌。担任中国射击队教练后，他带选手获得了两枚奥运会金牌。

　　2. 曾国强（第 2 枚夏季奥运会金牌），男，汉族，1965 年 3 月 18 日出生于广东省东莞市石龙镇。体重 52 千克。1976 年在石龙镇少体校举重班练习举重，1981 年入省队训练，1983 年进入国家队。1984 年 7 月 29 日，在第 23 届奥运会 52 千克级比赛中，以 235（105 +130）千克的总成绩夺得金牌，为中国代表团赢得了本届奥运会第 2 枚金牌，并成为中国第一位摘得奥运会金牌的举重运动员。

　　3. 吴数德（第 3 枚夏季奥运会金牌），男，汉族，1959 年 9 月 18 日出生于贵州省兴义市。体重 56 千克。1973 年入南宁市业余体校，接受举重训练。1977

年被选入广西举重队。1979 年 11 月 3 日在第 33 届世界举重锦标赛中，110 千克成绩获得 52 千克级抓举冠军，成为中国第一位举重世界冠军。1984 年 7 月 30 日，在第 23 届奥运会举重 56 千克级比赛中，以 267.5（120 + 147.5）千克的总成绩夺得金牌。

4. 李玉伟（第 4 枚夏季奥运会金牌），男，汉族，1965 年 7 月 20 日出生于辽宁省沈阳市北陵乡小韩屯村一户普通的农家，小时候在村里喜欢背把气枪打鸟。1979 年，李玉伟凭着打气枪本领进入沈阳市陆上运动学校开始从事正规的移动靶射击训练，练习打移动靶。经过两年的磨炼，1980 年入辽宁射击队，1983 年入中国射击队。1984 年 7 月 31 日在洛杉矶奥运会射击比赛中，以 587 环的成绩获得了 50 米移动靶标准速金牌。

5. 陈伟强（第 5 枚夏季奥运会金牌），男，汉族，1958 年 6 月 7 日生，1972 年进入广东体育馆业余体校练习举重，1974 年入选广东举重队。先后 7 次打破 52、56 千克级世界青年纪录，2 次打破 56 千克级挺举世界纪录。1984 年 8 月 1 日，在第 23 届奥运会举重 60 千克级比赛中，以 282.5（122.5 + 160）千克的总成绩夺得金牌。退役后，先后担任广东队和中国举重队教练员。

6. 姚景远（第 6 枚夏季奥运会金牌），男，汉族，1958 年 6 月 14 日出生，辽宁省营口人。10 ~ 15 岁在辽宁省盘锦田庄台镇上学时参加学校技巧队，最先进体校时练的是体操，后转练举重。1973 年入辽宁举重队，1978 年入国家举重队。1984 年 8 月 1 日，在第 23 届奥运会举重 67.5 千克级比赛中，以 320（142.5 + 177.5）千克的总成绩夺得金牌。

7. 吴小旋（第 7 枚夏季奥运会金牌），女，汉族，1958 年 1 月 26 日出生于浙江省杭州市，中国第一位女子奥运会冠军，现为美国国籍。身高 152 厘米。1984 年第 23 届奥运会首次设立女子射击项目。8 月 2 日，吴小旋在奥运会女子 50 米气步枪比赛中由于急于求成，没有调整好比赛的节奏，在自己的强项上只获得铜牌；紧接着她又参加了女子小口径标准步枪 3×20 发射击比赛，由于腰部病痛干扰了她的立姿射击，只打了 187 环，这个成绩并不理想，吴小旋强忍伤痛，沉着应战，终于又打出了 197 环的好成绩，最终以 581 环夺冠，成为中国第一位女子奥运会冠军，也是奥运会历史上第一位女子标准步枪 3×20 发项目金牌获得者。

8. 栾菊杰（第 8 枚夏季奥运会金牌），女，1958 年 9 月 14 日出生于江苏省南京市，1973 年进入南京业余体校，先进行的是羽毛球训练，后来才改为击剑。1976 年进入中国击剑队。1983 年获得第 6 届国际女子花剑比赛冠军。1984 年 8 月 3 日，在美国洛杉矶举行的第 23 届奥运会女子个人花剑决赛中，对方剑刃折断，断剑插伤栾菊杰手臂流血，她忍痛裹伤后继续比赛，最终战胜对手，为中国赢得历史上首枚击剑奥运会金牌，成为第一个在奥运会上获击剑冠军的亚洲人。

9. 李宁（第9、10、11枚夏季奥运会金牌），男，壮族，生于1963年3月10日，广西壮族自治区来宾市兴宾区南泗乡人，祖籍广东省佛山市顺德区，曾祖父辈迁至广西谋生。身高164厘米。先后14次获世界冠军。1982年12月22日，李宁在南斯拉夫萨格勒布举行的第6届世界杯体操比赛中，一人夺得男子全部7枚金牌中的6枚，被誉为"体操王子"。1984年8月4日，李宁在第23届奥运男子体操单项比赛中独揽男子自由体操（19.925分）、鞍马（19.950分）和吊环（19.850分）3项冠军，一举夺得3枚金牌2枚银牌1枚铜牌。

10. 楼云（第12枚夏季奥运会金牌，1988年获得第17枚夏季奥运会金牌），男，汉族，1964年6月23日出生于浙江省杭州市，身高158厘米，体重53千克。1973年楼云进入杭州市业余体校开始体操训练。1978年被选入中国体操队。1984年8月4日在洛杉矶举行的第23届奥运会体操比赛中，荣获跳马金牌（19.950分）、团体银牌、自由体操银牌。他首次完成的"前手翻屈体前空翻转体540度""前手翻直体前空翻转体540度"两个高难动作，后来被国际体操联合会列入《国际体操男子评分规则》。其中"前手翻屈体前空翻转体540度"被命名为"楼云跳1"，"前手翻直体前空翻转体540度"被命名为"楼云跳2"。

1988年在第24届奥运会上，楼云蝉联跳马冠军，并夺得自由体操铜牌。

11. 马艳红（第13枚夏季奥运会金牌），女，回族，1964年7月5日生，身高153厘米，是元朝散曲作家马致远的后裔。1972年进入北京什刹海体校，11岁被选入八一体操队，1978年入国家队，以独创高低杠绷杠后空翻转体360度下等高难动作而著称，1979年，15岁的马艳红在第20届世界体操锦标赛高低杠比赛中为中国队夺得了第1枚金牌，成为中国第一个体操世界冠军。1984年8月5日在美国洛杉矶第23届奥运会高低杠比赛中，胃痛发作的马燕红顶住身体的病痛，坚持上场比赛，一路领先，以无可挑剔的完满动作得了19.95分荣获金牌。

12. 郎平（第14枚夏季奥运会金牌），女，满族，1960年12月10日生，祖籍中国天津。身高184厘米，体重71千克。1973年练习排球，1976年入选北京排球队，1978年入选国家集训队。凭借强劲而精确的扣杀而赢得"铁榔头"绰号。1984年8月7日，以郎平为主力的中国队以3比0（16—14、15—3、15—9）战胜美国队，获第23届奥运会女子排球冠军。

1995 年 2 月 15 日，郎平担任中国女排主教练，率领中国女排于 1996 年获第 26 届奥运会银牌。

2013 年 4 月 25 日郎平再任中国女排主教练。2016 年 8 月，郎平带领中国女排参加在巴西里约热内卢举行的第 31 届奥运会。中国女排在小组赛中先后输给了荷兰、塞尔维亚、美国，前景不容乐观。在对东道主巴西队的比赛中，首局中国队以 15 比 25 大比分落败，第二局开始形势依然严峻，此时，主教练郎平果断换人，双方比分交替上升，中国队以 25 比 23 扳回关键一局。后面三局中国队以两分优势险胜巴西。此后，中国女排在半决赛战胜荷兰队，8 月 21 日在决赛中以总比分 3:1（19:25，25:17，25:22，25:23）战胜塞尔维亚队，获得第 31 届奥运会冠军，创造了世界排球运动的奇迹。

13. 张蓉芳（第 14 枚夏季奥运会金牌），女，1957 年 4 月 15 日生于四川省成都市。身高 174 厘米，体重 65 千克。1970 年入四川排球队，1976 年被选入国家队。1984 年 8 月 7 日获得第 23 届奥运会女子排球比赛冠军。

14. 朱玲（第 14 枚夏季奥运会金牌），女，1957 年 7 月出生，汉族，身高 177 厘米，65 千克，山东莱芜人。1970 年在重庆六中接受业余排球训练，1975 年入四川省排球队，1979 年被选入国家排球集训队。1984 年 8 月 7 日，在第 23 届奥运会女排比赛中获得金牌。

15. 杨锡兰（第 14 枚夏季奥运会金牌），女，1961 年 3 月 16 日出生于天津。身高 179 厘米，体重 65 千克。1976 年参加中国人民解放军，入八一队，1981 年选入中国青年排球队。次年被选入国家队。1984 年 8 月 7 日获得第 23 届奥运会女子排球赛金牌。

16. 周晓兰（第 14 枚夏季奥运会金牌），女，1957 出生于江苏南京。身高 182 厘米。1973 年入业余体校进行排球训练，同年被选入山西女子排球队，1977 年被选入中国青年排球集训队，后被选入中国排球集训队。1984 年 8 月 7 日在第 23 届奥运会女排比赛中，协助女排赢得冠军。

17. 梁艳（第 14 枚夏季奥运会金牌），女，汉族。1961 年 10 月 4 日出生于四川成都。177 厘米。13 岁开始练习排球，1975 年入成都市业余体校进行排球训练，1976 年，梁艳进入成都女排，1977 年进入四川省排球队，1979 年被选入国家女子排球集训队。1984 年 8 月 7 日在洛杉矶奥运会上，梁艳为中国女排夺取奥运桂冠屡建奇功。

18. 姜英（第 14 枚夏季奥运会金牌），女，汉族，1963 年 7 月 19 日生，山东荣成人。身高 188 厘米，体重 65 千克。小学时开始练习排球，1977 年入辽宁排球队，1981 年被选入国家青年排球集训队，1982 年被选入国家排球集训队。

1984 年 8 月 7 日获得第 23 届奥运会女子排球比赛金牌

19. 侯玉珠（第 14 枚夏季奥运会金牌），女，1963 年 3 月 7 日出生于福建永泰。身高 184 厘米。1977 年进入福建省业余体校，1983 年进入国家队。1984 年 8 月 7 日获第 23 届奥运会女子排球金牌。

20. 苏惠娟（第 14 枚夏季奥运会金牌），女，1964 年 4 月 3 日生，天津人，身高 179 厘米。1984 年 8 月 7 日在洛杉矶第 23 届奥运会女排比赛中获金牌。

21. 杨晓君（第 14 枚夏季奥运会金牌），女，1963 年 5 月 18 日生，北京人，身高 181 厘米，体重 73 千克。1976 年入北京工人体育场业余体校进行排球训练，1978 年入北京市排球队，1983 年调入国家队，中国女排副攻手。1984 年 8 月 7 日在第 23 届奥运会女排比赛中获金牌。1988 年在第 24 届奥运会女排比赛中获铜牌。

22. 郑美珠（第 14 枚夏季奥运会金牌），女，1963 年 11 月 5 日出生于福建福州，身高 172 厘米。1975 年入福州业余体校进行排球训练；1977 年入福建省排球队，1979—1982 年三次入选中国女排。1984 年 8 月 7 日在第 23 届奥运会女排比赛中获金牌。1988 年在第 24 届奥运会女排比赛中获铜牌。

23. 李延军（第 14 枚夏季奥运会金牌），女，汉族，1963 年 3 月 18 日生，辽宁人。身高 179 厘米，1975 年进入辽宁省体校，1977 年进南京部队，1981 年入选八一女排，1983 年入选国家队。1984 年 8 月 7 日在第 23 届奥运会女排比赛中获金牌。

24. 周继红（第 15 枚夏季奥运会金牌），女，汉族，1965 年 10 月 11 日出生于湖北武汉，身高 156 厘米。1977 年进入湖北省跳水队，开始接受跳水专业训练，1982 年进入中国跳水队。1984 年 8 月 11 日在第 23 届奥运会比赛中，以 435.51 分的总分夺得女子 10 米跳台金牌。

（二）1988 年夏季奥运会冠军

第 24 届夏季奥运会于 1988 年 9 月 17 日—10 月 2 日在韩国首尔举行。中国体育代表团 6 人次荣获 5 枚金牌，其中男子 3 人获 2 枚金牌，女子 3 人获 3 枚金牌。此外，中国体育代表团还获得 11 枚银牌，12 枚铜牌。以下是金牌获得者的情况。

1. 许艳梅（第 16 枚夏季奥运会金牌），女，汉族，1971 年 2 月出生于江西省赣州市南康区。1979 年，进入南昌市体校练习体操；1982 年被选入江西跳水队；1985 年进入国家跳水队。1988 年 9 月 18 日，在第 24 届奥运会上以 445.20 分的成绩获得女子十米跳台跳水金牌，为中国代表团在该届奥运会上夺得首枚金牌。

2. 楼云（第 17 枚夏季奥运会金牌。1984 年获得第 12 枚夏季奥运会金牌）曾在 1984 年第 23 届奥运会上获得男子跳马金牌。1988 年 9 月 24 日在第 24 届奥运会上，以 19.875 分的成绩获得男子跳马冠军。

3. 高敏（第 18 枚夏季奥运会金牌。1992 年获得第 32 枚夏季奥运会金牌），女，汉族，1970 年 9 月 28 日出生于四川自贡市，163 厘米，52 千克。现为加拿大国籍。4 岁开始练习游泳，6 岁进入自贡市少年业余体育学校练习体操，9 岁接受跳水训练。1980 年入选四川省跳水队，1985 年入选中国国家队。1988 年 9 月 25 日，在首尔第 24 届奥运会跳水女子三米板决赛中，以总分 580.23 分获得冠军，成为中国第一位奥运会跳板跳水金牌获得者。

1992 年 8 月 5 日在第 25 届奥运会上获得女子 3 米跳板跳水冠军。

4. 陈龙灿（第 19 枚夏季奥运会金牌），男，1965 年 3 月 21 日出生，四川省成都市新都区人。1973 年正式开始学球，1978 年入四川队，1981 年被选入国家乒乓球集训队。1988 年 9 月 30 日在首尔举行的第 24 届奥运会男子双打比赛中，与韦晴光合作，在决赛中击败南斯拉夫选手卢布莱斯库和普里莫拉茨，荣获冠军。

5. 韦晴光（第 19 枚夏季奥运会金牌），男，1962 年 7 月 2 日出生于广西南宁，8 岁入市业余体校训练，1973 年，11 岁的韦晴光被选入了广西体工队进行集训。1984 年 22 岁的韦晴光进入国家队。1988 年 9 月 30 日在首尔举行的第 24 届奥运会男子双打比赛中，韦晴光与陈龙灿配对，在决赛中击败南斯拉夫选手卢布莱斯库和普里莫拉茨，荣获冠军。

6. 陈静（第 20 枚夏季奥运会金牌），女，汉族，1968 年 9 月 20 日出生于湖北武汉，身高 170 厘米，体重 60 千克。1986 年进入国家队。1988 年 10 月 1 日在首尔举行的第 24 届奥运会乒乓球女子单打比赛中，陈静荣获金牌。

（三）1992 年夏季奥运会冠军

第 25 届夏季奥运会于 7 月 25 日—8 月 9 日在西班牙巴塞罗那举行。中国体育代表团 18 人次荣获 16 枚金牌，其中男子 5 人获 4 枚金牌，女子 13 人获 12 枚金牌。此外，还获得 22 枚银牌，16 枚铜牌。以下是金牌获得者的情况。

1. 庄泳（第 21 枚夏季奥运会金牌），女，汉族，1972 年 8 月 10 日出生于上海。身高 171 厘米，体重 68 千克。7 岁进入游泳学校，1986 年入选国家游泳集训队。1992 年 7 月 26 日，在巴塞罗那第 25 届奥运会上，庄泳以 54 秒 64 的成绩荣获 100 米自由泳金牌。

2. 伏明霞（第 22 枚夏季奥运会金牌。1996 年获得第 44、51 枚夏季奥运会金牌，2000 年获得第 78 枚夏季奥运会金牌），女，1978 年 8 月 16 日生于湖北武汉的一个普通家庭。身高 160 厘米，体重 48 千克。5 岁起开始体操训练，不久之后改练跳水。9 岁时她被跳水教练于芬发现，离开湖北跳水队来到北京训练。1987 年进入湖北省跳水队。1990 年被选入中国国家跳水集训队。1992 年 7 月 26 日，14 岁的伏明霞以 461. 43 分的成绩获得第 25 届奥运会女子 10 米跳台金牌，成了奥运会历史上最年轻的冠军。

1996 年 7 月在第 26 届奥运会上，伏明霞同时获得了女子 10 米跳台与女子 3 米板的冠军。2000 年 9 月在第 27 届奥运会女子单人 3 米板决赛中，伏明霞夺得冠军，实现卫冕。

3. 王义夫（第 23 枚夏季奥运会金牌。2004 年获得第 82 枚夏季奥运会金牌），男，出生于 1960 年 12 月 4 日，辽宁辽阳人。身高 181 厘米，体重 85 千克。共获 6 枚奥运会奖牌（2 金 3 银 1 铜）。16 岁时进入辽宁业余体校，17 岁进入辽阳市业余体校学射击，1977 年进入辽宁省射击队，1979 年入选国家队，从 1984 年开始到 2004 年连续 6 次参加奥运会。1992 年 7 月 28 日，在第 25 届奥运会男子 10 米气手枪比赛中以 684.8 环夺得金牌。

2004 年第 28 届奥运会第二次荣获男子 10 米气手枪金牌。

4. 张山（第 24 枚夏季奥运会金牌），女，汉族，1968 年 3 月 23 日出生于四川南充。身高 163 厘米。1984 年入选四川省射击队，1989 年入选国家集训队。1992 年 7 月 29 日在第 25 届奥运会上，以 223 靶的成绩获得双向飞碟的金牌。成为首位在奥运会男女混合项目中击败男对手的女将。还创造了女子双向飞碟 200 发 200 中的成绩。

5. 钱红（第 25 枚夏季奥运会金牌），女，汉族，1971 年 1 月 30 日出生于河北保定。166 厘米，62 千克。1992 年 7 月 29 日在第 25 届奥运会上，以 58 秒 62 的成绩获得女子 100 米蝶泳金牌。

6. 林莉（第 26 枚夏季奥运会金牌），女，1970 年 10 月 9 日出生于江苏南通。身高 168 厘米，体重 70 千克，中国第一个游泳世界冠军，也是第一位同时既夺奥运会金牌又创世界纪录的中国游泳运动员。1976 年进入市业余体校，1980 年入省体校，1982 年入江苏队，后进入国家队。1992 年 7 月 30 日，在第 25 届奥运会上，林莉以 2 分 11 秒 65 获得女子 200 米混合泳金牌，并打破世界纪录。

7. 杨文意（第 27 枚夏季奥运会金牌），女，汉族，1972 年 1 月出生于上海一个体育世家，父亲是体育收藏家，母亲曾打过垒球，哥哥是国家青年击剑队队员。身高 178 厘米，体重 81 千克。1978 年进入上海市体育俱乐部学习游泳，1984 年入选上海游泳队，1986 年入选国家游泳集训队。1992 年 7 月 31 日在第

25 届奥运会上，以 24 秒 97 的成绩获得 50 米自由泳金牌，并打破世界纪录。

8. 陆莉（第 28 枚夏季奥运会金牌），女，汉族，1976 年 5 月 30 日出生于湖南长沙。1983 年开始接受体操训练，1988 年进入湖南省队训练，1991 年被选入国家队。1992 年 8 月 1 日在第 25 届奥运会上，陆莉以满分 10 分的成绩夺得女子高低杠冠军。

9. 李小双（第 29 枚夏季奥运会金牌。1996 年获得第 41 枚夏季奥运会金牌），男，汉族，1973 年 11 月 1 日生于湖北省仙桃市一个普通工人家庭。身高 161 厘米。1983 年 9 月进入湖北体操队，1985 年首次进入国家队。

1992 年 8 月 2 日在第 25 届奥运会男子自由体操比赛中，他大胆使用"后空翻三周"动作，以 9.925 分为中国体操队在巴塞罗那奥运夺得了唯一的一枚体操金牌，并在本届奥运会上获得男子吊环铜牌、男子团体银牌。

1996 年获得第 26 届奥运会男子体操个人全能项目金牌。

10. 庄晓岩（第 30 枚夏季奥运会金牌），女，汉族，1969 年 5 月 4 日出生于辽宁沈阳，14 岁进沈阳业余体校练田径"三铁"，曾打破市青少年纪录。1984 年进辽宁柔道队，1986 年入中国柔道队。1992 年 8 月 3 日在第 25 届奥运会女子 72 千克以上级的比赛中，连过五关，连胜 5 场，最后以一个漂亮的"一本"将古巴名将罗德里斯压倒，夺得了金牌。成为中国第一位奥运会柔道冠军。

11. 邓亚萍（第 31、36 枚夏季奥运会金牌。1996 年获得第 47、50 枚夏季奥运会金牌），女，汉族，1973 年 2 月 6 日生于河南郑州。身高 155 厘米。5 岁时，开始打乒乓球，1983 年进入郑州市乒乓球队。1986 年初被借调到河南省队。1988 年 11 月进入中国乒乓球队。1992 年 8 月 4 日在第 25 届奥运会上，与乔红合作获得乒乓球女子双打金牌。1992 年 8 月 9 日获得乒乓球女子单打金牌。1996 年，亚特兰大奥运会，邓亚萍又一次获得了女子单、双打两枚金牌。

12. 乔红（第 31 枚夏季奥运会金牌。1996 年获得第 47 枚夏季奥运会金牌），女，汉族，1968 年 11 月 21 日出生于湖北武汉。身高 161 厘米，体重 60 千克。7 岁开始打乒乓球，被选入南垸坊小学乒乓球队。1980 年进入湖北省乒乓球队。1987 年 12 月入选国家队。1992 年 8 月 4 日在第 25 届奥运会上，与邓亚萍合作获得乒乓球女子双打冠军。

1996 年在第 26 届奥运会上获得乒乓球女子双打金牌。

13. 高敏（第 32 枚夏季奥运会金牌。1988 年获得第 18 枚夏季奥运会金牌），继 1988 年 9 月 25 日，在第 24 届奥运会获得跳水女子 3 米板金牌。

1992 年 8 月 5 日在第 25 届奥运会上，以 572.40 分的成绩夺得女子 3 米跳板跳水冠军。

14. 陈跃玲（第 33 枚夏季奥运会金牌），女，1968 年 4 月 1 日出生于辽宁铁岭。1985 年入铁岭市体校开始专项训练，1986 年调入辽宁省竞走队。1992 年 8 月 6 日在第 25 届奥运会女子 10 公里竞走比赛中，以 44 分 32 秒的成绩夺得金牌。这是中国奥运会历史上的首枚田径项目金牌。

15. 吕林（第 34 枚夏季奥运会金牌），男，汉族，1969 年 4 月生，浙江台州人。1977 年进入浙江省体校，1979 年入选浙江省乒乓球队，1986 年进入中国青年队，1988 年被选入国家乒乓球队。1992 年 8 月 7 日，与王涛合作获得第 25 届奥运会乒乓球男子双打金牌。

16. 王涛（第 34 枚夏季奥运会金牌），男，出生于 1967 年 12 月 13 日。身高 164 厘米。3 岁起，在父亲的引导下开始学打乒乓球，1980 年被招入中国人民解放军队，1988 年 11 月入选国家队。1992 年 8 月 7 日在第 25 届奥运会上，与吕林合作获得乒乓球男子双打金牌。

17. 孙淑伟（第 35 枚夏季奥运会金牌），男，汉族，1976 年 1 月出生于广东揭阳。1984 年入选广东省业余体校，1985 年转入广东省跳水队，1989 年被选入国家集训队。1992 年 9 月 9 日在第 25 届奥运会上，以 667.31 分的成绩获得男子跳水 10 米跳台冠军。这是中国男子运动员奥运会跳水历史上的第一枚金牌。

（四）1996 年夏季奥运会冠军

第 26 届夏季奥运会于 1996 年 7 月 19 日—8 月 4 日在美国亚特兰大举行。中国体育代表团 19 人次荣获 16 枚金牌，其中男子 8 人获 7 枚金牌，女子 11 人获 9 枚金牌。此外，还获得 22 枚银牌，12 枚铜牌。以下是金牌获得者的情况。

1. 孙福明（第 37 枚夏季奥运会金牌），女。出生于 1974 年 4 月 14 日，辽宁铁岭西丰人，身高 178 厘米，体重 100 千克。13 岁进入体校，开始练习铅球、铁饼，后来改学柔道，15 岁进入辽宁省柔道队。

1996 年 7 月 20 日在美国亚特兰大第 26 届夏季奥运会上获得柔道女子 72 千克以上级金牌。2004 年在雅典奥运会上获得女子柔道 78 千克以上级别铜牌。

2. 乐靖宜（第 38 枚夏季奥运会金牌），女，汉族，1975 年 3 月 19 日出生于上海市。身高 175 厘米。1982 年进入上海体育俱乐部开始游泳训练，曾因体质单薄，先被推荐去跳高，后去花样游泳队，1988 年入选上海市游泳队，1991 年入选国家队。1996 年 7 月 20 日，在第 26 届奥运会上以 54 秒 50 的成绩获得女子 100 米自由泳金牌。

3. 唐灵生（第 39 枚夏季奥运会金牌），男，汉族，1971 年出生于广西壮族自治区桂林市临桂区，身高 160 厘米，体重 60 千克。1996 年 7 月 21 日在第 26

届亚特兰大奥运会上,以(137.5 + 170)千克的总成绩获得 59 千克级举重金牌。

4. 占旭刚(第 40 枚夏季奥运会金牌。2000 年获得第 63 枚夏季奥运会金牌),男,汉族,1974 年 5 月 15 日出生于浙江省衢州市开化县的农村家庭,身高 170 厘米,体重 77 千克。1987 年,占旭刚从开化市少体校入选浙江省举重队。1994 年 1 月入选国家队。1996 年 7 月 23 日在第 26 届奥运会上以 357.5(162.5 + 195)千克的成绩获得男子举重 70 千克级金牌,并打破抓举、挺举、总成绩世界纪录。

2000 年 9 月 22 日在第 27 届奥运会上以 367.5(160 + 207.5)千克获得男子举重 77 千克级金牌。

5. 李小双(第 41 枚夏季奥运会金牌。1992 年获得第 29 枚夏季奥运会金牌),继 1992 年获得第 25 届奥运会男子自由体操金牌后,1995 年 10 月 8 日,李小双在世界体操锦标赛上荣获男子个人全能冠军,实现了中国男子个人全能世界冠军零的突破。1996 年 7 月 24 日,李小双以 58.423 分的成绩获得第 26 届奥运会男子体操个人全能金牌,并获得男子团体和男子自由体操两枚银牌。

6. 李对红(第 42 枚夏季奥运会金牌),女,1970 年 1 月 25 日出生于黑龙江省大庆市,身高 158 厘米,体重 51 千克。12 岁进入大庆市业余体校开始学习射击,1984 年入黑龙江省军区射击队,年底入八一队,1987 年进入国家射击队。1996 年 7 月 26 日在第 26 届奥运会上,以 687.9 环的成绩获得女子 25 米运动手枪金牌。

7. 杨凌(第 43 枚夏季奥运会金牌。2000 年获得第 61 枚夏季奥运会金牌),男,汉族,1972 年 5 月 24 日出生于北京市,身高 175 厘米,体重 80 千克。就读于武汉市第 11 中学。1986 年开始学习射击,1989 年入北京市射击队,1993 年进入国家射击队。1996 年 7 月 26 日以 685.8 环的成绩获得第 26 届奥运会男子 10 米移动靶金牌。2000 年 9 月在第 27 届奥运会上再次获得男子 10 米移动靶金牌。

8. 伏明霞(第 44、51 枚夏季奥运会金牌。1992 年获得第 22 枚夏季奥运会金牌。2000 年获得第 78 枚夏季奥运会金牌)继 1992 年第 25 届奥运会上获得女子十米跳台金牌后,1996 年 7 月 28 日,伏明霞以 521.58 分的成绩获得第 26 届奥运会女子 10 米跳台金牌;7 月 31 日,以 547.68 分的成绩获得女子单人 3 米跳板金牌,成为中国奥运会跳水历史上的第一个板台双冠王。

2000 年在第 27 届奥运会女子单人 3 米板决赛中,伏明霞夺得冠军,实现卫冕。

9. 王军霞（第 45 枚夏季奥运会金牌），女，1973 年 1 月 19 日出生于吉林省蛟河市郊区的一个贫困的农村家庭。身高 162 厘米，体重 50 千克。1988 年被选入大连体育运动学校，1991 年入辽宁田径队。1996 年 7 月 28 日在第 26 届奥运会上，王军霞以 14 分 59 秒 88 的成绩获得女子 5000 米金牌，成为中国第一位获奥运会长跑金牌的运动员，并夺得女子 10000 米银牌，

10. 熊倪（第 46 枚夏季奥运会金牌。2000 年获得第 74、77 枚夏季奥运会金牌），男，汉族，1974 年 1 月 6 日出生于湖南，身高 166 厘米，体重 55 千克。1982 年入湖南省业余体校练跳水，1986 年 1 月入选国家集训队。1996 年 7 月 29 日以 701.46 分的成绩获得第 26 届奥运会男子 3 米跳板金牌，成为第一名获奥运会男子跳板金牌的中国运动员。2000 年第 27 届奥运会上获得男子 3 米跳板金牌，与肖海亮合作获得男子 3 米板双人金牌。

11. 邓亚萍（第 47、50 枚夏季奥运会金牌。1992 年获得第 31、36 枚奥运会金牌），继 1992 年在第 25 届奥运会荣获女子双打（与乔红合作）与女子单打两枚金牌后，1996 年 7 月 29 日在第 26 届奥运会上，获得乒乓球女子单打冠军。1996 年 7 月 31 日与乔红合作获得乒乓球女子双打冠军。

12. 乔红（第 50 枚夏季奥运会金牌。1992 年获第 31 枚夏季奥运会金牌），继 1992 年在第 25 届奥运会上与邓亚萍合作获得女子双打冠军后，1996 年 7 月 31 日与邓亚萍合作获得第 26 届奥运会乒乓球女子双打冠军，并获得女子单打铜牌。

13. 刘国梁（第 48、52 枚夏季奥运会金牌），男，汉族，1976 年 1 月 10 日出生于河南新乡封丘县，身高 168 厘米，体重 60 千克。1996 年 7 月 30 日，与孔令辉合作获得第 26 届奥运会乒乓球男子双打冠军；1996 年 8 月 3 日获得男子单打金牌，成为中国第一位世乒赛、世界杯和奥运会"大满贯"获得者。

14. 孔令辉（第 48 枚夏季奥运会金牌。2000 年获得第 73 枚夏季奥运会金牌），男，汉族，1975 年 10 月 18 日出生于黑龙江省哈尔滨市，身高 174 厘米，体重 63 千克。6 岁开始学习打球，1991 年进入国家队，1996 年 7 月 30 日与刘国梁合作获得第 26 届奥运会乒乓球男子双打冠军。2000 年奥运会获乒乓球男子单打金牌。

15. 葛菲（第 49 枚夏季奥运会金牌。2000 年获得第 67 枚夏季奥运会金牌），女，出生于 1974 年 10 月 9 日，江苏南通人，身高 171 厘米。6 岁时在父亲的启蒙下练习打羽毛球，1983 年开始在南通市业余体校训练。1987 年进入南京体育学院（江苏省）羽毛球队，与顾俊搭档，1993 年底，两人一起入选国家队，专攻双打。先后 13 次获得世界冠军。1996 年 7 月 31 日在第 26 届奥运会

上，与顾俊合作获得羽毛球女子双打金牌。2000 年在第 27 届奥运会上再获羽毛球女子双打金牌。

16. 顾俊（第 49 枚夏季奥运会金牌。2000 年获得第 67 枚夏季奥运会金牌），女，出生于 1975 年 1 月 3 日，江苏无锡市人，身高 165 厘米，体重 62 千克。8 岁进无锡市崇宁路小学读书，1984 年进无锡市业余体校羽毛球队。1993 年入选国家队。1996 年 7 月 31 日在第 26 届奥运会上，与葛菲合作获得羽毛球女子双打金牌。2000 年在第 27 届奥运会上再获羽毛球女子双打金牌。

（五）2000 年夏季奥运会冠军

第 27 届夏季奥运会于 2000 年 9 月 15 日—10 月 1 日在澳大利亚悉尼举行。中国体育代表团 39 人次荣获 28 枚金牌，其中男子 19 人获 11.5 枚金牌，女子 20 人获 16.5 枚金牌。此外，获得 16 枚银牌，14 枚铜牌。

1. 陶璐娜（第 53 枚夏季奥运会金牌），女，汉族，1974 年 2 月 11 日出生于上海市。身高 160 厘米，体重 60 千克。2000 年 9 月 17 日以 488.2 环的成绩获得第 27 届奥运会女子 10 米气手枪金牌。

2. 蔡亚林（第 54 枚夏季奥运会金牌），男，1977 年 9 月 3 日出生于河北省承德市。身高 174 厘米，体重 58.5 千克。1991 年进入承德市业余体校开始练射击，1994 年底进河北省队，1997 年底入选国家队。2000 年 9 月 18 日以 696.4 环的成绩获得第 27 届奥运会男子 10 米气步枪金牌。

3. 杨霞（第 55 枚夏季奥运会金牌），女，土家族，1977 年 1 月 8 日出生在湖南边陲的保靖县迁陵镇，身高 150 厘米，体重 53 千克。2000 年 9 月 18 日以 225（100＋125）千克的成绩获得第 27 届奥运会女子 53 千克级金牌，成为中国女子举重首位奥运会冠军。

4. 黄旭（第 56 枚夏季奥运会金牌。2008 年奥运会获得 121 枚金牌），男，汉族，1979 年 2 月 4 日出生于江苏省南通市，身高 162 厘米，体重 58 千克。2000 年 9 月 18 日以 231.919 分的成绩获得第 27 届奥运会体操男子团体金牌。2008 年 8 月 12 日以 286.125 分的成绩获得北京奥运会男子团体金牌。

5. 杨威（第 56 枚夏季奥运会金牌。2008 年获得第 121、130 枚夏季奥运会金牌），男，汉族，1980 年 2 月 8 日出生于湖北省仙桃市，身高 160 厘米，体重 56 千克。5 岁时进入湖北省仙桃市业余体校，16 岁入选国家队。2000 年 9 月 18 日在第 27 届奥运会上，以 231.919 分的成绩获得体操男子团体金牌。同时在本届奥运会上还获得男子个人全能银牌。

2008 年在第 29 届奥运会上获得体操男子团体金牌、男子个人全能金牌和男子吊环银牌。

6. 邢傲伟（第56枚夏季奥运会金牌），男，汉族，1982年2月15日出生于山东烟台市。身高170厘米，体重62千克。2000年9月18日以231.919分的成绩获第27届奥运会体操男子团体金牌。

7. 肖俊峰（第56枚夏季奥运会金牌），男，汉族，1979年7月12日出生于西安市碑林区。年仅6岁就在西安开始了体操训练，1995年入选国家队。2000年9月18日以231.919分的成绩获第27届奥运会体操男子团体金牌。

8. 郑李辉（第56枚夏季奥运会金牌），男，汉族，1978年5月出生于湖北仙桃。身高158厘米。1983年6月进仙桃体操学校，1989年进湖北省体操队，1996年入选国家队。2000年9月18日在第27届奥运会上，以231.919分的成绩获得体操男子团体金牌。

9. 李小鹏（第56、72枚夏季奥运会金牌。2008年获得第121、149枚夏季奥运会金牌），男，汉族，1981年7月27日出生于湖南长沙。身高162厘米，体重56千克。5岁进入长沙市贺龙体操学校开始学习体操，1988年，李小鹏进入省队业余班，1989年正式转正到湖南省队，1996年2月入选国家体操队。2000年9月18日在第27届奥运会上，以231.919分的成绩获得体操男子团体冠军；9月25日以9.812分的成绩获得男子体操双杠冠军。

2008年8月12日以286.125分获得了北京奥运会体操男团的金牌，8月19日以16.450分的成绩获得双杠金牌。2019年，以5枚奥运会奖牌（其中4枚金牌）的成就入选"第23届国际体操名人堂"。

10. 陈晓敏（第57枚夏季奥运会金牌），女，汉族，1977年2月7日出生于广东省鹤山。身高158厘米，体重63千克。来自广东农村，成长在一个酿酒世家。1989年起练习举重，1992年进入国家队。2000年9月19日以242.5（112.5 + 130）千克的成绩获得第27届奥运会女子举重63千克级金牌。

11. 林伟宁（第58枚夏季奥运会金牌），女，汉族，1979年3月15日出生于山东省昌邑县双台乡北兴福村。身高163厘米，体重68千克。10岁进入昌邑体校，1991年被潍坊体校选中，开始练武术，1992年改练举重，1999年进山东省举重队。2000年9月19日以242.5（110 + 132.5）千克的成绩获得第27届奥运会女子举重69千克级金牌。

12. 张军（第59枚夏季奥运会金牌。2004年获得第94枚夏季奥运会金牌），男，汉族，1977年11月26日出生于江苏省苏州市。身高175厘米，体重75千克。1986年，进入苏州市体校，1996年进入国家二队，后进入国家一队。2000年9月21日与搭档高崚获得第27届奥运会羽毛球混合双打金牌。2004年8月17日，在雅典奥运会上与高崚获得混双金牌，成为奥运史上第一对实现混双卫冕的冠军组合。

13. 高崚（第 59 枚夏季奥运会金牌。2004 年获得第 94 枚夏季奥运会金牌），女，汉族，1980 年 3 月 14 日出生于湖北省武汉市。身高 169 厘米，体重 63 千克。8 岁进入业余体校，1997 年进入国家队。2000 年 9 月 21 日与搭档张军获得第 27 届奥运会羽毛球混合双打金牌，为中国队夺得了奥运会历史上第一枚混双金牌。并在本届奥运会上还获得羽毛球女子双打铜牌。2004 年在雅典奥运会上获得混双金牌，并在本届奥运会中获得女子双打银牌。

14. 唐琳（第 60 枚夏季奥运会金牌），女，1976 年 5 月 7 日出生于四川威远县。身高 174 厘米，体重 78 千克。唐琳从小就练习柔道，1995 年成为国家队员。2000 年 9 月 21 日在第 27 届奥运会上，获得柔道女子 78 千克级金牌。

15. 杨凌（第 61 枚夏季奥运会金牌。1996 年获得第 43 枚夏季奥运会金牌），继 1996 年在第 26 届奥运会上荣获男子 10 米移动靶金牌后，2000 年 9 月 22 日在第 27 届奥运会上，以 681.1 环的成绩再次获得男子 10 米移动靶金牌。

16. 丁美媛（第 62 枚夏季奥运会金牌），女，1979 年 2 月 27 日出生于辽宁省大连市金州区杏树街道姚家村。身高 168 厘米，体重 104 千克。12 岁进大连体校练习举重，后进省队和国家队。2000 年 9 月 22 日，以 300（135 + 165）千克的成绩获得第 27 届奥运会女子举重 75 千克以上级金牌，并打破该项目的抓举、挺举和总成绩三项世界纪录。

17. 占旭刚（第 63 枚夏季奥运会金牌。1996 年获得第 40 枚夏季奥运会金牌），继 1996 年获得第 26 届奥运会男子举重 70 千克级金牌后，2000 年 9 月 22 日，在第 27 届奥运会男子举重 77 千克级比赛中，占旭刚以 367.5（160 + 207.5）千克的成绩获得金牌。成为中国举重第一个连续两届奥运会夺得冠军的运动员。

18. 袁华（第 64 枚夏季奥运会金牌），女，1974 年 4 月 16 日出生于辽宁省辽阳市。身高 172 厘米，体重 90 千克。1988 年进入辽阳体校开始接受柔道训练，1989 年进入辽宁省队，1996 年进入国家队。2000 年 9 月 22 日在第 27 届奥运会上，获得柔道女子 78 千克以上级金牌。

19. 李菊（第 65 枚夏季奥运会金牌），女，1976 年 1 月 22 日出生于江苏南通。身高 164 厘米，体重 53 千克。7 岁开始练乒乓球，1991 年入选国家青年队，1992 年入选国家队。2000 年 9 月 22 日，与王楠合作获得第 27 届奥运会乒乓球女子双打金牌，并在本届奥运会上获得女子单打银牌。

20. 王楠（第 65、70 枚夏季奥运会金牌。2004 年获得第 95 枚夏季奥运会金牌，2008 年获得第 142 枚夏季奥运会金牌），女，汉族，1978 年 10 月 23 日出生于辽宁抚顺。身高162厘米，体重59千克。王楠7岁开始打球，1993年底入选中国乒乓球队。2000年9月22日，与李菊合作获得第27届奥运会乒乓球女子双打金牌；9月24日获得第27届奥运会乒乓球女子单打金牌。

2004年在第29届奥运会上获得乒乓球女子双打金牌。2008年在第29届奥运会上获得乒乓球女子团体金牌。

21. 龚智超（第66枚夏季奥运会金牌），女，1977年5月3日出生于湖南益阳安化，身高163厘米。8岁开始接受系统训练。1995年入选中国羽毛球二队。1996年7月进入国家一队。2000年9月22日获得第27届奥运会羽毛球女子单打金牌。

22. 葛菲（第67枚夏季奥运会金牌。1996年获得第49枚夏季奥运会金牌），继1996年荣获第26届奥运会羽毛球女双冠军后，2000年9月23日，与顾俊合作再次荣获第27届奥运会羽毛球女子双打冠军。

23. 顾俊（第67枚夏季奥运会金牌。1996年获得第49枚夏季奥运会金牌），继1996年获得第26届奥运会羽毛球女双冠军后，2000年9月23日，与葛菲合作再次荣获第27届奥运会羽毛球女子双打冠军。

24. 吉新鹏（第68枚夏季奥运会金牌），男，1977年12月30日出生于湖北荆州市沙市区。身高183厘米，体重79千克。吉新鹏是厦门从湖北沙市选来的后备人才，当时只有12岁。从1989年起，他一直在厦门进行训练，1996年2月进国家队。2000年9月23日荣获第27届奥运会羽毛球男子单打冠军。

25. 王励勤（第69枚夏季奥运会金牌，2008年获得第148枚夏季奥运会金牌），男，汉族，1978年6月18日出生于中国上海市。身高186厘米，体重75千克。1984年正式接受乒乓球训练，1993年入选国家队。2000年9月23日在第27届奥运会上，与阎森合作获得乒乓球男子双打金牌。2008在第29届奥运会上获得乒乓球男子团体金牌。

26. 阎森（第69枚夏季奥运会金牌），男，汉族，1975年8月16日出生，江苏省徐州市人。身高169厘米，体重60千克。阎森出生在徐州市一个普通工人家庭，6岁开始乒乓之路，1994年进国家队。2000年9月23日与王励勤合作荣获第27届奥运会乒乓球男子双打金牌。

27. 刘璇（第71枚夏季奥运会金牌），女，汉族，1979年8月12日生于湖南省长沙市。身高153厘米，体重48千克。1984年，刘璇在长沙市吉祥巷小学读书时，就开始了体操训练。1987年进入湖南省体操队。1992年入选国家队。2000年9月25日在第27届奥运会上以9.825分的成绩获得女子体操平衡木金牌。

28. 孔令辉（第73枚夏季奥运会金牌。1996年获得第48枚夏季奥运会金牌），继1996年获得第26届奥运会乒乓球男子双打冠军后，2000年9月25日晚，在悉尼第27届奥运会荣获乒乓球男子单打金牌。

29. 熊倪（第74、77枚夏季奥运会金牌。1996年获得第46枚夏季奥运会金牌），继1996年获得第26届奥运会男子3米跳板金牌。2000年9月26日，熊倪以708.72分的成绩，再次荣获第27届奥运会男子三米跳板金牌；9月28日与肖海亮合作，以365.58分的成绩荣获奥运会男子3米板双人金牌。

30. 李娜（第75枚夏季奥运会金牌），女，汉族，1984年5月1日出生于安徽合肥。身高162厘米，体重46千克。1989年进入合肥市业余体校从事技巧训练，1993年进入北京跳水队从事跳水训练，1998年入选国家跳水队。2000年9月28日在第27届奥运会上，与桑雪合作以345.12分的成绩获得女子10米跳台双人金牌。

31. 桑雪（第75枚夏季奥运会金牌），女，1984年12月7日出生于天津市。身高158厘米，体重40千克。桑雪从小就体弱多病，她5岁开始学习体操，10岁时改练跳水，1998年3月进入国家跳水队。2000年9月28日在第27届奥运会上，与队友李娜合作以345.12分的成绩获得女子10米跳台双人金牌。

32. 王丽萍（第76枚夏季奥运会金牌），女，汉族，1976年7月8日出生于辽宁凤城的一个普通农村。身高164厘米，体重60千克。1989年6月，王丽萍被凤城市体校选中，并改学竞走。1997年4月，入选国家田径竞走队。2000年9月28日在第27届奥运会上，以1小时29分05秒的成绩荣获女子20公里竞走金牌。

33. 肖海亮（第77枚夏季奥运会金牌），男，汉族，1977年3月15日出生，安徽金寨人。父亲肖爱山是前湖北省体育局局长、著名跳水教练，母亲陶菊蓉是著名汉剧表演艺术家。5岁开始学习跳水运动，1988进入国家跳水队。2000年9月28日在第27届奥运会上，与熊倪合作以365.58分的成绩获得男子3米板双人金牌。

34. 伏明霞（第78枚夏季奥运会金牌。1992年获得第22枚夏季奥运会金牌，1996年获得44、51枚夏季奥运会金牌）在1992年、1996年共获得3枚夏季奥运会金牌后。2000年9月28日，在悉尼第27届奥运会女子单人跳水3米板决赛中，以609.42分的成绩击败队友郭晶晶夺得冠军，实现卫冕。在这届奥运会上，伏明霞还与郭晶晶合作获得女子双人3米板亚军。

35. 陈中（第79枚夏季奥运会金牌。2004年获得第112枚夏季奥运会金牌），女，汉族，1982年11月22日出生于河南省焦作市。身高183厘米，体重

70 千克。1995 年开始练习跆拳道，进入北京体育大学竞技体校学习，1997 年 1 月入选国家集训队。2000 年 9 月 30 日在第 27 届奥运会上，获得跆拳道女子 67 千克以上级金牌。2004 年 8 月 29 日在雅典奥运会上，获得女子跆拳道 67 千克以上级金牌。

36. 田亮（第 80 枚夏季奥运会金牌。2004 年获得第 84 枚夏季奥运会金牌），男，汉族，1979 年 8 月 27 日出生于重庆市合川区。身高 171 厘米，体重 61 千克。1987 年在重庆市业余体校开始练习跳水，1993 年入选中国跳水队。2000 年 9 月 30 日在第 27 届奥运会上，以 724. 53 分的成绩获得男子 10 米跳台金牌。2004 年在雅典奥运会获得 10 米双人跳台金牌。

（六）2004 年夏季奥运会冠军

第 28 届夏季奥运会于 2004 年 8 月 13 日—8 月 29 日在希腊雅典举行。中国体育代表团 52 人次荣获 32 枚金牌，其中男子 16 人获 12. 5 枚金牌，女子 36 人获 19. 5 枚金牌。此外，获得 17 枚银牌，14 枚铜牌。以下是金牌获得者的情况。

1. 杜丽（第 81 枚夏季奥运会金牌。2008 年获得第 128 枚夏季奥运会金牌），女，汉族，1982 年 3 月 5 日生于山东省淄博市沂源县南麻镇。身高 170 厘米，体重 55 千克。1994 年开始射击训练，1996 年进入山东淄博市体校，1998 年进入山东省射击队，2002 年进入国家集训队。2004 年 8 月 14 日在第 28 届奥运会上，以 502 环的成绩获得女子 10 米气步枪金牌。2008 年在第 29 届奥运会上获得女子 50 米运动步枪三种姿势金牌。

2. 王义夫（第 82 枚夏季奥运会金牌。1992 年获得 23 枚夏季奥运会金牌），继 1992 年第 25 届奥运会上获得男子十米气手枪金牌后，2004 年 8 月 14 日在第 28 届奥运会上以 690. 0 环的成绩获得男子 10 米气手枪金牌。王义夫是我国唯一一位参加过六届奥运会的选手，也是我国年龄最大的奥运会金牌得主。

3. 吴敏霞（第 83 枚夏季奥运会金牌。2008 年获得 115 枚夏季奥运会金牌，2012 年获得 166、190 枚夏季奥运会金牌，2016 年获得 200 枚夏季奥运会金牌），女，汉族，1985 年 11 月 10 日生于上海徐汇区龙华路的一个普通家庭。身高 165 厘米，体重 52 千克。中国人民大学商学院 2004 级本科生。1991 年在上海市第二跳水学校接受训练，1995 年进入上海市队接受专业训练，1998 年入选中国国家跳水队。2004 年 8 月 15 日在第 28 届奥运会上，与郭晶晶合作以 336. 90 分的成绩获得女子双人 3 米跳板金牌，并在本届奥运会上获得女子单人 3 米跳板银牌。

2008 年在第 29 届奥运会上获得女子双人 3 米跳板金牌。2012 年在第 30 届奥运会上获得女子单人、双人 3 米跳板金牌。2016 年在第 31 届奥运会上获得女子双人 3 米板金牌。

4. 郭晶晶（第 83、105 枚夏季奥运会金牌。2008 年获得 115、144 枚夏季奥运会金牌），女，汉族，1981 年 10 月 15 日出生在河北保定的一个普通家庭。身高 163 厘米，体重 49 千克。1988 年在河北保定训练基地开始跳水训练，1992 年进入了河北省跳水队，1993 年入选国家跳水队。2004 年 8 月 15 日在第 28 届奥运会上，与吴敏霞合作以 336.90 分的成绩获得女子双人 3 米跳板冠军；8 月 27 日在第 28 届奥运会上，以 633.15 分的成绩获得女子单人 3 米跳板冠军。

2008 年在第 29 届奥运会上获得女子单人三米跳板金牌，女子双人 3 米跳板金牌。

5. 杨景辉（第 84 枚夏季奥运会金牌。2008 年获得 115、144 枚夏季奥运会金牌），男，汉族，1983 年 5 月 15 日出生于广东省广州市。身高 168 厘米。1992 年在广州市越秀区跳水队接受训练，1995 年进入广东省运动学院，1998 年入选国家跳水集训队，2002 年入国家跳水队。2004 年 8 月 14 日在第 28 届奥运会上，以 383.88 分的成绩获得男子双人 10 米跳台金牌。

6. 田亮（第 84 枚夏季奥运会金牌。2000 年获得第 80 枚夏季奥运会金牌），继 2000 年在第 27 届奥运会上获得男子 10 米跳台金牌后，2004 年 8 月 15 日在第 28 届奥运会上，以 383.88 分的成绩获得男子双人 10 米跳台金牌。

7. 冼东妹（第 85 枚夏季奥运会金牌。2008 年获得第 116 枚夏季奥运会金牌），女，汉族，1975 年 9 月 15 日出生于广东省四会市。身高 158 厘米，体重 52 千克。1988 年入选广东省四会市业余体校，1989 年进入广东省体校练摔跤，1990 年进入广东省体校正式开始练习柔道，1993 年入选国家集训队，2001 年再次进入国家队。2004 年 8 月 16 日在第 28 届奥运会上用时 67 秒就以"一本"的绝对优势将日本队选手横泽由贵击败，获得女子柔道 52 千克级金牌。

2008 年在第 29 届奥运会上获得柔道女子 52 千克级金牌。

8. 朱启南（第 86 枚夏季奥运会金牌），男，汉族，1984 年 11 月 15 日出生于浙江省温州市永嘉县。身高 181 厘米，体重 67 千克。1997 年入读温州业余体育学校，后在温州体校接受专业的训练，2002 年进入省队，12 月入选国家队。

2004 年 8 月 16 日在第 28 届奥运会上，以 702.7 环的成绩获得男子 10 米气步枪金牌，并打破世界纪录。

9. 陈艳青（第 87 枚夏季奥运会金牌。2008 年获得第 119 枚夏季奥运会金牌），女，汉族，1979 年 5 月 4 日出生于江苏苏州西山镇一个果农家庭。身高 158 厘米，体重 58 千克。1990 年开始在苏州体校参加举重训练，1994 年入选江苏省举重队。1995 年入选国家队。2004 年 8 月 17 日在第 28 届奥运会上，以抓举 237.5（107.5 + 130）千克的成绩获得女子举重 58 千克级金牌。

2008 年获得第 29 届奥运会女子举重 58 千克级金牌。

10. 罗雪娟（第 88 枚夏季奥运会金牌），女，1984 年 1 月 26 日出生于浙江省杭州市。身高 167 厘米，体重 61 千克。父亲是电工，母亲是售货员。1990 年进入杭州市陈经纶体育学校进行游泳训练，1995 年进入省游泳队，1997 年进入浙江省游泳队接受专业训练，2000 年 6 月入选国家队。2004 年 8 月 17 日在第 28 届奥运会上，以 1 分 06 秒 64 的成绩夺得女子 100 米蛙泳金牌。

11. 石智勇（第 89 枚夏季奥运会金牌），男，汉族，1980 年 2 月 10 日出生于福建省龙岩市一个普通工人家庭。身高 160 厘米，体重 65 千克。1990 年开始练习举重，1993 年被选进福建省体校，1996 年进入福建省队，1997 年入选国家集训队。2004 年 8 月 17 日在第 28 届奥运会上，以 325（152.5 + 172.5）千克的成绩获得男子举重 62 千克级金牌。

12. 劳丽诗（第 90 枚夏季奥运会金牌），女，汉族，1987 年 12 月 12 日出生于广东省湛江市一个普通家庭。身高 153 厘米，体重 35 千克。父亲是个体户，母亲在家照顾小孩。1994 年加入赤坎业余体校学习跳水，1998 年进入广东省跳水队，2002 年入选国家队。2004 年 8 月 17 日在第 28 届奥运会上，与李婷合作以 352.14 分的总成绩获得女子双人 10 米跳台金牌。

13. 李婷（第 90 枚夏季奥运会金牌），女，侗族，1987 年 4 月 1 日出生于广西壮族自治区。身高 157 厘米，体重 40 千克。1993 年开始跳水训练，1994 年入读广西跳水学校，1995 年进入广西队，1999 年入选国家队。2004 年 8 月 17 日在第 28 届奥运会上，与劳丽诗合作以 352.14 分的总成绩获得女子双人 10 米跳台金牌。

14. 张国政（第 91 枚夏季奥运会金牌），男，1974 年 9 月 14 日出生于福建顺昌。身高 163 厘米，体重 72 千克。1983 年进入福建省建阳地区南平业余体校练举重，1988—1998 年在北京体育大学上学、训练，1995—1997 年在校期间签约代表云南，1999 年入选国家队。2003 年被调回母校北京体育大学任教。2004 年 8 月 18 日在第 28 届奥运会上，以 347.5（160 + 187.5）千克的总成绩获得男子举重 69 千克级金牌。

16. 张宁（第 92 枚夏季奥运会冠军。2008 年获得第 136 枚夏季奥运会金牌），女，汉族，1975 年 5 月 19 日出生于辽宁省锦州市。身高 175 厘米，体重 64 千克。1985 年进入辽宁锦州市体校，1989 年，张宁进入辽宁省体校，同年进入辽宁省专业队，1990 年进入国家少年队，1991 年进入国家队。2004 年 8 月 19 日在第 28 届奥运会上，获得羽毛球女子单打金牌。

2008 年在第 29 届奥运会上获得羽毛球女子单打金牌。

17. 刘春红（第 93 枚夏季奥运会金牌），女，汉族，1985 年 1 月 29 日出生于中国山东省烟台。身高 165 厘米，体重 70 千克。1996 年在烟台体校由柔道改练举重，1998 年进入山东省举重队，2002 年入选国家队。2004 年 8 月 19 日在第 28 届奥运会上，以 275（122.5 + 152.5）千克的成绩获得女子举重 69 千克级金牌。

18. 张军（第 94 枚夏季奥运会金牌。2000 年获得第 59 枚夏季奥运会金牌），继 2000 年在第 27 届奥运会上获得羽毛球混双金牌后，2004 年 8 月 19 日在第 28 届奥运会上，与高崚合作获得羽毛球混双金牌，成为奥运史上第一对实现混双卫冕的冠军组合。

19. 高崚（第 94 枚夏季奥运会金牌。2000 年获得第 59 枚夏季奥运会金牌），继 2000 年在第 27 届奥运会上获得羽毛球混双金牌后，2004 年 8 月 19 日在第 28 届奥运会上，与张军合作获得羽毛球混双金牌。

20. 张怡宁（第 95、100 枚夏季奥运会金牌。2008 年获得第 142、156 枚夏季奥运会金牌），女，汉族，1981 年 10 月 5 日出生于北京。身高 171 厘米，体重 52 千克。6 岁时开始打球，1991 年进入北京队，1993 年进入国家队。2004 年 8 月 20 日在第 28 届奥运会上，与王楠合作获得乒乓球女子双打金牌；8 月 22 日在第 28 届奥运会上，获得乒乓球女子单打金牌。

2008 年在第 29 届奥运会上获得乒乓球女子团体、女子单打金牌。

21. 王楠（第 95 枚夏季奥运会金牌。2000 年获得第 65、70 枚夏季奥运会金牌，2008 年获得第 142 枚夏季奥运会金牌），继 2000 年获得第 27 届奥运会乒乓球女子双打、女子单打金牌后，2004 年 8 月 20 日在第 28 届奥运会上，与张怡宁合作获得乒乓球女子双打金牌。2008 年在第 29 届奥运会上获得乒乓球女子团体金牌。

22. 马琳（第 96 枚夏季奥运会金牌。2008 年获得第 148、158 枚夏季奥运会金牌），男，汉族，1980 年 2 月 19 日出生于辽宁省沈阳市沈河区。身高 174 厘米，体重 75 千克。1986 年 6 岁开始打球，1990 年进入省体校，1994 年进入国家队。2004 年 8 月 21 日在第 28 届奥运会上，与陈玘合作获得乒乓球男子双打金牌。2008 年在第 29 届奥运会上获得乒乓球男子团体、男子单打金牌。

23. 陈玘（第 96 枚夏季奥运会金牌），男，1983 年 4 月 15 日出生于中国江苏省南通市。身高 174 厘米，体重 67 千克。6 岁进入南通业余体校，12 岁入选江苏省队，2002 年 11 月进入国家一队。2004 年 8 月 21 日在第 28 届奥运会上，与马琳合作获得乒乓球男子双打金牌。

24. 张洁雯（第 97 枚夏季奥运会金牌），女，汉族，1981 年 1 月 4 日出生于广东省广州市。身高 176 厘米，体重 70 千克。1987 年开始练习羽毛球，1995 年进入广州市羽毛球专业队，1997 年进入国家集训队。2004 年 8 月 21 日在第 28 届奥运会上，与杨维合作获得羽毛球女子双打金牌。

25. 杨维（第 97 枚夏季奥运会金牌），女，汉族，1979 年 1 月 13 日出生于湖北省武汉市。身高 172 厘米，体重 65 千克。2004 年 8 月 21 日在第 28 届奥运会上，与张洁雯合作获得羽毛球女子双打金牌。

26. 唐功红（第 98 枚夏季奥运会金牌），女，汉族，1979 年 3 月 5 日出生于山东省烟台市。身高 172 厘米，体重 120 千克。1994 年 1 月开始举重训练，1996 年进入山东省队，1998 年入选国家集训队。2004 年 8 月 21 日在第 28 届奥运会，以 305（122.5 + 182.5）千克的成绩获得女子举重 75 千克级金牌，并打破挺举和总成绩世界纪录。

27. 贾占波（第 99 枚夏季奥运会金牌），男，1974 年 3 月 15 日出生于河南信阳浉河区。身高 175 厘米，体重 83 千克。1988 年进入河南信阳体校开始射击训练，1990 年入河南省射击队，1997—2003 年先后三进三出国家队。2004 年 8 月 22 日在第 28 届奥运会上，以 1264.5 环的成绩获得男子 50 米步枪 3 × 40 金牌。

28. 孙甜甜（第 101 枚夏季奥运会金牌），女，汉族，1981 年 10 月 12 日出生于河南省郑州市。身高 175 厘米，体重 64 千克。1989 年开始在河南省业余体校接受网球训练，1993 年进入河南省网球队，2000 年选入国家集训队。2004 年 8 月 22 日在第 28 届奥运会上，与李婷合作获得网球女子双打金牌。

29. 李婷（第 101 枚夏季奥运会金牌），女，汉族，1980 年 1 月 5 日出生于湖北省。身高 180 厘米，体重 72 千克。1987 年进入武汉体育馆开始网球训练，1993 年进入湖北省队；1996 年赴美国尼克网球学校学习 6 个月；1997 年进入国家队。2004 年 8 月 22 日在第 28 届奥运会上，与孙甜甜合作获得网球女子双打金牌。

30. 滕海滨（第 102 枚夏季奥运会金牌），男，汉族，1985 年 1 月 2 日出生于北京。身高 156 厘米，体重 48 千克。4 岁的滕海滨进入地坛体校，正式开始练习体操。1996 年，滕海滨进入北京市体操队。1998 年，滕海滨进入国家队。2004 年 8 月 23 日在第 28 届奥运会上，以 9.837 分的成绩获得男子鞍马金牌。

31. 王旭（第 103 枚夏季奥运会金牌），女，1985 年 9 月 27 日出生于北京。身高 172 厘米，体重 75 千克。8 岁进入北京市西城区月坛体校训练柔道，13 岁进入北京摔跤队，1999 年 1 月在北京体育大学竞技体校开始专业训练，2001 年首次入选国家队。2004 年 8 月 24 日在第 28 届奥运会上，获得女子自由式摔跤 72 千克级金牌。

32. 彭勃（第 104 枚夏季奥运会金牌），男，汉族，1981 年 2 月 18 日出生于江西南昌。身高 165 厘米，体重 62 千克。1987 年在江西省南昌市体校接受训练，1991 年进入江西省体工队进行专业训练，1995 年 8 月进入解放军八一跳水队，1998 年进入国家队。2004 年 8 月 25 日在第 28 届奥运会上，以 787.38 分的成绩获得跳水男子 3 米跳板金牌。

33. 刘翔（第 106 枚夏季奥运会金牌），男，汉族，1983 年 7 月 13 日出生于上海市普陀区。身高 189 厘米，体重 87 千克。1990 年被上海市管弄新村小学的校田径队教练仲锁贵选中练习田径，1993 年选入上海市普陀区少体校练习跳远。1996 年开始练习跨栏，1999 年进入国家队。2004 年 8 月 28 日在第 28 届奥运会上，以 12 秒 91 的成绩获得男子 110 米栏金牌。

34. 邢慧娜（第 107 枚夏季奥运会金牌），女，汉族，1984 年 2 月 25 日出生于山东省潍坊市寒亭区。身高 167 厘米，体重 50 千克。1996 年进入潍坊市体校，1999 年进入山东体育运动技术学院，2003 年 1 月入选国家集训队。2004 年 8 月 28 日在第 28 届奥运会上，以 30 分 24 秒 36 的成绩获得田径女子 10000 米跑金牌。

35. 杨文军（第 108 枚夏季奥运会金牌。2008 年获得第 157 枚夏季奥运会金牌），男，汉族，1983 年 12 月 25 日出生于江西省丰城市荣塘镇。身高 177 厘米，体重 77 千克。1997 年进入宜春体校，后入省队、国家队。杨文军技术完善，体能突出，表现力量指标的卧推成绩超过 160 千克。2004 年 8 月 28 日在第 28 届奥运会上，与孟关良合作以 1 分 40 秒 278 的成绩获得皮划艇静水项目男子双人划艇 500 米金牌。2008 年在第 29 届奥运会上获得皮划艇静水项目男子双人划艇 500 米金牌。

36. 孟关良（第 108 枚夏季奥运会金牌。2008 年获得第 157 枚夏季奥运会金牌），男，汉族，1977 年 1 月 24 日出生于浙江省绍兴市。身高 182 厘米。9 岁开始学习游泳，1994 年进入绍兴市业余体校改练划艇，并于同年入专业队，1995 年进入国家皮划艇队。表现力量指标的卧推成绩超过 160 千克。2004 年 8 月 28 日在第 28 届奥运会上，与杨文军合作以 1 分 40 秒 278 的成绩获得皮划艇静水项目男子双人划艇 500 米金牌。2008 年在第 29 届奥运会上获得皮划艇静水项目男子双人划艇 500 米金牌。

37. 罗微（第 109 枚夏季奥运会金牌），女，1983 年 5 月 23 日出生于北京。身高 180 厘米，体重 67 千克。在练上跆拳道之前，罗微是一名田径选手，练习的项目是跨栏。1999 年入读北京什刹海体校接受跆拳道训练，同年，入选北京省队，2002 年进入国家队。2004 年 8 月 29 日在第 28 届奥运会上，获得跆拳道女子 67 千克金牌。

38. 胡佳（第 110 枚夏季奥运会金牌），男，汉族，1983 年 1 月 10 日出生于湖北武汉。身高 170 厘米。5 岁开始学习跳水，1993 年开始在汕头市跳水学校进行跳水训练，1994 年进入广东队，1999 年进入国家队。2004 年 8 月 29 日在第 28 届奥运会上，以 748.08 分的成绩获得男子单人 10 米跳台金牌。

39. 冯坤（第 111 枚夏季奥运会金牌），女，汉族，1978 年 12 月 28 日出生于北京。身高 182 厘米，体重 70 千克。8 岁开始练习排球，1994 年 1 月，选入北京女子排球队一队，2001 年入选国家队。2004 年 8 月 29 日在第 28 届奥运会上，与队友合作获得女子排球金牌。2008 年在第 29 届奥运会上获得女子排球铜牌。

40. 杨昊（第 111 枚夏季奥运会金牌），女，汉族，1980 年 3 月 21 日出生。身高 183 厘米，体重 75 千克。10 岁开始打球，12 岁进入大连体校。1994 年进入辽宁队，2001 年进入国家队。2004 年 8 月 29 日在第 28 届奥运会上获得女子排球金牌。2008 年在第 29 届奥运会上获得女子排球铜牌。

41. 刘亚男（第 111 枚夏季奥运会金牌），女，1980 年 9 月 29 日生于辽宁大连。身高 185 厘米，体重 73 千克。1991 年进入辽宁省大连市业余体校，1994 年进入辽宁青年女排队，2001 年入选国家队。2004 年 8 月 29 日在第 28 届奥运会上获得女子排球金牌。2008 年在第 29 届奥运会上获得女子排球铜牌。

42. 李珊（第 111 枚夏季奥运会金牌），女，汉族，1980 年 5 月 21 日出生于天津。身高 185 厘米，体重 72 千克。1992—1995 年在天津市体育运动学校练习排球，1995 年 9 月进入天津市女排队，1999 年入选国家队。2004 年 8 月 29 日在第 28 届奥运会上获得女子排球金牌。

43. 周苏红（第 111 枚夏季奥运会金牌），女，汉族，1979 年 4 月 23 日出生于浙江湖州长兴县。身高 182 厘米，体重 75 千克。1990 年在浙江省长兴县少体校开始排球训练，1994 年进入浙江省女排，1998 年被选入国家沙滩排球队，1999 年入选国家女排。2004 年 8 月 29 日在第 28 届奥运会上获得女子排球金牌。2008 年在第 29 届奥运会上获得女子排球铜牌。

44. 赵蕊蕊（第 111 枚夏季奥运会金牌），女，汉族，1981 年 10 月 8 日出生于南京。身高 197 厘米，体重 75 千克。赵蕊蕊在 1991 年进入辽宁省大连市业余体校，1992 年在江苏省少年体校练篮球，1994 年入选八一青年女排，1999 年加入国家队。2004 年 8 月 29 日在第 28 届奥运会上获得女子排球金牌。2008 年在第 29 届奥运会上获得女子排球铜牌。

45. 张越红（第 111 枚夏季奥运会金牌），女，1975 年 7 月 15 日出生于辽宁沈阳。身高 182 厘米，体重 73 千克。1989 年在辽宁省沈阳市体校开始练排球，1990 年进入辽宁省体校，2000 年入选国家队。2004 年 8 月 29 日在第 28 届奥运会上获得女子排球金牌。

46. 陈静（第 111 枚夏季奥运会金牌），女，1975 年 9 月 3 日年出生于四川省成都市。身高 182 厘米，体重 75 千克。1990 年 8 月进入四川省青年排球队，1997 年入选国家队。2004 年 8 月 29 日在第 28 届奥运会上获得女子排球金牌。

47. 宋妮娜（第 111 枚夏季奥运会金牌），女，汉族，1980 年 4 月 7 日出生在辽宁鞍山。身高 179 厘米，体重 66 千克。1990 年开始练习排球，1991 年进入八一排球队，2001 年入选国家队。2004 年 8 月 29 日在第 28 届奥运会上获得女子排球金牌。

48. 王丽娜（第 111 枚夏季奥运会金牌），女，1978 年 2 月 5 日出生于辽宁省营口市熊岳镇。身高 181 厘米，体重 75 千克。1986 年就读于营口市熊岳镇胜利小学，1990 年进入营口盖州市体校，同年入选八一女排二队，1995 年升上八一女排一队，1996 年入选国家队。2004 年 8 月 29 日在第 28 届奥运会上获得女子排球金牌。

49. 张娜（第 111 枚夏季奥运会金牌），女，1980 年 4 月 19 日出生于天津市。身高 180 厘米，体重 72 千克。毕业于天津市滨海新区新港第一小学，滨海新区第五中学，天津市体校，北京航空航天大学硕士研究生毕业。1995 年 10 月进入天津女排队，2001 年入选国家队。2004 年 8 月 29 日在第 28 届奥运会上获得女子排球金牌。2008 年在第 29 届奥运会上获得女子排球铜牌。

50. 张萍（第 111 枚夏季奥运会金牌），女，汉族，1982 年 3 月 24 日出生于天津市。身高 187 厘米，体重 73 千克。1995 年在天津体育运动技术学校练习排球，1998 年进入天津排球队，2002 年 2 月入选国家队。2004 年 8 月 29 日在第 28 届奥运会上获得女子排球金牌。

51. 陈中（第 112 枚夏季奥运会金牌。2000 年获得第 79 枚夏季奥运会金牌），继 2000 年在第 27 届奥运会上获得跆拳道女子 67 千克以上级金牌后，2004 年 8 月 29 日在第 28 届奥运会上，获得女子跆拳道 67 千克以上级金牌。

（七）2008 年夏季奥运会冠军

第 29 届夏季奥运会于 2008 年 8 月 8 日—2008 年 8 月 24 日在中国北京举行，中国体育代表团 71 人次荣获 48 枚金牌，其中男子 34 人获 24 枚金牌，女子 37 人获 24 枚金牌。此外，获 21 枚银牌，28 枚铜牌。以下是金牌获得者的情况。

1. 庞伟（第 113 夏季奥运会金牌。2021 年获得第 231 枚夏季奥运会金牌），男，汉族，1986 年 7 月 19 日出生于河北省保定市。身高 179 厘米，体重 73 公斤。2000年进入保定市第二重点业余体育学校开始练习射击,2003年进入河北省队,2005年入国家队。2008年8月9日在第29届奥运会上,以688.2环的成绩获得得男子10米气手枪金牌。2021年在东京举行的第32届奥运会上,与队友合作获得射击10米气手枪混合团体。

2. 郭文珺(第114枚夏季奥运会金牌。2012年获得第164枚夏季奥运会金牌),女,汉族,1984年6月22日出生于陕西省西安市。身高168厘米,体重57千克。中学时在陕西省西安市西光中学就读。1997年在西安市业余军体校开始射击训练。2005年入选陕西省射击队,2006年9月进入国家队。2008年8月10日在第29届奥运会上,以492.3环的成绩获得女子10米气手枪金牌。2012年在第30届奥运会上获得女子10米气手枪金牌。

3. 郭晶晶(第115、146枚夏季奥运会金牌。2000年获得第83、105枚夏季奥运会金牌),继2004年在第28届奥运会上获得女子单人、双人3米跳板两枚金牌后。2008年8月10日在第29届奥运会上,与吴敏霞合作以343.50的成绩获得女子双人3米跳板金牌。8月17日在第29届奥运会上,以415.35分的成绩获得女子单人3米跳板金牌。

4. 吴敏霞(第115枚夏季奥运会金牌。2004年获得第83枚夏季奥运会金牌,2012年获得第165、190枚夏季奥运会金牌,2016年获得第200枚夏季奥运会金牌),继2004年在第28届奥运会上获得女子双人3米跳板金牌后,2008年8月10日在第29届奥运会上,与郭晶晶合作以343.50分的成绩获得女子双人3米跳板金牌。

2012年在第30届奥运会上获得女子单人、双人3米跳板金牌。2016年在第31届奥运会上获得女子双人3米板金牌。

5. 冼东妹(第116枚夏季奥运会金牌。2004年获得第85枚夏季奥运会金牌),继2004年在第28届奥运会上获得柔道女子52千克金牌后,2008年8月13日在第29届奥运会上,获得柔道女子52千克级金牌。

6. 龙清泉(第117枚夏季奥运会金牌。2016年获得第201枚夏季奥运会金牌),男,苗族,1990年12月3日出生于湖南省湘西土家族苗族自治州龙山县。身高156厘米,体重56千克。8岁就被选入龙山县体校进行学习。1999年进入湘西自治州体校练习举重,2006年进入了湖南省队,2008年进入国家队。2008年8月10日在第29届奥运会上,以292(132+160)千克的成绩获得男子举重56千克级金牌。

2016年在第31届奥运会上获得男子举重56千克级金牌。

7. 林跃(第118枚夏季奥运会金牌。2016年获得第202枚夏季奥运会金牌），男，汉族，1991年7月24日出生于广东省潮州市。身高157厘米，体重46千克。1996年进入潮州市少年儿童业余体校学习体操，1998年在广东国际跳水培训中心学习跳水，2001年到清华跳水队自费培训，2005年入选北京队，同年进入国家队。2008年8月11日在第29届奥运会上，与火亮合作以468.18分的成绩获得了男子双人10米跳台金牌。

2016年在第31届奥运会上获得男子双人10米跳台金牌。

8. 火亮（第118枚夏季奥运会金牌）男，汉族，1989年9月29日出生于上海。身高158厘米，体重50千克。7岁开始练习体操，1997年进入上海市第二跳水学校，1997年进入上海市队。2002年进入国家队，2004年返回上海队，2005年再次入选国家队。2008年8月11日在第29届奥运会上，与林跃合作以468.18分的成绩获得了男子双人10米跳台金牌。

9. 陈艳青（第119枚夏季奥运会金牌。2004年获得第87枚夏季奥运会金牌），继2004年获得第28届奥运会女子举重58千克级金牌，2008年8月11日在第29届奥运会上，以244（106+138）千克的成绩为获得女子举重58千克级金牌。

10. 张湘祥（第120枚夏季奥运会金牌），男，汉族，1983年7月16日出生于福建龙岩。身高161厘米，体重56千克。毕业于北京体育大学体育训练学专业并获得硕士学位。9岁进入龙岩市少体校练习举重，1995年进入北京体育大学学习训练，1999年入选国家队。2008年8月11日在第29届奥运会上，以319（143+176）千克的成绩获得男子举重62千克级金牌。

11. 李小鹏（第121、149枚夏季奥运会金牌。2000年获得第56、72枚夏季奥运会金牌），继2000年在第27届奥运会上获得体操男子团体冠军、男子体操双杠冠军后，2008年8月12日以286.125分夺得了北京奥运会体操男团的金牌；8月19日以16.450分的成绩荣获双杠金牌。

12. 陈一冰（第121、145枚夏季奥运会金牌。2012年获得第169枚夏季奥运会金牌），男，汉族，1984年12月19日出生于天津市河西区的一个普通工人家庭。身高160厘米，体重60千克。1989年在天津业余体操队训练，1994年底进入天津体操队，2001年进入国家队。2008年8月12日在第29届奥运会上，与队友合作以286.125分的成绩获得男子体操团体金牌。8月18日在第29届奥运会上，以16.600分的成绩获得男子体操吊环金牌。

2012年在第30届奥运会上获得男子体操团体金牌。

13. 肖钦（第121、141枚夏季奥运会金牌），男，汉族，1985年1月12日出生于南京。身高164厘米，体重55千克。1990年开始在南京中山东路体操班练习体操，1995年进入八一体操队，1999年进入国家队。2008年8月12日在第 29 届奥运会上，与队友合作以 286.125 分的成绩获得男子体操团体金牌。8 月 17 日在第 29 届奥运会上，以 15.875 分的成绩获得男子体操鞍马金牌。

14. 邹凯（第 121、140、150 枚夏季奥运会金牌。2012 年获得第 169、187 枚夏季奥运会金牌），男，汉族，1988 年 2 月 25 日出生于四川省泸州市。身高 158 厘米，体重 47 千克。1991 年进入泸州市体操训练馆练习体操，2001 年进入四川体操省队。2002 年进入中国国家队。2008 年 8 月 12 日在第 29 届奥运会上，与队友合作以 286.125 分的成绩获得男子体操团体金牌；8 月 17 日在第 29 届奥运会上，以 16.050 分的成绩获得男子自由体操金牌；8 月 19 日在第 29 届奥运会上，以 16.200 分的成绩获得男子体操单杠金牌。

2012 年在第 30 届奥运会上获得男子体操团体、男子自由体操金牌。

15. 黄旭（第 121 枚夏季奥运会金牌。2000 年获得第 56 枚夏季奥运会金牌），继 2000 年获得第 27 届奥运会体操男子团体金牌后，2008 年 8 月 12 日以 286.125 分的成绩获得北京奥运会男子团体金牌。

16. 杨威（第 121、130 枚夏季奥运会金牌。2000 年获得第 56 枚夏季奥运会金牌），继 2000 年在第 27 届奥运会上获得体操男子团体金牌后，2008 年 8 月 12 日在第 29 届奥运会上，获得体操男子团体金牌；在 8 月 14 日体操男子个人全能决赛中，以 94.575 分的成绩夺得金牌。

17. 陈若琳（第 122、155 枚夏季奥运会金牌。2012 年获得第 170、197 枚夏季奥运会金牌，2016 年获得第 205 枚夏季奥运会金牌）女，汉族，1992 年 12 月 12 日出生于江苏南通。身高 158 厘米，体重 47 千克。4 岁时在南通市儿童业余体校学习跳水，2000 年进入江苏省少儿体校，2004 年底入选跳水"梦之队"。

2008 年 8 月 12 日在第 29 届奥运会上，与王鑫合作以 363.54 分的成绩获得女子双人 10 米跳台金牌。8 月 21 日在第 29 届奥运会上，以 447.70 分的成绩获得女子单人 10 米跳板金牌。

2012 年在第 30 届奥运会上获得女子单人、双人 10 米跳台两枚金牌。2016 年在第 31 届奥运会上获得女子双人 10 米跳台金牌。

18. 王鑫（第 122 枚夏季奥运会金牌），女，汉族，1992 年 8 月 11 日出生于湖北武汉一个贫困家庭。身高 164 厘米，体重 48 千克。1998 年在武汉练习体操，2000 年改练跳水，2003 年进入天津市跳水队，2006 年进入国家跳水队。2008 年 8 月 12 日在第 29 届奥运会上，与陈若琳合作以 363.54 分的成绩获得女子双人 10 米跳台金牌。

19. 仲满（第 123 枚夏季奥运会金牌），男，汉族，1983 年 2 月 28 日出生于江苏省海安县北凌乡仲洋村。身高 190 厘米，体重 75 千克。15 岁之前是田径队员，15 岁时由于身高过高被借调到篮球队，在南通市比赛时，被击剑教练黄保华看中。1997 年夏天学习击剑，2005 年进入国家队。2008 年 8 月 12 日在第 29 届奥运会上，获得男子个人佩剑金牌。

20. 廖辉（第 124 枚夏季奥运会金牌），男，1987 年 10 月 5 日出生于湖北省仙桃市。身高 168 厘米，体重 72 千克。2008 年 8 月 12 日在第 29 届奥运会上，以 348（158 + 190）千克的成绩获得男子举重 69 千克级金牌。

21. 程菲（第 125 枚夏季奥运会金牌）女，汉族，1988 年 5 月出生于湖北省黄石市黄石港区。身高 152 厘米，体重 43 千克。6 岁进入武汉业余体校练体操，1997 年进入武汉体院，1999 年进入湖北省队，2001 年进入国家队。2008 年 8 月 13 日在第 29 届奥运会上，与队友合作以 188.90 分的成绩获得女子体操团体金牌。并在本届奥运会上获得女子体操跳马、平衡木铜牌。

22. 江钰源（第 125 枚夏季奥运会金牌），女，汉族，1991 年 11 月出生于广西壮族自治区柳州市柳北区。身高 143 厘米，体重 30 千克。1995 年 7 月练习体操，1997 年进入广西区体校，1998 年进入广西队，2000 年进入浙江队，2002 年进入国家队。2008 年 8 月 13 日在第 29 届奥运会上，与队友合作以 188.90 分的成绩获得女子体操团体金牌。

23. 何可欣（第 125、146 枚夏季奥运会金牌），女，汉族，1992 年 1 月 1 日出生于北京市东城区北新桥街办。身高 150 厘米，体重 41.5 千克。1997 年在北京地坛体校训练，2000 年在什刹海体校训练，2002 年在北京队训练，2005 年进入国家体操队。2008 年 8 月 13 日在第 29 届奥运会上，与队友合作以 188.90 分的成绩获得女子体操团体金牌；8 月 18 日在第 29 届奥运会上，以 16.725 分的成绩获得女子体操高低杠金牌。

24. 杨伊琳（第 125 枚夏季奥运会金牌），女，汉族，1992 年 8 月 26 日出生于广东省广州市花都区狮岭镇。身高 150 厘米，体重 35 千克。5 岁时进入广州花都区体校，2003 年进入广东省体操队。2007 年进入了国家队。2008 年 8 月 13 日在第 29 届奥运会上，与队友合作以 188.90 分的成绩获得女子体操团体金牌。并在本届奥运会上获得个人全能、高低杠铜牌。

25. 李珊珊（第 125 枚夏季奥运会金牌），女，汉族，1992 年 2 月出生于湖北省黄石市的一个普通工人家庭。身高 145 厘米，体重 36 千克。1996 年在业余体校学习，6 岁进专业队重点班，1999 年到武汉体育学院继续训练。2002 年两次被湖北省队和广西队退回，2002 年全国大集训后被广东队选中，2004 年进入国家队。2008 年 8 月 13 日在第 29 届奥运会上，与队友合作以 188.90 分的成绩获得女子体操团体金牌。

26. 邓琳琳（第 125 枚夏季奥运会金牌。2012 年获得第 193 枚夏季奥运会金牌），女，汉族，1992 年 4 月出生于安徽省亳州市利辛县王人镇邓寨村。身高 147 厘米，体重 38 千克。2000 年进入安徽省体校，2001 年入安徽体操队。2003 年 12 月入国家队。2008 年 8 月 13 日在第 29 届奥运会上，与队友合作以 188.90 分的成绩获得女子体操团体金牌。2012 年在第 30 届奥运会上获得女子体操平衡木金牌。

27. 陈颖（第 126 枚夏季奥运会金牌），女，汉族，1977 年 11 月 4 日出生于北京的一个普通家庭。身高 160 厘米，体重 58 千克。1990 年在北京崇文业余体校开始射击训练，1994 年 10 月进入北京射击队，2001 年 3 月入选国家队。2008 年 8 月 13 日在第 29 届奥运会上，以 793.4 环的成绩获得射击女子 25 米手枪金牌。

28. 王峰（第 127 枚夏季奥运会金牌），男，汉族，1979 年 4 月 17 日出生于山东省新泰市。身高 173 厘米，体重 65 千克。1984 年在山东省新泰市体操学校练习体操，1987 年在山东省体育中心改练跳水，2000 年进入国家队。2008 年 8 月 13 日在第 29 届奥运会上，与秦凯合作以 469.08 分的成绩获得男子双人 3 米跳板跳水金牌。

29. 秦凯（第 127 枚夏季奥运会金牌。2012 年获得第 174 枚奥运会金牌），男，汉族，1986 年 1 月 31 日出生于陕西省西安市莲湖区一个工人家庭。身高 170 厘米，体重 65 千克。父母均为西安电瓷公司职工。4 岁进入西安市体校体操训练。1994 年进入陕西省队接受专业跳水训练，1998 年入选国家跳水队。2008 年 8 月 13 日在第 29 届奥运会上，与王峰合作以 469.08 分的成绩获得男子双人 3 米跳板跳水金牌。2012 年在第 30 届奥运会上获得男子双人 3 米跳板金牌。

30. 杜丽（第 128 枚夏季奥运会金牌。2000 年获得第 81 枚夏季奥运会金牌），继 2004 年在第 28 届奥运会上获得女子 10 米气步枪金牌后，2008 年 8 月 14 日在第 29 届奥运会上，以 690.3 环的成绩获得女子 50 米运动步枪三种姿势金牌。

31. 刘子歌（第 129 枚夏季奥运会金牌），女，汉族，1989 年 3 月 31 日出生于辽宁本溪。身高 181 厘米，体重 67 千克。1996 年在本溪市体校练习游泳，2005 年进入上海游泳队，2007 年进入中国国家队。2008 年 8 月 14 日在第 29 届奥运会上，以 2 分 04 秒 18 的成绩获得女子 200 米蝶泳金牌，并打破了世界纪录。

32. 张娟娟（第 131 枚夏季奥运会金牌），女，汉族，1981 年 1 月 2 日出生于山东省青岛市莱西市。身高 169 厘米，体重 63 千克。1995 年 7 月 11 日在青岛市体育运动学校开始接触射箭，1996 年 9 月进入山东省射箭队，2001 年进入国家队。2008 年 8 月 14 日在第 29 届奥运会上获得女子射箭个人金牌，成为中国第一个射箭冠军。并在本届奥运会上获得女子射箭团体银牌。

33. 杨秀丽（第 132 枚夏季奥运会金牌），女，1983 年 9 月 1 日辽宁省阜新市阜新蒙古族自治县乌兰木图山脚下。身高 173 厘米，体重 77 千克。1997 年之前曾是一名铅球运动员，1997 年进入阜新市体校练习柔道，1998 年初转入辽宁省体校。2008 年 8 月 14 日在第 29 届奥运会上，获得女子柔道 78 千克级金牌。

34. 佟文（第 133 枚夏季奥运会金牌），女，汉族，1983 年 2 月 1 日出生于天津。身高 180 厘米，体重 128 千克。1996 年进入天津女子柔道队，2000 年进入国家女子柔道队。2008 年 8 月 15 日在第 29 届奥运会上，获得女子柔道 78 千克以上级金牌。2012 年在第 30 届奥运会上获得女子柔道 78 千克以上级铜牌。

35. 陆永（第 134 枚夏季奥运会金牌），男，侗族，1986 年 1 月 1 日出生于广西壮族自治区柳州市三江侗族自治县。身高 173 厘米，体重 85 千克。1998 年于柳州市三江县业余体育学校接受举重训练。2013 年入选广西举重队。2005 年进入国家举重队。2008 年 8 月 15 日在第 29 届奥运会上，以 394（180＋214）千克的成绩获得男子举重 85 千克级金牌。

36. 杜婧（第 135 枚夏季奥运会金牌），女，汉族，1984 年 6 月 23 日出生于辽宁省鞍山市。身高 170 厘米，体重 65 千克。2008 年 8 月 15 日在第 29 届奥运会上，与于洋合作获得羽毛球女子双打金牌。

37. 于洋（第 135 枚夏季奥运会金牌），女，汉族，1986 年 4 月 7 日出生于辽宁省鞍山市。身高 166 厘米，体重 63 千克。1995 年进入鞍山市体校，1998 年进入辽宁省体校，2001 年进入辽宁队，同年进入国家集训队。2008 年 8 月 15 日在第 29 届奥运会上，与杜婧合作获得羽毛球女子双打金牌。

38. 张宁（第 136 枚夏季奥运会金牌。2004 年获得第 92 枚夏季奥运会冠军），继 2004 年在第 28 届奥运会上获得羽毛球女子单打金牌后，2008 年 8 月 16 日在第 29 届奥运会上，获得羽毛球女子单打金牌。

39. 邱健（第 137 枚夏季奥运会金牌），男，汉族，1975 年 6 月 25 日出生于中国江苏淮安。身高 175 厘米，体重 80 千克。1990 年开始练习射击，1993 年进入江苏省射击队，2000 年入选国家射击队。2008 年 8 月 17 日在第 29 届奥运会上，以 1272.5 环的成绩获得男子 50 米步枪三种姿势金牌。

40. 唐宾（第 138 枚夏季奥运会金牌），女，满族，1986 年 4 月 25 日出生于辽宁省丹东市。身高 182 厘米，体重 74 千克。2000 年进入丹东市航海运动学校学习赛艇，2004 年进入辽宁省队，2006 年进入国家赛艇队。2008 年 8 月 17 日在第 29 届奥运会上，与队友合作以 6 分 16 秒 06 的成绩获得女子四人双桨金牌。

41. 金紫薇（第 138 枚夏季奥运会金牌），女，汉族，1985 年 10 月 17 日出生于辽宁省沈阳市。身高 184 厘米，体重 78 千克。小学时便开始练习长跑及篮球，1999 年练习赛艇，2001 年进入江西水上运动学校，2003 年入选国家队。2008 年 8 月 17 日在第 29 届奥运会上，与队友合作以 6 分 16 秒 06 的成绩获得女子四人双桨金牌。

42. 奚爱华（第 138 枚夏季奥运会金牌），女，汉族，1982 年 1 月 27 日出生于山东省潍坊市寿光市。身高 182 厘米，体重 85 千克。1996 年进入山东省寿光市体校，1998 年进入山东省女子赛艇队，1999 年进入国家赛艇队。2008 年 8 月 17 日在第 29 届奥运会上，与队友合作以 6 分 16 秒 06 的成绩获得女子四人双桨金牌。

43. 张杨杨（第 138 枚夏季奥运会金牌），女，汉族，1989 年 2 月 20 日出生于吉林省双辽市。身高 185 厘米，体重 83 千克。小学期间练习篮球并进入四平体校，2004 年 9 月 31 日进入辽宁省航海运动学校练习赛艇，2006 年 10 月 8 日进入国家赛艇队。2008 年 8 月 17 日在第 29 届奥运会上，与队友合作以 6 分 16 秒 06 的成绩获得女子四人双桨金牌。

44. 王娇（第 139 枚夏季奥运会金牌），女，汉族，1988 年 1 月 20 日出生于辽宁省沈阳市苏家屯区一个普通农民家庭。身高 177 厘米，体重 74 千克。2008 年 8 月 17 日在第 29 届奥运会上，获得女子自由式摔跤 72 千克级金牌。

45. 王楠（第 142 枚夏季奥运会金牌。2000 年获得第 65、70 枚夏季奥运会金牌，2004 年获得第 95 枚夏季奥运会金牌），继 2000 年、2004 年共获得 3 枚奥运会金牌后。2008 年 8 月 17 日在第 29 届奥运会上，与张怡宁、郭跃合作获得乒乓球女子团体金牌，并在本届奥运会上获得女子单打银牌。

46. 张怡宁（第 142、156 枚夏季奥运会金牌。2004 年获得第 95、100 枚夏季奥运会金牌），继 2004 年在第 28 届奥运会上获得乒乓球女子双打、女子单打金牌后。2008 年 8 月 17 日在第 29 届奥运会上，与张楠、郭跃合作获得乒乓球女子团体金牌。8 月 22 日在第 29 届奥运会上，获得乒乓球女子单打金牌。

47. 郭跃（第 143 枚夏季奥运会金牌。2012 年获得第 194 枚夏季奥运会金牌），女，汉族，1988 年 7 月 17 日出生于辽宁鞍山一个普通的工人家庭。身高 163 厘米，体重 52 千克。6 岁开始打球，1996 年进入省体校，2000 年入选国家队。2008 年在世界乒乓球锦标赛上获得女子团体冠军。2008 年 8 月 17 日在第 29 届奥运会上，与队友合作获得乒乓球女子双打金牌。

2012 年在第 30 届奥运会上获得乒乓球女子团体金牌。

48. 林丹（第 144 枚夏季奥运会金牌。2012 年获得第 186 枚夏季奥运会金牌），男，汉族，1983 年 10 月 14 日出生于福建省龙岩市上杭县。身高 178 厘米，体重 72 千克。父母都是体育爱好者。1988 年开始接触羽毛球，1992 年进福建体校，1995 年进入福州八一体工队，2000 年进入国家队。2008 年 8 月 17 日在第 29 届奥运会上，获得羽毛球男子单打金牌。

2012 年在第 30 届奥运会上获得羽毛球男子单打金牌。

49. 何雯娜（第 147 枚夏季奥运会金牌），女，汉族，1989 年 1 月 19 日出生于福建省龙岩市。身高 160 厘米，体重 48 千克。1995 年在福建龙岩体校开始训练体操，1996 年进入福州体工队训练体操，1998 年转技巧，1999 年底开始学蹦床，2007 年进入国家队。2008 年 8 月 18 日在第 29 届奥运会上，以 37.80 分的成绩获得蹦床女子网上单人项目金牌。

50. 王皓（第 148 枚夏季奥运会金牌。2012 年获得第 195 枚夏季奥运会金牌），男，汉族，1983 年 12 月 1 日出生于长春市。身高 176 厘米，体重 76 千克。1990 年开始专业训练乒乓球，1996 年进入八一队，1998 年底入选国家二队，1999 年初升入国家一队。2008 年 8 月 18 日在第 29 届奥运会上，与队友合作获得乒乓球男子团体冠军。

2012 年在第 30 届奥运会上获得乒乓球男子团体金牌。

50. 王励勤（第 148 枚夏季奥运会金牌。2000 年获得第 69 枚夏季奥运会金牌），继 2000 年在第 27 届奥运会上获得乒乓球男子双打金牌后，2008 年 8 月 18 日在第 29 届奥运会上获得乒乓球男子团体金牌和男子单打铜牌。

52. 马琳（第 148、158 枚夏季奥运会金牌。2004 年获得第 96 枚夏季奥运会金牌），继 2004 年在第 28 届奥运会上获得乒乓球男子双打金牌后，2008 年 8 月 18 日在第 29 届奥运会上，与王皓、王励勤合作获得乒乓球男子团体金牌。8 月 23 日在第 29 届奥运会上，获得乒乓球男子单打金牌。

53. 陆春龙（第 151 枚夏季奥运会金牌），男，汉族，1989 年 4 月 8 日出生于江苏省江阴市南闸镇观西村东芦岐。身高 170 厘米，体重 57 千克。1994 年进入常州市少体校练习基础体操，1997 年进入江苏省体校，1998 年开始改练蹦床，1999 年调入江苏省蹦床队，2004 年 11 月进入国家队。2008 年 8 月 19 日在第 29 届奥运会上，以 41.00 分的成绩获得蹦床男子网上个人项目金牌。

54. 何冲（第 152 枚夏季奥运会金牌），男，汉族，1987 年 6 月 10 日出生于广东省湛江市遂溪县界炮镇西湾村。身高 170 厘米，体重 62 千克。1993 年进入赤坎区业余体校练习跳水，1998 年进入广东省跳水队，2002 年入选国家跳水队。2008 年 8 月 19 日在第 29 届奥运会上，以 572.90 的成绩获得男子单人 3 米跳板金牌。

55. 殷剑（第 153 枚夏季奥运会金牌），女，汉族，1978 年 12 月 25 日出生于四川省西昌市海南乡岗瑶村。身高 170 厘米，体重 57 千克。1994 年进入四川邛海水校，1995 年进入四川队，2001 年正式入选国家队。2004 年在雅典举行的第28届奥运会上，殷剑获得女子米氏级帆板银牌。2008年8月20日在第29届奥运会上，以39分的成绩获得帆船（板）女子RS－X级金牌。

56. 吴静钰（第154枚夏季奥运会金牌。2012年获得第196枚夏季奥运会金牌），女，汉族，1987年7月13日出生于江西省景德镇市。身高168厘米，体重49千克。1999年练习跆拳道，2001年进入江西队，2003年跟随教练转投江苏跆拳道队，2005年入选国家队。2008年8月20日在第29届奥运会上，获得女子跆拳道49千克级金牌。

2012年在第30届奥运会上获得女子跆拳道49千克级金牌。

57. 孟关良（第157枚夏季奥运会金牌。2004年获得第108枚夏季奥运会金牌），继2004年在第28届奥运会上获得皮划艇静水项目男子双人划艇500米金牌后，2008年8月23日在第29届奥运会上，与杨文君合作以1分41秒025的成绩获得皮划艇静水项目男子双人划艇500米金牌。

58. 杨文军（第157枚夏季奥运会金牌。2004年获得第108枚夏季奥运会金牌），继2004年在第28届奥运会上获得皮划艇静水项目男子双人划艇500米金牌后，2008年8月23日在第29届奥运会上，与孟关良合作以1分41秒025的成绩获得皮划艇静水项目男子双人划艇500米金牌。

59. 邹市明（第158枚夏季奥运会金牌。2012年获得第198枚夏季奥运会金牌），男，汉族，1981年5月18日出生于贵州省遵义市绥阳县。身高162厘米，体重48千克。父亲是工程师，母亲是教师。14岁练习武术，16岁进入贵州拳击队，1999年11月入选国家集训队。2004年在第28届奥运会上获得男子拳击48千克级铜牌。2008年8月24日在第29届奥运会上，获得男子拳击轻量级（48千克级）金牌。

2012年在第30届奥运会上获得男子拳击轻量级（49千克级）级金牌。

60. 张小平（第159枚夏季奥运会金牌），男，蒙古族，1982年4月1日出生于内蒙古自治区锡林郭勒盟锡林浩特市。身高189厘米，体重81千克。1998年进入内蒙古队拳击训练，2004年进入国家队。2008年8月24日在第29届奥运会上，获得男子拳击轻重量级（81千克级）金牌。

（八）2012年夏季奥运会冠军

第30届夏季奥运会于2012年7月27日—8月12日在英国首都伦敦举行。中国体育代表团56人次荣获38枚金牌，其中男子27人获17.5枚金牌，女子29人获20.5枚金牌。并获27枚银牌，23枚铜牌。以下是金牌获得者的情况。

1. 易思玲（第160枚夏季奥运会金牌），女，汉族，1989年5月6日出生于湖南省桂阳县城关镇七里街，父母是下岗工人。身高165厘米，体重51千克。

2002 年进入湖南省郴州体校学习田径和舞蹈，后改学射击，2002 年底进入湖南省射击队，2004 年进入珠海市体校，2007 年调入广东黄村基地射击队，2008 年底进入中国射击队。2012 年 7 月 28 日在第 30 届奥运会上，以 502.9 环的成绩获得女子 10 米气步枪金牌。

2. 王明娟（第 161 枚夏季奥运会金牌），女，瑶族，1985 年 5 月 21 日生于湖南省永州市江永县农村。身高 150 厘米，体重 48 千克。1997 年进入江永体校开始练习举重，1999 年进入省队，2001 年进入国家队。2012 年 7 月 29 日在第 30 届奥运会上，以 205（91＋114）千克的成绩获得女子举重 48 千克级金牌。

3. 孙杨（第 162、184 枚夏季奥运会金牌。2016 年获得第 203 枚夏季奥运会金牌），男，汉族，1991 年 12 月 1 日生于浙江省杭州市。身高 198 厘米，体重 89 千克。成长在一个体育世家。6 岁练习游泳，2003 年被浙江游泳队挑中，后以"代训"身份进入国家队。2007 年 1 月正式进入国家游泳队。2012 年 7 月 29 日在第 30 届奥运会上，以 3 分 40 秒 14 的成绩获得男子 400 米自由泳金牌。8 月 4 日在第 30 届奥运会上，以 14 分 31 秒 02 的成绩获得男子 1500 米自由泳金牌，刷新了该项目新的世界纪录。

2016 年在第 31 届奥运会上获得男子 200 米自由泳金牌。

4. 叶诗文（第 163、172 枚夏季奥运会金牌），女，汉族，1996 年 3 月 1 日生于浙江省杭州市。身高 173 厘米，体重 64 千克。6 岁时进入体校学习游泳，2008 年入选浙江队，2010 年进入国家队。2012 年 7 月 29 日在第 30 届奥运会上，以 4 分 28 秒 43 的成绩获得女子 400 米混合泳金牌，并打破世界纪录。8 月 1 日在第 30 届奥运会上，以 2 分 07 秒 57 的成绩获得女子 200 米混合泳金牌。

5. 郭文珺（第 164 枚夏季奥运会金牌。2008 年获得第 114 枚夏季奥运会金牌），继 2008 年在第 29 届奥运会荣获 10 米气手枪金牌后，2012 年 7 月 29 日在第 30 届奥运会上，以 488.1 环的成绩获得女子 10 米气手枪金牌。

6. 吴敏霞（第 165、190 枚夏季奥运会金牌。2004 年获得第 83 枚夏季奥运会金牌，2008 年获得第 113 枚夏季奥运会金牌，2016 年获得第 200 枚夏季奥运会金牌），继 2004 年、2008 年在第 28、29 届奥运会上获得女子双人 3 米跳板金牌后，2012 年 7 月 29 日在第 30 届奥运会上，与何姿合作以 364.20 分的成绩获得女子双人 3 米跳板金牌。8 月 6 日在第 30 届奥运会上，以 414.00 分的成绩获得女子单人 3 米跳板金牌。

2016 年在第 31 届奥运会上获得女子双人 3 米板金牌。

7. 何姿（第 166 枚夏季奥运会金牌），女，汉族，1990 年 12 月 10 日年出生于广西南宁市普通职工家庭。身高 158 厘米，体重 51 千克。何姿 6 岁起在广西南宁体校开始练习跳水，9 岁进入深圳跳水队，后来进入清华跳水队训练，2005 年回到深圳跳水队，被广东省跳水队选中，2006 年 10 月入选国家队。2012 年 7 月 29 日在第 30 届奥运会上，与吴敏霞合作以 364.20 分的成绩获得女子双人 3 米跳板金牌。

8. 曹缘（第 167 枚夏季奥运会金牌。2016 年获得第 214 枚夏季奥运会金牌，2021 年获得第 262 枚夏季奥运会金牌），男，汉族，1995 年 2 月 7 日出生于湖南省长沙市。身高 160 厘米，体重 42 千克。2000 年学习跳水，2003 年进入北京队，2005 年底进入北京队的一线队，2008 年入选国家队。2012 年 7 月 30 日在第 30 届奥运会上，与曹缘合作以 486.78 分的成绩获得男子双人 10 米跳台金牌。

2016 年在第 31 届奥运会上获得男子单人 3 米跳板金牌。2021 年获第 32 届奥运会跳水男子 10 米跳台金牌。

9. 张雁全（第 167 枚夏季奥运会金牌），男，汉族，1994 年 6 月 13 日出生于广东省潮州市湘桥区。身高 158 厘米，体重 52 千克。1998 年进入潮州市体操队练习体操。2004 年 2 月进入广州体育职业技术学院练习跳水，2008 年入选国家队。2012 年 7 月 30 日在第 30 届奥运会上，与张雁全合作以 486.78 分的成绩获得男子双人 10 米跳台金牌。

10. 李雪英（第 168 枚夏季奥运会金牌），女，汉族，1990 年 5 月 15 日生于河南平顶山舞钢市尚店镇李楼村。身高 168 厘米，体重 58 千克。1999 年练习举重，2000 年进入郑州市体校，2002 年 12 月进入河南省队，2005 年 10 月入选国家队。2012 年 7 月 31 日，在第 30 届奥运会上以 246（108＋138）千克的成绩获女子举重 58 千克级金牌。

11. 陈一冰（第 169 枚夏季奥运会金牌。2008 年获得第 121、145 枚夏季奥运会金牌），继 2008 年在第 29 届奥运会上获得男子体操团体金牌、男子体操吊环金牌后。2012 年 7 月 31 日在第 30 届奥运会上，与队友合作以 275.997 分的成绩获得男子体操团体金牌。

12. 邹凯（第 169、187 枚夏季奥运会金牌。2008 年获得第 121、140、150 枚夏季奥运会金牌），继 2008 年在第 29 届奥运会上获得男子体操团体金牌、男子自由体操金牌、男子体操单杠金牌后。2012 年 7 月 31 日在第 30 届奥运会上，与队友合作以 275.997 分的成绩获得男子体操团体金牌。8 月 5 日在第 30 届奥运会上，以 15.933 分的成绩获得男子自由体操金牌，成为中国奥运史上第一个获得 5 枚金牌的运动员。

13. 冯喆（第 169、192 枚夏季奥运会金牌），男，汉族，1987 年 11 月 19 日出生于四川成都。身高 160 厘米，体重 55 千克。1991 年就读成都市业余体育学校新苗体育幼儿园，1994—1999 年在成都市业余体育学校男子体操队进行训练，1999 年入选四川队，2004 年进入国家队。2012 年 7 月 31 日在第 30 届奥运会上，与队友合作以 275.997 分的成绩获得男子体操团体金牌。8 月 7 日在第 30 届奥运会上，以 15.966 分的成绩获得男子双杠金牌。

14. 郭伟阳（第 169 枚夏季奥运会金牌），男，汉族，1988 年 2 月 1 日出生于云南省玉溪市。身高 160 厘米，体重 52 千克。父亲经商。1993 年进入玉溪市少体校体操训练，1994 年入选省少体校，1998 年入选省体操队，2001 年 2 月入国家体操队。2012 年 7 月 31 日在第 30 届奥运会上，与队友合作以 275.997 分的成绩获得男子体操团体金牌。

15. 陈若琳（第 170、197 枚夏季奥运会金牌。2008 年获得第 122、155 枚夏季奥运会金牌，2016 年获得第 205 枚夏季奥运会金牌），继 2008 年在第 29 届奥运会上获得女子双人 10 米跳台金牌、女子单人 10 米跳板金牌后。2012 年 7 月 31 日在第 30 届奥运会上，与汪皓合作以 368.40 分的成绩获得女子双人 10 米跳台金牌。8 月 10 日在第 30 届奥运会上，以 422.30 分的成绩获得女子单人 10 米跳台金牌。

2016 年在第 31 届奥运会上获得女子双人 10 米跳台金牌。

16. 汪皓（第 170 枚夏季奥运会金牌），女，汉族，1992 年 12 月 26 日出生于天津市，身高 156 厘米，体重 50 千克。1997 年学习体操，2002 年进入天津跳水队，2005 年加入国家队。2012 年 7 月 31 日在第 30 届奥运会上，与陈若琳合作以 368.40 分的成绩获得女子双人 10 米跳台金牌。

17. 雷声（第 171 枚夏季奥运会金牌），男，汉族，1984 年 3 月 7 日出生于天津市的一个书香之家，父母都是教师。身高 193 厘米，体重 75 千克。1995 年进入广州伟伦体校开始击剑训练，2001 年入选广东省击剑队。2002 年 11 月入选国家队。2012 年 8 月 1 日在第 30 届奥运会上，获得男子花剑个人赛金牌。

18. 林清峰（第 173 枚夏季奥运会金牌），男，汉族，1989 年 1 月 26 日出生于福建省厦门市的一个普通家庭。身高 167 厘米，体重 63 千克。小学三年级进入校田径队练习铅球。随后进入厦门市体育运动学校练习举重。由于成绩波动起伏，林清峰曾经三进三出省队，2009 年成为福建省举重队正式成员。2009 年进入国家队。2012 年 8 月 1 日在第 30 届奥运会上，以 344（157 + 187）千克的成绩获得男子举重 69 千克级金牌。

19. 罗玉通（第 174 枚夏季奥运会金牌），男，汉族，1985 年 10 月 6 日出生于广东省惠州市惠城区小金口街道办事处白石村。身高 165 厘米，体重 62 千克。1993 年被选入惠州市体校跳水队，1996 年被输送到广东省跳水队；2000 年

8 月入选国家队。2012 年 8 月 1 日在第 30 届奥运会上，与秦凯合作以 477.00 分的成绩获得男子双人 3 米跳板金牌。

20. 秦凯（第 174 枚夏季奥运会金牌。2008 年获得第 127 枚夏季奥运会金牌），继 2008 年在第 29 届奥运会上获得男子双人 3 米跳板跳水金牌后，2012 年 8 月 1 日在第 30 届奥运会上，与罗玉通合作以 477.00 分的成绩获得男子双人 3 米跳板金牌。

21. 李晓霞（第 175、194 枚夏季奥运会金牌。2016 年获得第 215 枚夏季奥运会金牌），女，汉族，1988 年 6 月 21 日出生于辽宁省鞍山市。身高 174 厘米，体重 62 千克。1995 年开始练球，1997 年进入济南市体校，1998 年入选山东体工队，2000 年进入国家二队，2002 年进入国家一队。2012 年 8 月 1 日在第 30 届奥运会上，获得乒乓球女子单打金牌。8 月 7 日在第 30 届奥运会上，与队友合作获得乒乓球女子团体金牌。

2016 年在第 31 届奥运会上获得乒乓球女子团体金牌。

22. 吕小军（第 176 枚夏季奥运会金牌。2021 年第 245 枚夏季奥运会金牌），男，汉族，1984 年 7 月 27 日出生于湖北省潜江市。身高 172 厘米，体重 73 千克。1998 年在湖北省潜江市体校开始举重训练，2002 年进入天津队，2003 年进入国家队。2012 年 8 月 2 日在第 30 届奥运会上，以 379（175 + 204）千克的成绩获得男子举重 77 千克级金牌，并打破抓举、总成绩两项世界纪录。2016 年在第 31 届奥运会上获得男子举重 77 千克级银牌。2021 年在东京举行的第 32 届奥运会上获男子举重 81 公斤级冠军。

23. 焦刘洋（第 177 枚夏季奥运会金牌），女，汉族，1990 年 3 月 7 日出生于黑龙江省哈尔滨市。身高 172 厘米，体重 59 千克。5 岁时被送到黑龙江交通学校游泳班，后又转到哈尔滨体校，2004 年进入原广州军区游泳队，2005 年 11 月进入国家队。2012 年 8 月 2 日在第 30 届奥运会上，以 2 分 04 秒 06 的成绩获得女子 200 米蝶泳金牌。

24. 张继科（第 178、195 枚夏季奥运会金牌。2016 年获得第 216 枚夏季奥运会金牌），男，汉族，1988 年 2 月 16 日出生于山东青岛。身高 181 厘米，体重 74 千克。父亲是乒乓球运动员和教练。1993 年开始跟随父亲学打球，2000 年进入山东鲁能乒乓球队，2003 年 1 月进入国家一队。2012 年 8 月 2 日在第 30 届奥运会上，获得乒乓球男子单打金牌。8 月 9 日在第 30 届奥运会上，与队友合作获得乒乓球男子团体金牌。

2016 年在第 31 届奥运会上获得乒乓球男子团体金牌。

25. 董栋（第 179 枚夏季奥运会金牌），男，汉族，1989 年 4 月 13 日出生于河南省南阳市淅川县荆紫关镇。身高 168 厘米，体重 56 千克。1996 年进入河南省体操队练习体操，2002 年起改练蹦床，2002 年底进入山西省蹦床队训练，2005 年初入选国家队。2012 年 8 月 3 日在第 30 届奥运会上，以 62.990 分的成绩获得男子蹦床网上个人赛金牌。

26. 张楠（第 180 枚夏季奥运会金牌。2016 年获得第 219 枚夏季奥运会金牌），男，汉族，1990 年 3 月 1 日出生于北京。身高 185 厘米，体重 73 千克。2005 年入选北京队，2006 年 10 月入选国家二队，2009 年晋升国家一队。2012 年 8 月 3 日在第 30 届奥运会上，与赵芸蕾合作获得羽毛球混合双打金牌。

2016 年在第 31 届奥运会上获得羽毛球男子双打金牌。

27. 赵芸蕾（第 180 枚、182 枚夏季奥运会金牌），女，汉族，1986 年 8 月 25 日出生于湖北宜昌的一个体育世家。身高 173 厘米，体重 59 千克。父亲是宜昌市体校的副校长，主修篮球；母亲是网球教练。赵芸蕾从小跟着很多体校教练锻炼身体，1999 年正式进入湖北省队，2004 年入选国家羽毛球二队；2008 年入选国家羽毛球一队。2012 年 8 月 3 日在第 30 届奥运会上，与张楠合作获得羽毛球混合双打金牌。8 月 5 日在第 30 届奥运会上，与田卿合作获得羽毛球女子双打金牌。

28. 李雪芮（第 181 枚夏季奥运会金牌），女，汉，1991 年 1 月 24 日出生于重庆市大渡口区伏牛溪一个普通的工人家庭。身高 173 厘米，体重 65 千克。父母都很热爱运动，妈妈还是运动健将。李雪芮 7 岁时在区体校开始羽毛球训练，2004 年调入重庆队，2010 年 1 月 1 日进入国家一队。2012 年 8 月 4 日在第 30 届奥运会上，获得羽毛球女子单打金牌。

29. 田卿（第 182 枚奥运会金牌），女，汉族，1986 年 8 月 5 日出生于湖南省益阳市安化县。身高 168 厘米，体重 63 千克。父亲是安化体校的羽毛球教练。1993 年开始学习羽毛球，1998 年进入湖南省体校，2004 年进入国家二队，2006 年 3 月进入国家一队。2012 年 8 月 5 日在第 30 届奥运会上，与赵芸蕾合作获得羽毛球女子双打金牌。

30. 陈定（第 183 枚奥运会金牌），男，汉族，1992 年 8 月 5 日出生于云南省保山市龙陵县。身高 180 厘米，体重 62 千克。2007 年 1 月成为深圳体工大队竞走队员，2008 年底进入国家队。2012 年 8 月 5 日在第 30 届奥运会上，以 1 小时 18 分 46 秒的成绩获得男子 20 公里竞走金牌。

31. 孙玉洁（第 185 枚夏季奥运会金牌），女，汉族，1992 年 8 月 10 日出生于辽宁省鞍山市。身高 185 厘米，体重 72 千克。2002 年在鞍山市体校开始练习击剑，2003 年进入辽宁省击剑队，2008 年进入国家集训队。2012 年 8 月 5 日在第 30 届奥运会上，与队友合作获得女子重剑团体金牌，也是中国击剑队获得的第一枚女子重剑奥运会金牌。

32. 李娜（第 185 枚夏季奥运会金牌），女，汉族，1981 年 3 月 9 日出生于辽宁丹东，身高 173 厘米，体重 66 千克。1993 年 10 月在丹东市体校练习击剑，1994 年 10 月成为辽宁省击剑队员，1998 年 1 月入选国家队。2012 年 8 月 5 日在第 30 届奥运会上，与队友合作获得女子重剑团体金牌。

33. 骆晓娟（第 185 枚夏季奥运会金牌），女，汉族，1984 年 6 月 12 日生于江苏省盐城市大丰区万盈沈灶赵环村。身高 170 厘米，体重 59 千克。骆晓娟 1996 年练习击剑，1997 年进入江苏省体校，1998 年进入江苏省队，2000 年入选国家队。2012 年 8 月 5 日在第 30 届奥运会上，与队友合作获得女子重剑团体金牌。

34. 许安琪（第 185 枚夏季奥运会金牌），女，汉族，1992 年 1 月 23 日出生于江苏省南京市的一个体育世家。身高 183 厘米，体重 75 千克。父亲打篮球，母亲练过田径。许安琪最早练篮球出身，2004 年进入公园路体校改练击剑，2009 年破格进入国家队。

2012 年 8 月 5 日在第 30 届奥运会上，与队友合作获得女子重剑团体金牌。

35. 林丹（第 186 枚夏季奥运会金牌。2008 年获得第 144 枚夏季奥运会金牌），继 2008 年在第 29 届奥运会上获得羽毛球男子单打金牌后，2012 年 8 月 5 日在第 30 届奥运会上，获得羽毛球男子单打金牌，成为首位在奥运会羽毛球男子单打项目中实现卫冕的运动员。

36. 蔡赟（第 188 枚夏季奥运会金牌），男，汉族，1980 年 1 月 19 日出生于江苏苏州。身高 181 厘米，体重 68 千克。小学三年级时练习羽毛球，1999 年上调国家二队，2000 年进入国家一队。2004 年获得汤姆斯杯冠军。2012 年 8 月 5 日在第 30 届奥运会上，与傅海峰合作获得羽毛球男子双打金牌。

37. 傅海峰（第 188 枚夏季奥运会金牌。2016 年获得第 219 枚夏季奥运会金牌），男，汉族，1983 年 8 月 23 日出生于广东揭阳。身高 183 厘米，体重 70 千克。父亲傅铭英是有名的羽毛球教练。傅海峰 6 岁开始跟父亲学打羽毛球，1996 年进入广东省体育运动技术学院进行专业训练。1998 年入选广东省羽毛球队，2002 年进入国家一队。2012 年 8 月 5 日在第 30 届奥运会上，与蔡赟合作获得羽毛球男子双打金牌。

2016 年在第 31 届奥运会上获得羽毛球男子双打金牌。

38. 周璐璐（第 189 枚夏季奥运会金牌），女，汉族，1988 年 3 月 19 日出生于山东省烟台市牟平区大窑镇西吕村。身高 175 厘米，体重 130 千克。1999 年10 月入选烟台市牟平区竞技体校举重队，2001 年输送到烟台市体校，2003 年输送到山东省女子举重队，2009 年入国家队。2012 年 8 月 6 日在第 30 届奥运会上，以 333（146＋187）千克的成绩获得女子举重 75 千克以上级金牌，并打破世界纪录。

39. 徐莉佳（第 191 枚夏季奥运会金牌），女，汉族，1987 年 8 月 30 日出生于上海的一个工薪家庭。身高 175 厘米，体重 68 千克。1992 年在上海长宁区体校游泳队训练，1997 年从上海长宁区体校游泳队改项学 OP 级帆船。2012 年 8 月 6 日在第 30 届奥运会上，以净得分 35 分的成绩获得帆船激光镭迪尔级女子单人艇金牌，是中国帆船史上在镭迪尔级中的首枚奥运金牌。

40. 邓琳琳（第 193 枚夏季奥运会金牌。2008 年获得第 125 枚夏季奥运会金牌），继 2008 年在第 29 届奥运会上获得女子体操团体金牌后，2012 年 8 月 7 日在第 30 届奥运会上，以 15.600 分的成绩获得女子体操平衡木金牌。

41. 丁宁（第 194 枚夏季奥运会金牌。2016 年获得第 208、215 枚夏季奥运会金牌），女，汉族，1990 年 6 月 20 日出生于黑龙江省大庆市的一个体育世家。身高 170 厘米，体重 63 千克。爸爸丁殿国、妈妈高凤梅，当年都是黑龙江省队的专业运动员，爸爸搞速滑，妈妈曾任黑龙江女篮队长。丁宁 1996 年开始练习乒乓球，1999 年加入北京队，2003 年进入国家青年队，2005 年进入国家一队。2012 年 8 月 8 日在第 30 届奥运会上，与队友合作获得乒乓球女子团体金牌。

2016 年在第 31 届奥运会上获得乒乓球女子单打、女子团体金牌。

42. 郭跃（第 194 枚夏季奥运会金牌。2008 年获得第 144 枚夏季奥运会金牌），继 2008 年在第 29 届奥运会上获得乒乓球女子双打金牌后，2012 年 8 月 8 日在第 30 届奥运会上，与队友合作获得乒乓球女子团体金牌。

43. 王皓（第 195 枚夏季奥运会金牌。2008 年获得第 148 枚夏季奥运会金牌），继 2008 年在第 29 届奥运会上获得乒乓球男子团体冠军后，2012 年 8 月 9 日在第 30 届奥运会上，与队友合作获得乒乓球男子团体金牌。

44. 马龙（第 195 枚夏季奥运会金牌。2016 年获得第 209、216 枚夏季奥运会金牌，2021 年获得第 243、259 枚夏季奥运会金牌），男，汉族，1988 年 10 月 20 日出生于辽宁省鞍山市。身高 175 厘米，体重 70 千克。1993 年开始学习乒乓球，1999 年进入辽宁省体校，2001 年被关华安教练发掘带到北京继续学习，2003 年进入国家队。2012 年 8 月 9 日在第 30 届奥运会上，与队友合作获得乒乓球男子团体金牌。

2016 年在第 31 届奥运会上获得乒乓球男子单打冠军、男子团体冠军。

2021 年在第 32 届奥运会上获得乒乓球男子单打冠军、男子团体冠军。

45. 吴静钰（第 196 枚夏季奥运会金牌。2008 年获得第 154 枚夏季奥运会金牌），继2008年在第29届奥运会上获得女子跆拳道49千克级金牌后，2012年8月9日在第30届奥运会上，获得女子跆拳道49千克级金牌。

46. 邹市明（第198枚夏季奥运会金牌。2008年获得第159枚夏季奥运会金牌），继2008年在第29届奥运会上获得男子拳击轻量级（48千克级）金牌后，2012年8月12日在第30届奥运会上，获得男子拳击轻量级（49千克级）级金牌。

（九）2016年夏季奥运会冠军

第31届夏季奥运会于2016年8月5日—8月21日在巴西里约热内卢举行。中国体育代表团46人次荣获26枚金牌，其中男子16人获12枚金牌，女子30人获14枚金牌。此外，获18枚银牌，26枚铜牌。以下是金牌获得者的情况。

1. 张梦雪（第199枚夏季奥运会金牌），女，汉族，1991年2月6日出生于山东省济南市。身高162厘米，体重70千克。2004年进入济南市体校射击队进行训练，2006年进入山东省队，2009年进入国家队青少年集训，2014年底进入国家队。2016年8月7日在第31届奥运会上，以199.4环的成绩获得女子10米气手枪金牌，并打破奥运会纪录。

2. 吴敏霞（第200枚夏季奥运会金牌。2004年获得第83枚夏季奥运会金牌，2008年获得第115枚夏季奥运会金牌，2012年获得第165、190枚夏季奥运会金牌），继2004年、2008年、2012年在三届夏季奥运会上获得4枚金牌后，2016年8月8日在第31届奥运会上，与施廷懋合作以345.60分的成绩获得女子双人3米跳板金牌。同时也是吴敏霞个人的第5枚奥运金牌，与邹凯并列成为中国奥运史上夺金最多的运动员。拿到这枚金牌后，吴敏霞奥运奖牌数达到7枚（5金1银1铜），成为中国奥运史上第一人。

3. 施廷懋（第200、212枚夏季奥运会金牌。2021年获得第228、247枚夏季奥运会金牌），女，汉族，1991年8月31日出生于重庆市渝中区。身高159厘米，体重51千克。5岁时在重庆市二体校开始体操训练，三年后改练跳水。2006年进入清华大学跳水队，2008年回到重庆队。2016年8月8日在第31届奥运会上，与吴敏霞合作以345.60分的成绩获得女子双人3米跳板金牌。8月15日在第31届奥运会上，以406.05分的成绩获得女子单人3米跳板金牌。2021年在第32届奥运会上获得跳水女子3米板金牌，与队友王涵合作获得跳水女子双人3米板冠军。

4. 龙清泉（第201枚夏季奥运会金牌。2008年获得第117枚夏季奥运会金牌），继2008年在第29届奥运会上获得男子举重56千克级金牌后，2016年8月8日在第31届奥运会上，以307（137+170）的成绩获得男子举重56千克级金牌。2021 年在第 32 届奥运会上获得跳水女子 3 米板金牌，与队友王涵合作获得跳水女子双人 3 米板冠军。

5. 林跃（第 202 枚夏季奥运会金牌。2008 年获得第 118 枚夏季奥运会金牌），继 2008 年在第 29 届奥运会上获得了男子双人 10 米跳台金牌后，2016 年 8 月 9 日在第 31 届奥运会上，与陈艾森合作以 496.98 分的成绩获得男子双人 10 米跳台金牌。

6. 陈艾森（第 202、222 枚夏季奥运会金牌），男，汉族，1995 年 10 月 22 日出生于广东省广州市。身高 160 厘米，体重 60 千克。2001 年进入广州市越秀区业余体校学习体操，7 岁时改练跳水，2003 年进入广州伟伦体校，2012 年开始参加国家队集训。2016 年 8 月 9 日在第 31 届奥运会上，与林跃合作以 496.98 分的成绩获得男子双人 10 米跳台金牌。8 月 21 日在第 31 届奥运会上，以 585.30 分的成绩获得男子单人 10 米跳台金牌。

7. 孙杨（第 203 枚夏季奥运会金牌。2012 年获得第 162、184 枚夏季奥运会金牌），继 2012 年在第 30 届奥运会上，获得男子 400 米自由泳、男子 1500 米自由泳金牌后，2016 年 8 月 9 日在第 31 届奥运会上，以 1 分 44 秒 65 的成绩获得男子 200 米自由泳金牌。

8. 邓薇（第 204 枚夏季奥运会金牌），女，汉族，1993 年 2 月 14 日出生于福建省三明市饱饭坑村，身高 158 厘米，体重 60 千克。2009 年 1 月入国家队。2016 年 8 月 10 日在第 31 届奥运会上，以 262（115＋147）千克的成绩获得女子举重 63 千克级金牌，并打破世界纪录。

9. 陈若琳（第 205 枚夏季奥运会金牌。2008 年获得第 122、155 枚夏季奥运会金牌，2012 年获得第 170、197 枚夏季奥运会金牌），继 2008 年、2012 年在第 29、30 届奥运会上获得女子双人 10 米跳台金牌、女子单人 10 米跳板金牌后，2016 年 8 月 10 日在第 31 届奥运会上，与刘蕙瑕合作以 354.00 分的成绩获得女子双人 10 米跳台金牌。

10. 刘蕙瑕（第 205 枚夏季奥运会金牌），女，汉族，1997 年 11 月 30 日出生于湖北省大冶城关的一个普通家庭。父亲是银行职工，母亲是电厂工人。刘蕙瑕 3 岁时开始练习体操，7 岁改练跳水，8 岁进入湖北省队，12 岁进国家集训队。2016 年 8 月 10 日在第 31 届奥运会上，与陈若琳合作以 354.00 分的成绩获得女子双人 10 米跳台金牌。

11. 石智勇（第 206 枚夏季奥运会金牌。2021 年获得第 236 枚夏季奥运会金牌），男，汉族，1993 年出生于广西壮族自治区桂林市临桂区五通镇。2004 年被李冬瑜教练带到宁波体校，2008 年入选浙江省队。之后又被分进了占旭刚所在的一组，成了重点培养对象。2012 年进入国家队。2016 年 8 月 10 日在第 31 届奥运会上，以 352（162 + 190）千克的成绩获得男子举重 69 千克级金牌。2021 年获第 32 届奥运会男子举重 73 公斤级冠军。

12. 向艳梅（第 207 枚夏季奥运会金牌），女，土家族，1992 年 6 月 13 日出生于湖南保靖。2003 年 9 月开始练习举重，2005 年加入省队。2016 年 8 月 11 日在第 31 届奥运会上，以 261（116 + 145）千克的成绩获得女子举重 69 千克级金牌。

13. 丁宁（第 208、215 枚夏季奥运会金牌。2012 年获得第 194 枚夏季奥运会金牌），继 2012 年在第 30 届奥运会上获得乒乓球女子团体金牌后，2016 年 8 月 11 日在第 31 届奥运会上，获得乒乓球女子单打金牌。8 月 17 日，在第 31 届奥运会上，与队友合作获得乒乓球女子团体金牌。

14. 马龙（第 209、216 枚夏季奥运会金牌。2012 年获得第 195 枚夏季奥运会金牌。2021 年获得第 243、259 枚夏季奥运会金牌），继 2012 年在第 30 届奥运会上获得乒乓球男子团体金牌后，2016 年 8 月 12 日在第 31 届奥运会上，获得乒乓球男子单打金牌。8 月 18 日在第 31 届奥运会上，与队友合作获得乒乓球男子团体金牌。2021 年 7 月 30 日，在第 32 届奥运会上马龙荣获乒乓球男子单打冠军。2021 年 8 月 6 日，马龙与樊振东、许昕组成的中国男团，以 3 比 0 战胜德国队，夺得第 32 届奥运会乒乓球男子团体冠军。

15. 王镇（第 210 枚夏季奥运会金牌），男，汉族，1991 年 8 月 24 日出生于黑龙江绥化市北林区九三管理区。身高 180 厘米，体重 62 千克。2005 年进入大庆市体校田径队接受专业竞走训练。2010 年 3 月入选国家男子竞走队并在外教组训练。2016 年 8 月 13 日在第 31 届奥运会上，以 1 小时 19 分 14 秒的成绩获得男子 20 公里竞走金牌。

16. 钟天使（第 211 枚夏季奥运会金牌。2021 年荣获第 252 枚夏季奥运会金牌），女，汉族，出生于 1991 年，上海浦东惠南镇人。小学六年级时成为一名自行车运动员，2013 年进入国家自行车队。2016 年 8 月 13 日在第 31 届奥运会上，与宫金杰合作以 32 秒 107 的成绩获得场地自行车女子团体竞速赛金牌。2021 年 8 月 2 日，在东京举行的第 32 届奥运会场地自行车女子团体争先赛决赛中，钟天使和鲍珊菊组成的中国队夺得冠军。

17. 宫金杰（第 211 枚夏季奥运会金牌），女，汉族，1986 年 11 月 12 日出生于吉林省东丰县。身高 168 厘米，体重 67 千克。小时候开始练习的是田径，2002 年进入吉林队，后改练场地自行车项目，2005 年 11 月进入国家队。2016 年 8 月 13 日在第 31 届奥运会上，与钟天使合作以 32 秒 107 的成绩获得场地自行车女子团体竞速赛金牌。

18. 孟苏平（第 213 枚夏季奥运会金牌），女，汉族，1989 年 7 月 17 日出生于安徽省马鞍山市博望区新市镇刘山村。身高 172 厘米，体重 114 千克。2003 年 5 月从事举重训练。2006 年进入安徽队。2016 年 8 月 15 日在第 31 届奥运会上，以 307（130 + 177）千克的成绩获得女子举重 75 千克以上级金牌。

19. 曹缘（第 214 枚夏季奥运会金牌。2012 年获得第 167 枚夏季奥运会金牌，2021 年获得第 262 枚夏季奥运会金牌），继 2012 年在第 30 届奥运会上获得男子双人 10 米跳台金牌后，2016 年 8 月 17 日在第 31 届奥运会上，以 547.60 分的成绩获得男子单人 3 米跳板金牌。2021 年获第 32 届奥运会跳水男子 10 米跳台金牌。

20. 李晓霞（第 215 枚夏季奥运会金牌。2012 年获得第 175、194 枚夏季奥运会金牌），继 2012 年在第 30 届奥运会上获得乒乓球女子单打、女子团体金牌后，2016 年 8 月 17 日在第 31 届奥运会上，与队友合作获得乒乓球女子团体金牌。

21. 刘诗雯（第 215 枚夏季奥运会金牌），女，汉族，1991 年 4 月 12 日出生于辽宁抚顺，身高 160 厘米，体重 43 千克。5 岁开始练习乒乓球，7 岁进入广州伟伦体校，11 岁进入广东省队，2004 年 2 月进入国家二队，2005 年进入国家一队。2016 年 8 月 17 日在第 31 届奥运会上，与队友合作获得乒乓球女子团体金牌。

22. 张继科（第 216 枚夏季奥运会金牌。2012 年获得第 178、195 枚夏季奥运会金牌），继 2012 年在第 30 届奥运会上获得乒乓球男子单打、男子团体金牌后，2016 年 8 月 18 日在第 31 届奥运会上，与队友合作获得乒乓球男子团体金牌。并在本届奥运会上获得乒乓球男子单打银牌。

23. 许昕（第 216 枚夏季奥运会金牌），男，汉族，1989 年 8 月 19 日出生于江苏省徐州市的一个干部家庭。身高 181 厘米，体重 80 千克。5 岁时开始打球，1999 年进入南京体育学院乒乓球自费班学习，2000 年进入江苏省体校，2001 年进入曹燕华乒乓球学校，2004 年 2 月入选国家二队，10 月升入国家一队。2016 年 8 月 18 日在第 31 届奥运会上，与队友合作获得乒乓球男子团体金牌。

24. 赵帅（第 217 枚夏季奥运会金牌），男，汉族，1995 年 8 月 15 日出生于辽宁省朝阳市。身高 188 厘米，体重 58 千克。2004 年开始接触跆拳道，2006 年 11 月进入常州市体校接受跆拳道专业训练，2009 年进入江苏省跆拳道队。2016 年 8 月 18 日在第 31 届奥运会上，获得男子跆拳道 58 千克级金牌。

25. 任茜（第 218 枚夏季奥运会金牌），女，汉族，2001 年 2 月 20 日出生于四川都江堰。身高 162 厘米。2004 年进入成都市业余体育学校体操队训练，2007 年被输送到四川省跳水队改练跳水，2013 年进入国家队。2016 年 8 月 19 日在第 31 届奥运会上，以 439.25 分的成绩获得女子单人 10 米跳台金牌。

26. 傅海峰（第 219 枚夏季奥运会金牌。2012 年获得第 188 枚夏季奥运会金牌），继 2012 年第 30 届奥运会上获得羽毛球男子双打金牌后，2016 年 8 月 20 日在第 31 届奥运会上，与张楠合作获得羽毛球男子双打金牌。

27. 张楠（第 219 枚夏季奥运会金牌。2012 年获得第 180 枚夏季奥运会金牌），继 2012 年在第 30 届奥运会上获得羽毛球混合双打金牌后，2016 年 8 月 20 日在第 31 届奥运会上，与傅海峰合作获得羽毛球男子双打金牌。并在本届奥运会上获得混合双打铜牌。

28. 刘虹（第 220 枚夏季奥运会金牌），女，汉族，1987 年 5 月 12 日出生于江西省吉安市安福县。身高 161 厘米，体重 46 千克。2002 年进入广东省田径队，2005 年 11 月进入国家队。2016 年 8 月 20 日在第 31 届奥运会上，以 1 小时 28 分 35 秒的成绩获得女子 20 公里竞走金牌。

29. 谌龙（第 221 枚夏季奥运会金牌），男，汉族，1989 年 1 月 18 日生于湖北荆州。身高 188 厘米，体重 78 千克。1996 年进入荆州市少儿体校，2000 年进入厦门队，2006 年 6 月 9 日进入国家队二队。2016 年 8 月 20 日在第 31 届奥运会上，获得羽毛球男子单打金牌。

30. 郑姝音（第 223 枚夏季奥运会金牌），女，汉族，1994 年 5 月 1 日出生于辽宁省丹东市，身高 192 厘米。2007 年入选沈阳体育学院竞技体校跆拳道队进行训练，2009 年进国家跆拳道队。2016 年 8 月 21 日在第 31 届奥运会上，获得跆拳道女子 67 千克级金牌。

31. 惠若琪（第 224 枚夏季奥运会金牌），女，汉族，1991 年 3 月 4 日出生于辽宁大连。身高 192 厘米，体重 78 千克。2006 年入选江苏省一队，2007 年入选国家女排。2016 年 8 月 21 日在第 31 届奥运会上，与队友合作获得女子排球金牌。

32. 魏秋月（第 224 枚夏季奥运会金牌），女，汉族，1988 年 9 月 26 日出生于天津市。身高 182 厘米，体重 72 千克。1993 年进入天津市少体校排球预备班，2000 年 1 月进入天津体校，2003 年 5 月进入天津女排，2006 年入选国家队。2008 年在第 29 届奥运会上获得女子排球铜牌。2016 年 8 月 21 日在第 31 届奥运会上，与队友合作获得女子排球金牌。

33. 徐云丽（第 224 枚夏季奥运会金牌），女，汉族，1987 年 8 月 2 日出生于福建省福清市。身高 196 厘米。体重 72 千克。1997 年进入福清市少体校，2000 年入选福建队，2006 年入选国家女排集训队。2008 年在第 29 届奥运会上获得女子排球铜牌。2016 年 8 月 21 日在第 31 届奥运会上获得女子排球金牌。

34. 张常宁（第 224 枚夏季奥运会金牌），女，汉族，1995 年 11 月 6 日出生于江苏常州的一个排球世家。身高 195 厘米，体重 72 千克。父亲张友生、哥哥张晨均是中国男排主力队员。张常宁小学二年级开始接触排球，在南京市业余体校接受正规排球训练。2009 年 10 月入选中国沙排集训队。2014 年 3 月 23 日入选国家女排。2016 年 8 月 21 日在第 31 届奥运会上，与队友合作获得女子排球金牌。

35. 颜妮（第 224 枚夏季奥运会金牌），女，汉族，1987 年 3 月 2 日出生于辽宁，身高 192 厘米，体重 74 千克。颜妮曾经打过沙排，之后她进入辽宁女排青年队，2006 年入选国家二队，在 2009 年入选国家队。2016 年 8 月 21 日在第 31 届奥运会上获得女子排球金牌。

36. 林莉（第 224 枚夏季奥运会金牌），女，汉族，1992 年 7 月 5 日出生于福建。身高 171 厘米，体重 65 千克。2006 年在福州队打主攻，2009 年进入福建省队改打自由人，2015 年入选国家队。2016 年 8 月 21 日在第 31 届奥运会上获得女子排球金牌。

37. 朱婷（第 224 枚夏季奥运会金牌），女，汉族，1994 年 11 月 29 日出生于河南省周口市郸城县。身高 198 厘米，体重 78 千克。2007 年进入周口市体校，2008 年被选入河南省体校学习排球，2013 年入选国家女排。2016 年 8 月 21 日在第 31 届奥运会上，与队友合作获得女子排球金牌，并在本届奥运会上当选最佳主攻和最有价值球员。

38. 刘晓彤（第 224 枚夏季奥运会金牌），女，1990 年 2 月 16 日出生于吉林延边。身高 188 厘米，体重 70 千克。2013 年入选中国女排。2016 年 8 月 21 日在第 31 届奥运会上获得女子排球金牌。

39. 袁心玥（第 224 枚夏季奥运会金牌），女，汉族，1996 年 12 月 21 日出生于重庆，家住渝北区龙头寺附近。身高 201 厘米，体重 77 千克。2009 年被选入八一队，开始了排球生涯，2013 年入选国家队。2016 年 8 月 21 日在第 31 届奥运会上获得女子排球金牌。

40. 杨方旭（第 224 枚夏季奥运会金牌），女，汉族，1994 年 10 月 6 日出生于山东省潍坊市高密市。身高 190 厘米，体重 75 千克。2008 年正式进入体校，2013 年底被选入国家队。2016 年 8 月 21 日在第 31 届奥运会上获得女子排球金牌。

41. 龚翔宇（第 224 枚夏季奥运会金牌），女，汉族，1997 年 4 月 21 日出生于江苏连云港。身高 186 厘米，体重 72 千克。龚翔宇成长在一个体育家庭，父亲是江苏青年男篮曾经的队员，母亲则拿到了北京全运会女子重剑的团体冠军。2009 年 8 月 31 日入选省体校。2016 年 1 月 19 日入选中国女排。2016 年 8 月 21 日在第 31 届奥运会上，与队友合作获得女子排球金牌。

42. 丁霞（第 224 枚夏季奥运会金牌），女，汉族，1990 年 1 月 13 日出生于河北石家庄。身高 180 厘米，体重 65 千克。10 岁在石家庄市业余体校开始练习排球，2007 年进入辽宁女排省队进行专业的训练，2013 年进入国家队。2016 年 8 月 21 日在第 31 届奥运会上获得女子排球金牌。

（十）2021 年夏季奥运会冠军

第 32 届夏季奥运会因为全球新型冠状病毒疫情推迟比赛一年，于 2021 年 7 月 23 日——8 月 8 日在日本东京举行。中国体育代表团 51 人 56 人次荣获 38 枚金牌，其中男子 18 人 20 人次获 14 枚金牌，女子 33 人 36 人次获 24 枚金牌。此外，获 32 枚银牌，18 枚铜牌。以下是金牌获得者。

1. 杨倩（第 225、233 枚夏季奥运会金牌），女，汉族，2000 年 7 月 10 日出生于浙江省宁波市勤州区姜山镇杨家弄村。2010 年 12 月入选宁波体育运动学校射击队。2019 年 3 月入选中国射击队。2021 年 7 月 24 日在东京举行的第 32 届奥运会射击女子 10 米气步枪决赛中，以 251.8 环的成绩夺得金牌。7 月 27 日，第 32 届奥运会射击 10 米气步枪混合团体决赛中，杨倩与队友杨皓然以 17：13 的总比分战胜美国队获得金牌。

2. 侯志慧（第 226 枚夏季奥运会金牌），女，1997 年 3 月 18 日出生于湖南省郴州市桂阳县。2012 年进入湖南举重队，2015 年进入中国举重队。2021 年 7 月 24 日在东京举行的第 32 届奥运会女子举重 49 公斤级比赛中，以 210（94 + 116）公斤的成绩夺冠。

3. 孙一文（第 227 枚夏季奥运会金牌），女，汉族，1992 年 6 月 17 日出生于山东省烟台市。2005 年进入烟台市击剑队。2006 年进入了国家队。2021 年 7 月 24 日在第 32 届奥运会上获得女子重剑个人金牌。

4. 施廷懋（第 228、247 枚夏季奥运会金牌。2016 年获得第 200、212 枚夏季奥运会金牌），继 2016 年在第 31 届奥运会上获得女子双人 3 米跳板金牌（与吴敏霞合作），女子单人 3 米跳板金牌后。2021 年 7 月 25 日在第 32 届奥运会上，与队友王涵合作获得跳水女子双人 3 米板冠军；8 月 1 日在第 32 届奥运会上跳水女子 3 米板比赛中，以 383.50 分夺得冠军。

5. 王涵（第 228 枚夏季奥运会金牌），女，汉族，1991 年 1 月 24 日出生于河北保定，身高 164 厘米。不到 4 岁的时候开始练习体操。2000 年成为河北省跳水队员。2008 年进入国家队，2021 年 7 月 25 日，在第 32 届奥运会上获得跳水女子双人 3 米板金牌。

6. 李发彬（第 229 枚夏季奥运会金牌），男，1993 年 1 月 15 日出生于福建省泉州市南安市。2002 年 9 月进入南安市体校，2004 年进入福建省体校，2009 年进入福建队，2012 年入选中国队。2021 年 7 月 25 日在东京奥运会举重男子 61 公斤级比赛中，以 313（141＋172）公斤的成绩获得金牌

7. 谌利军（第 230 枚夏季奥运会金牌），男，1993 年 2 月 8 日出生于湖南省益阳市安化县。2003 年进入益阳市少儿体校举重训练，2006 年进入湖南省举重队，2013 年初加入解放军队。2021 年 7 月 25 日在第 32 届奥运会上，以 332（145＋188）公斤的成绩获得男子举重 67 公斤级金牌。

8. 庞伟（第 231 枚夏季奥运会金牌。2008 年获得第 113 夏季奥运会金牌。），继 2008 年在第 29 届奥运会上获得男子 10 米气手枪金牌后，2021 年 7 月 24 日在东京举行的第 32 届奥运会上，与队友姜冉馨合作获得射击 10 米气手枪混合团体冠军。

9. 姜冉馨（第 231 枚夏季奥运会金牌），女，2000 年 5 月 2 日出生于上海市奉贤区。2013 年 7 月进入上海市奉贤区体育训练中心参加射击业余训练。2016 年进入上海射击队，后入选国家集训队。2021 年 7 月 27 日，在第 32 届奥运会上与队友庞伟合作获得射击 10 米气手枪混合团体金牌。

10. 陈芋汐（第 232 枚夏季奥运会金牌），女，汉族，2005 年 9 月 11 日出生于于上海的一个体操世家。2008 年开始练习体操，2011 年转而练习跳水。2017 年进入上海跳水队，2019 年入选中国跳水队，2021 年 7 月 27 日在第 32 届奥运会上与队友张家齐合作获得跳水女子双人 10 米台金牌。

11. 张家齐（第 232 枚夏季奥运会金牌），女，2004 年 5 月 28 日出生于北京。2010 年被选入北京跳水二线队，2014 年进入北京跳水一线队。2021 年 7 月 27 日，在第 32 届奥运会上与队友陈芋汐合作获得跳水女子双人 10 米台金牌。

12. 杨皓然（第 233 枚夏季奥运会金牌），男，1996 年 2 月 22 日出生于河北承德。2021 年 7 月 25 日获得东京奥运会男子 10 米气步枪季军；7 月 27 日，杨皓然与杨倩夺得 2020 东京奥运会 10 米气步枪混合团体决赛金牌。

13. 崔晓桐（第 234 枚夏季奥运会金牌），女，汉族，1994 年 11 月 21 日出生于辽宁丹东。2021 年 7 月 28 日，在东京奥运会赛艇女子四人双桨决赛中，由崔晓桐、陈云霞、张灵、吕扬组成的中国队夺得金牌。

14. 吕扬（第 234 枚夏季奥运会金牌），女，1993 年 11 月 26 日出生于河南省漯河市。2021 年 7 月 28 日，在东京奥运会赛艇女子四人双桨决赛中，由吕扬、崔晓桐、陈云霞、张灵组成的中国队以 6 分 05 秒 13 的成绩夺得金牌。

15. 张灵（第234枚夏季奥运会金牌），女，1997年2月27日出生鹿邑县，2021年7月28日，2020年在东京举行的第32届奥运会赛艇女子四人双桨决赛中，中国组合张灵、崔晓桐、吕扬和陈云霞以6分05秒13的成绩夺冠。

16. 陈云霞（第234枚夏季奥运会金牌），女，1995年12月5日出生于内蒙古通辽市奈曼旗六号农场。2021年7月28日，在东京奥运会赛艇女子四人双桨决赛中，由陈云霞等4人组成的中国队以6分05秒13的成绩夺得金牌。

17. 王宗源（第235枚夏季奥运会金牌），男，2001年10月22日出生于湖北省襄阳市襄城区。2021年7月28日，在东京奥运会跳水男子双人3米板决赛中，王宗源与队友谢思埸夺得金牌。

18. 谢思埸（第235、254枚夏季奥运会金牌），男，1996年3月28日出生于广东省汕头市，2012年进入中国跳水队。2021年7月28日，谢思埸与队友王宗源合作，以总成绩467.82分获得东京奥运会跳水男子双人三米板冠军。8月3日在东京奥运会跳水男子三米板比赛中，谢思埸以558.75分获得冠军。

19. 石智勇（第236枚夏季奥运会金牌。2016年获得第206枚夏季奥运会金牌。），继2016年在第31届奥运会上获得男子举重69公斤级金牌后，2021年7月28日在东京举行的第32届奥运会举重比赛中，以364（166＋198）公斤的成绩获得男子举重73公斤级冠军。

20. 张雨霏（第237枚夏季奥运会金牌，第238枚夏季奥运会金牌），女，1998年4月19日出生于江苏徐州。2021年7月29日，夺得东京奥运会游泳女子200米蝶泳金牌。同日，张雨霏与队友合作以7′40″33的成绩为中国队夺得东京奥运会女子4×200米自由泳接力金牌。

21. 杨浚瑄（第238枚夏季奥运会金牌），女，2002年1月26日出生于山东淄博。2021年7月29日，杨浚瑄与队友张雨霏、汤慕涵、李冰洁合作以7′40″33的成绩为中国队夺得东京奥运会女子4×200米自由泳接力冠军。

22. 汤慕涵（第238枚夏季奥运会金牌），女，2003年9月4日出生于吉林长春。2021年7月29日，在东京奥运会女子4×200米自由泳接力决赛中，中国组合汤慕涵/杨浚瑄/张雨霏/李冰洁以7′40″33的成绩夺得冠军。

23. 李冰洁（第238枚夏季奥运会金牌），女，2002年3月3日出生于河北省保定市。2021年7月26日，在东京奥运会女子400米自由泳决赛中夺得铜牌。7月29日，在东京奥运会女子4×200米自由泳接力决赛中，中国组合李冰洁/汤慕涵/杨浚瑄/张雨霏以7′40″33的成绩夺得冠军。

24. 陈梦（第239枚夏季奥运会金牌），女，1994年1月15日出生于山东青岛。2021年7月29日夺得东京奥运会乒乓球女子单打冠军；8月5日，陈梦和队友孙颖莎、王曼昱合作夺得东京奥运会女团冠军。

25. 汪顺（第 240 枚夏季奥运会金牌），男，1994 年 2 月 11 日生于浙江省。东京奥运会男子 200 米混合泳决赛中，1′55″的成绩夺得冠军。

26. 朱雪莹（第 241 枚夏季奥运会金牌），女，1998 年 3 月 2 日出生于北京市石景山区。2021 年 7 月 30 日，朱雪莹夺得东京奥运会女子蹦床金牌。

27. 王懿律（第 242 枚夏季奥运会金牌），男，1994 年 11 月 8 日出生于浙江省嘉兴市秀洲区。2021 年 7 月 30 日，在东京奥运会羽毛球混合双打决赛中，王懿律/黄东萍以 2∶1 战胜队友郑思维黄雅琼夺得金牌。

28. 黄东萍（第 242 枚夏季奥运会金牌），女，1995 年 1 月 20 日出生于福建省，身高 165 厘米。2021 年 7 月 30 日，在东京奥运会羽毛球混合双打决赛中，黄东萍与队友王懿律合作获得金牌。

29. 马龙（第 243、259 枚夏季奥运会金牌。2012 年获得第 195 枚夏季奥运会金牌，2016 年获得第 209、216 枚夏季奥运会金牌），继 2012 年在第 30 届奥运会上获得乒乓球男子团体金牌，2016 在第 31 届奥运会上获得乒乓球男子单打冠军和男子团体冠军后。2021 年 7 月 30 日，在第 32 届奥运会上荣获乒乓球男子单打冠军。2021 年 8 月 6 日，马龙与樊振东、许昕组成的中国男团，以 3 比 0 战胜德国队，夺得第 32 届奥运会乒乓球男子团体冠军。

30. 卢云秀（第 244 枚夏季奥运会金牌），女，1996 年 9 月 6 日出生于福建省漳浦县杜浔镇范阳村。2021 年 7 月 31 日，夺得 2020 年东京奥运会帆船女子帆板 RS∶X 级金牌。

31. 吕小军（第 245 枚夏季奥运会金牌。2012 年获得第 176 枚夏季奥运会金牌。），继 2012 年在第 30 届奥运会上获得男子举重 77 公斤级金牌，2016 年在第 31 届奥运会上获得男子举重 77 公斤级银牌后。2021 年 7 月 31 日在东京举行的第 32 届奥运会上，以 374（170＋204）公斤的成绩获男子举重 81 公斤级冠军。

32. 孔立姣（第 246 枚夏季奥运会金牌），女，1989 年 1 月 24 日出生于河北省石家庄市。身高 175 厘米，体重 110 千克。2008 年北京奥运会获女子铅球季军，2012 年伦敦奥运会以 20.22 米的成绩获得女子铅球亚军。2021 年 8 月 1 日，在东京举行的第 32 届奥运会田径女子铅球决赛中，以 20 米 58 的个人最佳成绩夺冠。

33. 陈雨菲（第 248 枚夏季奥运会金牌），女，汉族，1998 年 3 月 1 日出生于浙江省杭州市桐庐县，身高 171 厘米。2006 年进入浙江省羽毛球队，2011 年入选国青队集训。2021 年 8 月 1 日获得东京奥运会羽毛球女子单打冠军。

34. 汪周雨（第 249 枚夏季奥运会金牌），女，汉族，1994 年 5 月 13 日出生于宜都市陆城镇。11 岁选入湖北省举重队集训，2021 年 8 月 2 日在东京奥运会举重女子 87 公斤级比赛中，以 270（120＋150）公斤的成绩获冠军。

35. 刘洋（第 250 枚夏季奥运会金牌），男，汉族，1994 年 9 月 10 日出生于辽宁鞍山。身高 162 厘米，体重 61 千克。2012 年入选中国体操队。2021 年 8 月 2 日获得东京奥运会竞技体操男子吊环金牌。

36. 张常鸿（第 251 枚夏季奥运会金牌），男，2000 年 2 月 14 日出生于山东省龙口市。2014 年 11 月进入山东省射击自行车运动管理中心从事步枪训练。2021 年 8 月 2 日获得东京奥运会男子 50 米步枪三姿冠军，并打破该项目的世界纪录和奥运会纪录。

37. 钟天使（第 252 枚夏季奥运会金牌．2016 年获得第 211 枚夏季奥运会金牌。），2016 年在第 31 届奥运会与宫金杰合作获得场地自行车女子团体竞速赛金牌后。2021 年 8 月 2 日，在东京举行的第 32 届奥运会场地自行车女子团体争先赛决赛中，钟天使和鲍珊菊组成的中国队以 31″804 的成绩夺得冠军。

38. 鲍珊菊（第 252 枚夏季奥运会金牌），女，1997 年 11 月 3 日出生于河南省洛阳市汝阳县。2021 年 8 月 2 日在东京奥运会场地自行车女子团体争先赛中，鲍珊菊和钟天使组成的中国队以 31″804 的成绩夺得冠军。

39. 李雯雯（第 253 枚夏季奥运会金牌），女，2000 年 3 月 5 日出生于辽宁省鞍山市。2021 年 8 月 2 日在东京奥运会举重女子 87 公斤以上级比赛中，以 320（140＋180）公斤的成绩获冠军。

40. 邹敬园（第 255 枚夏季奥运会金牌），男。1998 年 1 月 3 日出生于四川省宜宾市，身高 158 厘米，2012 年进入中国体操队。2021 年 8 月 3 日，在东京举行的第 32 届奥运会上，以 16.233 分获得男子双杠金牌。

41. 管晨辰（第 256 枚夏季奥运会金牌），女，2004 年 9 月 25 日出生于湖北石首，2017 年进入中国体操队。2021 年 8 月 3 日在东京奥运会体操女子平衡木决赛中夺得金牌。

42. 全红婵（第 257 枚夏季奥运会金牌），女，2007 年 3 月 28 日出生于广东省湛江市，2018 年 3 月进入到广东省跳水队。2021 年 8 月 5 日，在东京奥运会跳水女子单人 10 米跳台决赛中以 466.2 分夺得冠军。

43. 陈梦（第 258 枚夏季奥运会金牌），女，汉族，1994 年 1 月 15 日出生于山东青岛。身高 163 厘米，体重 55 千克。2021 年 7 月 29 日夺得东京奥运会乒乓球女子单打冠军；8 月 5 日，陈梦和队友孙颖莎、王曼昱夺得东京奥运会女团冠军。

44. 孙颖莎（第 258 枚夏季奥运会金牌），女，汉族，2000 年 11 月 4 日出生于河北石家庄，身高 162 厘米，体重 55 千克。2015 年 9 月进入中国乒乓球二队。2017 年 1 月进入中国乒乓球一队。2021 年 7 月 29 日夺得东京奥运会女子单打亚军；8 月 5 日，孙颖莎与队友合作夺得奥运会乒乓球女子团体冠军。

45. 王曼昱（第 258 枚夏季奥运会金牌），女，汉族，1999 年 2 月 9 日生于黑龙江省齐齐哈尔市，身高 176 厘米，体重 55 千克。5 岁开始学习打球，2008 年入选黑龙江省集训队，2013 年进入国家青年队，2016 年进入国家一队。2021 年 8 月 5 日，与队友陈梦、孙颖莎在东京奥运会乒乓球女子团体赛决赛中，以 3：0 完胜日本队获得金牌。

46. 樊振东（第 259 枚夏季奥运会金牌），男，汉族，1997 年 1 月 22 日出生于广东省广州市。现役军人，身高 170 厘米，体重 80 千克。2008 年进入八一队。2012 年 2 月进入中国乒乓球队。2021 年 7 月 30 日获东京奥运会男单亚军。8 月 6 日，樊振东与马龙、许昕组成的中国男团，以 3 比 0 战胜德国队，夺得乒乓球男子团体冠军。

47. 许昕（第 259 枚夏季奥运会金牌）男，汉族，1990 年 1 月 8 日出生于江苏省徐州市，身高 181 厘米，体重 80 千克。2006 年入选国家一队。2016 年，获得里约奥运会乒乓球男团冠军。2021 年 7 月 26 日，在东京奥运会乒乓球混双决赛中，许昕/刘诗雯夺得乒乓球混双银牌。8 月 6 日，东京奥运会乒乓球男团决赛，由许昕、马龙和樊振东组成的中国男团获得冠军。

48. 刘诗颖（第 260 枚夏季奥运会金牌），女，汉族，1993 年 9 月 24 日出生于山东烟台，身高 179 厘米，体重 70 千克。2021 年 8 月 6 日，以 66 米 34 的成绩夺得 2020 年东京奥运会女子标枪金牌。

49. 徐诗晓（第 261 枚夏季奥运会金牌），女，汉族，1992 年 2 月 16 日出生于江西省上饶市，身高 179 厘米，体重 70 千克。2021 年 8 月 7 日，徐诗晓/孙梦雅以 1′55″495 的成绩获得东京奥运会女子 500 米双人划艇金牌。

50. 孙梦雅（第 261 枚夏季奥运会金牌）女，汉族，2001 年 5 月 3 日出生于山东省枣庄市台儿庄区，身高 172 厘米，体重 70 千克，山东运动员。2021 年 8 月 7 日，在 2020 东京奥运会女子 500 米双人划艇项目决赛中，孙梦雅与队友徐诗晓以 1′55″495（1 分 55 秒 495）的成绩获得冠军。

51. 曹缘（第 262 枚夏季奥运会金牌。2012 年获得第 167 枚夏季奥运会金牌，2016 年获得第 214 枚夏季奥运会金牌。），继 2012 年在第 30 届奥运会上获得男子双人 10 米跳台金牌，2016 年在第 31 届奥运会上获得男子单人 3 米跳板金牌后。2021 年 8 月 7 日在东京获得第 32 届奥运会跳水男子 10 米跳台金牌。

附录二　中国冬季奥运会冠军简介

1924 年 1 月—2 月，首届冬季奥运会在法国的夏蒙尼举行，中国未派队员参加。1931 年中国加入国际奥林匹克委员会。1936 年以后的多届奥运会我国未正式参加。中国奥委会在 1979 年国际奥委会合法席位得到恢复之后，中国运动员于 1980 年 2 月首次参加在美国普莱西德湖举办的第 13 届冬季奥运会，但未进入前六名。2002 年 2 月 17 日，在美国犹他州盐湖城举行的第 19 届冬季奥运会上，杨扬获得女子 500 米短道速滑金牌，成为中国首位荣获冬季奥运会金牌的选手。从 2002—2018 年，在已举行的 5 届冬季奥运会上，我国共有 11 人 17 人次荣获 13 枚冬季奥运会金牌。

（一）2002 年冬季奥运会冠军

第 19 届冬季奥运会于 2002 年 2 月 8 日—2 月 24 日在美国犹他州盐湖城举行。中国体育代表团获得 2 枚金牌、2 枚银牌、4 枚铜牌。以下是中国体育代表团金牌获得者的情况。

1. 杨扬（第 1、2 枚冬季奥运会金牌），女，汉族，1975 年 8 月 24 日出生于黑龙江省佳木斯市汤原县的一个普通家庭。身高 166 厘米，体重 60 千克。1984 年开始滑冰训练，1986 年进入七台河市业余体校，1988 年 4 月进入哈尔滨体校练习短道速滑，1995 年由黑龙江队进入国家队。2002 年 2 月 17 日在美国犹他州盐湖城举行的第 19 届冬季奥运会上，以 44 秒 187 的成绩获得短道速滑女子 500 米金牌，实现了中国冬奥会金牌零的突破。2 月 24 日在第 19 届冬季奥运会上，以 1 分 36 秒 391 的成绩获得短道速滑女子 1000 米金牌。在本届奥运会上还获得短道速滑女子 3000 米接力银牌。杨扬一共获得了 59 个世界冠军。

（二）2006 年冬季奥运会冠军

第 20 届冬季奥运会于 2006 年 2 月 10 日—2 月 26 日在意大利都灵举行。中国体育代表团获得 2 枚金牌、4 枚银牌、5 枚铜牌。

1. 王濛（第 3 枚冬季奥运会金牌。2010 年获得第 6、8、9 枚冬季奥运会金牌），女，汉族，1984 年 7 月 9 日出生于黑龙江省七台河市。身高 167 厘米，体重 58 千克。父亲是煤矿工人，母亲在法院工作。1995 年初开始了速滑生涯，1998 年进入黑龙江省体校，2000 年被上调到国家队。2006 年 2 月 15 日在第 20 届冬季奥运会上，以 44 秒 345 的成绩获得短道速滑女子 500 米金牌。

2010 年在第 21 届冬季奥运会上获得短道速滑女子 500 米、1000 米、3000 米接力金牌。

2. 韩晓鹏（第 4 枚冬季奥运会金牌），男，1982 年 12 月 13 日出生于江苏省徐州市沛县。身高 173 厘米，体重 68 千克。1995 年被沈阳体育学院选入自由式滑雪队。2006 年 2 月 23 日在第 20 届冬季奥运会上，以 250.77 分获得了自由式滑雪男子空中技巧金牌。

（三）2010 年冬季奥运会冠军

第 21 届冬季奥运会于 2010 年 2 月 12 日—2 月 26 日在加拿大温哥华举行。中国体育代表团获得 5 枚金牌、2 枚银牌、4 枚铜牌。

1. 申雪（第 5 枚冬季奥运会金牌），女，汉族，1978 年 11 月 13 日出生于黑龙江省哈尔滨市。身高 160 厘米，体重 44 千克。1991 年开始接触滑冰，1992 年 8 月正式与赵宏博拍档练习双人滑。2002 年在第 19 届冬奥会上获得花样滑冰双人滑铜牌。2006 年在第 20 届冬奥会上获得花样滑冰双人滑铜牌。2010 年 2 月 16 日在第 21 届奥运会上，与赵宏博合作以 216.57 分的成绩获得花样滑冰双人滑金牌。

2. 赵宏博（第 5 枚冬季奥运会金牌），男，满族，1973 年 9 月出生于黑龙江省哈尔滨市。身高 176 厘米，体重 79 千克。1992 年 8 月与申雪拍档练习双人滑。2002 年在第 19 届冬奥会上获得花样滑冰双人滑铜牌。2006 年在第 20 届冬奥会上获得花样滑冰双人滑铜牌。2010 年 2 月 16 日在第 21 届奥运会上，与申雪合作以 216.57 分的成绩获得花样滑冰双人滑金牌。

3. 王濛（第 6、8、9 枚冬季奥运会金牌。2006 年获得第 3 枚冬季奥运会金牌），继 2006 年在第 20 届奥运会上获得短道速滑女子 500 米金牌后，2010 年 2 月 18 日在第 21 届冬季奥运会上，以 43 秒 048 的成绩获得短道速滑女子 500 米金牌。2 月 25 日在第 21 届冬季奥运会上，与队友合作以 4 分 06 秒 610 的成绩获得短道速滑女子 3000 米接力的冠军。2 月 27 日在第 21 届冬季奥运会上，以 1 分 29 秒 213 的成绩获得短道速滑女子 1000 米金牌。成为中国短道速滑历史上第一个三冠王。

4. 周洋（第 7、8 枚冬季奥运会金牌。2014 年获得第 12 枚冬季奥运会金牌），女，汉族，1991 年 6 月 9 日出生于吉林长春。身高 165 厘米，体重 57 千克。2006 年进入国家队。2010 年 2 月 21 日在第 21 届奥运会上，以 2 分 16 秒 993 的成绩获得短道速滑女子 1500 米金牌。2 月 25 日在第 21 届奥运会上，与队友合作以 4 分 06 秒 610 的成绩获得短道速滑女子 3000 米接力金牌。

2014 年在第 22 届奥运会上获得短道速滑女子 1500 米金牌。

5. 孙琳琳（第 8 枚冬季奥运会金牌），女，汉族，1988 年 10 月 3 日出生于黑龙江省七台河市。身高 161 厘米，体重 56 千克。10 岁时开始滑冰。2010 年 2 月 25 日在第 21 届奥运会上，与队友合作以 4 分 06 秒 610 的成绩获得短道速滑女子 3000 米接力金牌。

6. 张会（第 8 枚冬季奥运会金牌），女，汉族，1988 年 3 月 8 日出生于黑龙江省哈尔滨市。身高 160 厘米，体重 58 千克。1999 年开始练习滑冰，2008 年 5 月进入国家队。2010 年 2 月 25 日在第 21 届奥运会上，与队友合作以 4 分 06 秒 610 的成绩获得短道速滑女子 3000 米接力金牌。

（四）2014 年冬季奥运会冠军

第 22 届冬季奥运会于 2014 年 2 月 7 日—2 月 23 日在俄罗斯索契举行。中国体育代表团获得 3 枚金牌、4 枚银牌、2 枚铜牌。

1. 李坚柔（第 10 枚冬季奥运会金牌），女，汉族，1986 年 8 月 15 日出生于吉林省吉林市。身高 160 厘米，体重 55 千克。母亲是会计，父亲是木工。10 岁练习滑冰，2008 年入选国家队。2014 年 2 月 13 日在第 22 届奥运会上，以 45 秒 263 的成绩获得短道速滑女子 500 米金牌。

2. 张虹（第 11 枚冬季奥运会金牌），女，汉族，1988 年 4 月 12 日出生于黑龙江省哈尔滨市。身高 174 厘米，体重 65 千克。1995 年开始接触滑冰项目。2000 年进入哈尔滨市队。2008 年开始改行练习速度滑冰。2014 年 2 月 13 日，在第 22 届奥运会上，以 1 分 14 秒 02 的成绩获得速度滑冰女子 1000 米金牌。

3. 周洋（第 12 枚冬季奥运会金牌。2010 年获得第 7、8 枚冬季奥运会金牌），继 2010 年在第 21 届奥运会上获得短道速滑女子 1500 米、女子 3000 米接力金牌后，2014 年 2 月 15 日在俄罗斯索契举行的第 22 届奥运会上，以 2 分 19 秒 140 的成绩获得短道速滑女子 1500 米金牌。

（五）2018 年冬季奥运会冠军

第 23 届冬季奥运会于 2018 年 2 月 9 日—2 月 25 日在韩国平昌举行。中国体育代表团在本届奥运会获得 1 枚金牌、6 枚银牌、2 枚铜牌。

武大靖（第 13 枚冬季奥运会金牌），男，1994 年 7 月 24 日出生于黑龙江省佳木斯市，汉族。身高 182 厘米，体重 73 千克。2004 年，开始练习短道速滑。2007 年进入江苏省短道速滑队。2009 年成为吉林队员。2010 年 11 月进入国家队。2018 年 2 月 20 日，在韩国平昌举行的第 23 届冬季奥运会短道速滑男子 500 米决赛中，以 39 秒 584 的成绩夺冠并打破世界纪录。

附录三　中国香港、中国台北奥运会冠军

（一）中国香港奥运会冠军

中国香港奥委会成立于 1950 年，1951 年正式获承认为国际奥林匹克委员会成员。1999 年 3 月 8 日正式易名为中国香港体育协会暨奥林匹克委员会。

1. 李丽珊，女，1970 年 9 月 5 日出于中国香港，身高 170 厘米，体重 58 千克。

自幼在舅父的指导下练习滑浪风帆，17 岁开始参加比赛，1989 年成为中国香港代表队成员。1996 年 7 月 29 日在第 26 届奥运会上，获得帆板女子米斯级金牌，为中国香港队奥运会参赛史上首枚金牌。

2. 张家朗，男，1997 年 6 月 10 日出生于中国香港，身高 193 厘米。10 岁练习击剑。2021 年 7 月 26 日在东京获得第 32 届奥运会上男子花剑个人冠军。

（二）中国台北奥运会冠军（中国台北奥委会有 7 人获 7 枚奥运会金牌）

1. 陈诗欣，女，1978 年 11 月 16 日出生于中国台北。身高 166 厘米，体重 47 千克。父亲陈伟雄是中国台湾资深跆拳道教练，在中国台北开馆授艺。陈诗欣耳濡目染，练习跆拳道对于儿童时代的她来说就是儿时游戏。2004 年 8 月 26 日在第 28 届奥运会上获得跆拳道女子 49 千克级金牌。

2. 朱木炎，男，1982 年 3 月 14 日出生于中国台湾桃园县，祖籍广东梅州。身高 173 厘米，体重 58 千克。2004 年 8 月 26 日在第 28 届奥运会上，获得跆拳道男子 58 千克级比赛金牌。2008 年在第 29 届奥运会上获得跆拳道男子 58 千克级铜牌。

3. 陈苇绫，女，1982 年 1 月 10 日出生于中国台北市。身高 149 厘米，体重 48 千克。最初练习田径，后改练举重。2008 年 8 月 9 日在北京举行的第 29 届奥运会女子举重 48 千克级比赛中，以 196（84 + 112）千克的成绩获得金牌（备注：获第 29 届奥运会举重女子举重 48 千克级金牌、银牌的选手因涉兴奋剂，于 2016 年被取消成绩，陈苇绫的成绩由铜牌递增为金牌）。

4. 许淑净，女，1991 年 5 月 9 日出生于中国台湾云林县仑背乡。身高 160 厘米，体重 53 千克。2012 年 7 月 29 日在英国伦敦举行的第 30 届奥运会上，以 219（96 + 123）千克的成绩获得举重女子 53 千克级金牌（备注：获得金牌的哈萨克斯坦选手祖尔菲亚保留的检测样品中 2016 年被检出禁药，许淑净由银牌递补为金牌）。

2016 年 8 月 8 日在巴西里约热内卢举行的第 31 届奥运会上，以 212（100 + 112）千克的成绩获得女子举重 53 千克级金牌。

5. 郭婞淳，女，1993 年 11 月 26 日出生于中国台东，阿美族。2021 年 7 月在第 32 届奥运会上，以 236（103 + 133）公斤的成绩获得女子举重 59 公斤级金牌。

6. 李洋，男，出生于中国台北，汉族。2021 年 7 月 31 日在东京举行的第 32 届奥运会羽毛球比赛中，与队友王齐麟合作获得男子双打冠军。

7. 王齐麟，男，1995 年 1 月 18 日出生于中国台湾，汉族。2021 年 7 月 31 日在东京举行的第 32 届奥运会羽毛球比赛中，与队友李洋合作获得男子双打冠军。

参考文献

一、英文文献

（1）著作

［1］Olympic Studies Centre. Torches and Torch Relays of the Oliypic Winter Games form Oslo 1952 to Sochi 2014 ［M］. 2014.

［2］International Weightlifting Federation HANDBOOK 2010 – 2016 ［M］. Hungary：IWF. 2011 – 2017.

［3］Gottfried Schodl. The Lost Past – A Story of the International Weightlifting Federation ［M］. IWF. Hungary，1992.

［4］Ture Widlund. Weightlifting at the Olympic Games 1896 – 1988 ［M］. IWF. Hungary，1989.

（2）论文

［5］Yang shiyong. A Brief History of Weightlifting in Ancient China. Asian Weightlifting ［J］. The Asian Weightlifting Federation. Singapore，1996 （4）.

［6］Yang shiyong. Resarch on the Age Characteristics of Olympic Champions in Men Weightlifting ［C］. Proceedings of 2004. Pre – Olympic Congress. Volume 1—2. Aristotle University of Thessaloniki，Greece.

［7］Yang shiyong. Research on the Age Characteristics of the Olympic Champions in Womem Weightlifting ［C］. ICSEMIS 2012 International Convention on Science，Education & Medicine in Sport. Final Programme：132.

［8］Yang shiyong. Research on Chinese Weightlifting Make More Glorious A-chievements ［C］. ICSEMIS 2012 International Convention on Science，Education & Medicine in Sport. Final Programme：142.

［9］Szyszka，Paulina. The Relationship Between Biomechanical Indicators of the Snatch Technique and Female Weightlifters' Levels ［J］. Polish Journal of Sport &

Tourism, 2014.

[10] Storey, Adam. Unique Aspects of Competitive Weightlifting: Performance, Training and Physiology [J]. Sports Medicine, 2012.

[11] Malcata, Rita; Hopkins, Will. Variability of Competitive Performance of Elite Athletes: A Systematic Review [J]. Sports Medicine. Dec2014, Vol. 44 Issue 12, pp. 1763 – 1774.

[12] Schodl, G. The past, present and future of weightlifting: the importance of weightlifting at the Olympic Games [C]. In Proceedings of the Weightlifting Symposium, 1997, Ancient Olympia, Greece, Budapest, Hungary, International Weightlifting Federation. 1997, pp. 14 – 19.

[13] Mike Huggins. Only Gold Matters: Cecil Griffiths, the Exiled Olympic Champion [J]. The International Journal of the History of Sport, 2014, 31 (17).

[14] Dong Jinxia. PROLOGUE – From Dominated Domestic to Olympic Champion: Ideology, Gender and Elite Sport in China [J]. Routledge Online Studies on the Olympic and Paralympic Games. 2012, 1 (18).

[15] Daniel Gould, Kristen Dieffenbach, Aaron Moffett. Psychological Characteristics and Their Development in Olympic Champions [J]. Journal of Applied Sport Psychology. 2002, 14 (3).

[16] Qiaolei Jiang. Celebrity Athletes, Soft Power and National Identity: Hong Kong Newspaper Coverage of the Olympic Champions of Beijing 2008 and London 2012 [J]. Mass Communication and Society. 2013, 16 (6).

[17] Mustafa Sarkar. Johnson, M. (2011). Gold Rush: What Makes an Olympic Champion? London, [J]. UK: HarperSport. Journal of Sport Psychology in Action. 2012, 3 (2).

二、中文文献

(一) 著作

[18] 田麦久. 运动训练学 [M]. 北京: 人民体育出版社, 2000.

[19] 刘建和. 运动竞赛学 [M]. 北京: 人民体育出版社, 2008.

[20] 胡安, 安东尼奥, 萨马兰奇. 萨马兰奇奥林匹克回忆 [M]. 北京: 世界知识出版社, 2005.

[21] 杨燕萍. 冬季奥林匹克之旅 [M]. 北京: 中国人民大学出版社, 2018.

[22] 冯连世. 优秀运动员身体机能评定方法 [M]. 北京：人民体育出版社，2003.

[23] 周西宽. 体育基本理论教程 [M]. 北京：人民体育出版社，2004：98.

[24] 卢元镇. 体育社会学 [M]. 北京：高等教育出版社，2002.

[25] 易剑东. 体育文化学 [M]. 北京：北京体育大学出版社，2006.

[26] 杨桦. 我国奥运会备战参赛的理论与实践 [M]. 北京，中国法制出版社，2015.

[27] 杨桦，等. 竞技体育与奥运备战重要问题的研究 [M]. 北京：北京体育大学出版社，2006.

[28] 郭廷栋. 竞技举重运动 [M]. 北京：人民体育出版社，1990.

[29] 田麦久，武福全，等. 运动训练科学化探索 [M]. 北京：人民体育出版社，1988.

[30] 颜绍泸. 竞技体育史 [M]. 北京：人民体育出版社，2006.

[31] 袁伟民. 我的执教之道 [M]. 北京：人民体育出版社，1988.

[32] 谢亚龙，王汝英，等. 中国优势竞技项目制胜规律 [M]. 北京：人民体育出版社，1992.

[33] 任海. 奥林匹克运动读本 [M]. 北京：人民体育出版社，2005.

[34] 袁守龙. 运动项目的本质、特征与规律 [M]. 北京：北京体育大学出版社，2006.

[35] 李益群，谢亚龙. 体育博弈论 [M]. 北京：北京体育大学出版社，2002

[36] 周西宽，唐思宗，等. 运动学 [M]. 成都：四川教育出版社，1990：8.

[37] 王金灿. 运动选材学 [M]. 北京：人民体育出版社，2009.

[38] 杨世勇. 体育科研方法概论 [M]. 北京：人民体育出版社，2006.

[39] 杨世勇. 体育院校通用教材　体能训练 [M]. 北京：人民体育出版社，2012.

[40] 杨世勇. 高等学校教材　体能训练 [M]. 北京：高等教育出版社，2013.

[41] 杨世勇. 举重运动教程 [M]. 北京：人民体育出版社，2014.

[42] 杨世勇. 世界举重大赛概览和创破世界纪录进程 [M]. 北京：光明日报出版社，2020.

[43] 杨世勇，李遵，唐照华，唐照明．体能训练学 [M]．成都：四川省科学技术出版社，2002.

[44] 杨世勇．体育科研方法论 [M]．成都：成都科技大学出版社，1989.

[45] 杨世勇，李靖文．体育界的精英——中国的奥运冠军 [M]．北京：人民体育出版社．

[46] 杨世勇，等．举重世界纪录和奥运会举重概览 [M]．成都：四川省科学技术出版社，2007.

[47] 杨世勇，张婕，杨棠勋，等．力拔千斤——重竞技运动 [M]．世界图书出版公司，2010.

[48] 杨世勇，等．举重运动员体能训练理论与实践 [M]．北京：中央编译出版社，2012.

[49] 杨世勇，中国举重史 [M]．成都体育学院1987年7月出版．

[50] 杨世勇、熊维志．健美运动 [M]．成都：四川省科学技术出版社，2018.

[51] 唐思宗，杨世勇．身体训练学 [M]．成都：四川科学技术出版社，1992.

[52] 于学岭、杨世勇，等．一百位体育世界冠军 [M]．北京：中国青年出版社，1994.

[53] 钱光鉴、杨世勇．中国举重运动史 [M]．武汉：武汉出版社，1996：19.

[54] 钱光鉴，杨世勇．举重手册 [M]．北京：人民体育出版社，1996.

[55] 钱光鉴、杨世勇．亚洲举重史 [M]．北京：人民体育出版社，1996.

[56] 钱光鉴，杨世勇．举重经典手册 [M]．济南：山东电子音像出版社，2008.

（二）期刊论文

[57] 彭杰．论中国奥运金牌得主的成功之道 [J]．北京体育大学学报，2005，28（7）：887-889.

[58] 吴殿廷，赵江，刘鸽，肖敏．中国杰出体育竞技人才成长因素的地理分析——以奥运冠军为例 [J]．地理科学，2007，27（6）：779-784.

[59] 王雪峰，肖锋，刘洪磊．结果与动因：中国奥运冠军的社会流动[J]．沈阳体育学院学报，2014，33（6）：71-77.

[60] 钟秉枢．我国高水平运动员培养之路的探索 [J]．武汉体育学院学报，2009，（43）：12.

[61] 唐玉成，周继红，等．我国全程多年跳水运动训练过程控制研究［J］．体育文化导刊，2011，01：59－63．

[62] 牛小洪，万蓉，等．中国夏季奥运会冠军的时空分布特征及影响因素［J］．天津体育学院学报，2017，32（3）：196－202．

[63] 虞重干，刘炜，匡淑平，等．我国优秀运动员文化教育现状调查报告［J］．体育科学，2008，28（7）：26－36．

[64] 刘建和．论运动技术创新［J］．成都体育学院学报，1993（2）．

[65] 王德志．对我国乒乓球男双选手马龙、许昕的技战术分析［J］．科技信息．2010（9）：153．

[66] 陈小平．高校在我国竞技体育发展中的角色与使命［J］．山东体育科技，2011，35（1）．

[67] 胡小明．论中华体育精神的重构［J］．武汉体育学院学报，2009，43（3）．

[68] 霍睿．羽毛球"大满贯"运动员林丹的技术特点解析［J］．科技资讯，2012（3）：235．

[69] 魏旭波，俞继英，陈红．我国竞技体育部分优势项目"金牌教练"成才规律的研究［J］．中国体育科技，2005（4）：79－84．

[70] 欧阳孝，等．睾丸体积测量与血液、唾液、尿液、睾酮与皮质醇水平的检测对举重运动员选材意义的研究［A］．第一届全国举重科学论文报告会论文汇编［C］．中国举重协会：1993年3月：1－15．

[71] 石坤，何芝，刘青等．四川省优秀运动员文化教育现状分析［J］．成都体育学院学报，2003（6）：27－30．

[72] 胡利军．我国奥运会冠军国家奖励的分析及预测［J］．体育科学，2004（5）：5－7．

[73] 袁伟民．中国体育代表团参加第27届奥运会的基本经验［J］．体育科学，2001（2）：1－3．

[74] 王荣辉，张一民，任弘．我国跳水优秀运动员竞技能力结构模型和选材指标体系研究［J］．体育科学，2007（07）：30－40＋50．

[75] 杨世勇．提高举重运动员比赛成功率的探索［J］．成都体育学院学报，1999（4）．

[76] 杨世勇，唐照华．举重创破世界纪录的历史探索［J］．成都体育学院学报，1995（4）．

[77] 杨世勇．世界举重大赛获奖牌国家的情况分析［J］．成都体育学院学报，1995（1）．

[78] 杨世勇. 历年创举重世界纪录的国家（地区）述评 [J]. 中国体育科技, 1994 (12).

[79] 杨世勇. 举重奥运会冠军成绩增长规律的年龄特征研究 [J]. 体育科学. 1999 (1): 93.

[80] 杨世勇, 张婕, 杨棠勋, 等. 第29届奥运会举重比赛的调研 [J]. 中国体育科技, 2009 (2).

[81] 杨世勇. 优秀举重运动员减体重战术的研究 [J]. 成都体育学院学报, 2003 (4).

[82] 杨世勇, 等. 论发展举重运动员最大力量的训练方法 [J]. 成都体育学院学报, 1992 (3).

[83] 杨世勇. 举重奥运会冠军成绩增长规律的年龄特征 [J].《成都体育学院学报》1999 年 (1): 56.

[84] 杨世勇. 举重运动史略 [J]. 体育与科学, 1987 (6).

[85] 杨世勇, 张婕, 等. 优秀男子举重运动员专项体能评价指标体系的综合研究 [J]. 成都体育学院学报, 2012 (10).

[86] 杨世勇. 中国举重再续辉煌的研究 [J]. 成都体育学院学报, 2009 (11).

[87] 杨世勇. 谈举重运动员的选材 [J]. 成都体院学报, 1983 (04): 71 - 76.

[88] 杨世勇, 等. 奥运会女子举重冠军成绩增长规律研究及制胜因素 [J]. 成都体育学院学报, 2016 (6): 79.

[89] 杨棠勋. 奥运会男子举重冠军年龄特征及制胜因素研究 [J]. 四川体育科学, 2019, 38 (1): 54 - 58.

[90] 杨世勇, 崔文鹏. 奥运会女子举重冠军成绩增长规律及制胜因素 [J]. 成都体育学院学报, 2016, 42 (6): 79 - 83.

[91] 王雷, 杨世勇, 艾康伟. 奥运冠军石智勇抓举技术运动学分析 [J]. 山东体育学院学报, 2011, 27 (12): 63 - 69.

[92] 陈锐, 杨世勇, 王雷. 龙清泉举重上挺技术运动学分析 [J]. 西安体育学院学报, 2014 (5): 633 - 640.

[93] 杨棠勋, 杨世勇. 新中国成立七十年来中国举重运动的发展历程与时代价值 [J]. 四川体育科学, 2019, 38 (2): 1 - 4.

[94] 张婕、杨世勇. 我国举重运动发展对举国体制依赖性研究 [J]. 四川体育科学, 2010 (3).

[95] 杨棠勋. 中国奥运会冠军的选材和跨项选材研究 [J]. 四川体育科

学，2021（1）.

[96] 杨世勇，周雪，杨棠勋，等．中国奥运会冠军体能训练的理论与实践 [J]．四川体育科学，2021（2）.

[97] 杨世勇．竞技能力是创造优异成绩的决定因素．运动科学论坛，2020 年10月2日.

（三）学位论文

[98] 刘建和．论运动技术的序列发展与分群演进 [M]．中国体育博士文丛．北京：北京体育大学出版社，2006：5.

[99] 唐玉成．我国全程多年跳水运动训练过程控制的研究 [D]．北京体育大学，2009.

[100] 张悦．2008年和2012年两届奥运会吴静钰技战术特点分析 [D]．北京体育大学，2014.

[101] 崔文鹏．我国冬夏季奥运会金牌特征研究 [D]．成都体育学院硕士论文，2013.

[102] 钟建萍．我国优秀羽毛球运动员全程性多年训练的阶段特征与影响因素的研究 [D]．北京体育大学，2013：36-62.

[103] 杨素冠．优秀举重运动员全程性多年训练的阶段性特征 [D]．北京体育大学，2004.

[104] 程志山．中国柔道运动实战技术训练理论与方法研究 [D]．北京体育大学，2006：87-88.

三、网站及电子信息文献

[105] 国际奥委会官网 [EB/OS]．https：//www.olympic.org.

[106] 中国奥委会官网 [EB/OS]．https：//www.olympic.cn.

[107] 新浪体育 [EB/OS]．http：//sports.sina.com.cn.

[108] 互动百科 [EB/OS]．http：//www.baike.com.

[109] 千龙网 [EB/OS]．http：//www.qianlong.com.

[110] 国际举联网 [EB/OS]．http：//www.iwf.net.

[111] 国际单项体育联合会和中国单项体育协会官网.

后 记

　　《奥运会冠军成长规律研究》将与读者见面，这是迄今为止非常系统、全面地揭示中国奥运会冠军成长规律的著作。具有科学性、实用性、精练性和可参考性的特点。

　　本书是共同努力的结晶，也是集体合作的成果。以下是本著作研究的部分主要成员：

　　朱敏华，浙江省举重协会副主席，国际举重联合会 A 级裁判员。促进海宁少体校培养了第一个举重世界冠军冯吕栋。2016 年成立浙江力和美体育文化发展有限公司。2020 年投资 1.5 亿人民币，总建筑面积 33000 平方米，在浙江海宁以世界一流标准建设亚洲举重训练中心、退役运动员创业培训基地、时尚球类训练基地。在商务管理与投资、训练、竞赛、举重裁判等方面有突出贡献。

　　张婕，女，博士，遵义医科大学副教授，举重国际 A 级裁判，国家级社会体育指导员，承担省级课题 1 项，参与国家级、省部级课题 6 项，发表论文 20 余篇，主编或参编教材专著 10 余部。

　　崔文鹏，西昌学院讲师，主持或参研国家级、省部级、厅级课题 10 余项，发表论文 10 余篇。现为乌克兰国立体育运动大学在读博士研究生。

　　张守忠，哈尔滨工程大学副教授，主持省级课题 3 项，参与国家级课题 2 项，发表学术论文 30 多篇，出版专著 1 部，参加编写教材 4 部。

　　杨棠勋，乌克兰国立体育运动大学在读博士研究生，国际级举重裁判员。参与国家级和省部级研究课题各 1 项，发表论文多篇，参编著作多部。

　　李秀萍，女，《四川体育科学》杂志主编，副编审，四川省体育科学学会秘书长。主持各类研究课题多项，撰写和参编著作教材多部。

　　吴正兴，四川卫生康复职业学院教师，参编著作教材多部，参加国家级和省部级研究课题两项。

　　尚尧，成都体育学院在读博士研究生，参与国家级课题 1 项，发表论文多篇，参编著作多部。

罗勇，成都体育学院篮球教研室主任、副教授，硕士生导师，发表论文30余篇，参编著作4部，主持或参与研究课题9项。

左灿，女，贵州财经大学商务学院教师，曾任职于《四川体育科学》编辑部。参与国家级和省部级研究课题各1项，参加《体能训练》《举重运动教程》等多部教材撰写。

涂晏豪，乌克兰哈尔科夫国立体育学院博士，成都体育学院副教授，体能中心主任。发表论文9篇，多次承担中国田径队备战世锦赛、奥运会体能攻关任务。

张利锋，博士，成都体育学院副教授，体能中心副主任。美国北卡罗来纳大学访问学者，田径国际级裁判员，澳大利亚体能协会认证体能训练师。2015—2017年担任四川女子曲棍球队体能教练，协助该队夺得2017年全运会冠军。

李靖文，西南大学教授，硕士生导师，省部级劳动模范，国际裁判。多次担任中国大学生举重队主教练，培养学生获世界大学生运动会和世界大学生举重锦标赛金牌20枚。有多部论著出版和30余篇论文发表。

李强，南京体育学院副教授，硕士生导师，田径国家级裁判，先后执裁青奥会、亚青赛等，撰写出版多部论著，发表学术论文10余篇。

杨勇，成都体育学院教师，《健美运动》教材副主编，承担研究课题多项。

王秀平，女，毕业于成都体育学院研究生院，现就职于长庆油田。

孙清旺，毕业于成都体育学院研究生院，现就职于河南省新乡市教育局。

李祥慧，电子科技大学成都学院副教授，体育系教研室主任，举重国际级裁判员。发表论文10余篇，作为主编、副主编参编教材4部，负责及参研省部级科研项目8项。

史晓彬，重庆邮电大学教师，参与撰写著作教材多部，2019年参加全国健美锦标赛获健身模特第五名。

杨晨曦，女，贵州师范大学外国语学院，英语专业本科学生。

王黎明，成都市体育局城北体育馆教练。参编《现代跆拳道运动教程》等著作，发表论文10余篇，培养多名学生获跆拳道世界冠军、全国冠军。中国跆拳道队科研组成员。

周雪，女，成都体育学院研究生院硕士研究生。

陈正学，四川省广元市业余体校任举重教练，广元市劳模。

徐超，山东青岛人。早年从事举重专业训练，现任青岛大川体育文化有限公司总经理。积极从事体育管理和相关研究，多次创新研发体育器材，研发的全尺寸杠铃片及轻质杠铃杆等，用于全国儿童少年训练比赛。

马来阳，男，广东台山人，高级教练，国际举重联合会A级裁判员，南宁吴数德举重学校校长，南宁市举重协会会长。

薛元挺，厦门市体育运动学校国家级教练员，福建省劳动模范，国际级举重裁判员。他选拔并在基础训练阶段培养并向福建省队等输送了30多名队员，向中国举重队输送了6名队员，其中包括2012年男子举重69千克级奥运会冠军林清峰（注：薛元挺的父亲薛行弼也选拔并训练了张国政两年，并将其输送至北京体育大学竞技体校，2004年张国政获奥运会男子69千克级冠军）。

李冬瑜，宁波市第二业余体校国家级教练员，宁波市"五一劳动奖章"获得者，全国"百佳教练"。他选拔并在基础训练阶段培养了近20名优秀运动员到浙江队或中国举重队，包括2011年世界举重锦标赛冠军唐德尚；第31届和第32届夏季奥运会男子举重69千克级、73千克级冠军、世界纪录创造者石智勇。

岳海侠，女，西安科技大学副教授，陕西省体能协会会长。

奥列什科·瓦伦丁（Oleshko Valentin），乌克兰国立体育大学教授，博士研究生导师，国际级举重裁判员。荣获乌克兰最高拉达荣誉证书、乌克兰家庭、青年和体育部荣誉证书。先后任乌克兰国立体育大学外国留学生院院长，格斗和力量运动系负责人，乌克兰举重协会执委。有多方面著述。

其他成员包括相关研究人员，在读博士、硕士等。

此外，在收集和处理研究资料的过程中，李丹阳（中国体育科学学会体能训练分会秘书长），毛永（集美大学教授），龙奇（中国赛艇协会教练），江锋（重庆市射击射箭运动管理中心副主任），柴云梅、刘智丽（成都体育学院副教授），以及杨世勇指导的博士研究生李娜娜等都做了相关工作，特此说明。

感谢对我们的研究工作予以热情支持帮助的众多奥运会冠军、奥运会冠军教练，专家学者和有关人士。

祝中国竞技体育取得更大成就！祝我国体育事业不断走向新的辉煌！

杨世勇　唐照华
2021年8月18日于成都